BRIGITTE RIEBE

Die Schwestern vom Ku'damm

—

WUNDERBARE ZEITEN

BRIGITTE RIEBE

Die Schwestern vom Ku'damm

ROMAN

WUNDERBARE ZEITEN

WUNDERLICH

Verse auf S. 84 aus: Joseph von Eichendorff:
Aussicht. München 1970

Verse auf S. 144 aus: Rainer Maria Rilke: Liebeslied. Leipzig 1923

Liedtext auf S. 276 und 277: Abwandlung von: Du bist nicht die Erste, Comedian Harmonists, Text Rudolf Bernauer, Rudolf Oesterreicher

Liedtext auf S. 283 aus: Mr. Sandman, The Chordettes, Text: Pat Ballard

Liedtext auf S. 284 aus: Fly Me to the Moon (ursprünglich: In Other Words), Frank Sinatra, Text: Bart Howard

Liedtext auf S. 346/347: Cheek to Cheek, Ella Fitzgerald, Text: Irving Berlin

Gedicht auf S. 356: Rainer Maria Rilke:
Du musst das Leben nicht verstehen. Frankfurt am Main 2016

Verse auf S.438/439 aus: Ingeborg Bachmann:
Die gestundete Zeit. Frankfurt am Main 1953

Originalausgabe
Veröffentlicht im Rowohlt Verlag, Hamburg, Oktober 2019

Redaktion Susann Rehlein
Satz aus der Adobe Garamond
Gesamtherstellung CPI books GmbH, Leck, Germany
ISBN 978 3 8052 0334 0

Für Edith, die Leserin

Man muss das Leben tanzen

Friedrich Nietzsche

PROLOG

Berlin, Frühling 1952

Den Ku'damm von der Bleibtreustraße aus in Richtung Kaiser-Wilhelm-Gedächtniskirche entlangzuschlendern, ist für Silvie Thalheim jedes Mal eine Art Zeitreise. Heute sind alle Schaukästen längst wieder intakt und mit Werbemitteln bestückt, und von den Litfaßsäulen locken bunte Plakate, die für Damenmode, Nylonstrümpfe oder Zahnpasta werben. Doch sie kann sich noch bestens an zerborstenes Pflaster, Scherben, Häuserfassaden wie aufgerissene Wunden und Menschen in Lumpen erinnern, die hier entlanggehastet sind. Damals war das *Modekaufhaus Thalheim*, vor dem sie inzwischen angekommen ist, ebenso eine Ruine wie die Kirche gegenüber, die noch immer auf ihren Abriss oder Wiederaufbau wartet, weil der Senat und die westlichen Alliierten keinen Konsens erzielen können.

Dass sie nun das Modekaufhaus betreten und den Charme seiner licht gebauten Stockwerke auf sich wirken lassen kann, ist das Verdienst ihrer älteren Schwester Rike. Klug und vorausschauend hat diese das großväterliche Erbe geschützt und in der Schweiz vor der Abwertung durch die bundesdeutsche Währungsreform bewahrt. Nur so konnte der Neubau finanziert, nur so ein Modeangebot für die Frau von heute bereitgestellt werden, das in West-Berlin seinesgleichen sucht. Friedrich Thalheim, der Senior der Firma, hatte den Glauben daran niemals aufgegeben, ebenso wenig wie an die Rückkehr seines einzigen Sohnes Oskar, Silvies Zwillingsbruder, der seit einem Dreivierteljahr zurück in Berlin ist.

Seitdem sind die Karten bei den Thalheims neu gemischt.

Wer Sieger sein wird und wer Verlierer, muss erst die Zukunft zeigen ...

Manchmal stellt Silvie sich vor, sie sei eine ganz normale Kundin, die sich durch die Abteilungen treiben lässt. Sie besitzt nicht die Materialkenntnisse ihrer Schwester Rike, sie hat sicherlich nicht den Sinn für Schnitte und Formen wie Miriam Sternberg, die der Familie Thalheim seit Kindertagen nahesteht. Und ganz sicherlich kann sie nicht so spielerisch zeichnen wie ihre Halbschwester Flori, das Nesthäkchen der Familie.

Aber Silvie sieht. Sie spürt, darin ist sie einzigartig.

Und sie ahnt – was die Menschen sich wirklich wünschen, auch wenn sie nach außen hin so tun, als sei es ganz anders.

Materialien braucht sie nicht zu berühren, um zu wissen, wie sie sich auf der Haut anfühlen, und so erfasst sie den Unterschied zwischen Seide, Wolle, Georgette, Crêpe de Chine, Taft und vielen anderen Stoffen schon beim Hinsehen intuitiv. Ganz selten überrascht sie, was scheinbar über Nacht «modern» wird, Diors «New Look» ebenso wenig wie der Wunsch der Frauen, wieder mehr Bein zu zeigen, etwas später. Silvie hat den Wandel im Blut, von der Familie bisweilen als «Unstetigkeit» abgetan, dabei hat sie doch lediglich begriffen, dass nichts so bleibt, wie es ist, und alles immer wieder anders werden muss.

Dabei geht es ihr nicht um die Männer.

Wie man denen gefällt, das weiß sie, seitdem ihre Brüste gewachsen sind und die Hüften sich zu runden begannen. Keine große Kunst bei blonden Haaren, blauen Augen und guten Beinen, wie sie manchmal selbstkritisch denkt.

Männer sind so leicht zufriedenzustellen.

Nein, die Frauen sollen mit Thalheim-Mode glücklich werden, auch jene, die vom Schicksal eher stiefmütterlich behandelt wurden. Ein neues Kleid, ein schwingender Rock, Samt, über den die Hand versonnen gleitet, raschelnde Seide, das sind die Träume, die Silvie dabei im Sinn hat.

Im *Modekaufhaus Thalheim* können sie alle wahr werden.

So nimmt sie manchmal ein paar Stücke in die Kabine, probiert sie durch und lässt sich dabei von den Geräuschen aus den Nachbarkabinen inspirieren. Dieses Ächzen und Stöhnen, wenn eine Enttäuschung droht, dieses kurzatmige Schnappen, wenn der Reißverschluss nicht zugeht, und schließlich der Moment andächtiger Stille, wenn die Frau nebenan sich zufrieden vor dem Spiegel dreht, das ist ihre Musik.

Silvie liebt es, dass ihre Familie Frauen in die Lage versetzt, so zu empfinden.

Noch mehr allerdings liebt sie ihre eigene Freiheit.

Bereits der Gedanke an die kleinste Fessel, die diese beschneiden könnte, ist Silvie unerträglich. Und so verlässt sie nach ihren Ausflügen das *Modekaufhaus Thalheim* wieder, zutiefst erleichtert, dass ihre Vespa, die draußen parkt, sie zu ganz anderen Ufern tragen wird …

1

Berlin, Mai 1952

Die Höhle war seit jeher ein Geheimnis, das nur sie beide teilten. Im Schutz des kuschligen Federbetts schrumpften kindliche Nöte und Ängste auf Miniaturformat, bis sie sich schließlich ganz auflösten, denn die vertraute Nähe des anderen schenkte Trost und Mut. Zusammen fühlten sie sich stark genug, um der ganzen Welt die Stirn zu bieten. Irgendwann konnte man dann wieder gemeinsam auftauchen – verschwitzt, aber gelöst.

Heute, in der Dämmerung, als im Hof bereits die Vögel zu zwitschern begannen, war es beinahe wie früher: Oskars Kopf ruhte in Silvies Armbeuge; seine Lider waren geschlossen, die Wimpern bewegten sich leicht. Die alte Narbe auf der Stirn vom Rolltreppensturz im Kaufhaus Thalheim war kaum noch sichtbar. Sein Gesicht wirkte entspannt; für den Moment schienen alle Albträume besiegt, auch wenn er kein kleiner Junge mehr war, der Schutz bei seiner Zwillingsschwester suchte.

Er war ihr Alter Ego, ihr Herzensmensch, der Nächste vor allen anderen. Nicht einen Augenblick hatte sie daran geglaubt, dass er tot sein könnte. Silvie hatte in den Jahren nach dem Krieg auch dann noch auf den Suchdienst des

Roten Kreuzes gehofft, als die anderen Thalheims längst die Hoffnung aufgegeben hatten, weil jede Nachricht ausblieb. Oskar lebt, das hatte sie die ganze Zeit über gespürt. Als grünen Jungen hatten die Nazis ihn nach dem Notabitur an der Ostfront verheizt, als erwachsener Mann, versehrt an Körper und Seele, war er vor einem knappen Jahr endlich nach Berlin zurückgekehrt.

Sie strengte sich an, bloß nicht zum Bettende zu schauen. Ihr Bruder hatte immer die schönsten Füße der ganzen Familie gehabt: schmal, perfekt geformt, mit einem eleganten Spann, der jedem Balletttänzer Ehre gemacht hätte. Jetzt fehlten ihm links vier Zehen, erfroren in den eisigen Wintern Russlands, und später im Lagerlazarett wüst abgesäbelt, ohne Narkose, wie er einmal scheinbar nebenbei erwähnt hatte.

Immerhin hatte Oskar Thalheim drei Jahre Krieg und fast sieben endlose Jahre russische Gefangenenlager überlebt. Andere hatte es schlimmer getroffen, viel, viel schlimmer.

Was bedeuteten da schon vier verlorene Zehen?

Er wiederholte diesen Satz ständig, offenbar in der Hoffnung, irgendwann selbst daran zu glauben. Dass es bestenfalls ein Teil der Wahrheit war, wussten sie beide. Silvie spätestens seit seiner ersten Nacht in Oma Fridas einstiger Wohnung in der Bleibtreustraße, in der sie bis vor kurzem zusammen mit ihrer Schwester Rike gelebt hatte. Oskars gellende Schreie aus dem Nachbarzimmer hatten sie im Morgengrauen aus dem Schlaf gerissen; für ein paar Augenblicke war sie wie gelähmt gewesen. Dann stand er schon im Türrahmen, die blonden Haare zerrauft, das Gesicht angstvoll verzerrt.

«Sie kommen, Silvie, all die Toten sind auf dem Weg!»

Unwillkürlich schlug sie die Decke zurück, so wie sie es immer getan hatte, und er kroch zu ihr ins Bett, am ganzen Körper zitternd, bis ihre Wärme ihn schließlich beruhigte.

«Niemand kommt, Brüderchen», flüsterte sie, die Arme fest um ihn geschlungen. «Und wenn doch, dann können sie was erleben, das versprech ich dir! Immerhin bin ich ja acht Minuten älter als du …»

Sie mussten lachen, alle beide, danach begann er zu weinen, und sie hielt ihn fest, bis seine Tränen versiegt waren. Irgendwann schlief Oskar ein, doch sie blieb noch lange wach. So viele Jahre Leben hatte man ihm gestohlen.

Wie sollte er sich jemals davon erholen?

Genauso hatte es sich auch vor ein paar Stunden wieder abgespielt, und Silvie war froh, dass Oskar endlich eingeschlafen war. Keiner würde je von seinen Albträumen erfahren, das hatte sie sich geschworen.

Tagsüber war er zwar übermüdet, aber charmant und schlagfertig wie eh und je. Seine Rolle im *Modekaufhaus Thalheim* nahm er allerdings leider noch immer nicht so ernst, wie ihr Vater es von ihm erwartete. Sein einziger Sohn, auf dessen Rückkehr Friedrich Thalheim all seine Hoffnungen gesetzt hatte, spielte den Juniorchef nach außen hin famos. Schaute man allerdings genauer hin, sah es anders aus. Oskar vergaß Termine, hielt sich nicht an Vereinbarungen, und auf seinem Schreibtisch türmte sich Unerledigtes. Gäbe es nicht «Hildi», wie er ihre Sekretärin Hildegard Stutzke liebevoll nannte, die ständig rettend eingriff, um das Schlimmste zu verhindern, wäre die Liste der kleinen und größeren Pannen sicherlich noch länger.

Silvie machte sich Sorgen um ihren Zwillingsbruder.

Er fuhr Auto wie ein Verrückter, aß unregelmäßig und verbrachte zu viele Nächte in Etablissements wie der Charlottenburger *Ciro-Bar*, dem Nachtclub *Vagabund* oder dem berüchtigten Schöneberger Jazzlokal *Badewanne*, als würde er regelrecht vor dem Schlaf fliehen, der ihm so böse Träume brachte. «Pandabär», zog sie ihn auf, weil seine Augenschatten immer tiefer wurden. Oskar jedoch wollte keine guten Ratschläge oder gar Ermahnungen hören, nicht einmal, wenn sie von seiner Zwillingsschwester kamen.

«Früher warst du irgendwie anders, lustiger, nicht auf den Mund gefallen und vor allem nicht so grässlich angepasst», hatte er einmal prompt gekontert, als sie es schließlich doch nicht lassen konnte und ihn zur Rede stellte. «Damals ließ sich köstlicher Unsinn mit dir anstellen – und das fand ich wunderbar.»

«Früher war ich auch ein verwöhntes Gör, das vom Leben keine Ahnung hatte», gab Silvie zurück.

Dass sie ihre einstige Leichtigkeit manchmal selbst schmerzlich vermisste, würde sie ihm nicht auf die Nase binden. Oskar hatte Entsetzliches durchgemacht, aber die ersten Nachkriegsjahre in Berlin waren auch kein Zuckerschlecken gewesen. Silvie hatte gehungert, gefroren, für die Familie illegale Geschäfte auf dem Schwarzmarkt getätigt, dreimal ihr Herz verschwenderisch verschenkt und dreimal eine bittere Enttäuschung kassiert – das hatte sie geprägt.

«Heute bin ich *die* Radiostimme Berlins und schon lange kein Kind mehr», fügte sie hinzu.

«Papperlapapp, verehrtes Fräulein Neunmalklug! Alles ein wenig spielerisch anzugehen, hat noch keinem geschadet. Lieber interessant verlebt, als öde verspießert. Außerdem habe ich, wie du weißt, so einiges nachzuholen …»

Jetzt betrachtete sie Oskar, der noch immer tief und fest schlief. Er sah aus, als könne er kein Wässerchen trüben, und Silvie konnte ihm ohnehin nicht lange böse sein. Ganz im Gegensatz zu Rike, der Erstgeborenen in der Thalheim-Familie. Zwischen ihr und Oskar herrschte dicke Luft, seitdem Friedrich Thalheim den Sohn im vergangenen Herbst ohne langes Federlesen zum Mitgeschäftsführer ernannt und damit ihre Befugnisse drastisch beschnitten hatte. Jahrelang hatte Rike für die Wiedererrichtung des *Modekaufhaus Thalheim* am Ku'damm gekämpft, das alliierte Bomber 1943 in Schutt und Asche gelegt hatten. Sie hatte den Vater aus russischer Haft freigekauft und schließlich sogar ihre Erbschaft von Opa Schubert in das Familienunternehmen investiert, um nun erleben zu müssen, wie der Bruder ihr vorgezogen wurde, obwohl ihm Fachkenntnisse, Erfahrung und offenbar auch Motivation fehlten. Silvie hatte sich immer wieder aufs heftigste mit Rike gestritten und Oskar verteidigt, doch inzwischen kam Silvie die drei Jahre ältere Schwester oft so bedrückt vor, dass sie ihr richtig leidtat.

Silvie hatte sich nie besonders für das Kaufhaus interessiert und war froh über ihren Job beim RIAS – fernab aller beruflichen Familienzwistigkeiten. Sie hatte sich eine begeisterte, ständig wachsende Hörerschaft in West und Ost herangezogen, egal, ob sie Musik auflegte oder mit eigenen Reportagen aus dem Berliner Alltag auf Sendung war. Ihr neustes «Baby», an dem sie schon lange tüftelte, existierte bislang nur in ihrem Kopf, aber es würde bei ihren Vorgesetzten und den anderen Kollegen in der Redaktion Begeisterung auslösen, das wusste sie. Wie eine Bombe könnte es einschlagen und die bereits mehr als erfreulichen Quoten noch weiter in die Höhe schnellen lassen …

Ihr Blick glitt zum Schrank. Dort hing es, das Kleid, das sie zu Rikes kirchlicher Trauung anziehen würde. Wenn ihre Schwester in wenigen Stunden mit Alessandro Lombardi vor den Altar trat, dürfte Silvie darin für Aufsehen sorgen, möglicherweise sogar einen kleinen Skandal auslösen.

Rike schien in dem italienischen Stoffhändler die große Liebe gefunden zu haben, während sie selbst die ihre vor sechs Monaten verloren hatte. Mit jeder Faser fühlte Silvie sich als Ralf Heigers legitime Witwe, auch wenn er offiziell mit einer anderen Frau verheiratet gewesen war. Silvie träumte oft von ihm, nicht von dem herzkranken Gefangenen, den sie kein einziges Mal besuchen durfte und der die Torturen in der JVA Weißensee am Ende nicht überlebt hatte, sondern von dem klugen, wortgewandten Journalisten, der ihr kurz nach dem Krieg die Liebe zum Rundfunk eingepflanzt hatte. Durch ihn war sie auch zur begeisterten Leserin geworden, für Silvie zu Schulzeiten noch unvorstellbar. Inzwischen jedoch wusste sie, welch Wunderwelten sich zwischen gedruckten Seiten auftaten, und ihr Hunger nach Büchern war schier unersättlich. Ralfs Bassbariton, der schnell ins Spöttische umschlagen konnte, hatte sie bis heute im Ohr, und sie sehnte sich nach dem erfahrenen, zärtlichen Geliebten, der so aufregend küssen konnte.

Manchmal hatte Silvie Angst, dass sie nun für immer allein bleiben würde, denn welcher Mann könnte schon an einen wie Ralf heranreichen? Unwillkürlich schüttelte sie sich, um diese negativen Gedanken wieder loszuwerden – und dabei wurde Oskar wach.

«Geht es dir besser?», fragte sie, noch immer besorgt. «Bist du so weit wieder in Ordnung?»

«Und ob!», versicherte er strahlend. «Was würde ich ohne dich nur tun?»

Sie versetzte ihm einen liebevollen Stups. «Hör auf, solchen Unsinn auch nur zu denken, seinen Zwilling wird man nicht los. Soll ich mich mal um Kaffee kümmern? Rike hat mich tausendmal beschworen, auf keinen Fall zu spät zu kommen. Allerdings wäre es einfacher, wenn ich zum Einkleiden der Braut nicht bis ins Westend müsste. Aber sie wollte die Nacht vor der Trauung ja partout keusch im Elternhaus verbringen.»

«Dabei haben die beiden doch eine tolle Wohnung. Und außerdem ist sie mit Lombardi schon verheiratet», wendete Oskar gähnend ein. «Was soll der ganze Zirkus also?»

«Standesamtlich zählt nicht in Italien, das weißt du doch.» Silvie war froh, dass die Trauung überhaupt stattfand. Es hatte endlos gedauert, bis sie einen Pfarrer aufgetan hatten, der bereit war, ein evangelisch-katholisches Paar zu trauen – als ob es nicht vollkommen egal war, welcher Glaubensrichtung der Mensch angehörte, den man liebte! Sie drohte Oskar spielerisch mit erhobenem Zeigefinger. «Außerdem heißt dein Schwager Sandro und ist ein ausgesprochen netter Kerl. Versprich mir also bitte, dass du dich ihm gegenüber ordentlich aufführst – wenigstens heute! Das gilt übrigens auch für den Rest seiner Familie.»

«Den Kaffee mache ich. Und wenn die versammelten Lombardis nicht zu stark auf die Pauke hauen, sehe ich da kein Problem.» Oskar reckte und streckte sich ausgiebig, dann stand er auf. Der gestreifte Schlafanzug, der um seine langen Glieder schlackerte, verriet, wie dünn er noch immer war. «Weißt du eigentlich, wen Rike sonst noch alles eingeladen hat?», fuhr er fort. «Mir gegenüber hat sie eisern geschwiegen.»

«Unsere Schwester hat eben einen Hang zu Geheimnissen.» Silvie stand ebenfalls auf, um ins Bad zu gehen. Im Vorbeigehen strich sie zärtlich über das Kleid.

«Das ist nicht dein Ernst, oder?» Feixend blieb Oskar stehen.

«Hast du nicht gesagt, man soll bloß nicht zu spießig sein? Übrigens ein Modell von Heinz Oestergaard, in das ich mich auf Anhieb verguckt habe», antwortete Silvie.

Sie hatte den angesagten Couturier in seinem Atelier für den RIAS interviewt, was ihm offenbar großen Spaß gemacht hatte. Deshalb war er auch so freundlich gewesen, ihr dieses Schmuckstück als Dankeschön auszuleihen. Sie verriet Oskar nicht, dass die helle, leicht singende Stimme des Modeschöpfers, der man einen Hauch Dänemark anhörte, Auslöser für ihr geplantes Sendungsformat gewesen war. Oskar würde ohnehin in Kürze zu hören bekommen, was seine Zwillingsschwester sich da ausgedacht hatte.

«Oestergaard?», wiederholte er nun verblüfft.

«Der Modeschöpfer, charmanter Typ, bisschen *crazy*. Er hat Nutten eingekleidet und will, dass alle Frauen schön sind. Ganz Berlin redet über ihn. Und bald werden sie auch über mich reden.»

«Unser Vater kriegt die Krise, wenn du modisch fremdgehst – und dann gleich auch noch *so*», sagte Oskar.

«Ich ziehe an, worauf ich Lust habe. Papa wird schon damit klarkommen, und wenn nicht, dann ist es mir auch egal.»

Als sie mit Duschen und Eincremen fertig war, musterte sie sich im Badezimmerspiegel. Sie mochte, was sie sah: die strahlend blauen Augen, die gerade Nase, den vollen Mund. Ihre Haut war rosig und klar, doch wenn sie lachte, gab es da ein paar fiese Fältchen um die Augen, die vor zwei, drei Jahren noch nicht da gewesen waren.

In einem Jahr würde sie dreißig werden.

Bislang hatte Silvie Frauen immer ausgelacht, die mit dieser angeblich magischen Zahl haderten, aber jetzt fühlte es sich plötzlich merkwürdig an, selbst so kurz davorzustehen. Trotz kriegsbedingtem Frauenüberschuss hatte sie sich noch nie über einen Mangel an Verehrern beklagen müssen. Und trotzdem war sie allein.

Kein Mann. Kein Haus. Kein Kind.

Die Worte einer Kollegin, die ihr auf einmal nicht mehr aus dem Kopf gingen.

«Dafür habe ich meinen Beruf und meine Fans.»

Hatte sie das jetzt tatsächlich laut gesagt?

Oskar, der ihr eine Tasse Kaffee ins Bad brachte, schwarz und stark, so wie sie ihn liebte, schaute sie fragend an.

«Selbstgespräche können durchaus hilfreich sein», sagte er, schon wieder halb im Gehen. «Allerdings gäbe es da auch noch deinen Bruder, der ziemlich gut im Zuhören ist. Nur für den Fall, dass du das vergessen haben solltest.»

Silvie wurde rot, was ihr schon eine halbe Ewigkeit nicht

mehr passiert war. Wie kein anderer konnte er bis auf den Grund ihrer Seele schauen. Manchmal dachte sie sogar, dass Oskar in der Lage war, ihre Gedanken zu lesen, was ihr nicht immer gefiel.

Wieder in ihrem Zimmer, setzte sie sich an den kleinen Schminktisch vor dem Fenster, dessen geschwungenen Spiegel sie so sehr mochte. Alle Möbel bekamen zurzeit bewegte Formen, als ob sie tanzen wollten, das fand sie ganz wunderbar. Silvie trug Puder auf, danach folgten Mascara und roter Lippenstift. Die schulterlangen blonden Haare bürstete sie nur durch; aufstecken würde sie sie erst ganz zum Schluss. Danach zog sie die schwarze Spitzenunterwäsche an, in der sie sich so herrlich sündig fühlte, und schlüpfte in ein blaues Sommerkleid. Als Abschluss folgte der dreireihige Perlenchoker ihrer verstorbenen Mutter, eine perfekte Ergänzung zu den weißen Perlohrringen, die sie niemals ablegte. Zuletzt verstaute sie das Kleid für die Hochzeit in einem Leinenüberzug und packte ein zweites Paar Pumps in eine Tragetasche.

Sie war gerade mit allem fertig, da kam Oskar hereingeschlendert, piekfein in Smoking, weißem Hemd und dunkler Seidenfliege, die schwarzen Schuhe gewienert. Seine blonden Haare waren mit Brillantine frisiert, was seinen Kopf noch schmaler erscheinen ließ.

«Und?», wollte er wissen. «Was sagst du?»

«Dufte», versicherte Silvie. «Nein, warte, ich muss mich korrigieren: Du siehst einfach umwerfend aus. Die Italiener werden Augen machen!»

«Sollen sie. Wir Thalheims müssen ihnen doch zeigen, wer in Sachen Mode die Nase vorn hat.» Sein Blick wurde kritisch. «Und du – auf einmal ganz bieder? Hat dich jetzt doch im letzten Moment der Schneid verlassen?»

«Keineswegs», erwiderte Silvie und griff nach ihrer Leica, die ihr so viel Freude bereitete. «Aber ein perfekter Auftritt will auch perfekt inszeniert sein. Und jetzt nichts wie los! Aufgeregte Bräute darf man nicht warten lassen.»

ooo

«*Dio mio* – das kann doch nicht wahr sein! Jetzt geht mein Kleid nicht mehr zu. Aber bei der letzten Anprobe vor zwei Wochen hat es noch einwandfrei gepasst ...»

«Du bist schwanger, Schwesterherz», konterte Silvie. «Rike mit Busen, das ist doch eine gelungene Abwechslung. Aber keine Sorge. Miri hat wie immer alles raffiniert durchdacht: Ich nehme einfach die zweite Knopfleiste, dann kannst du ungestört atmen. So, und nun lass dich mal anschauen!» Silvie trat einen Schritt zurück und betrachtete ihre Schwester. Das ärmellose Kleid bestand aus cremeweißer Shantungseide, war im Empirestil gearbeitet und reichte bis zu den Knöcheln. Vorn unter dem zarten Brustband leicht in Falten gelegt, wurde es im Rücken von einer Doppelreihe weißer Perlknöpfe geschlossen. Während der Trauung würde ein glockig geschnittener Bolero, den die Braut später ablegen konnte, die bloßen Arme züchtig verhüllen – eine perfekte Mischung aus Eleganz, Unschuld und Raffinesse.

Der Entwurf für Rikes Brautkleid stammte von ihrer Freundin Miriam Sternberg, die seit anderthalb Jahren in einem Kibbuz am See Genezareth lebte. Anfangs war sie für alles in Israel Feuer und Flamme gewesen: die Menschen, die aus so vielen verschiedenen Ländern stammten, die neue Form des Zusammenlebens, die Kinder, die sie im Nähen unterrichtete – und natürlich für Ben Green, der den Ausschlag für ihren Umzug gegeben hatte. Doch offenbar hatte es sich mit Ben nicht so entwickelt wie erhofft, denn der Tonfall ihrer Briefe hatte sich verändert. Inzwischen schrieb Miri abgeklärter, teilweise sogar kritisch, und es war ganz offensichtlich, wie sehr sie Berlin und ihre Freunde dort vermisste.

Umso begeisterter hatte sie reagiert, als der Vorschlag kam, sich Rikes Brautkleids anzunehmen. Maß wurde in Berlin genommen, Miris Skizzen folgten aus Israel, und genäht wurde dann wiederum in der Modellabteilung des *Modekaufhaus Thalheim* – entstanden war dieses Ergebnis, das enorm viel hermachte.

«Du siehst toll aus. Miri wäre bestimmt überglücklich, wenn sie dich jetzt so sehen könnte», sagte Silvie. «Weißt du, was? Ich werde massenhaft Fotos schießen, und wir schicken ihr dann die Abzüge. Die junge Schneiderin, die ihren Entwurf so brillant umgesetzt hat, solltet ihr übrigens im Auge behalten. Die kann echt was. Sag das mal der Kukschinski vom Maß-Atelier, damit sie sie auch gut behandelt!»

«Ich vermisse Miri jeden Tag», murmelte Rike, presste plötzlich die Hand vor den Mund und rannte in Richtung Toilette.

Als sie wiederkam, wirkte ihr Teint grünlich.

«Jetzt bin ich schon im vierten Monat – und diese elende Spuckerei hört noch immer nicht auf. Ich hoffe nur, das

Kleid hat nichts abbekommen!» Ängstlich lugte sie an sich herab. «Wie kann man überhaupt zulegen, wenn man so gut wie nichts bei sich behält?»

«Alles tippitoppi», versicherte Silvie. «Die Natur weiß schon, wie sie es richtig anstellt, dass ein gesundes Kind entsteht. Jetzt isst du erst einmal ein Stück Zwieback und trinkst einen Schluck Tee, das wird dir guttun.»

Rike gehorchte.

«Man sieht doch noch nichts?» Rike drehte sich vor dem großen Standspiegel hin und her.

«Man ahnt es allenfalls – und freut sich mit dir», sagte Silvie. «Sei froh, dass deine Schwiegermutter die Hochzeit nicht noch einmal hat platzen lassen.»

Sie waren in Silvies altem Jugendzimmer, in dem Rike auch die Nacht verbracht hatte. Die elegante Villa am Branitzer Platz, in der sie alle zusammen aufgewachsen waren, hatte sich geleert, seitdem die erwachsenen Thalheim-Sprösslinge eigene Wege gingen. Jetzt gehörte sie wieder ganz Friedrich und seiner zweiten Frau Claire. Deren gemeinsame Tochter, die achtzehnjährige Florentine, beanspruchte mittlerweile das Dachgeschoss für sich, das ursprünglich für Rike ausgebaut worden war und später einige Zeit ihren Cousin Gregor und dessen Freund Hotte beherbergt hatte.

«Viel hat nicht gefehlt! Als Sandros Bruder Valentino vor fünf Tagen aus Mailand anrief, klang er vollkommen verzweifelt: ein erneuter Schwächeanfall der Mutter, mit starken Leibschmerzen. Ich habe ihm dann mit fester Stimme geantwortet, dass wir die Hochzeit dieses Mal unter keinen Umständen verschieben werden, und urplötzlich ging es Antonia wieder besser.»

Die kleine Stärkung hatte offenbar gewirkt. Rike sah nicht mehr ganz so elend aus.

«Sie hadert noch immer mit mir», fuhr sie fort, während Silvie sie mit einem Hauch Rouge und rosenholzfarbenem Lippenstift weiter verschönerte. «Antonia findet mich zu alt für Sandro, zu intellektuell, zu wenig anschmiegsam. Evangelisch bin ich ja auch noch und nicht einmal willig zu konvertieren. Dass wir nicht im Mailänder Dom heiraten, sondern in einer schlichten Berliner Kirche, die nicht sonderlich schön aussieht, ist für sie das Allerletzte. Überhaupt: Deutschland! Sie führt sich so italienisch auf, als habe ihre Wiege niemals in Luzern gestanden. Eins jedenfalls steht für mich fest: *Mamma* werde ich sie niemals nennen.»

«Musst du doch auch nicht.» Silvie beäugte ihr Werk kritisch, dann nickte sie. «Vermutlich könnte keine Frau ihren Ansprüchen genügen. Antonia Lombardi würde ihren Sohn am liebsten höchstpersönlich ehelichen, wenn das irgendwie möglich wäre. Aber wer weiß, vielleicht wird aus ihr ja zumindest eine brauchbare Großmutter. Wunder gibt es schließlich immer wieder …»

Rikes Blick blieb skeptisch. «Meinst du wirklich?», murmelte sie und zupfte ein unsichtbares Fädchen von ihrem Kleid. «Ich weiß ja nicht einmal, ob ich als Mutter etwas tauge. Da konzentrierst du dich die ganze Zeit darauf, schwanger zu werden, und wenn es dann endlich klappt, hören die Sorgen nicht auf. Ganz im Gegenteil!»

Unwillkürlich hatte Silvie sich abgewandt.

Rike nahm ihre Hand. «Wie unsensibel von mir – bitte verzeih! Ich rede die ganze Zeit nur von mir, ohne daran zu denken, dass du …»

Silvie griff nach dem Schleier, der auf dem Tisch lag. «Sollte dazu nicht eigentlich noch ein fesches Myrtenkränzchen gehören?», fragte sie betont fröhlich.

«Du willst nicht darüber reden ...» Rike stockte.

Gut erkannt. Silvies Schwangerschaftsabbruch lag nun schon einige Jahre zurück. Damals war sie sich nicht sicher gewesen, ob das Kind, das sie erwartete, von Ralf oder von Ben Green war, der insgeheim bereits seine Auswanderung nach Israel vorantrieb. Rike hatte sie beschworen, es zu behalten und gemeinschaftlich mit ihr großzuziehen. Dafür jedoch hatte Silvie zu jener Zeit der Mut gefehlt. Sie steckte mitten zwischen zwei Liebschaften, hatte sich überfordert gefühlt und viel zu unreif für ein Kind. Inzwischen jedoch bereute sie ihre Entscheidung. Dass die Schwester nun schwanger war, hatte ihr damaliges Gefühlschaos erneut aufgewirbelt. Aber Silvie hatte gelernt, Probleme mit sich allein auszumachen, und so würde sie es heute, an Rikes Hochzeitfest, erst recht halten.

«Eigentlich wäre es ja Mamas Aufgabe gewesen, dich mit dem Brautkränzchen zu krönen», fuhr sie fort, während sie das zarte grüne Gebinde mit den weißen Blümchen mittig auf Rikes Scheitel feststeckte. Anschließend befestigte sie den Schleier daran, der bis zur Taille reichte. «Ich weiß, wie viel sie dir bedeutet hat. Mir übrigens auch.»

Silvie berührte den einstigen Ehering ihrer Mutter Alma, der ihr auf dem Mittelfinger passte, während Rike fast immer Almas alten Schlangenring als Talisman trug. «Aber das kann sie ja leider nicht mehr, und so musst du eben mit mir vorliebnehmen», fuhr Silvie fort.

Die zweite Frau ihres Vaters kam nicht in Frage für diesen

Anlass. Claire, nur ein gutes Jahrzehnt älter als Rike, hatte niemals versucht, ihnen gegenüber die Mutterrolle zu beanspruchen. Anfangs kritisch von den Schwestern beäugt, weil übernervös, stets Friedrichs Meinung und rasch aus der Fassung zu bringen, hatte sie sich in den harten Nachkriegsjahren bewährt. Sie hatte mit angepackt, dabei an Kontur und Selbstvertrauen gewonnen und war für sie zur Freundin geworden, was Silvie wie Rike gleichermaßen schätzten.

«Du machst das ganz wunderbar.» Rike klang zutiefst gerührt. «Und immerhin führt Papa mich zum Altar – auch wenn er das in einer katholischen Kirche tun muss. Der Allerärmste! Auf Weihrauch reagiert er angeblich allergisch. Ob er überall Pusteln kriegt oder in Schnappatmung verfällt?»

Beide lachten.

«Kann ich so heiraten?» Rikes Stimme zitterte leicht.

«Das will ich meinen!», versicherte Silvie. «Dein Sandro bekommt eine hinreißende Braut. Allerdings solltest du jetzt allmählich aufbrechen, sonst denkt er womöglich noch, du hättest es dir im letzten Moment anders überlegt ...»

Als wären ihre Worte nach draußen gedrungen, klopfte es ungeduldig an der Tür, und Friedrich Thalheim trat ein.

«Wir müssen dann.» Das Familienoberhaupt trug zu seinem dunklen Anzug eine Seidenkrawatte mit Silberstreifen. Hinter ihm wuselte Claire aufgeregt in einem mitternachtsblauen Jackenkleid, zu dem sie ein farblich passendes Hütchen kombiniert hatte. «Seid ihr endlich fertig?»

«Die Braut – ja», erwiderte Silvie und schob die Schwester ein Stück nach vorn. «Was mich betrifft, so brauche ich noch einen winzigen Moment.»

«Aber dass du ja nicht zu spät kommst ...» Friedrich runzelte die Stirn, weil ihm ihre Aufmachung sichtlich missfiel. «Du willst *das* zur Hochzeit anlassen? Immerhin sind wir ein führendes Berliner Modehaus – das verpflichtet!»

«Lass dich überraschen», erwiderte Silvie lächelnd. «Und natürlich werden wir pünktlich sein. Oskar wartet unten im Auto, und der ist selbst in einem gebrauchten DKW schneller als der Schall. Fahrt ruhig schon mal vor.»

Als der Rest der Familie endlich verschwunden war, öffnete Silvie den mitgebrachten Leinensack und breitete das Couturekleid auf dem Bett aus. Danach holte sie die Haarklammern aus der Handtasche. Sie hatte die *Banane*, die ihren Hals grazil und lang wirken ließ, in letzter Zeit so oft getragen, dass sie die Frisur selbst ohne Spiegel perfekt hinbekam.

Die Lippen nachgezogen, ein Hauch Chanel N° 5.

Die Nylons, die sie vorsichtig über ihre schlanken Beine streifte, waren hauchdünn und halterlos, die Absätze der mitgebrachten Pumps aufregend hoch. Das Sommerkleid flatterte auf einen Stuhl. Dann schlüpfte Silvie in Oestergaards Kreation: körpernah geschnitten, am Rücken atemberaubend in einem tiefen V dekolletiert – und aus pechschwarzem Satin.

○○○

Das Auto war den Zwillingen im gleichen Moment aufgefallen, ein roter Zweisitzer, chromblitzend und absolut verkehrswidrig vor der Heilig-Geist-Kirche auf dem Bürgersteig geparkt.

«Ein Rometsch, ich glaub, ich werd verrückt», murmelte Oskar verzückt neben ihr, während er seinen ungeliebten DKW in die enge Parklücke manövrierte. «Brandneu muss der sein, gerade frisch vom Band gerollt. Dafür lass ich jeden Porsche stehen.»

Silvie sparte sich die Antwort, denn das Aussteigen in dem engen Kleid und den hohen Pumps erforderte ihre ganze Konzentration. Von ihrer Schulter baumelte die alte Leica, die noch immer gute Dienste tat. Natürlich waren sie doch ziemlich spät dran. Familie und Freunde saßen offenbar schon in der Kirche. Nur ein paar Schaulustige standen noch auf den steil ansteigenden Stufen vor dem gedrungenen Bau. Die Heilig-Geist-Kirche war im unteren Bereich verklinkert. 1932 war sie als Notkirche errichtet, im Krieg zerstört und 1948 zur Palmweihe festlich wiedereröffnet worden – kein sonderlich schönes Gotteshaus, aber eines, das von der Gemeinde geliebt wurde und in dem vor allem ein toleranter Pfarrer amtierte.

Ihr Auftritt erfolgte punktgenau.

Den meisten Hochzeitsgästen blieben die Ahs und Ohs im Hals stecken, als sie an Oskars Arm den Mittelgang entlangschritt, um schließlich in der ersten Bankreihe Platz zu nehmen, die den engsten Angehörigen vorbehalten war. Claire schüttelte indigniert den Kopf, während Flori, die man mit viel Geduld schließlich doch zu einem grünen Trägerkleid überredet hatte, begeistert den Daumen hochhielt. Auch Sandros jüngerer Bruder Valentino, in edlem dunkelblauen Zwirn, schien durchaus angetan von dem unerwarteten Anblick, während Antonia Lombardis schmale Lippen noch mehr zum strengen Strich gerieten.

Armes Rikelein, dachte Silvie voller Mitgefühl. Mit deinem Sandro hast du zwar einen Hauptgewinn gezogen, deine Schwiegermutter jedoch wird dafür sorgen, dass es dir bloß nicht zu gemütlich in eurer Ehe wird, darauf könnte ich wetten.

Vor den Stufen zum Altar wartete der Bräutigam, eine Augenweide im Cut, mit silberner Weste und gleichfarbigem Binder, die dunklen Locken so frisch getrimmt, dass sein Nacken noch immer gerötet war. Dass er vor Aufregung leicht zitterte, fiel wahrscheinlich nur Silvie auf; dass er Tränen in den Augen hatte, als das Orgelpräludium einsetzte und Rike am Arm ihres Vaters gemessenen Schritts auf ihn zukam, sahen auch die anderen.

Silvie schoss die ersten Fotos.

«*Amore mio*», flüsterte Sandro zutiefst gerührt, nachdem Friedrich ihm die Braut feierlich übergeben hatte. «Endlich werden all meine Träume wahr, *carissima Rica*.»

Der Rest der Zeremonie erschien Silvie wie eine unendliche Abfolge von Latein, Hinknien, Aufstehen und sich wieder Hinsetzen. Die Hochzeitspredigt klang in ihren Ohren eher wie eine Mahnung, wie ungemein katholisch das Eheleben und die Erziehung der Kinder künftig zu sein hätten. Mehrfaches Räuspern in ihrem Rücken, das wahrscheinlich von Onkel Carl rührte, der zwischen seinen Söhnen Gregor und Paul saß und noch nie viel von Religion gehalten hatte. Erneut dramatisches Orgelspiel, jede Menge Weihrauch und schließlich ein vollkommen verpatztes *Ave Maria*.

Silvie blickte sich um. Waren katholische Gotteshäuser nicht voller Gemälde, Engel- und vergoldeter Heiligenstatuen? Der schlichte Kirchenraum wirkte eher wie ein beliebiger Saal, dessen Nüchternheit nicht einmal die weißen Rosengebinde an den Holzbänken zu mindern vermochten. Silvie konzentrierte sich lieber wieder auf die Menschen. Wie goldig Elsas kleine Isabella mit ihrem Brüderchen Luca nach vorne lief! Um ein Haar wäre die fünfjährige Tochter von Rikes Freundin dabei über ihr langes rosa Kleid gestolpert, fing sich aber gerade noch. Der Dreijährige neben ihr, in kurzen Hosen, mit blauer Mini-Fliege, hielt das weiße Seidenkissen, auf das die Trauringe aufgesteckt waren, souverän in seiner Patschhand.

Rike weinte, als Sandro ihr den Ring überstreifte, danach bekam er seinen, und ihr anschließender Kuss fiel so innig aus, dass der beleibte Pfarrer dezent zu hüsteln begann.

Noch einmal Orgelbrausen, dann war auch das glücklich überstanden. Isi und Luca, die Blumenkinder, verstreuten verschwenderisch bunte Blüten, ihnen folgte das frisch getraute Ehepaar und strahlte um die Wette, während Silvie einen ganzen Film verschoss.

«Und wer ist nun diese heiße Witwe?», hörte sie eine Männerstimme hinter sich, die sie aufhorchen ließ. Melodisch klang sie, besaß aber gleichzeitig in der Tiefe etwas Raues und Widerspenstiges, das sie sofort anzog.

«Silvie Thalheim, die Schwester der Braut», flüsterte Markus Weisgerber, der frühere Teilhaber des Kaufhauses. «Aber verheiratet war sie meines Wissens bislang noch nie.»

Der Unbekannte lachte. «Umso besser. Und wie komme ich an sie ran?»

«Gar nicht.» Silvie drehte sich abrupt um. «Jedenfalls garantiert nicht auf diese Weise.»

Der Mann sah so gut aus, dass sie unwillkürlich schneller atmete. Er war einen Kopf größer als sie und sehr schlank, fast knochig. Sein Anzug aus feinem englischen Tuch war lässig zerknittert und sollte vermutlich den Eindruck erwecken, Äußerlichkeiten seien ihm gleichgültig – eine Lüge, wie sie sofort erkannte, denn vor ihr stand ein durch und durch eitler Kerl. Dunkles, glattes Haar fiel ihm in die Stirn, um einiges länger, als die herrschende Mode es erlaubte. Er hatte ein schmales Gesicht mit einem markanten Kinn. Das Auffallendste an ihm waren die Augen: eisgrün wie Gletscherwasser, mit einem dichten schwarzen Wimpernkranz, um den ihn jede Frau beneidet hätte.

«Wanja Krahl», sagte er mit einer Verneigung, die eine Spur zu übertrieben ausfiel, um ehrlich gemeint zu sein. «Bitte untertänigst um eine zweite Chance!»

«Sei klug und gewähr sie ihm, Silvie», sagte Markus lachend. «Wanja spielt den jungen Schiller in meinem aktuellen Film – was ihn zweifellos über Nacht berühmt machen wird.»

Als kleines Mädchen hatte Silvie heimlich für den damaligen Kompagnon ihres Vaters geschwärmt, der immer nur Augen für ihre Mutter Alma gehabt hatte. Als sie dann später durch Almas Tagebuch von der heftigen Affäre erfuhr, die die beiden heimlich verbunden hatte, war sie nicht einen Moment lang überrascht gewesen. Rike war entrüstet und dermaßen entsetzt, dass sie die Lektüre jahrelang aufgeschoben hatte – Silvie keineswegs. Kaum war sie auf die Aufzeichnungen der Mutter gestoßen, hatte sie sie auch sofort gelesen. Im aufregenden Spiel zwischen Frau und Mann konnten seltsame Dinge vorgehen, das hatte sie schon als Kind gespürt und später mehr als einmal am eigenen Leib erfahren. Zwar gab es einen gewaltigen Unterschied zwischen Liebe und Begehren, doch beides waren immense Kräfte, die zum Himmel führen oder direkt in die Hölle münden konnten.

Sie zog eine Braue hoch. «Korrigieren Sie mich, wenn ich falschliege: War Friedrich Schiller nicht eher rotblond und durch und durch anämisch?», erwiderte sie langsam.

«Da kennt eine aber ihre Klassiker!» Krahls Blick wurde noch eine Spur intensiver. «Nur keine Bange, schöne Frau: Wir haben in Schwarzweiß gedreht, und vom Hungern hab ich mich noch immer nicht ganz erholt, denn dieser hundsgemeine Schinder» – er versetzte Markus einen Stoß – «hat mich wochenlang darben lassen, damit es möglichst realistisch wirkt. Außerdem spielt man Rebellen und Genies ohnehin am besten ganz von hier aus!» Er legte eine Hand auf sein Herz.

«Wenn Sie das sagen», entgegnete Silvie, ohne dabei eine Miene zu verziehen. Wanja Krahl löste etwas in ihr aus, das sie viel zu lange vermisst hatte. Doch der Typ sollte sich bloß nichts einbilden! Jetzt schaute sie nur noch Markus Weisgerber an. «Ich hab da im Sender was Neues vor. Sobald die Sache spruchreif ist, melde ich mich, okay?»

Mit einer eleganten Drehung wandte sie sich um und stöckelte ein paar Schritte weiter.

«Moment!» Wanja Krahl war ihr nachgestürzt. «Sie hätten nicht zufällig Lust, sich von mir zur Feier kutschieren zu lassen? Mein Wagen ist brandneu und wird Ihnen gefallen …»

Der knallrote Rometsch! Er konnte keinem anderen als ihm gehören.

«Wissen Sie was?» Silvies Lächeln wurde schmelzend. «Nehmen Sie doch meinen Zwillingsbruder mit, der hat ein Faible für ausgefallene Schlitten. Oskar, kommst du mal bitte?»

«Und Sie?» Die Enttäuschung stand ihm ins Gesicht geschrieben. «Mit diesen Schuhen werden Sie doch kaum laufen wollen ...»

«Machen Sie sich um mich mal keine Sorgen, Herr Krahl», erwiderte Silvie. «Gehen wir, Markus?»

«Gefällt er dir tatsächlich so gut?», fragte ihr Begleiter amüsiert, als sie kurz danach Seite an Seite im DKW saßen. «Wenn Frauen so kratzbürstig sind, wird es immer gefährlich.»

Den Blick auf die Straße gerichtet, sagte Silvie: «Du musst es ja wissen. Aber mich würde viel mehr interessieren, weshalb du diesen Mann zu Rikes Hochzeit angeschleppt hast.»

«Lilo ging es heute Morgen nicht besonders», sagte Markus, «wieder Migräne, ihr altes Leiden. Und so ganz allein wollte ich bei den versammelten Thalheims nicht aufschlagen. Außerdem ist Wanja ein amüsanter Kerl – vorausgesetzt, er bockt nicht gerade. Vor der Kamera spielt er zum Niederknien. Aus dem könnte ein ganz Großer werden, wenn er ernsthaft an der Schauspielerei dranbleibt.» Er begann seine Finger zu kneten. «Du musst wissen, mir liegt unendlich viel an diesem Projekt», fuhr er fort. «Ist ja schließlich mein Entree als Produzent. Ich wollte partout keine gezuckerte Schnulze wie die von Holt. *Wen die Götter lieben* stellt Mozart so deutsch dar, dass es richtig weh tut. Unser *Lied der Freiheit* soll den Zuschauern zeigen, dass in diesem Land ein Geist steckt, den viele nach zwölf Jahren

Nazizeit fast vergessen haben. Mal sehen, wie das Berlinale-Publikum den Film aufnimmt!»

«*Lied der Freiheit*», murmelte Silvie beifällig. «Schöner Titel!»

«Deshalb hab ich ja auch alles darangesetzt, Gustav von Wangenheim als Regisseur zu gewinnen. Seine Inszenierungen von *Nathan der Weise* und *Hamlet* am Deutschen Theater Berlin sind legendär. Leider wurde er Opfer einer Intrige und daraufhin als Intendant abgesetzt. Danach hat er einige Filme für die DEFA gedreht, was ihn nur umso geeigneter macht. Ich wollte für den Schiller-Stoff unbedingt einen Regisseur, der den Osten kennt.»

Silvie hatte von dem Regisseur gehört: jüdisch, einstmals Stummfilmstar unter cineastischen Größen wie Murnau, Lang und Lubitsch, später dann Arbeiterdichter und überzeugter Kommunist, der bereits 1933 in die Sowjetunion emigriert war und von den Nazis in Abwesenheit zum Tode verurteilt wurde. In Moskau hatte er über Jahre beim Sender Freies Deutschland gearbeitet, bis er 1945 wieder nach Deutschland zurückkehrte. Der Mann hatte zweifellos eine beeindruckende Biographie.

«Eine ungewöhnliche Wahl», sagte Silvie. «Werden sich daraus nicht Probleme ergeben?»

Sie hatten die Villa am Branitzer Platz erreicht. Hinter ihnen näherte sich mit lautem Hupen der blumengeschmückte Alpha Romeo der Brautleute.

«Meinst du die Presse oder das Publikum?», hakte Markus nach.

«Beides», erwiderte Silvie. «Viele wollen nach den harten Jahren, die hinter uns liegen, im Kino nur noch seicht-beschwingte Stoffe sehen. Und auf alles aus dem Osten reagiert die Westpresse ganz schön allergisch.»

«Wer gegen den Strom schwimmen will, der muss viel Wasser schlucken können», sagte Markus. «Daran bin ich gewöhnt. Mittlerweile macht es mir sogar Spaß.»

«Geht mir ähnlich.» Silvie stieg aus. «Und du hast schon recht: Irgendwann will man es dann gar nicht mehr anders.» Sie zögerte, weil es ja eigentlich noch ein Geheimnis war, dann jedoch überwand sie sich. «Ich habe ja vorhin schon angedeutet, dass ich beim RIAS ein neues Format plane», sagte sie, «eine einstündige Sendung, auf Tuchfühlung mit berühmten Menschen oder solchen, die etwas Außerordentliches getan haben. Kein klassisches Interview, ich möchte nur ein paar ausgesuchte Fragen stellen und sie dann erzählen lassen. Sozusagen eine Art Seelenstriptease vor dem Mikrophon, ganz privat. Du als Filmproduzent kennst doch so viele Leute, auch aus deinen Jahren in den USA. Meinst du, du könntest mir bei den Kontakten vielleicht ein wenig Hilfestellung geben?»

«Die schöne Silvie wird endgültig flügge.» Er begann zu schmunzeln. «Gefällt mir. Gefällt mir sogar sehr. Ja, ich denke, da ließe sich durchaus etwas machen …»

Das offene Küchenzelt, ein großes weißes Oktogon, war im Garten der Thalheim-Villa aufgebaut. Drinnen wurde man an einer Theke mit Warmhalteplatten von zwei feschen jungen Köchen mit hohen weißen Mützen bedient, deren Gerichte die Herkunft des Restaurantbesitzers nicht verleugnen konnten. Draußen waren unter weißen Sonnenschirmen Gartentische und bequeme Stühle aufgestellt. Ein

Stück des Rasens hatte man mit Holzplanken belegt und somit einen provisorischen Tanzboden geschaffen. Flori verspeiste mit ungebremstem Appetit bereits das zweite Wiener Schnitzel, während andere Hochzeitsgäste sich lieber an Zwiebelrostbraten, Tafelspitz, Fiakerhendl oder gefüllte Kalbsbrust hielten. Zufrieden schienen sie alle; die jüngste Thalheim hatte definitiv einen guten Riecher gehabt. Mit seiner schmackhaften gutbürgerlichen Küche hatte der Wiener Schani Feldmann sich binnen kurzer Zeit mitten in die Herzen der Berliner gekocht, und sein *Schanigarten* in der Reichsstraße, gelegen im noblen Wohnviertel Westend, war stets gut besucht. Das Beste stand den Hochzeitsgästen noch bevor: ein ausladendes Süßspeisenbuffet, mit Sachertorte, Kaiserschmarrn, Apfelstrudel, Topfenknödeln und unterschiedlich gefüllten Palatschinken, das keine Wünsche offenließ.

Angesichts von so viel Fülle hätte man fast vergessen können, dass der Krieg erst seit sieben Jahren vorbei war. Ja, im Westen hatten alle wieder ausreichend zu essen, und es gab keine Lebensmittelmarken mehr, doch man befand sich noch immer in einer Stadt, die in vier Sektoren unterteilt war und von alliierten Besatzungsmächten kontrolliert wurde.

Auch die italienischen Gäste schlemmten begeistert: Rikes alte Freundin Elsa, die mit der ganzen Familie aus Mailand zur Hochzeit angereist war, inzwischen mit ihrem dritten Kind schwanger, ihr charmanter Mann, der Chirurg Dr. Michele Morelli, sowie die beiden Kleinen Isi und Luca. Aber auch Valentino und Grazia, Sandros Patentante, langten kräftig zu, während seine Mutter Antonia an den dargebotenen Köstlichkeiten lediglich mäkelig herumpickte.

Silvie, die das Hochzeitspaar zunächst in allen nur denkbaren Posen abgelichtet hatte, verspürte mittlerweile ebenfalls Hunger. Eigentlich war sie fast ein bisschen enttäuscht. Rike hatte ihr Kleid lediglich durch hochgezogene Brauen kommentiert; Papa war erwartungsgemäß explodiert, hatte sich aber schnell beruhigt. Die anderen rund dreißig Hochzeitsgäste riskierten höchstens verstohlene Blicke, direkt sprach keiner sie auf ihr Schwarz an.

Und wennschon. Sie selbst fühlte sich unwiderstehlich in diesem Modell – und darauf kam es schließlich an.

Sie war gerade dabei, sich Schnitzel und «Erdäpfelsalat» auftun zu lassen, wie der junge Koch aus Österreich die Kartoffelbeilage so drollig nannte, als es hinter ihr laut wurde.

«Wie Verbrecher haben sie uns kontrolliert, sonst wäre ich doch niemals zu spät zur Hochzeit meiner Nichte gekommen! Eines Tages werden sie uns vielleicht gar nicht mehr zu euch rüberlassen – und was dann?» Tante Lydias Tonfall klang empört wie eh und je, dabei war sie in letzter Zeit auf erstaunliche Weise verwandelt. Endlich von Carl geschieden, hatte sie nur ein paar Monate später den verwitweten Pastor Jürgen Grothe geehelicht, der die Inselgemeinde in Hermannswerder bei Potsdam seelsorgerisch betreute. Oma Frida, Friedrichs und Carls alte Mutter, die inzwischen ganz in ihrer eigenen Welt lebte, hatte sie ohne Murren mit ins Pfarrhaus übersiedelt. Dort lebten ebenfalls Jürgens halbwüchsige Töchter Luisa und Amelie, die die neue Frau des Vaters erfreulich rasch akzeptiert hatten.

Silvie trat an den Tisch unter dem weißen Sonnenschirm,

an dem ihre Tante gerade Platz genommen hatte, und setzte sich ebenfalls. «Die Sektorenübergänge zwischen Ost- und West-Berlin sind nach wie vor frei passierbar», sagte sie. «Daran hat sich nichts geändert. Die Zonengrenze dagegen ist zu. Wenigstens lassen sie uns nun doch noch zu euch in die DDR, zumindest mit Passierschein. Aber eine Schweinerei ist es trotzdem.»

«Frei passierbar? Dass ich nicht lache», kommentierte Friedrich säuerlich, der soeben dazugestoßen war. «Meine Verkäuferinnen aus den Ostbezirken der Stadt bekommen diese ‹Freiheit› jeden Morgen und jeden Abend zu spüren. Wir müssen im Modekaufhaus bereits eine Art morgendliches Notprogramm fahren, so schwach sind wir da personalmäßig aufgestellt.»

«Du sparst noch immer genug an deinen bienenfleißigen Ostfrauen, lieber Bruder», kam nun von Carl, der sich mit einem Glas Wein in der Hand zu ihnen gesellte. «Denn sonst hättest du sie sicherlich längst entlassen. Und ja, diesen neuen Aufwand habt ihr eurem Herrn Adenauer zu verdanken, der so gar nichts von einer vernünftigen Wiedervereinigung und Neutralisierung Deutschlands hören will, wie Stalin sie vorgeschlagen hat, Garantie demokratischer Rechte und Parteien eingeschlossen.» Er leerte sein Weinglas in einem Zug. «In meinen Augen läuft es schnurgerade auf eine Wiederbewaffnung Westdeutschlands hinaus – und das, obwohl nach 1945 alle feierlich geschworen haben, nie mehr eine Waffe anzufassen.»

«Der Russe lässt uns ja keine andere Wahl», polterte Friedrich los. «Du siehst doch, was er in Korea angerichtet hat!»

«Daran sind die Amis aber auch nicht ganz schuldlos, lieber Fritz», konterte Carl. «Und was bringt das ganze sinnlose Sterben von Millionen Menschen? Über den 38. Breitengrad kommen sie beide nicht – trotz massivem Kriegsgedöns!»

«Papperlapapp», entgegnete Friedrich heftig. «Außerdem sind wir hier mitten in Europa. Sollen wir uns vielleicht eines Tages wehrlos von russischen Panzern überrollen lassen? Der Alte am Rhein weiß schon, was er tut! Du solltest inzwischen auch klüger geworden sein. Wenigstens hast du deinen Staatsanwaltsposten an den Nagel gehängt. Auch wenn ich nicht weiß, was du als Anwalt in Pankow willst.»

Silvie aß und hörte dabei dem Schlagabtausch amüsiert zu. Die beiden so unterschiedlichen Brüder gerieten jedes Mal aneinander, wenn sie sich trafen, doch heute war es besonders intensiv.

Carl richtete sich in seinem Stuhl auf, nun war er fast so groß wie Friedrich. «Mandanten zur Seite stehen», erwiderte er knapp. «Menschen brauchen Rechtsvertreter, die ihnen aus der Patsche helfen, wenn sie etwas angestellt haben oder dessen bezichtigt werden, hüben wie drüben. Und angeblich sagt man über mich» – ein kurzes verschmitztes Grinsen –, «ich sei einer der Besten.»

«Hier bei uns im Westen könntest du ebenso Mandanten in Bedrängnis betreuen und dabei ein Mehrfaches verdienen», fuhr Friedrich fort. «Aber du musst ja bei deinen verdammten Kommunisten bleiben …»

«Das, Bruderherz, ist vielleicht einer der gravierendsten Unterschiede zwischen uns.» Carl stellte sein Glas ab. «Geld hat mich noch nie sonderlich interessiert. Mir kommt es im Leben auf ganz andere Dinge an.»

Trotz seines lahmen Beins, das er einer Schusswunde aus dem Ersten Weltkrieg verdankte, stand Carl erstaunlich elegant auf und trat auf Sandro und Rike zu, die sich gerade vom Nebentisch erhoben hatten.

«Der alte Onkel bittet um einen Tanz mit der bezaubernden Braut», sagte er lächelnd. «Wird sie ihm den wohl gewähren?»

«Mit dem allergrößten Vergnügen», erwiderte Rike. «Außerdem bist du kein bisschen alt, sondern mein Lieblingsonkel.»

Paul, Carls jüngerer Sohn, und seine Jungs spielten gerade den Foxtrott *Singin' in the Rain*, mit dem Gene Kelly im gleichnamigen Musikfilm das Kinopublikum diesseits und jenseits des Atlantiks begeisterte. Der Name ihrer Band hatte im Lauf der Jahre beinahe ebenso oft gewechselt wie die Zusammensetzung des Quartetts. Immerhin war es den jungen Männern gelungen, eine vorübergehende Talsohle zu überbrücken und wieder mehr Engagements zu erhalten. Aktuell nannten sie sich *The Crazy Creatures* und hatten ebenso deutsche Schlager im Repertoire wie Blues, Ragtime und Boogie-Woogie.

«Und Sie? Nicht auch Lust auf Tanzen?» Beim Klang der Stimme durchfuhr Silvie ein Schauer. Als sie sich umdrehte, zog Wanja Krahl sich einen freien Stuhl heran und setzte sich neben sie. «Ich könnte wetten, Sie haben ein tolles Gespür für Rhythmus und Takt.»

«Im Moment esse ich, wie Sie sehen», sagte sie, «und das am liebsten ungestört.»

Taps, der weiße Familien-Westie, inzwischen ein älterer Herr, knurrte kurz, als habe er Silvie genau verstanden, machte gleich danach aber wieder folgsam neben dem Tisch Platz, weil vielleicht ja doch etwas für ihn abfallen würde.

Silvies Hand zitterte kaum merklich beim Schneiden des Schnitzels. Sie konnte nur hoffen, dass es diesem Schauspieler nicht auffiel, aber vielleicht sah er es, so drängend, wie er sie anstarrte.

«Sie lügen», sagte er leise. «Aber Sie lügen schlecht. Und das wiederum gefällt mir.»

Sie schaute auf. Ihre Blicke verhakten sich ineinander, dann blickte Silvie erneut auf ihren Teller.

Berühr mich, dachte sie zu ihrer eigenen Überraschung. Streichle meine Hand. Oder meinen Nacken. Löse die Klammern, und fahr mit den Fingern durch mein Haar. Deine Haut an meiner Haut, das genau ist es, was ich spüren will.

Er tat nichts von alldem.

Sie schob den Teller beiseite und hatte plötzlich Lust auf eine Zigarette, obwohl sie nur ganz selten rauchte.

Er ließ ein silbernes Etui aufschnappen, als hätte er ihre Gedanken erraten. «Gitanes», sagte er fast entschuldigend. «Die einzigen, die ich ertrage. Wenn man allerdings nicht daran gewöhnt ist …»

Silvie nahm eine der Filterlosen und ließ sich von Wanja Krahl Feuer geben. Das starke schwarze Kraut versengte fast ihren Rachen, aber sie würde auf keinen Fall husten.

«Scheußlich», sagte sie nach dem zweiten Zug und drückte die Zigarette wieder aus.

Er nickte, als habe er nichts anderes erwartet. «Zeigen Sie mir jetzt die Villa? Ich habe gehört, sie soll ganz wunderbar dekoriert sein!»

«Weshalb sollte ich? Ich kenne Sie doch kaum.»

So aus der Nähe hatten seine Eisaugen einen irritierenden blauen Rand, der ins Petrol ging.

«Weil ich einfach alles über Sie wissen muss.» Er stand so abrupt auf, dass sein Stuhl umfiel. «Wo Sie schlafen. Wovon Sie träumen. Was Sie wütend macht oder verzweifeln lässt, alles, verstehen Sie, *einfach alles*! Ich habe auf Sie gewartet, vielleicht schon mein ganzes Leben lang. Und jetzt stolzieren Sie einfach so daher, in Ihrer aufregenden schwarzen Witwenkluft, die einem den Atem verschlägt. Denken Sie vielleicht, ich könnte Sie wieder vergessen?» Jetzt schrie er fast.

Ein paar Köpfe flogen zu ihnen herum, aber die Band spielte gerade lauter, was Silvie nur recht sein konnte.

«Was für ein drolliges Schülertheater», sagte sie und stand auf. «Wenn Ihr Schiller nicht um Klassen besser ist, werden Sie allerdings Schiffbruch erleiden, fürchte ich.» Ihr Tonfall wurde mütterlich. «Wie alt waren Sie gleich noch einmal, Wanja?»

«Vierundzwanzig», stieß er hervor. «Aber was zum Teufel hat das mit …»

«Dachte ich mir.» Sie ging Richtung Haus, drehte sich aber noch einmal zu ihm um. «Ich habe zwar Erfahrung mit jüngeren Brüdern, aber einer davon reicht mir vollkommen.»

Er sah sie mit funkelnden Augen an, dann wandte er sich um und lief zum Gartentor, und sie fühlte sich beraubt, noch bevor er das Grundstück verlassen hatte.

Bitte nicht, dachte Silvie, während sie sich in der kleinen blaugestrichenen Gästetoilette kaltes Wasser über die Innenseite der Handgelenke laufen ließ, um ihren aufgeregten Puls wieder zu beruhigen. Bitte keinen, den ich bis zum Wahnsinn küssen möchte. Keinen, der mich garantiert um den Verstand bringen wird. Und erst recht keinen aufgeblasenen Möchtegern, der noch nicht einmal ahnt, wer er ist! Einen Polen auf Abruf hatte ich schon, danach einen jüdischen Freund, dem ich niemals genügen konnte, weil ich keine Jüdin bin, und schließlich einen linientreuen Kommunisten mit zwei Kindern, für den eine Scheidung aus Gewissengründen unvorstellbar war – das müsste als Lektion in Sachen Dornenliebe doch eigentlich genügen! Kann ich mich nicht wenigstens einmal im Leben in einen grundsoliden Mann verlieben, der mich auf Händen trägt und einem anständigen Beruf nachgeht?

Sie konnte es nicht.

Silvie wusste es in dem Moment, als sie die Tür öffnete und Wanja an der gegenüberliegenden Wand in der Diele lehnen sah.

«Krahl kommt übrigens aus dem Sorbischen und bedeutet König», sagte er leise. Das Haar hing ihm wirr in die Stirn. Sein Gesicht war blass. Er sah aus wie ein Junge, der nachts aufgewacht ist und Angst hat. «Schon mal gehört?»

Silvie nickte.

Dann ging sie auf ihn zu, legte den Kopf leicht in den Nacken, schloss die Augen und bot ihm ihre Lippen zum Kuss – doch der blieb aus. Stattdessen spürte sie eine Berührung am Haaransatz, so zart, dass sie es sich vielleicht auch nur eingebildet hatte.

Verblüfft schlug sie die Lider wieder auf.

Inzwischen hatte er sich ein ganzes Stück von ihr entfernt, als habe er sich gerade noch in Sicherheit gebracht.

«Brennen muss es», sagte er, «bluten und sich anfühlen, als würde man barfuß auf Glasscherben laufen, dann und nur dann ist Liebe echt. Davon träume ich. Immer schon. Und du doch auch. Oder hast du das alles schon hinter dir?»

Er verschwand in den Garten.

Bleib mir bloß vom Leib, dachte Silvie, als sie wieder nach draußen auf die Terrasse ging, und musste im gleichen Moment gegen Tränen der Enttäuschung kämpfen. Einer wie du hat mir in meiner Sammlung gerade noch gefehlt!

«Alles in Ordnung mit dir, Silvie?» Die Stimme ihres Cousins Gregor, der plötzlich neben ihr stand, klang besorgt.

«Klaro», sagte sie schnell. «Es sind bloß diese verdammten Pumps, die mich halb um den Verstand bringen. Lauf du mal stundenlang auf solchen Mörderabsätzen herum und lächle noch dabei!»

«Dann zieh sie doch einfach aus. Barfuß tanzt es sich ohnehin viel besser!»

«Gute Idee!» Silvie streifte die lästigen Schuhe ab, nahm seine Hand und ließ sich von ihm auf die provisorische Tanzfläche ziehen, die schon von einigen Paaren bevölkert war. Morgen würde Claire garantiert wegen ihres verdorbenen Rasens lamentieren, heute jedoch wurde erst einmal gefeiert! Gregor bewegte sich zum Boogie-Woogie der Band so geschmeidig, dass sie nur staunen konnte.

Was wusste sie eigentlich von ihm? So gut wie nichts!

Als Kind war er extrem zurückhaltend gewesen, wahrscheinlich, weil er verstecken wollte, dass er *anders* war.

Seit Jahren waren er und Hotte ein Paar – auch wenn das geltende Gesetz ihnen das bei Strafandrohung untersagte. Die beiden lebten jetzt in Schöneberg, offiziell als Brüder, die sich eine winzige Zweizimmerwohnung in einem Rückgebäude teilten, eine Lüge, die ihnen gegenüber der Nachbarschaft jede Menge Verstellungskunst abverlangte. Gregor war beherrscht und rational, der würde das auf Dauer wohl eher hinbekommen, aber was den sprunghaften, durch und durch emotionalen Hotte betraf, so hatte Silvie durchaus Bedenken. Hotte tat meistens unbekümmert kund, was ihm gerade auf der Zunge lag. Silvie betrachtete ihren tanzenden Cousin. Wieso durfte er nicht offen leben, wie er wollte? Das konnte Menschen doch nur unglücklich machen.

Aus einem plötzlichen Impuls spurtete Silvie zu dem weißen Sonnenschirm, unter dem Hotte bei einer Berliner Weißen saß, und griff nach seiner Hand.

«Komm tanzen!» Sie zog ihn hoch.

«Zu dritt?», sagte er grinsend, ohne sich zu wehren.

«Warum nicht? Die Polizei wird uns ja nicht gleich festnehmen, oder?»

Ein schneller Song folgte nun auf den anderen, als sei es Paul eine besondere Freude, seinen Bruder so ausgelassen zu sehen, und auch Silvie drehte sich immer wilder. Irgendwann musste sie aber doch eine Pause einlegen, weil sie kurz vorm Verdursten war, und dass die beiden Männer mutig zusammen weitertanzten, gefiel ihr über alle Maßen.

Aus den Augenwinkeln sah sie, wie Elsa und Rike am Rande der Tanzfläche ganz vertraut zusammenstanden, die alten Freundinnen, die im Spätherbst beide Mutter werden würden, die eine bereits zum dritten Mal, ihre Schwester als Erstgebärende. Als Dritte im Bunde gesellte sich noch die braunhaarige Hebamme Lou Berger dazu, die mit den beiden die Schulbank gedrückt hatte. Von ihr hatte Silvie damals die Adresse des Arztes erfahren, der ihren Schwangerschaftsabbruch vorgenommen hatte, fachmännisch, aber natürlich illegal – und der alte Schmerz meldete sich zurück.

Kein Mann. Kein Haus. Kein Kind.

Würde sie diesen unseligen Spruch, der sie inzwischen fast wie ein Fluch verfolgte, denn niemals wieder loswerden?

Erst der kalte Sprudel, den Silvie in sich hineinschüttete, ließ sie langsam wieder ruhiger werden. Mein Leben ist eben anders, dachte sie trotzig, während sie auf Weißwein umstieg, weil es ja schließlich ein Hochzeitsfest war, wilder, unstet. Und dennoch hielt sich hartnäckig in ihr eine Sehnsucht nach ruhiger, sicherer Kontinuität, die sie womöglich niemals erleben würde.

Nach dem ersten Glas fiel ihr ein Mann auf, den sie niemals hier erwartet hätte: Werner Brahm. Blass und inzwischen fast vollkommen kahl, saß er am Tisch neben Oskar. Er hatte sich die Aktion Lumpenkleider einfallen lassen, die im zerbombten Nachkriegsberlin für Furore gesorgt hatte. Friedrich und Rike waren eine Zeitlang seine Teilhaber gewesen, doch dann musste etwas passiert sein, vom dem sie bis heute nichts wusste, denn die Geschäftsverbindung war geplatzt. Papa erwähnte ihn niemals mehr, und Rike schaute inzwischen voller Abscheu drein, sobald Brahms Name irgendwo auftauchte. Sie wäre sicher alles andere als begeistert, ihn unter den Gästen zu entdecken – was zum Teufel hatte dieser Kerl also ausgerechnet auf ihrem Hochzeitsfest zu suchen?

Mit dem Weinglas in der Hand, schlenderte sie langsam zu den beiden Männern.

«Das schöne Fräulein Thalheim, welche Freude», begrüßte Brahm sie schleimig. «Barfüßig, aber unwiderstehlich wie eh und je!»

«Ich störe doch nicht?» Sie setzte sich zu ihnen, obwohl ihr Oskars betretene Miene verriet, dass sie alles andere als erwünscht war.

«Sie? Niemals!»

Eine glatte Lüge, wie sie sofort spürte, gleichzeitig war sie heilfroh, dass es zum «Du» zwischen ihnen niemals gereicht hatte.

«Die Geschäfte laufen?» Sie ließ Brahm nicht aus den Augen und spielte mit ihrem Glas.

Erst kürzlich hatte er in Wilmersdorf ebenfalls einen Laden eröffnet, bei näherem Hinsehen eine dreiste Kopie des *Modekaufhaus Thalheim*, dem allerdings die Klasse fehlte. Doch seine Preise lagen deutlich niedriger, davon hatte sich Silvie, getarnt mit Hut und Sonnenbrille, mit eigenen Augen überzeugt – und gut besucht war das erstaunlich weitläufige Geschäft auch gewesen. Brahm hatte Verkaufen eben im Blut und wusste ganz genau, wann er was wem andrehen konnte, das musste man ihm lassen.

«Ich kann nicht klagen. Im Moment sind die Kundinnen noch hungrig auf unsere Läden mit ihrem vielfältigen Angebot, nicht wahr, Oskar?» Ein Schulterzucken. «Aber wer weiß schon, was sie morgen wollen? Oder gar übermorgen? Und darauf kommt es doch letztlich an: Nur wer heute schon die Trends von übermorgen im Blick hat, kann auf Dauer wirklich erfolgreich sein!»

Oskar nickte, und Silvie spürte, wie sie langsam sauer wurde.

Die beiden duzten sich, was bedeutete, dass sie sich näher kannten. Darüber hatte ihr Bruder kein Wort verloren. Bis heute hatte sie nicht einmal gewusst, dass sie sich jemals begegnet waren.

«Feiner Kerl übrigens, Ihr Zwillingsbruder!» Werner Brahm klopfte Oskar auf die Schulter. «Und verdammt clever dazu. Da braucht Friedrich seine sture Älteste ja gar nicht mehr so dringend in der Geschäftsführung. Und nun, wo sie in anderen Umständen ist, wird sich das Blatt ja ohnehin bald wenden.»

«Es ist besser, wenn Sie gehen.» Silvies Stimme war leise und scharf.

Er stand auf, lächelte unverbindlich und beugte sich dann zu Oskar.

«Wir bleiben in Verbindung?», sagte er.

«Aber immer», bekräftigte der. «Du hörst von mir.»

Silvie konnte sich gerade noch beherrschen, bis Brahm den Garten verlassen hatte, dann fuhr sie zu Oskar herum.

«Und jetzt will ich auf der Stelle wissen, was du mit diesem Schmierlappen zu schaffen hast! Und warum er hier auf Rikes Hochzeit auftaucht!», herrschte sie ihn an.

«Er hat sich doch nur für eine halbe Stunde zu mir gesetzt. Ich bin ihm zufällig begegnet, als ich Zigaretten holen war, und da habe ich ihn auf ein Glas Wein eingeladen, ist doch nichts dabei», erwiderte Oskar. «Und außerdem ist Werner Brahm ein hochangesehener Geschäftsmann.»

«So hoch angesehen, dass Papa und Rike jede Verbindung mit ihm abgebrochen haben.»

«Ihre Sache.» Oskars Unterlippe schob sich nach vorn, wie immer, wenn er sich ärgerte. «Ich hatte bislang keinerlei Anlass, ihm zu misstrauen.»

«Dann heckt ihr tatsächlich zusammen etwas aus?»

«Erstens geht dich das gar nichts an, liebste Silvie, und zweitens laufen bislang lediglich Sondierungsgespräche.»

«Das behaupten Politiker auch immer, wenn Fakten längst geschaffen sind. Also, raus mit der Wahrheit! Oder soll ich Papa mal kurz die Augen öffnen …»

«Du hältst dich da gefälligst raus, kapiert?», schnappte er aufgebracht zurück. «Ich pfusche ja auch nicht in deine Sendungen!»

«Die gehen auch ganz allein auf meine Kappe und die meiner Redaktion. Du dagegen verantwortest zusammen mit Rike und Papa unser Kaufhaus – und damit unser Vermögen. Also? Ich höre!»

Silvie stemmte die Arme in die Hüften.

«Es ist wirklich noch längst nicht spruchreif. Aber du gibst ja sonst keine Ruhe: Brahm hatte da eine pfiffige Idee zum Thema Versandhandel. Ich spreche von einem durchaus exklusiven Niveau, das uns …»

«Wie überaus originell! Das macht Neckermann von Frankfurt aus äußerst erfolgreich bereits seit mehr als zwei Jahren. Und Quelle hat im Dritten Reich noch fröhlich mit den Nazis kooperiert und steht ihm heute vom Umsatz her in nichts nach, ganz im Gegenteil. Jetzt staunst du, dass deine flatterhafte Schwester sich so gut auskennt? Ja, beim Rundfunk wird man schlau, das kann ich dir sagen! Die Vermögenden bestellen garantiert nichts aus dem Karton, und einfache Leute können sich so teure Kleidung, wie sie dir offenbar vorschwebt, nicht leisten. Dieser Markt ist besetzt, Oskar! Der braucht keinen Brahm – und erst recht keinen Thalheim Junior, der sich von Ersterem über den Tisch ziehen lässt.»

Oskar sah sie schweigend an, nicht mehr wütend, sondern eher resigniert.

«Jetzt weiß ich endlich, was du wirklich von mir hältst», sagte er. «Ein Versager, nichts anderes bin ich für dich. Ein dummer Junge, der nichts weiß und nichts kann. Tut mir leid, dass ich so viele Jahre im Steinbruch war. Ich hätte auch lieber etwas anderes gemacht, als bei den Russen zu malochen und zu hungern, das darfst du mir glauben.»

«Das weiß ich doch. Und so etwas habe ich niemals gesagt.» Silvie dachte an seine wiederkehrenden Albträume und biss sich auf die Lippe.

«Hast du doch», beharrte er.

«Ich habe lediglich vom Versandhandel gesprochen, und das ist wirklich ein ganz spezielles Feld. Warum unterhältst du dich nicht einmal in Ruhe mit deinem neuen Schwager? Sandro weiß so gut wie alles über Stoffe …»

«Sandro, Sandro, ich hör immer nur noch Sandro! Der hat das Zahnrad auch nicht erfunden.»

Silvie legte ihrem Bruder begütigend die Hand auf den Arm. «Lass uns nicht streiten, Oskar, vor allem nicht an diesem besonderen Tag. Ich wollte dich lediglich warnen, weil Brahm als krummer Hund bekannt ist und ich unter keinen Umständen möchte, dass er deine Begeisterung ausnützt, verstehst du?» Sie legte all ihre Liebe für ihn in diesen einen Blick.

«Ich will auch nicht mit dir streiten», räumte Oskar ein. «Wenn du nur immer das letzte Wort behalten kannst ...»

«Das ist doch wirklich nichts Neues», neckte sie ihn. «Acht Minuten Vorsprung sind eben kaum zu toppen.» Sie streckte ihm die Hand entgegen. «Und jetzt tanzen!»

«Tanzen – ohne Zehen?»

«Wozu hast du Schuhe an? Und dabei kannst du mir berichten, was der schräge Typ im Rometsch dir so erzählt hat.»

«Gerne.» Jetzt strahlte Oskar wieder, während sie sich Mühe gaben, gemeinsam mit dem Slowfox zurechtzukommen, den die Band gerade spielte. «So übel ist dieser Wanja Krahl gar nicht, bisschen durchgeknallt vielleicht, aber sonst so weit ganz in Ordnung. Er fährt jetzt erst einmal für ein paar Tage nach Südfrankreich, in irgendein verschlafenes Nest am Meer, wo er Licht und Sonne tanken will. Saint Tropez heißt das, glaube ich. Zur Berlinale ist er dann wieder zurück, hat dort ja sicherlich jede Menge Termine wegen seiner Hauptrolle als Schiller in Weisgerbers Filmproduktion. Gleich danach soll dann unsere Probefahrt starten.»

«Probefahrt?», wiederholte Silvie perplex.

«Na, weil ich seinen Wagen kaufen will, du bist vielleicht gut! Das ist doch genau *mein* Auto, ist dir das nicht gleich aufgefallen?»

«Hast du eine Bank ausgeraubt?»

«Natürlich nicht.»

«Woher kommt die Kohle dann?», bohrte Silvie nach.

«Das Geld dafür muss ich erst noch auftreiben, aber ich hab da schon so eine Idee.» Oskar schmunzelte vielsagend.

«Wusstest du übrigens, dass Krahl aus dem Sorbischen kommt und König bedeutet? Passt irgendwie zu ihm, findest du nicht auch? Er hat schon etwas an sich, das aus der Menge hervorsticht.»

«Ja», sagte Silvie, die plötzlich sehr nachdenklich geworden war. «Das hat er.»

2

Berlin, Sommer 1952

Was für ein aufregender Sommer!

Während ganz Europa unter einer Hitzewelle ächzte, die auch die Temperaturen in Berlin enorm nach oben trieb, drehte Silvies Lebensrad sich derart rasant, dass ihr fast schwindelig wurde. Es begann damit, dass Markus Weisgerber das Versprechen, seine Kontakte für Silvie spielen zu lassen, wahr machte und sie mitnahm in die Dahlemer Villa von Elli Silman. Die Berliner Jüdin, einst Dramaturgin, war ebenso wie er nach der Machtergreifung 1933 aus Deutschland geflohen, 1945 zurückgekehrt und mittlerweile eine erfolgreiche Agentin, die viele bekannte Schauspielerinnen und Schauspieler vertrat. Elli Silman kannte alle, die in der Kinoszene wichtig waren – unter anderem auch Billy Wilder.

Als dessen Name im Gespräch fiel, horchte Silvie auf, und sie war geradezu elektrisiert, als die rundliche Agentin beiläufig erwähnte, dass der Regisseur Gast der diesjährigen Berlinale im Juni sein würde, obwohl er den deutschen Nachkriegsfilm leider «fußgängerisch» fand, wie er ihr offenbar gestanden hatte.

«Mein Start für *Stimmen*», flüsterte Silvie verzückt. «Billy Wilder – besser geht es ja gar nicht! *Boulevard der Dämme-*

rung ist einer der aufregendsten Filme, die ich je gesehen habe.»

«*Stimmen*?», wiederholte Elli Silman verständnislos. «Was soll das sein?»

«Eine neue Radiosendung, die den Menschen ans Herz gehen wird. Wenige ausgesuchte Fragen, ich halte mich dabei als Moderatorin bewusst im Hintergrund. Wichtig ist nur die Stimme meines jeweiligen Gasts – pur, eindringlich und intensiv. Beinahe, als würden die Hörer persönlich mit ihm sprechen. Alles live, sozusagen ohne Netz und doppelten Boden. In menschlichen Stimmen liegt doch eine ganze Welt, finden Sie nicht auch? Sie können uns viel tiefer erreichen als das Optische.» Fast schon flehentlich musterte Silvie jetzt die energische grauhaarige Agentin, die nicht besonders beeindruckt wirkte. «Ich feile bereits eine kleine Ewigkeit an diesem Konzept, aber bislang hat mir immer noch der große Aufmacher gefehlt. Das richtige *Bäm*, Sie verstehen? Sie müssen unbedingt bei ihm ein gutes Wort für mich einlegen – bitte!»

Elli Silman nahm ungerührt einen Schluck Tee. «Billy macht, was er will, das war schon so, als er in den Zwanzigern noch zur Untermiete in Schöneberg neben einer rauschenden Klospülung im Dauereinsatz gewohnt hat», erwiderte sie. «Und jetzt, wo er immer berühmter wird, erst recht. Da werd ich nicht viel ausrichten können, Kindchen. Entweder er mag Ihre Idee – oder eben nicht. So einfach ist das.»

«Du könnest ihm vielleicht sagen, dass du Silvie Thalheim persönlich kennst», mischte sich nun Markus ein. «Und dass sie eine sehr patente junge Frau ist.»

«Verdammt hübsch ist sie», konterte die Agentin. «Das wird ihn am meisten interessieren. Obwohl er jetzt mit seiner Audrey so glücklich verheiratet ist.» Sie fasste Silvie scharf ins Auge. «Also, wenn ich Ihnen tatsächlich Wilder ans Mikro liefere, dann will ich aber auch im Gegenzug eine Sendung mit Hildegard Knef. Die ist meine Klientin und mit ihrer Jahrhundertstimme der internationale Star von morgen, das werden die Deutschen hoffentlich auch bald kapieren. Die kann jede positive deutsche Presse gut gebrauchen.»

Silvie nickte. Um Knefs Film *Die Sünderin* hatte es einen regelrechten Skandal gegeben, unter anderem hatten katholische Hardliner aus Protest gegen dessen Vorführung ganze Kinos zerlegt.

Sie streckte Silvie eine winzige, mit Goldringen überladene Hand entgegen, während diese eifrig nickte.

«Deal?», fragte sie.

«Deal!» Silvie schlug ein.

Danach konnte sie quälende Nächte lang kaum noch schlafen, bis der Anruf der Agentin sie endlich erlöste.

«Billy ist einverstanden», sagte sie, während Silvie überlegte, dass Elli Silman unbedingt ebenfalls zu ihr in die Sendung kommen musste, weil ihr jiddisch gefärbtes Berlinerisch einfach wunderbar klang. «Lassen Sie ihn am Hotel abholen, und sorgen Sie bei diesen tropischen Temperaturen für ein anständig klimatisiertes Studio, das ist er von Hollywood her gewöhnt. Halten Sie außerdem ausreichend gezuckerten Eistee bereit. Sonst kann ich für nichts garantieren.»

Aufgelöst und überglücklich zugleich düste Silvie auf

ihrer Vespa zum RIAS in die Kufsteiner Straße in Schöneberg und lief dort geradewegs in das Büro von Dietmar Schenk, dem Programmleiter Unterhaltung.

«Wir kriegen den Billy Wilder», sprudelte sie hervor. «Und die Knef können wir ebenfalls haben. Auch Oestergaard ist gern mit von der Partie. Dazu ein Feuerwehrmann, der drei kleine Jungs aus dem Wannsee gefischt hat und dabei fast selbst ertrunken wäre. Was die Sportler betrifft, so warten wir am besten die Olympischen Sommerspiele in Helsinki ab und suchen uns dann entweder einen großen Gewinner aus oder einen, für den alle Träume zerplatzt sind. Aber das alles natürlich nur, wenn Sie meine neue Sendung auch machen.» Sie zog zwei eng getippte Seiten aus ihrer sommerlichen Basttasche. «*Stimmen* – so soll sie heißen, und ich moderiere sie. Ich prophezeie Ihnen, da geht es ans Eingemachte!»

Schenk, zuerst noch ungehalten wegen der unerwarteten Störung, begann zu lesen.

«Das ist ja richtig gut», kommentierte er zwischendrin, um gleich wieder mit der Lektüre fortzufahren.

«Natürlich ist es das», strahlte Silvie. «Sonst hätte ich es ja erst gar nicht vorgestellt. Wir lassen Berühmtheiten zu Wort kommen, sozusagen ganz privat. Aber wir nehmen auch Menschen aus dem Alltag, die Besonderes geleistet oder erlebt haben. Der Reiz liegt in der Mischung. Im Vorfeld verraten wir nicht zu viel, damit die Neugierde erhalten bleibt. Einmal pro Woche, dazu zwischendrin Musik, die unsere Gäste aussuchen dürfen. Ausgestrahlt wird abends, wenn unsere Hörer Zeit zum ungestörten Lauschen haben. Was sagen Sie?»

«Das müssen wir erst alles in der Redaktionskonferenz besprechen …»

«Dann aber dalli, dalli! Billy Wilder reist nämlich zur Berlinale an und residiert im neueröffneten Kempinski. Das ist unsere Chance. Denn so schnell kriegen wir ihn sicherlich nicht wieder nach Berlin.»

Das mit dem «fußgängerischen» deutschen Film behielt sie lieber für sich. Die Berlinale, die das Wirtschaftsleben der Stadt ankurbeln und einen glitzernden Westakzent zum grauen Alltag unter dem SED-Regime im Ostteil setzen sollte, hatte es international ohnehin schon schwer genug. Cannes und Venedig hatten heftig gegen einen neuen Konkurrenten protestiert. Man war zu Kompromissen gezwungen gewesen, sollte das Festival überhaupt stattfinden. So durfte keine offizielle Jury den Wettbewerb ausrichten und Preise vergeben, das blieb Cannes und Venedig vorbehalten. In Berlin sollte das Kinopublikum per Votum nach den jeweiligen Vorführungen die Sieger für den Goldenen, Silbernen und Bronzenen Bären bestimmen.

Die Redaktion war einhellig für Silvies Konzept – einen Monat lang würde *Stimmen* nun im Probelauf auf Sendung gehen. Man wollte die Quoten beobachten und danach weiter entscheiden.

Je näher das Festival rückte, desto nervöser wurde Silvie, bekam kaum noch etwas herunter, begann an den Nägeln zu kauen wie einst als Vorschulkind und änderte ihre Fragen für den berühmten Regisseur mindestens zweimal täglich. Oskar, den sie als Einzigen aus der Familie eingeweiht hatte, versuchte vergebens, sie zu beruhigen.

«Du wirst ihn um den Finger wickeln wie alle Männer», sagte er. «Du bist jung und schön – und ihr sitzt im Studio nah zusammen. Was zum Teufel sollte da schon schiefgehen?»

«Jede Menge, du naiver Schatz! Vielleicht findet er mich ja unsympathisch, langweilig oder zu ungebildet, das könnte alles passieren. Elli Silman hat angedeutet, dass er sehr speziell ist und Leute blitzschnell beurteilt. Wenn ich bei ihm durchfalle, kann so eine Livesendung endlos werden. Im allerschlimmsten Fall sagt er gar nichts mehr. Wie stehe ich dann da mit meinen *Stimmen*!»

«Was du dir immer alles zusammenreimst! Wird schon schiefgehen …»

Silvie sah ihn weidwund an.

«So sagt man doch beim Theater, oder?», feixte Oskar.

«Hals-und Beinbruch», murmelte sie. «Und gerade fühle ich mich so, als wäre beides passiert.»

Doch nicht nur Silvie war wie im Fieber, ganz Berlin war es in diesen Tagen. Autogrammjäger schwärmten aus, und die Schaufenster der Ku'damm-Geschäfte wurden aufwendigst dekoriert, in der Hoffnung, Kundinnen anzulocken. Natürlich waren die eintreffenden Stars keinesfalls «zum Anfassen», sondern konnten nur auf der Leinwand oder bestenfalls beim Verlassen ihres Hotels betrachtet werden. Doch allein zu wissen, dass ein James Stewart, ein O.W. Fischer, eine Sonja Ziemann oder ein Dieter Borsche in Berlin sein würden, reichte aus, um die Gemüter zu erhitzen. Die Zeitschrift *Frau und Film* tat alles, um ihre Leserinnen über das Leben bekannter Schauspielerinnen und Schauspieler auf dem Laufenden zu halten. Dazu gehörte natürlich auch, wie die weiblichen Stars sich kleideten und schminkten.

«Schick zur Berlinale», damit warb das *Modekaufhaus Thalheim*. «Sei der Filmstar in deinem Zuhause». Rike war es gelungen, Sonja Ziemann, umjubelte Hauptdarstellerin der Filme *Schwarzwaldmädl* und *Grün ist die Heide* zu einer Fotostrecke mit Modellen aus der aktuellen Sommerkollektion zu bewegen, eine Aktion, die viel Aufwand erfordert und einiges gekostet hatte. Die Idee stammte von Sandro, doch die Frischvermählten mussten sich erst gegen Friedrich und Oskar durchsetzen, die zunächst einhellig dagegen gestimmt hatten. Jetzt allerdings räumten die beiden schließlich doch ein, dass die nahezu lebensgroßen Ziemann-Fotos, die als Plakate in diversen Stockwerken des Kaufhauses hingen, gelungen waren.

Und sie zeigten durchaus Wirkung.

Kundinnen strömten herbei, um ihrem Lieblingsstar wenigstens auf diese Weise nah zu sein, und gingen beglückt mit einer Tüte wieder hinaus, in der exakt jenes Kleid lag, das auch die Ziemann auf dem Foto getragen hatte.

«Star plus Werbung, das funktioniert phantastisch, da sollten wir unbedingt dranbleiben», sagte Rike, als Silvie nach der Arbeit im Sender bei ihr im Kaufhaus vorbeischaute und die Plakate bewunderte. «Seit der Wiedereröffnung läuft es gut, das neue Haus wird angenommen, und der Kundinnenstamm ist solide – alles durchaus erfreulich. Was aber nicht heißt, dass da nicht noch ordentlich Luft nach oben wäre. Du weißt ja, inzwischen gibt es jede Menge Konkurrenz, nicht nur Brahm mit seiner Klitsche, sondern viele andere Läden, die wie Pilze rund um den Ku'damm aus dem Boden schießen. Und die Saure-Gurken-Zeit steht uns erst noch bevor: Wenn die heißen Tage kommen, gehen viele Damen lieber zum Baden als zum Kleiderkaufen. Nur auf den Sommerschlussverkauf sollten wir uns besser nicht verlassen.»

«Wo du recht hast, hast du recht», entgegnete Silvie. «Etwas Ausgefallenes würde uns gut stehen. Etwas, das die Konkurrenz nicht hat.»

«Mit einer anständigen Abendmodenkollektion könnten wir richtig Umsatz machen», sagte Rike. «Doch leider ist das meiste, was die Vertreter uns da anbieten, einfach nur spießig und langweilig.» Sie seufzte und legte dabei die Hände auf ihren Bauch, der jetzt nicht mehr zu verstecken war. «Miri fehlt eben an allen Ecken. Die könnte das! Und eine Schwester, die nicht nur hie und da Anregungen gibt, sondern tatkräftig mit anpackt, wäre ebenfalls sehr hilfreich …»

«Warum fragst du Miri nicht einfach ganz direkt, ob sie zurückkommen will?»

Den zweiten Satz hatte Silvie geflissentlich überhört. Zu oft hatten sie diese Diskussion schon geführt. Sie war erst nach dem offiziellen Ladenschluss ins Kaufhaus gekommen, um sich in Ruhe ein Kleid für ihr morgiges Treffen mit Billy Wilder auszusuchen. Zu diesem Anlass würde sie nicht in Schwarz erscheinen, so viel stand für sie fest, auch wenn sie dem provokanten Oestergaard-Modell ja schließlich die Bekanntschaft mit Wanja Krahl verdankte.

Ach, was – Bekanntschaft!

Der junge Schauspieler tat, als seien sie sich niemals begegnet. Längst wieder zurück von der Côte d'Azur, wie sie von ihrem Zwillingsbruder wusste, hatte er sie kein einziges Mal angerufen. Die Telefonnummer über Oskar zu bekommen, wäre ein Leichtes gewesen, wenn man nur wollte.

Aber offenbar hatte er keinerlei Interesse.

Bestimmt besser so, dachte Silvie, während sie versuchte, sich auf die Kleider an der Stange vor ihr zu konzentrieren. Damit ersparst du dir jede Menge Aufregung und Herzschmerz.

«Meinst du?», fragte Rike. «Ich hab, ehrlich gesagt, auch immer wieder daran gedacht. Zumal es mit Ben Green ja nicht mehr die ganz große Liebe zu sein scheint.»

«Wenn eine Miri zurückholen kann, dann du», sagte Silvie. «Ihr beide wart doch immer ein Herz und eine Seele. Und wer weiß, womöglich erweist du ihr damit sogar einen großen Gefallen. Dann fühlt sie sich gebraucht und muss nicht das Gefühl haben, in Israel versagt zu haben. Papa würde sich sicherlich auch freuen, sie wieder mit an Bord zu haben. Schließlich hält er größte Stücke auf sie.»

Da hing ein petrolgrünes Kleid mit breitem Gürtel und weitem Rock, das gehen würde. Die gleiche Farbe wie der Kranz um Wanjas Iris … Verdammt – sie musste diesen verrückten Kerl endlich aus dem Kopf bekommen!

«Das Petrolgrüne solltest du unbedingt anprobieren», sagte Rike. «Eine wunderbare Farbe zu deinem Blond, und der V-Ausschnitt setzt deinen Busen perfekt in Szene.» Plötzlich verzog ihre Schwester schmerzlich das Gesicht.

«Was hast du? Tut dir etwas weh?» Silvie, inzwischen nur noch in BH und Höschen, stürzte zu ihr. «Ist alles okay mit dem Kind?»

«Woher soll ich das wissen?» Rikes Gesicht war noch

immer verzerrt. «Reinschauen müsste man können, dann wäre ich ruhiger. So aber weiß man leider gar nichts. Ausgerechnet jetzt ist Sandro in Mailand.»

«Also ist doch etwas mit dem Baby!»

«Ich hoffe nicht. Ab und zu zwackt und ziept es zwar, unter uns, manchmal auch ganz schön dolle. Für Wehen ist es ja noch viel zu früh, aber mein Frauenarzt hat erst neulich gesagt, das sei ganz normal, weil das Kleine ja immer mehr Platz beansprucht und sich alles dehnen muss. Heute Vormittag allerdings …» Sie brach ab.

«Was war heute Vormittag?», hakte Silvie nach. «Raus mit der Sprache!»

«Ein bisschen Blut im Schlüpfer.» Rike biss sich auf die Lippen. «Und vorhin hab ich gesehen, es hat wieder angefangen …»

«Was tust du dann noch hier, du Bekloppte? Du gehörst auf der Stelle ins Bett, nein, warte, zuerst musst du auf jeden Fall zu einem Arzt!»

«Du hast doch unbedingt ein neues Kleid gebraucht. Willst du es nicht endlich anprobieren?»

«Das passt schon.» Silvie zog sich blitzschnell wieder an und sah auf die Uhr. «Für deinen Frauenarzt ist es definitiv zu spät, das hast du ja prima hinbekommen. Aber wir beide nehmen uns jetzt ein Taxi, und dann bringe ich dich nach Charlottenburg ins Krankenhaus.»

Rike musste liegen, liegen, liegen, wenn sie ihr Kleines behalten wollte – so lautete der ärztliche Bescheid, und das wollte sie natürlich. Silvie hatte die Klinik erst nach Mitternacht verlassen, nachdem ihre Schwester endlich eingeschlafen war, und dementsprechend zerknittert fühlte sie sich am nächsten Morgen.

Oskar erfuhr von Rikes Beschwerden am Frühstückstisch und reagierte bestürzt, konnte sich aber die Bemerkung nicht verkneifen, dass sie sich eben in ihrem Zustand zu viel zumutete, was eigentlich vollkommen unnötig sei, da er ja schließlich im Modekaufhaus alles im Griff habe. Sandro, den Silvie am Vorabend in Mailand angerufen hatte, behielt zum Glück die Nerven, nachdem er erfahren hatte, dass seine junge Ehefrau bereits unter ärztlicher Beobachtung stand, und versprach, sich sofort auf den Rückweg zu machen. Friedrich hatte ebenfalls bestürzt reagiert, sich aber rasch wieder gefangen, während Claire in Tränen ausgebrochen war. Natürlich würde sie sofort zu Rike in die Klinik eilen und sie dort mit allem versorgen, was sie brauchte.

«Vor allem braucht sie Ruhe», hatte Silvie betont, «Ruhe und noch einmal Ruhe.»

Aber ob das Claire von einem Besuch abhalten würde, war alles andere als sicher.

Leicht erschöpft von so viel Familie, kümmerte sich Silvie an diesem Morgen erst einmal um sich selbst.

«Aus dem ‹verdammt hübsch› wird heute wohl nichts», murmelte sie ihrem Spiegelbild zu, während sie mittels Puder, Mascara und Lippenstift zu retten versuchte, was noch zu retten war. «Vielleicht nimmt Mr. Wilder ja Reißaus, sobald er mich sieht.»

Wenigstens machte das Kleid einiges wieder gut, das sie vor der Fahrt ins Krankenhaus noch rasch eingesteckt und gleich nach dem Aufstehen anprobiert hatte. Die Farbe brachte ihre Haut zum Leuchten; der Schnitt unterstrich die schmale Taille. Wie es allerdings aussehen würde, wenn sie nach einem langen Tag abends neben Wilder in Schöneberg dem Taxi entsteigen würde, wusste sie nicht. Er hatte sich gewünscht, von ihr persönlich im Kempinski abgeholt zu werden – eine Aufgabe, vor der ihr graute.

«Ich fühle mich wie vor dem Abitur», sagte sie, als Oskar ihr zur Aufmunterung extrastarken Kaffee brühte. «Und das habe ich ja, wie wir alle wissen, ordentlich vergeigt.»

«Scheint irgendwie in der Familie zu liegen», grinste er. «Mir haben sie es seinerzeit auf dem Silbertablett serviert, weil sie dringend Frischfleisch für die Ostfront brauchten, sonst hätte es auch für mich düster ausgesehen. Und Flori hat gerade das Kunststück fertiggebracht, wegen Bio und Französisch durchzurasseln – ausgerechnet sie, die Tochter einer Französin! Du befindest dich also in allerbester Gesellschaft.»

«Halbfranzösin», korrigierte Silvie, «was die Sache allerdings nicht besser macht. Liebe Güte – und wie ich schwitze! Billy Wilder wird sich grausen, wenn ich ihm meine klatschnasse Hand reiche.»

«Dann wink ihm doch nur zu, mit einem coolen ‹Hi›», schlug Oskar vor. «Ich hab ohnehin gehört, dass die Amis einen Riesenbammel vor Viren und Bakterien haben sollen.»

«Nein», sagte Silvie. «Weißt du, was? Ich mache das ganz anders. Und zwar so, dass es sich auch für mich gut anfühlt. Toni, unsere flotte brünette Tonassistentin, soll ihn abholen und zu mir ins Studio bringen. Schließlich geht auch für einen Billy Wilder nicht jeder Wunsch in Erfüllung!»

Wie gut ihre Entscheidung gewesen war, merkte sie spätestens, als Billy Wilder am Abend freundlich lächelnd auf sie zukam. Natürlich verfügte der Bau aus der Vorkriegszeit über keine Klimaanlage. Aber immerhin lag das Funkhaus im amerikanischen Sektor, und so war es Silvie gelungen, drei Ventilatoren aufzutreiben, die sie nun auf Höchststufe laufen ließ, was die Tontechniker allerdings wegen der neuen Lärmquellen zum Fluchen brachte.

«Wir haben nun mal den Krieg verloren», sagte sie zu Wilder mit ihrem schmelzendsten Lächeln. «*Verdient* verloren, da ist mehr leider nicht drin! Dafür haben wir für Sie Eistee in Hülle und Fülle, Mr. Wilder. Herzlich willkommen beim RIAS in Berlin!»

«Eistee?» Sein Lächeln verrutschte leicht. «Bloß nicht! Ich hasse Eistee.»

Nachdem stattdessen in Windeseile Coca-Cola und stilles Wasser besorgt worden waren, verlief das Vorgespräch in ausgesprochen guter Atmosphäre.

«Rundfunk ist so herrlich altmodisch», sagte Billy Wilder mit seinem unüberhörbaren Wiener Einschlag, in dem ebenso ein Hauch Berlin wie auch die Jahre in Amerika mitschwangen. «Da fallen einem auf einmal wieder ganz viele Dinge von früher ein.» Er atmete tief ein. «Überhaupt, diese aufregende Stadt – hier hat ja alles für mich erst begonnen!»

Der Übergang zur Sendung verlief fließend.

Schlagfertigkeit und Wortwitz gehörten so untrennbar zu ihm, dass es lediglich eines Anstoßes bedurft hatte, um ihn zum Reden zu bringen. Er setzte seine Pointen gekonnt und sagte so wunderbare Sätze wie: «Ist es erforderlich, dass ein Regisseur auch gut schreiben kann? Nein, aber es hilft, wenn er lesen kann!»

Seine Kindheit im Galizien der K.-u.-k.-Monarchie und seine Jugend in Wien streifte er nur kurz, erzählte aber, dass er dort nach der Matura als junger Reporter gearbeitet habe, bevor er nach Berlin ging. Jetzt wurde er ausführlicher. Sein Anfang als Untermieter in Schöneberg war mühsam gewesen, er hielt sich mit winzigen Artikeln über Wasser, arbeitete zeitweise als Eintänzer beim Fünfuhrtee, wo er sein einziges Hemd radieren musste, um es für den nächsten Einsatz wieder halbwegs sauber zu bekommen, und lebte hauptsächlich von Trinkgeldern.

Spätestens ab jetzt entspannte sich Silvie.

Das waren Geschichten, wie ihre Hörer, die selber Hunger und Frieren zur Genüge erlebt hatten, sie liebten. Aber natürlich wollten sie auch erfahren, wie Wilders Karriere weitergegangen war – und er erzählte bereitwillig von seinem Start als Ghostwriter für berühmte Drehbuchautoren bis zum eigenen Drehbuch, das er 1931 gemeinsam mit Erich Kästner für *Emil und die Detektive* geschrieben hatte.

«Der erste Film, den ich im Kino sehen durfte. Bis heute unvergesslich für mich», hauchte Silvie, was Wilder nur noch weiter zu inspirieren schien.

«Es gibt drei wichtige Dinge beim Filmemachen», sagte er launig. «Du sollst nicht langweilen, du sollst nicht langweilen, und du sollst nicht langweilen! Das stammt vom berühmten Ernst Lubitsch, den ich anbete, und ist auch mein Credo.»

Wenig später kam er auf den Unterschied zwischen den Gattungen Tragödie und Komödie zu sprechen.

«Ein Mann läuft über eine Straße und fällt hin. Wenn er wieder aufsteht, ist es eine Komödie, und die Leute lachen. Bleibt er liegen, ist es eine Tragödie. So einfach ist das.»

Sein Lachen hatte noch immer etwas Jungenhaftes und gefiel Silvie sehr.

Zwischendrin gab es Einspielungen aus seiner Musikliste, Stücke von Cole Porter, George Gershwin, Benny Goodman, aber auch ein sentimentales Wiener Volkslied, das das Glück mit einem «Vogerl» verglich und Silvie zu Tränen rührte. Natürlich fiel ihm das auf, aber er sprach sie erst darauf an, als die Zauberstunde mit ihm wie im Flug vergangen war.

«Ich musste dabei an meine Schwester denken», gestand sie. «Die bekommt gerade ein Baby, aber es gibt leider Probleme …»

«Ach, Kinder!», erwiderte er seufzend. «Nichts auf der Welt kann einem so zusetzen wie sie. Wir hatten Zwillinge, jetzt ist uns nur unser Mädchen geblieben …»

«Das tut mir sehr leid.» Silvie hatte schon wieder Tränen in den Augen. «Ich bin nämlich auch ein Zwilling. Meinen Bruder hatten jahrelang die Russen interniert, nachdem er mit achtzehn an die Front musste. Sein halbes Leben haben sie ihm geklaut.» Sie schniefte. «Aber was rede ich da? Sie müssen mich ja für vollkommen meschugge halten!»

Wilder lachte lausbubenhaft, dann küsste er sie zum Abschied auf die Wangen.

«Great girl», sagte er. *«Wish you a lot of luck!»*

Kurz danach liefen im Sender die Telefonleitungen heiß. Die Hörer waren begeistert, fragten nach den Musikstücken, die während der Sendung gespielt worden waren, wollten ein Autogramm von Wilder haben und wissen, wo und wann sie ihn auf der Berlinale sehen könnten.

«Das läuft ja bestens», sagte Programmleiter Schenk zu Silvie, die durchgeschwitzt, aber überglücklich war. «Toller Start, Kompliment, liebe Silvie. Allerdings werden Sie sich anstrengen müssen, dieses Niveau zu halten. Schließlich werden nicht alle Ihre Gäste so begnadete Plaudertaschen sein wie Mr. Wilder!»

«Ich werd sie schon alle zum Reden bringen», entgegnete sie ihm strahlend. In diesem Moment hätte sie die ganze Welt umarmen können, so stark und frei fühlte sie sich.

Der Überschwang hielt den ganzen Heimweg über an; Silvie brachte die Vespa auf Hochtouren und schaffte die Strecke in die Charlottenburger Bleibtreustraße in Rekordzeit.

Immer noch übermütig, nahm sie beim Hinauflaufen zwei Stufen auf einmal, schloss auf – und stutzte. Oskars Stimme kam aus der Küche, Floris heller Sopran, dazu ein Bariton mit rauen Untertönen, der ihr sofort unter die Haut fuhr.

«Schönen guten Abend, Silvie», strahlte ihre jüngste Schwester sie an, die in einer enganliegenden hellgrünen Rüschenbluse neben Wanja und Oskar am Tisch saß und keck die Lippen spitzte. Plötzlich kamen Silvie die abgeblätterte Kredenz, der verschrammte Tisch und die lädierten Stühle gleich noch eine Spur schäbiger vor. Alles hätte dringend einer Renovierung bedurft. Warum war ihr das bislang noch nicht aufgefallen? «Da kiekste, was? Aber ich hab es zu Hause einfach nicht mehr ausgehalten. Natürlich tut Rike mir leid, sehr sogar, weil sie sich doch so auf das Kleine freut, aber dieses stundenlange Gejammer von Mama und Papa war einfach zu viel für mich. Nichts als immer nur noch Baby, Baby, Baby …»

«Wie geht es ihr?», unterbrach Silvie sie. «Es gibt doch hoffentlich keine neuen Horrormeldungen aus der Klinik?»

«Nein», sagte Oskar, «zum Glück nicht. Das Baby ist noch immer da, wo es hingehört. Und die werdende Mama hat ganz viel Bettruhe verordnet bekommen. Wenn Rike Pech hat, wird sie sogar bis zum Geburtstermin liegen müssen.» Es hörte sich nicht an, als würde er diesen letzten Punkt sonderlich bedauern.

Floris sonst so blassen Wangen waren gerötet, als wäre sie verlegen. «Darf ich heute bei dir schlafen, liebste Silvie?», zwitscherte sie honigsüß.

«Sehen Sie, genau das wollte ich Sie eigentlich auch gerade fragen.» Wanja Krahl war leicht gebräunt, was ihm ausnehmend gut stand. Mit seinen schwarzen Haaren und dem weißen Hemd, an dem ein paar Knöpfe offen standen, hatte er etwas von einem Piraten. «Aber Ihre entzückende kleine Schwester ist mir leider zuvorgekommen …»

«Ich bin achtzehn und alles andere als klein», korrigierte Flori knurrig, um sofort wieder ins Liebenswürdige zu wechseln. «Bitte, Silvie, bitte!»

«Macht das unter euch aus, Mädels! Ich halt mich da raus», sagte Oskar. Ganz eindeutig war sein Abend noch lange nicht zu Ende. Er köpfte eine Sektflasche und goss drei Gläser sowie ein sehr kleines viertes für Flori ein.

«Gratulation, Schwesterchen. Deine Sendung war wunderbar und Billy Wilder ein Volltreffer.»

«Ihr habt es euch angehört?», fragte Silvie. «Alle drei zusammen?»

Dreifaches Nicken.

Sie stießen an.

«Den Hörern hat es auch gefallen», sagte sie und hätte sich gewünscht, ruhiger und vor allem selbstsicherer zu klingen. Hatte sie eigentlich nicht allen Grund dazu? Aber wie sollte sie das bewerkstelligen, wenn dieser Wanja sie derart anstierte?

«Was muss ich tun, damit Sie mich demnächst auch ins Studio einladen?», fragte er plötzlich. «Es gibt sicherlich etwas, das Sie sich schon immer gewünscht haben. Kommen Sie, heraus damit, jeder ist doch irgendwie bestechlich! Einen wie mich brauchen Sie nämlich unbedingt in Ihrem Konzept.»

Silvie zog die Schultern hoch, weil sein arroganter Tonfall sie ärgerte. «Werden Sie doch ganz einfach berühmt», konterte sie kühl. «Das macht es um einiges leichter.»

Über sein Gesicht ging ein Schatten, und plötzlich tat ihr ihre Schroffheit leid. *Lied der Freiheit* wartete noch auf seine Premiere anlässlich der Berlinale, und wahrscheinlich war ihm die ganze Zeit über vor Aufregung hundeelend. Markus, mit dem sie erst gestern telefoniert hatte, um ihn auf den neuesten Stand in Sachen Wilder zu bringen, ging es jedenfalls so, wie er ihr gestanden hatte.

Wieso konnte Wanja Krahl nicht auch offen und ehrlich sein, anstatt den dicken Max zu spielen?

«Den Tipp werd ich mir merken», sagte er mit belegter Stimme. «Aber dürfte ich eventuell auch kommen, falls es doch nicht ganz so schnell damit klappt?»

Jetzt musste sie grinsen. Ein paar Gänge runtergeschaltet, konnte er ja doch ganz nett sein. Und Humor schien er auch zu haben.

«Ich behalte Sie im Auge, okay?» Silvie stand auf. «Und wir beide begeben uns jetzt schleunigst in die Heia, *Mademoiselle Florentine*, denn morgen ist Schule, und ich will gewiss nicht schuld sein an einer neuen Fünf in Französisch!»

Widerstrebend erhob sich Flori.

«Wissen die Eltern überhaupt, dass du bei uns bist?», hakte Silvie nach. «Deine *maman* dreht doch jedes Mal durch, wenn du spurlos verschwindest.»

«Alles geklärt», sagte Oskar schnell, bevor Flori zu einer womöglich pampigen Antwort ansetzen konnte. «Ich hab Claire längst angerufen.»

Schon fast aus der Küche, drehte Silvie sich plötzlich noch einmal um, weil sie aus irgendeinem Grund nicht anders konnte.

«Genau das hab ich gerade heimlich bestellt», hörte sie Wanja Krahl sagen, als ihre Augen sich trafen. «Jetzt kann ich wenigstens davon träumen, dass mein sehnlichster Wunsch in Erfüllung geht!»

Unverschämter Kerl, dachte Silvie, musste sich aber ein Lächeln verkneifen.

«Scharfer Typ, den Oskar da angeschleppt hat», sagte Flori, als sie nebenan in Silvies Zimmer aus Bluse und Caprihose schlüpfte. «Kennst du den eigentlich näher?»

Sie hatte wirklich Beine wie ein Fohlen, endlos lang und schlank, die zarten Rundungen an Hüfte und Busen jedoch gehörten eindeutig einer jungen Frau. Und diese Haut – wie poliert, mit dem Samtschimmer der ersten Jugend!

Silvie verspürte tatsächlich einen Hauch von Neid, was sie bestürzte.

«Nur von Rikes Hochzeitsfeier», erwiderte sie.

«Gott sei Dank», kicherte Flori, bevor sie sich ins Bett fallen ließ. «Bevor du kamst, hat er nämlich wie wild mit mir geflirtet und mich sogar zu einer Fahrt ins Grüne eingeladen. Oskar hat gesagt, sein Wagen sei schicker als jeder Porsche.»

Silvie spürte, wie ihr Gesicht heiß wurde. «Das würde ich an deiner Stelle besser bleiben lassen.» Liebe Güte, jetzt hörte sie sich schon genauso an wie einstmals Rike!

«Und warum, wenn ich fragen darf?», fragte Flori leicht pampig.

«Weil der Typ ein … Hansdampf in allen Gassen ist, der es bei jeder versucht», erwiderte Silvie knapp. «Das sieht doch ein Blinder mit dem Krückstock! Außerdem ist er viel zu alt für dich.»

«Finde ich gar nicht», widersprach Flori. «Vierundzwanzig und achtzehn, das passt doch perfekt. Andere aus meiner Klasse haben auch ältere Freunde. Da lernt man wenigstens etwas …»

«Du lernst erst einmal deine Vokabeln und hältst vor allem jetzt den Schnabel», sagte Silvie. «Ich bin nämlich hundemüde und brauche meinen Schönheitsschlaf!»

Die Atemzüge neben ihr wurden schnell tief und gleichmäßig. Schließlich begann Flori leise zu schnarchen. Silvie drehte sie sanft auf die Seite und stieg aus dem Bett.

Die Küche war leer, wie nicht anders erwartet. Oskar drehte also wieder seine übliche Runde durch die Bars und würde sicherlich erst in den Morgenstunden zurück sein. Vielleicht feierte er ja mit seiner nächtlichen Entourage –

von der sie nicht einmal wusste, ob sie weiblich oder männlich war –, dass er nun, da Rike außer Gefecht gesetzt war, im *Modekaufhaus Thalheim* unbehelligt schalten und walten konnte.

Auf dem Tisch stand die leere Sektflasche, darunter war ein Zettel geklemmt. *Wanja* stand darauf sowie eine Berliner Telefonnummer.

ooo

Sie tanzte nur einen Sommer, der schwedische Beitrag, gewann den Goldenen Bären der Berlinale, *Fanfan, der Husar* aus Frankreich, mit dem hinreißenden Gérard Philipe in der Hauptrolle, den Silbernen. Den aus Bronze holte ein englischer Film, der in Deutschland unter dem Titel *Denn sie sollen getröstet werden* lief.

Markus Weisgerbers Beitrag *Lied der Freiheit* fiel mit Pauken und Trompeten durch. Das Publikum mochte die kühne Kameraführung nicht, die viele der Zuschauer verwirrte. Außerdem störte man sich daran, dass es ein Schwarzweißfilm war, der als düster und gekünstelt abgetan wurde. Den Journalisten wiederum war die exaltierte Leidenschaftlichkeit zu viel, mit der Wanja Krahl spielte.

«Kämpfen und Aufbegehren – ja», schrieb einer der bösesten Kritiker in der *BZ*. «So kennen und so wollen wir unseren Schiller. Aber wenn der Kampf zum Krampf wird und das über endlose zweieinhalb Stunden, ist es definitiv zu viel des Guten.»

Nur ein paar wenige eingeschworene Cineasten lobten das Drehbuch und die Darstellkunst des jungen Schauspielers, der nach der Vorführung im Kino Buhrufe und Pfiffe geerntet hatte und danach von der Bildfläche verschwand.

Silvie hatte seinen Zettel aus der Küche seit mittlerweile sechs Wochen gut aufgehoben.

Aber ihn ausgerechnet jetzt anrufen?

Womöglich würde er argwöhnen, sie wollte sich an seinem tiefen Fall berauschen.

«Ich mache mir Sorgen um ihn», sagte Markus bedrückt.

Er und seine Frau Lilo hatten einige Wochen nach dem Fiasko auf der Berlinale in ihrem neuen Haus in Nikolassee zu einem kleinen sommerlichen Umtrunk eingeladen. Silvie war gern mit Oskar hinausgefahren, schon aus Neugierde, wie die Weisgerbers wohl wohnen mochten. Aber auch, weil es ihr gefiel, dass sie jetzt in engerem Kontakt mit Markus stand, was seit seiner Rückkehr aus den USA zunächst Rike vorbehalten gewesen war.

Der Garten, der sich an die große Terrasse anschloss, auf der sie sich an einem länglichen Teakholztisch niedergelassen hatten, wirkte auf den ersten Blick ganz naturbelassen, weil hier so viel Verschiedenes grünen und blühen durfte. Beim näheren Hinsehen jedoch fiel Silvie auf, dass es sich durchaus um eine gekonnte Komposition von «gebändigt» und «wild» handelte, die sicherlich arbeitsintensiv war. Es gab keinen säuberlich gestutzten englischen Rasen, sondern echtes Gras, aus dem Gänseblümchen und Löwenzahn wuchsen, aber Apfel- und Pflaumenbäume, die gut in Schuss waren und eine gärtnerische Hand verrieten. Am besten gefielen ihr die Kräuterbeete an der Ostseite, die Rosenranken und der üppige Goldregen, der sich an die linke Seite der Villa schmiegte.

«Wanja war ganz auf Erfolg gepolt – und ich ehrlich gesagt auch», fuhr Markus fort. «Wir hätten uns im Vorfeld bedeckt halten sollen, das weiß ich inzwischen, weniger Presse, weniger Öffentlichkeit, vielleicht wären sie dann gnädiger mit uns umgegangen. Andererseits bin ich noch immer überzeugt davon, dass wir in puncto Drehbuch und Regisseur alles richtig gemacht haben. Und die Kamera liebt Wanjas Gesicht! Er hat die Rolle ganz tief aus sich heraus gespielt. Er *war* der junge Schiller. Warum nur können diese Banausen das nicht auch erkennen?»

Oskar, der ausgehungert über die angebotenen Salzletten hergefallen war, nickte eifrig. «Seitdem hat er sich komplett zurückgezogen, ich habe ihn kaum noch gesehen», sagte er.

«Du musst ihm Zeit geben», sagte Lilo, Markus' Frau, die sich sonst aus allem raushielt. «Und den Leuten ebenso. Dieser Krahl hat Potenzial, ist aber kein Darsteller von der Stange. Der muss noch reifen und abhängen. Dann könnte er durchaus zum Star werden.»

Ob Lilo von der heftigen Liebschaft ihres Mannes mit Silvies Mutter Alma wusste? Wenn ja, dann ließ sie es sich jedenfalls vor den Zwillingen nicht anmerken.

Äußerlich hatte sie sich seit Jahren kaum verändert, trug noch immer die gleiche raspelkurze Frisur, die ihren Kopf wie eine dunkle Fellkappe bedeckte, war schlank und wendig geblieben und wie schon früher ungeschminkt, ausgerechnet sie, die als Maskenbildnerin Tag für Tag Menschen für die Kamera präparierte.

«Wanja kann aber nicht warten», sagte Markus. «Dazu brennt er zu sehr. Spielen muss er, sich ausprobieren und neues Terrain erobern. Ich kann nur hoffen, dass ihm bald jemand die Chance dazu gibt. Was mich betrifft, so werde ich jetzt erst einmal eine Weile Geld mit Gängigem verdienen, sonst müssen wir womöglich von hier bald wieder wegziehen. Mir steht einer dieser Heimat-Förster-Filme bevor. Eigentlich so gar nicht meine Kragenweite …»

Lilos Ausdruck, gerade hatte sie eine Platte mit Schnittchen auf die Terrasse gebracht, wurde bei seinen Worten so schmerzlich, dass Silvie erschrak.

«Aber ich brauche dieses Haus», murmelte Lilo, «den Ausblick, die Stille, die Ruhe. Einfach alles hier …»

Silvie konnte sie nur zu gut verstehen. Das Haus war ein Traum, schnörkellos, ganz im Bauhausstil errichtet, mit großen Fenstern und einer topmodernen Möblierung in Schwarz, Steingrau und ein paar frechen roten Tupfern in Form von Vasen und Lampen. Abstrakte Kunst an den Wänden. Auf dem Holzboden lagen helle Teppiche. Vor dem Wohnzimmer erstreckte sich die große Terrasse, von der man direkt auf die Rehwiese schauen konnte, ein Landschaftsschutzgebiet, das für immer unbebaut bleiben würde. Sogar die Luft war anders hier als in Berlin, frischer, feuchter, so als könnte man die nahegelegenen Seen riechen.

«Du sollst es unbedingt behalten», sagte Markus liebevoll. «Eigentlich wollten wir ja immer nach Potsdam. Aber da hat uns jetzt die Politik einen dicken Strich durch die Rechnung gemacht. Ich sage nur ‹Aktion Ungeziefer›. Ungeheuerlich, dass man schon wieder die Traute besitzt, etwas so zu bezeichnen, was mit Menschen zu tun hat – und das auch noch in einem Staat, der sich Sozialismus auf die Fahne schreibt!»

Die Zwillinge und Lilo wussten sofort, wovon er redete.

«Aktion Ungeziefer», das war durchgesickert, hieß die

große, generalstabsmäßige Operation der SED-Führung, die im Juni als «unzuverlässig» eingeschätzte Personen aus dem Sperrgebiet entlang der innerdeutschen Grenze entfernt und mit ihren Familien zwangsweise in das Landesinnere umgesiedelt hatte. Man konnte ganz leicht darunterfallen, wenn man den verkehrten Lebenswandel hatte, nicht schnell genug einer LPG beitreten wollte oder öffentlich das Regime kritisierte. Die Menschen, die ihre Häuser und Dörfer nicht verlassen wollten, hatten versucht, sich dagegen zu wehren – vergeblich. Zusätzlich wurden Wachtürme an der neuen Demarkationslinie errichtet, mannshohe Zäune gezogen und ein 500 Meter breiter Schutzstreifen angelegt, der nur bei Tageslicht und mit einem Sonderausweis betreten werden durfte.

«Carl wollte ja eigentlich auch noch zu uns stoßen», sagte Oskar. «Aber daraus wird heute wohl nichts mehr. Vor lauter neuen Mandanten weiß er zurzeit nicht ein noch aus. So viele Verzweifelte haben ihn um Hilfe gebeten, weil sie sich vom DDR-Staat ungerecht behandelt fühlen. Ob er in seiner Sozietät auch nur irgendetwas dagegen ausrichten kann? Das bezweifle ich stark!»

«Ich darf nicht mehr in Babelsberg arbeiten», sagte Lilo. «Dabei haben mir die Märchenfilme der DEFA am meisten Spaß gemacht. Ist schon ganz was anderes, jemanden in einen Igel oder einen Drachen zu verwandeln, als alternden Diven Falten aus dem Gesicht zu schminken!»

Sie füllte Bowle nach, die frisch und fruchtig schmeckte und mit Mineralwasser versetzt war, weil Oskar ja noch fahren musste. Danach zog sie sich in die Küche zurück, um Häppchen-Nachschub zu holen.

«Und Rike?», fragte Markus, kaum dass Lilo verschwunden war. «Wie geht es ihr?»

«Sie liegt und ruht», sagte Oskar. «So schön möchte ich es auch einmal haben!»

«Sie hasst es», widersprach Silvie ihrem Bruder, «und das weißt du ganz genau. Im Krankenhaus wollten sie Rike nicht länger behalten, also liegt sie inzwischen in ihrer neuen Wohnung in der Giesebrechtstraße. Doch was soll sie dort allein machen, wo sie so gut wie nicht aufstehen darf? Sandro ist den ganzen Tag im Büro …»

«… müsste er aber nicht, wenn es nach mir ginge», grätschte Oskar dazwischen, was Silvie einfach überhörte.

«… so kümmert Claire sich um sie. Und neuerdings auch Hotte, Gregors … Kumpel. Der sucht gerade eine neue Stelle und bringt Rike mit seiner erfrischenden Art zum Glück auf andere Gedanken.»

«Sie wird ihr Kind doch behalten?», fragte Markus besorgt.

«Das hoffen wir alle», erwiderte Silvie.

Dir liegt sehr viel an ihr, habe ich recht?, hätte sie fast noch hinzugefügt, ließ es aber bleiben, als Lilo mit gefüllten Tomaten, die von Mayonnaiseklecksen geziert waren, einem dicken Käseigel mit Perlzwiebelchen sowie einer Platte Senfeier zurückkam.

«Alles wird anders, wenn Miri erst wieder da ist», fuhr Silvie fort. «In zwei Wochen soll sie in Berlin eintreffen und zunächst bei Rike und Sandro wohnen, so lange, bis sie eine eigene Wohnung gefunden hat. Soviel ich weiß, wird sie als Erstes eine große Abendkollektion für das Modekaufhaus entwerfen, eine extrem gute Idee, wie ich finde.»

«Bis dahin müsste auch ihr neues Büro fertig sein, gleich nebenan von meinem», kommentierte Oskar. «Dann hat sie bis zum Maßatelier nur ein paar Schritte.»

«Ach was, Büro!» Silvie krauste die Stirn. «Zeichnen und denken kann Miri vorerst ebenso gut von der Giesebrechtstraße aus. Auf diese Weise ist Rike erst einmal versorgt und fühlt sich nicht ganz so abgeschnitten vom Geschehen, das wird ihr guttun – und dem Baby auch, das braucht schließlich eine glückliche Mama.»

«Musst du mir eigentlich immer widersprechen?», fragte Oskar, als sie wenig später zurück nach Charlottenburg fuhren. «Das hat ja fast schon Methode.»

«Muss ich, wenn du so ungerecht zu unserer Schwester bist», sagte Silvie. «Rike hat alles für das Kaufhaus gegeben, sogar ihr Erbe. Und du lässt keine Gelegenheit aus, um über sie herzuziehen.»

«Mache ich doch gar nicht!»

«Machst du sehr wohl. Hast du eigentlich solche Angst vor ihr?», fragte Silvie.

Es war noch immer sehr warm, deshalb hatten sie im DKW die Fenster heruntergelassen, und der Sommergeruch der Stadt strömte zu ihnen herein. Nach Asphalt roch es, nach Schweiß und Bier, nach nicht mehr ganz frischen Blumen – einfach nach Berlin.

«Angst? Nein.» Er schüttelte den Kopf. «Aber sie führt sich oft auf wie ein Kerl, und dann muss sie es eben auch aushalten, dass sie wie ein Kerl behandelt wird. Wieso hat Opa Schubert eigentlich nur sie bedacht und uns andere nicht?»

«Vielleicht, weil du als verschollen galtest und er mich zu seinen Lebzeiten nie ganz ernst genommen hat – keine Ahnung! Das könnte wohl nur er selbst beantworten», entgegnete Silvie. «Ich musste auch ordentlich schlucken, als ich es damals erfahren habe, das kannst du mir glauben. Stinksauer war ich auf Rike, aber inzwischen bin ich sogar froh darüber.»

«Froh? Weil du nichts geerbt hast? Kapier ich nicht!»

«Froh, weil ich die Kohle doch niemals im Leben so hätte verwalten können wie Rike. Ohne sie gäbe es jetzt kein neues *Modekaufhaus Thalheim* und damit auch kein Erbe, das eines Tages an uns alle gehen wird.» Sie streckte den Arm aus dem Fenster. «Vertrag dich mit Rike, anstatt immer nur gegen sie zu kämpfen», bat sie. «Dein Wagemut und ihre Vorsicht ergänzen sich doch eigentlich ganz vorzüglich.»

«Du hast gut reden, mit deiner neuen Sendung, wegen der dir alle zu Füßen liegen! Wilder, Knef, ein niedlicher Lebensretter … Was kommt als Nächstes? Ernst Reuter? Oder vielleicht sogar Herr Adenauer?»

Sie lachte. «Warum eigentlich nicht? An Politiker hatte ich auch schon gedacht.»

«Silvies *Stimmen aus der großen Welt* – schön für dich! Sei froh, dass du nicht den ganzen Tag in einem heißen, engen Büro über der Damenkonfektion sitzen musst. Manchmal fühle ich mich dort wie ein eingesperrtes Raubtier …» Er drückte aufs Gas.

«He, junger Mann, nicht so schnell! Oder hast du vor abzuheben?», fragte Silvie.

«Wenn ich könnte – sofort», stieß Oskar hervor. «Diese Schwerkraft finde ich ohnehin so was von lästig.»

Sie sprachen nicht mehr viel, bis sie ihr Zuhause erreicht hatten. Dass Oskar nicht mit ihr ausstieg, sondern gleich weiterbrauste, wunderte Silvie kein bisschen. Die Nacht rief nach ihm, wie schon so oft, heute vielleicht sogar noch lauter als sonst.

Sie ging unter die Dusche, um den Tagesschweiß abzuspülen, und schlüpfte dann in das kecke himmelblaue Babydoll, das sie in einer der Seitenstraßen rund um den Savignyplatz gekauft hatte. Die kleinen Läden mussten sich anstrengen, um mit den großen Geschäften mitzuhalten, und boten deshalb besonders ausgefallene Stücke an. Ihr Vater Friedrich durfte natürlich nicht erfahren, dass sie fremdkaufte, aber ihr machte es richtig Spaß, die Thalheim-Tochter abzulegen und wie eine ganz normale Kundin auf die Pirsch zu gehen.

Erschöpft kuschelte sie sich im Bett ein. Ein Kollege vom Funk hatte ihr aus den USA den druckfrischen Roman *The Catcher in the Rye* mitgebracht, der dort heiß diskutiert wurde. Sie schlug das Buch auf und begann zu lesen, bald schon vollkommen fasziniert von der ungewöhnlichen Lektüre, als es klingelte.

Oskar und seine vergessenen oder wieder einmal verlegten Schlüssel – ein leidiges Dauerthema!

Sie stand auf, betätigte den Türöffner, ließ die Wohnungstür angelehnt und widmete sich, zurück im Bett, erneut ihrer Lektüre.

«Abend!» Wanja Krahls Reibeisenstimme schreckte sie auf. «Die Wohnungstür stand offen …»

«Was willst du hier?» Silvie zog sich die Bettdecke bis unter das Kinn. Das Du war ihr einfach so herausgerutscht.

Was bildete dieser Mann sich ein, so frech in ihr Schlafzimmer einzudringen!

«Ich hab dir was mitgebracht.» Er kam näher, setzte sich auf die Bettkante, als sei es das Normalste der Welt. «Magst du Eichendorff?»

«Den ollen Eichendorff?»

Er nickte. «Ebenjenen Joseph Freiherr von. Ich liebe ihn. Und nicht nur ihn.»

Seine Gletscheraugen unverwandt auf Silvie gerichtet, begann er zu rezitieren:

Komm zum Garten denn, du Holde!
In den warmen, schönen Tagen
Sollst du Blumenkränze tragen,
Und vom kühl kristall'nen Golde
Mit den frischen, roten Lippen,
Eh' ich trinke, lächelnd nippen.
Ohne Maß dann, ohne Richter,
Küssend, trinkend singt der Dichter
Lieder, die von selbst entschweben:
Wunderschön ist doch das Leben!

Aus seinem Mund klangen die leicht antiquierten Verse so frisch, als seien sie gerade erst entstanden. Er verstand es, mit Sprache umzugehen, das musste man ihm lassen.

«Schön», sagte Silvie, nachdem er geendet hatte und sie erwartungsvoll anstierte. «Auch wenn es nicht ganz zu meinem Salinger passt, den ich gerade lese.» Ihre Stimme zitterte leicht.

«Vielleicht bringt er mir ja mehr Glück als Schiller. Ich

glaube, von dem will ich bis zu meinem seligen Ende nichts mehr hören.» Er griff nach ihrer Hand. «Es geht mir lausig, Silvie. Und ich bin vollkommen verrückt nach dir. Könnte man dagegen denn gar nichts tun? Du bist doch nicht etwa noch immer in Trauer?»

Silvie zuckte die Schultern. Inzwischen hatte sie Gänsehaut am ganzen Körper. Das schwarze Kleid war längst wieder bei Oestergaard gelandet. Den kleinen Fettfleck vom Wiener Schnitzel auf dem Rock hatte er ihr verziehen.

«Komm schon, enttäusch mich nicht. Ich hab doch all meine Hoffnungen in dich gesetzt», murmelte Wanja.

Er war so wild. So schön. So traurig.

Alles in ihr strebte ihm entgegen, obwohl sie wusste, dass sie es später bereuen würde. «Dann vielleicht das», flüsterte sie. «Wäre zumindest einen Versuch wert.»

Silvie zog ihn näher zu sich heran. Er war ganz weich, ganz voller Hingabe. «Und das.» Sie küsste ihn.

Und Wanja küsste voller Leidenschaft zurück.

3

Berlin, Herbst 1952

Auf Silvies Klingeln hin öffnete Miriam die Wohnungstür im ersten Stock in der Giesebrechtstraße.

«Komm rein», sagte sie. «Rike schläft jetzt nachmittags immer ein Weilchen auf der Wohnzimmercouch, aber sie ist bestimmt bald wach. Soll ich uns einen Tee machen?»

«Gern.» Silvie folgte ihr in die ovale Diele, von der aus die großzügig geschnittenen Zimmer abgingen. Alles hier strahlte Stil aus, von den Tapeten über die Teppiche und Möbel, für die vor allem Sandro verantwortlich war, der ein Händchen für Farben und exquisite Formen hatte. Im Zusammenspiel mit der topmodernen Küche, mit Kühlschrank und Hängeschränken in Pastelltönen, in die sie beide nun gingen, wirkte es nahezu perfekt – vielleicht sogar eine Spur zu perfekt für eine zukünftige Familienwohnung mit schmutzigen kleinen Kinderhänden.

«Fehlt dir eigentlich die Wärme Israels?», fragte Silvie.

«Manchmal schon. Und die lachenden Gesichter, die fehlen mir ganz besonders. Ich hatte ganz vergessen, wie griesgrämig die Berliner dreinschauen können. Dafür hab ich jetzt erst einmal ein Dach über dem Kopf, vor allem aber meine wunderbare Arbeit, die ich von Tag zu Tag mehr liebe. Diese Cocktail- und Abendkleiderkollektion zu entwickeln, macht mir viel Freude, auch wenn mein neues Büro im *Modekaufhaus Thalheim* auf mich warten muss. Bis das Baby da ist, zeichne ich hier, was den Vorteil hat, dass ich mit Rike alles gleich absprechen kann. Meine fertigen Entwürfe holen sie ab, und ich vergewissere mich alle paar Tage vor Ort, wie sie sie umsetzen. In dieser Phase geht das noch. Rückt die Berlinale erst einmal näher, werde ich natürlich jeden Tag dort sein.»

Silvie nickte. «Dann passt es ja so für euch beide», sagte sie.

«Das tut es. Du siehst übrigens richtig gut aus», bemerkte Miri, während sie Wasser aufsetzte. «Erfolg steht dir.»

Und Liebe, dachte Silvie. Aber war das überhaupt Liebe, was Wanja und sie seit nunmehr drei Monaten verband? Aufregend war es, oftmals verwirrend und nie langweilig. Den höchsten Gipfeln der Seligkeit konnten rasend schnell ebenso jähe Abstürze folgen. Mal war ihr Geliebter so anhänglich, dass sie kaum noch Luft bekam, dann wieder blieb er eine ganze Woche lang weg. Besonders schien es Wanja zuzusetzen, dass sie im Funk einigermaßen regelmäßige Arbeitszeiten hatte, während er als Schauspieler so gut wie keine Verpflichtungen kannte und sich die Zeit daher für ihn ins Unendliche dehnte. Mittlerweile war es bereits so oft zu Streit und anschließender Versöhnung gekommen, dass Silvie zu zählen aufgehört hatte. Immer öfter überfiel sie die Angst, es könne vom einen auf den anderen Tag vorbei sein, ebenso stürmisch und sprunghaft, wie es begonnen hatte. Vielleicht war das ja einer der Gründe, weshalb sie ihn noch immer vor der Familie verborgen hielt, aber es kamen noch weitere hinzu. Ein arbeitsloser Schauspieler mit einem gefloppten Filmprojekt, der sich seitdem mit kurzen Auftritten in der Radiowerbung und sonstigen Gelegenheitsarbeiten über Wasser halten musste – sie konnte ihren Vater, Claire und auch Rike schon gemeinschaftlich lästern hören! Lediglich Oskar wusste Bescheid, den hatte sie wegen der gemeinsamen Wohnung notgedrungen einweihen müssen.

«Du siehst auch gut aus», erwiderte Silvie höflich.

«Früher warst du ehrlicher.» Miri fuhr sich mit der Hand durch die widerspenstigen dunklen Locken. «Die hier zum Beispiel gehören dringend in Fasson gebracht. Dann will ich mir schon seit Ewigkeiten einen neuen Lippenstift besorgen, aber glaubst du vielleicht, ich sei dazu gekommen? Außerdem brauche ich warme Klamotten und nicht nur lauter bunte Sommerfetzen, wenn jetzt der Ostwind bläst.»

«Ich könnte dir da ein gewisses Modekaufhaus am Ku'damm empfehlen», sagte Silvie. «Die sollen dort eine ziemlich große Auswahl haben. Ein bisschen Zeit zum Anprobieren solltest du allerdings mitbringen.»

«Meinst du?» Miri kicherte.

Silvie musterte ihre Freundin. «Vermisst du ihn eigentlich sehr?», fragte sie. «Du wolltest doch, dass ich ehrlich bin. Vermisst du Ben?»

Miri übergoss die Teeblätter mit heißem Wasser. «Ja und nein», sagte sie, ohne Silvie anzusehen. «Ja, weil ich Abschied von einem Traum nehmen musste. Und nein, weil es immer ein Traum geblieben wäre. Ich war nicht die Richtige für ihn, das weiß ich inzwischen. Auch wenn ich mir so sehr gewünscht habe, dass er das anders gesehen hätte.»

«Wer ist sie?», fragte Silvie, als Miriam Teetassen auf den Tisch stellte und die Zuckerdose daneben.

«Woher weißt du …»

«Weil Ben zwar Schlag bei Frauen hat, aber nur so lange, bis sie herausfinden, dass er sich nicht binden wird. Ich hatte von vornherein keine echte Chance, weil ich ja nun mal keine Jüdin bin. Allerdings hat er sich ordentlich Zeit gelassen, bevor er mir das offenbart hat. Also?»

«Daria heißt sie, stammt aus der Ukraine, hat blonde Haare bis zum Hintern und so blendend weiße Zähne, dass man fast blind wird.» Miri goss Tee ein. «Weißt du eigentlich, dass ich mir alle Mühe gegeben habe, dich zu hassen, als du mit ihm zusammen warst? Aber leider hat das nicht geklappt. Dazu hab ich dich nämlich viel zu sehr gemocht. Daria zu hassen, war dagegen gar nicht besonders schwierig.»

«Vergiss sie», sagte Silvie. «Sie wird schon noch merken, mit wem sie sich eingelassen hat.»

«Wie meinst du das?»

«Ben ist ein toller Mann, aber noch immer auf der Flucht», sagte Silvie nachdenklich. «Wer weiß, ob er jemals irgendwo ankommen wird. Die blonde Daria könnte also eine reine Zwischenstation sein.»

«Und wenn du damals das Kind bekommen hättest?», fragte Miri behutsam. An jenem Tag hatte sie als Alibi fungiert und gemeinsam mit Rike einen gemütlichen Mädelsabend vorgetäuscht, damit Silvie sich nach dem Eingriff wenigstens ein paar Stunden bei ihr erholen konnte, bevor sie zurück zur Familie ging. «Meinst du nicht, das hätte ihn sesshaft werden lassen?»

«Ich glaube nicht, dass ein Kind etwas geändert hätte»,

sagte Silvie. «Und falls doch, dann sicherlich nur für eine Weile. Ben läuft vor etwas davon. Im schlimmsten Fall vor sich selbst.»

«Ich wäre trotzdem gerne mitgelaufen.» Miri sah plötzlich ganz traurig aus.

«Damit ist jetzt Schluss!» Silvie schlug mit der flachen Hand auf den Tisch. «Du brauchst einen Mann, der dich anbetet und der vor allem kapiert, welch ein Juwel er da gefunden hat.»

«Und woher nehmen wir den?»

«Vielleicht ist er ja schon ganz in der Nähe. Du musst nur die Augen offen halten und öfter mal rausgehen. – Ja, ich weiß, Rike zählt auf dich», sagte Silvie, als Miriam einen Einwand vorbringen wollte. «Aber schließlich gibt es auch noch Claire und Flori, die ihr zur Hand gehen können, wenn sie etwas braucht. Im Notfall könnte auch Hotte einspringen, selbst wenn er jetzt im Tierheim Lankwitz arbeitet.»

«Netter Typ», sagte Miri. «Und so lieb zu allen Kreaturen. Jammerschade, dass er nicht auf Frauen steht!»

«Das sieht Gregor sicherlich ganz anders. Und du brauchst einen, der verrückt nach dir ist. Der nicht atmen kann ohne dich, nicht essen, nicht schlafen …» Sie hielt inne.

Sollte sie den Wahnsinn, den sie gerade selbst durchlebte, Miri wirklich wünschen?

«Miri?», rief Rike aus dem Wohnzimmer. «Und bist du das, Silvie? Mir war so, als hätte ich deine Stimme gehört!»

Sie gingen zu ihr hinüber. Silvie erschrak, als sie die Schwester sah. Ihr Gesicht war fleckig und wirkte ausgezehrt. Dafür war ihr Bauch riesig.

«Ich weiß, Silvie. Wie eine überreife Melone kurz vor dem Platzen sehe ich aus», kommentierte Rike lakonisch. «Oder wie ein gestrandeter Wal, such dir was aus. Meine Beine sind wie Fässer, trotz dieser widerlichen Kompressionsstrümpfe. Die einfachsten Dinge der Welt wie Schlafen, Essen, Pinkeln – inzwischen so gut wie unmöglich, von allem anderen mal ganz abgesehen. Jetzt erst kapiere ich, wie Mama sich damals gefühlt haben muss, als sie mit euch beiden auf einmal schwanger war und ich auch noch von ihr weiter rumgeschleppt werden wollte. Wie ich das allerdings noch sechs Wochen und vielleicht länger aushalten soll, wissen die Götter!»

«Vielleicht hat der Arzt sich verrechnet, und es kommt doch schon ein wenig früher», sagte Silvie hilflos.

«Es?», wiederholte Rike. «Wie goldig! Sie weiß es noch gar nicht, Miri. Sag du's ihr bitte.»

«Sie», sagte Miriam. «Es werden nämlich zwei. Lou war hier und hat es festgestellt.»

«Zwillinge?», fragte Silvie perplex.

«Zwillinge!», bekräftigte Rike. «Die Tradition geht weiter. Nur dass ausgerechnet ich die Auserwählte bin, wäre wirklich nicht nötig gewesen.»

Ein Feuerwerk von Gefühlen zündete in Silvie. Schon als kleines Mädchen war sie fest davon überzeugt gewesen, eines Tages eine Zwillingsmama zu werden. Und jetzt kam Rike ihr auch noch in diesem Punkt zuvor!

«Das ist ja … großartig», brachte sie schließlich mühsam heraus.

«Großartig?» Schnaufend kam Rike zum Sitzen. «Das sagst du, weil du es nicht selbst erleben musst. Schau mich doch nur mal an: Ein Schwerlaster ist grazil gegen mich!» Sie angelte nach ihrem Wasserglas und trank.

«Dann musst du dich jetzt erst recht schonen …»

«Und genau das kann ich nicht, weil ich mir ständig Sorgen um das Kaufhaus mache», unterbrach Rike ihre Schwester. «Ich hab dich hergebeten, damit du mich unterstützt. Bitte hilf mir, Oskar zu bremsen! Er stellt im Laden lauter Unsinn an, und Papa lässt ihn einfach gewähren. Zum Glück hat unsere gute Hildi mich in Kenntnis gesetzt, die treue Seele. Sonst wüsste ich ja nicht einmal davon …»

«Kann Sandro ihm denn nicht auf die Finger schauen, solange du schwanger bist?», fragte Silvie unbehaglich. Sich in Streitigkeiten zwischen ihren beiden Geschwistern hineinziehen zu lassen, behagte ihr ganz und gar nicht.

«Sandro ist für den Einkauf und die Stoffauswahl zuständig, aber er ist kein Geschäftsführer.» Rike klang bitter. «Was unser Bruder ihn tagtäglich spüren lässt! Neulich hat er ihm sogar die ganze Post Satz für Satz nachkorrigiert, weil Sandro in einem Brief drei Wörter falsch geschrieben hatte. Eigentlich ist mein Mann im Deutschen inzwischen so gut wie perfekt, aber ein paar Winzigkeiten können trotzdem immer noch passieren. Das verbessert man, und gut ist es, aber Oskar macht ihn runter, wann immer er kann. Was ist nur los mit ihm, Silvie? Er war doch früher nicht so!»

«Oskar war noch ein halbes Kind, als er in den Krieg musste», versuchte Silvie ihn zu verteidigen. «Er hat so vieles versäumt …»

«Ich kann es bald nicht mehr hören! Schützengraben und Gefangenschaft müssen jetzt wohl für alles herhalten, was schiefläuft. Schließlich war unser Bruder nicht der Einzige an der Front und im Lager. Ganze Jahrgänge haben Ähnliches durchgemacht, aber diese Männer leisten wieder ihre Arbeit, ohne Wenn und Aber.» Sie klang wütend und verbittert.

Das sind bestimmt die Hormone, dachte Silvie, die die sonst stets besonnene Rike kaum wiedererkannte. Dazu kommen deine Angst vor der Geburt und die Befürchtung, nach der Entbindung mit zwei Säuglingen auf einmal überfordert zu sein. Vielleicht dauert es Monate, wenn nicht noch länger, bis du die Arbeit wieder aufnehmen kannst. Solange hat Oskar freie Bahn …

«Er ordert die verkehrten Artikel und verärgert Lieferanten, weil er sich urplötzlich neue Konditionen ausdenkt, das kommt natürlich nicht gut an. Er versäumt Termine und bestellt dann in letzter Minute überteuerte Ware, als ob er nicht mehr rechnen könnte. Er kündigt eine Modenschau an und bläst sie wieder ab, das vergrätzt sogar unsere treuesten Stammkundinnen. So führt man doch kein Unternehmen, Silvie! Manchmal habe ich beinahe das Gefühl, Oskar will alles vorsätzlich gegen die Wand fahren, weil er eigentlich etwas ganz anderes im Sinn hat.»

Brahm.

Der Name war mit einem Schlag zurück in Silvies Kopf. Oskar hatte ihn nicht mehr erwähnt, nachdem sie ihn auf Rikes Hochzeit so scharf angegangen war, aber das hieß gar nichts. Vielleicht kochten die beiden längst im Hintergrund ihr Versandhaus-Süppchen, und Oskar war so gewitzt, ihr gegenüber nichts davon zu erwähnen. Aber konnte sie ihn jetzt verpetzen, wo ihn gerade in der letzten Woche zweimal wieder so schlimme Albträume malträtiert hatten?

Sie brachte es nicht über sich.

Die Verbundenheit mit dem Zwillingsbruder war zu stark. Silvie würde Oskar wegen Brahm ernsthaft in die Mangel nehmen, aber unter vier Augen.

«Ihr müsst eine Lösung finden», sagte sie und streichelte Rikes Arm. «Redet miteinander. Hört einander zu. Liebe Güte – das muss unter Geschwistern doch möglich sein!»

Miri hatte die ganze Zeit über taktvoll geschwiegen, nun aber ergriff sie das Wort.

«Und wenn ihr euren Vater als Schiedsrichter nehmt?», schlug sie vor. «Herr Thalheim weiß doch, was du alles für das Familienunternehmen getan hast, Rike. Gleichzeitig aber will er seinem Sohn Chancen einräumen, die dieser verpasst hat. Euer Vater kennt den Markt schon so lange. Ich glaube nicht, dass er sich guten Argumenten verschließen würde.»

«Ich schon, Miri. Oskar ist ein Mann – und damit in Papas Augen einfach fähiger zum Geschäftemachen. Solange unser Bruder vermisst war, musste er mich notgedrungen als Partnerin ertragen, weil ihm gar keine andere Wahl blieb. Doch jetzt ist sein Stammhalter wieder da, und alles ist anders. Papa ist blind für Oskars Schwächen. Leider.»

Rike seufzte tief und wandte sich erneut an Silvie.

«Wie hatte ich auch nur einen Moment glauben können, dass du mir freiwillig beistehst?», sagte sie. «Immer schon hast du zu Oskar gehalten. Außerdem tust du so, als würde dich unser Modehaus nichts angehen – aber du bist ebenso eine Thalheim wie ich. Und jetzt brauche ich dich, Silvie!», bat sie eindringlich. «Rück ihm den Kopf zurecht, allein schaffe ich es nämlich nicht. Bring Oskar wieder auf Spur!»

Wie sollte das gehen? Seitdem sie mit Wanja zusammen war, kam Oskar noch später nach Hause, womöglich weil er das Gefühl hatte, nun nicht mehr hundertprozentig auf sie zählen zu können. Aber zwei, drei Stunden Schlaf pro Nacht hielt doch niemand auf Dauer aus, ohne krank zu werden. Silvie wusste ohnehin nicht, wie er es überhaupt durch die Tage schaffte, und dass ihm unter diesen Umständen Fehler unterliefen, *viele* Fehler, wunderte sie kein bisschen.

Ob er heimlich irgendetwas schluckte?

Etwa diese widerlichen Tabletten, die im Marschgepäck aller deutschen Wehrmachtssoldaten gewesen waren, wie er Silvie kurz nach seiner Rückkehr zu ihrer Bestürzung offenbart hatte?

«Pervitin, da waren wir alle drauf – ausnahmslos. Eine Wunderdroge, Silvie! Du verspürst keinen Hunger, frierst nicht mehr, kennst keine Angst. Du kannst, wenn nötig, auch drei Tage in einem Stück durchmarschieren, ohne müde zu werden, und du schießt, wenn sie es dir befehlen, vorausgesetzt, du hast genügend davon intus …»

Doch das war im Krieg gewesen. Wo sollte er im Frieden an diese Substanz kommen? Der Gedanke, den sie immer wieder weggeschoben hatte, weil er zu unangenehm war, überfiel sie erneut ohne Vorwarnung. Oskar rauchte, er trank, für ihren Geschmack eindeutig zu viel, das taten viele andere auch. Aber konsumierte er auch Verbotenes, für das man ihn sogar einsperren konnte?

Andererseits, Wanja war auch so gut wie niemals hungrig, kam mit verblüffend wenig Schlaf aus und erschien ihr oft wie unter Strom – Gemeinsamkeiten mit Oskar, die ihr gar nicht gefielen … Nahm er am Ende auch etwas?

«Silvie?» Rikes Stimme holte sie in die Gegenwart zurück. «Bekomme ich irgendwann eine Antwort?»

«Entschuldige, ich hab bloß nachgedacht», sagte sie schnell. «Ja, ich kann es versuchen, wenn dir so viel daran liegt. Allerdings ohne Garantie, einverstanden?»

Rike nickte, längst nicht überzeugt, wie ihre noch immer skeptische Miene verriet.

«Und jetzt lass uns bitte von etwas anderem reden. Mir schwirrt nämlich schon der Kopf vor lauter Oskar, Oskar, Oskar!», bat Silvie.

Miriam blickte Silvie neugierig an. «Stimmt es wirklich, dass einer deiner nächsten Gäste bei *Stimmen* Willy Brandt sein wird, der Chefredakteur des *Berliner Stadtblatts*?» Sie klang respektvoll. «Er schreibt dort, die Idee eines neutralen Deutschlands mitten in Europa könne nur den Hirnen von Phantasten entspringen.»

«Und das von dir? Da staune ich aber», kommentierte Rike vom Sofa aus.

«Weil du glaubst, dass ich nur Liebesschnulzen lese? Da täuschst du dich ganz gewaltig. Wenn ich schon wieder in Deutschland lebe, will ich mich dort auch sicher fühlen. Einer wie Brandt darf das sagen, denn er war kein Mitläufer im Dritten Reich wie so viele, sondern hat von Norwegen aus mutig gegen die Nazis agiert, das imponiert mir ganz besonders.»

«Ich wusste auch nicht, dass du dich für Politik interessierst», gab Silvie zu.

«Wie könnte das anders sein, nach allem, was hinter mir liegt? Man muss doch wach bleiben, damit so etwas nie wieder passieren kann.» Miri lächelte. «Deine Sendung mit der Knef war übrigens wunderbar, Silvie. Anfangs war sie ja mächtig auf Distanz, fast ein bisschen krätzig, aber als ihr dann übers Singen gesprochen habt, hat sie sich plötzlich geöffnet. Und erst euer gemeinsames Lied! *Ich hab noch einen Koffer in Berlin ...*» Sie summte ein paar Takte. «War das eigentlich geplant?»

«Ach wo! Hat sich einfach spontan ergeben», lachte Silvie, heilfroh über den Themenwechsel. «Ich hatte ja jahrelang nicht mehr gesungen – außer vielleicht in der Badewanne. Aber irgendwie verlernt man es nicht. Ist wahrscheinlich so ähnlich wie Radfahren oder Schwimmen.»

Für einen Moment sah Silvie sich in den rauchgeschwängerten Britischen Club zurückversetzt, in dem sie Ben Green damals ein wehmütiges Abschiedsständchen gegeben hatte.

«Jetzt bin ich schon lange hier bei euch», fuhr Silvie betont munter fort, damit es im Hals bloß nicht zu sehr kratzte, «und hab noch keinen einzigen Blick auf deine Abendkollektion werfen können, Miri.»

«Ich hol dir ein paar Skizzen aus meinem Zimmer», bot Miri an. «Aber sei bloß nicht zu kritisch. Fertig bin ich damit nämlich noch lange nicht. Da kann Herr Thalheim noch so drängen!»

Was sie fast nebenbei auf dem Tisch ausbreitete, war bemerkenswert: Roben, die genau betrachtet gar keine waren, sondern raffiniert geschnittene Abendkleider, wie sie jede Frau bei besonderen Gelegenheiten tragen konnte.

«Das Entscheidende sind die Stoffe.» Miris Augen hatten zu leuchten begonnen, wie immer, wenn sie von Mode redete. «Sandro hat mir da aus Italien Qualitäten und Farben mitgebracht, die es hier gar nicht gibt. Sieh doch nur:

taubenblauer Crêpe de Chine – ist der nicht zum Sterben schön? Und dieser Chiffon in weichem Melonengelb! Oder der mohnrote Satin, ganz klassisch schmal geschnitten. Da braucht die Dame nicht einmal Schmuck, so sehr wird sie leuchten.»

«Das ist wunderbar, Miri», sagte Silvie beeindruckt. «Ich kann es kaum erwarten, diese Modelle fertig genäht zu sehen.»

«Du könntest die Erste von uns sein, die einen Anlass hat, die neuen Abendkleider zu tragen. Ich komm ja nirgendwo hin – und Rike …»

«… wird auch irgendwann wieder schlank und passt problemlos in ein Abendkleid», kam es brummend von der Couch. «Verlasst euch drauf!»

Alle lachten, und für einen Augenblick war es wieder wie kurz nach dem Krieg, als sie zu dritt fest zusammengehalten und gemeinschaftlich die Tücken des schwierigen Alltags gemeistert hatten.

∘ ∘ ∘

Eine Woche später staunte Silvie nicht schlecht, als sie nach ihrer Rückkehr vom Funk am Nachmittag nicht nur Flori in der Küche vorfand, sondern neben ihr ein weiteres junges Mädchen, das gerade mit sichtlichem Appetit ein dick belegtes Käsebrot verzehrte.

«Das ist Franzi», sagte die jüngste Schwester, «meine Freundin aus dem Osten. Wir hatten uns doch letztes Jahr während der Berlinale im Kino kennengelernt und waren später gemeinsam bei den Weltjugendspielen. Und stell dir vor, im *Institut français* am Ku'damm haben wir uns vorhin zufällig wiedergetroffen! Oskar hat uns reingelassen», fuhr sie fort, weil Silvie noch immer die Stirn runzelte. «Der kommt übrigens gleich zurück, wollte nur schnell was besorgen.»

«Und jetzt hat Franzi offenbar großen Hunger», kommentierte Silvie trocken.

«Ganz genau. Die haben doch in der SBZ noch immer Lebensmittelmarken. Alles ist drüben knapp: Butter, Mehl, Käse, einfach alles!»

Franzi nickte so eifrig, dass ihr blonder Pferdeschwanz wippte. Sie hatte ein klares Gesicht mit hohen Wangenknochen, zusammen mit den dunklen Mandelaugen eine aparte Kombination. Neben der mädchenhaften kupferroten Flori mit ihren unzähligen Sommersprossen wirkte sie erwachsener, was aber auch an der abgewetzten dunkelgrünen Strickjacke und dem karierten Faltenrock liegen konnte, die besser zu einer reiferen Frau gepasst hätten.

«Die Leute bei uns murren», sagte Franzi. «Alle haben vom Mangel die Nase voll. Man sieht ja, dass es in den Westsektoren anders ist. Da können die von oben uns erzählen, was sie wollen!»

«Du bist aus Berlin?», fragte Silvie.

«Ich schon, aber meine Mamsch kommt ursprünglich aus einem kleinen Dorf in Brandenburg. Mein Opa hat dort einen Bauernhof», erwiderte sie, noch immer kauend. «Sozusagen fast am Ende der Welt, deshalb ist meine Mamsch ja auch schon ganz jung von zu Hause weg. Genügend zu essen gab es dort immer, sogar nach dem Krieg. Aber jetzt wollen sie meinen Opa mit aller Macht in so eine LPG zwingen. Und er hat Angst, dass dann alles anders wird. Die

Leute strengen sich doch nicht mehr richtig an, wenn ihnen die Ernten nicht gehören! Und was ist ein Bauer ohne eigenen Boden? Ein Nichts!» Sie schluckte den letzten Bissen.

«Franzis Opa hat gesagt, dann bringt er sich lieber um», ergänzte Flori. «Er ist ein freier Bauer wie all seine Vorfahren – und das will er auch bleiben. Seine Nachbarn übrigens auch. Wir haben schon überlegt, eine Protestaktion zu starten, mit Plakaten und Transparenten …»

«Das wirst du schön bleiben lassen», sagte Silvie scharf. «Oder was, glaubst du, würden die DDR-Behörden mit einer jungen West-Berlinerin anstellen, die sich in ihre Innenpolitik einmischt? Und dir, Franzi, würde ich das Gleiche raten. Du willst doch sicherlich dein Abitur machen, wenn du jetzt schon so fleißig Französisch lernst?»

«Unbedingt.» In die Mandelaugen trat ein schwärmerischer Ausdruck. «Ich liebe Paris und alles, was mit dieser Stadt zu tun hat: Musik, Kunst, Literatur, Film. Eines Tages werde ich dort leben.»

«Dann sei vernünftig», riet Silvie. «Dieser Ansicht ist deine Mama doch sicherlich auch. Wo wohnt ihr denn?»

«In Friedrichshain. Früher noch mit meinem Stiefvater. Aber der ist vor ein paar Jahren gestorben, und jetzt will Mamsch bald Rudi heiraten, der baut gerade mit den anderen Brigaden an der neuen Stalinallee. Wenn Rudi bei uns einzieht, können wir die Wohnung hoffentlich behalten. Mit dem Rad schafft sie es von dort aus nämlich in gut zwanzig Minuten zum Deutschen Theater. Und gehen kann sie wegen ihres kaputten Knies ja nicht mehr so gut.»

«Deine Mutter ist Schauspielerin? Und arbeitet mit Brecht?», fragte Silvie verblüfft.

«Garderobiere», korrigierte Franzi. «Aber sie wollte unbedingt auf die Bühne. Früher einmal, bevor sie mich hatte.»

«Wir haben ausgemacht, zusammen zu büffeln», sagte Flori. «Franzi ist nämlich spitze in der Schule, auch in Mathe. Die kapiert sogar Algebra und hat mir angeboten, mit mir meine Lücken zu füllen.»

«Und Flori kann so wunderbar zeichnen. Das möchte ich auch gern lernen. Was ist dagegen schon ein bisschen Mathe?», sagte Franzi. «Alles Künstlerische zählt doch viel mehr!»

Flori blickte Silvie mit großen Augen an. «Könnten wir dann … ich meine, wäre es okay, wenn wir hier bei Oskar und dir lernen? Bis ins Westend ist es so weit!»

«Das wird leider nicht gehen», sagte Silvie, die keine Lust hatte, ihre komplizierte Liebschaft mit diesen beiden Gören abzustimmen.

«Aber du bist doch so oft nicht da …» Floris Enttäuschung war ihr deutlich anzusehen.

«Ich muss häufig von zu Hause aus Sendungen vorbereiten, und dazu brauche ich absolute Ruhe. Wieso fragt ihr nicht Rike? Dein Gymnasium ist doch gleich bei ihr um die Ecke.»

«Ich weiß nicht so recht.» Flori zog die Nase kraus. «Da kommt jetzt doch bald das Baby.»

«Zwei», korrigierte Silvie. «Es werden nämlich Zwillinge. Außerdem dauert das noch ein paar Wochen. Und wenn sie erst einmal auf der Welt sind, kann Rike nette Babysitterinnen sicherlich gut gebrauchen und wird euch im Gegenzug bestimmt bei sich lernen lassen.»

«Also – ich mag kleine Kinder», sagte Franzi. «Eigentlich hätte ich mir ja immer noch ein Geschwisterchen gewünscht. Aber Mamsch sagt, es sei schon hart genug gewesen, mich durchzubringen.»

Silvie fixierte sie. «Und deine Mamsch hat nichts dagegen, wenn du hier dauernd in den Westen spazierst», sagte sie. «Oder weiß sie es vielleicht gar nicht so genau?»

«Das mit dem Institut weiß sie», erwiderte Franzi. «War ja sogar ihre Idee. Wir gehen gemeinsam in einer Artpraxis putzen, damit wir uns das Westgeld leisten können. Dass ich Flori wiedergetroffen habe, muss ich ihr noch erzählen.» Sie zog die Schultern hoch und sah plötzlich sehr jung aus. «Ich glaub, ich muss dann auch los!», fuhr sie fort. «Mamsch will, dass ich immer zu Hause bin, bevor sie auf Arbeit geht.»

«Ich bring dich noch ein Stück», bot Flori an.

«Das kann ich doch erledigen.» Mit breitem Lächeln kam Oskar in die Küche. «Zumindest bis zur Sektorengrenze. Aber wenn du möchtest, gern auch bis an die Haustür. Ich könnte wetten, du bist noch nie zuvor in einem Rometsch gefahren!»

«Rometsch?» Franzi zuckte die Achseln. «Was soll das sein?»

«Ein schicker und sehr schneller Wagen.» Oskars Stimme triefte vor Besitzerstolz. «Also?»

«Ja, dann gerne.» Franzi war leicht errötet.

«Kann ich auch mit? Bitte, Oskar!», bettelte Flori.

«Bisschen eng, zu dritt in einem Zweisitzer. Ein anderes Mal, okay?» Er klimperte mit dem Schlüssel, während Flori ein enttäuschtes Gesicht zog.

«Du hast ihn doch nicht etwa von diesem Schauspieler?»,

sagte sie plötzlich. «Der hat mir auch alles Mögliche versprochen und nichts davon gehalten!»

«Gut erraten», grinste Oskar, während Silvie sich unwillkürlich innerlich versteifte.

Wanja hatte ihr gegenüber kein Wort über den Autoverkauf gesagt. Weil er ohnehin machte, was er wollte, als sei er nach wie vor ganz allein auf der Welt? Oder stand ihm das Wasser schon derart bis zum Hals, dass er keine andere Wahl gehabt hatte?

«Wir beide müssen reden», sagte sie zu Oskar. «Gleich wenn du wieder zurück bist.»

«Das kann aber dauern, Schwesterchen …»

«Nein», erwiderte sie brüsk. «Kann es nicht.»

Die Stunden vergingen, und Oskar kehrte nicht zurück. Schon seit längerem vermutete Silvie, dass er sich irgendwo einen zweiten Schlafplatz eingerichtet hatte, zu dem er flüchtete, wenn ihm alles über den Kopf wuchs.

Hatte er eine heimliche Geliebte? Oder bevorzugte er professionelle Damen?

Dann würde ihn das auswärtige Übernachten auf Dauer allerdings einiges kosten. Überhaupt gab er in letzter Zeit so unbekümmert Geld aus, als wachse es auf den Bäumen. Möglich, dass er eine Gehaltserhöhung bekommen hatte, aber dass Papa seinen Stammhalter derart großzügig bedachte, dass der mit Scheinen regelrecht um sich werfen konnte, erschien ihr dann doch eher unwahrscheinlich.

Spielte Oskar? War er in krumme Geschäfte verwickelt, von denen dieser Geldsegen rührte? Alles Vorstellungen, die sie zutiefst beunruhigten.

Es fiel ihr immer schwerer, sich auf ihre Vorbereitungen für die Sendung mit Willy Brandt zu konzentrieren. Dabei hatte sie noch längst nicht alles zusammen, um die Fragen zu stellen, die ihn zum Reden bringen würden. Sie hatte bisher lediglich zweimal länger mit dem jungen Politiker telefoniert, der im Berliner Senat saß, und war äußerst angetan von seiner Stimme, die in ihrer Einzigartigkeit geradezu ideal für ihr Format war: So brüchig und kratzig wie er klang sonst niemand!

Die Musikauswahl für die Sendung stand fest: viel Jazz, ein paar Spirituals, ein frühes Stück von Bach, was sie erstaunt hatte. Doch Brandt war alles andere als ein einfacher Kandidat, das hatten ihr seine Antworten gezeigt. Zwar sagte man ihm nach, er sei besonders empfänglich für weiblichen Charme. Aber schließlich hatte er eine bildhübsche Norwegerin zur Frau und mit ihr zwei kleine Jungs, also war sie besser beraten, sich nicht auf ihr Äußeres zu verlassen. Irgendwie musste sie ihn knacken, damit er mehr von sich zu erzählen begann.

Aber wie?

Die Türklingel riss sie aus ihren Grübeleien, und sie stand auf, um Oskar hereinzulassen, doch es war Wanja, der ihr gleich im Flur um den Hals fiel.

«Es geht weiter!», rief er emphatisch. «Sie wollen mich. Das Leben ist doch noch nicht vorbei, Silvie!»

Aus einem wahren Sturzbach von Worten konnte sie sich schließlich zusammenpflücken, was passiert war. Man hatte ihn zu Probeaufnahmen eingeladen, die so positiv verlaufen waren, dass er eine neue Rolle angeboten bekommen hatte.

«Nicht den Helden, aber das wäre ja ohnehin stinklangweilig», versicherte er. «Den Schurken soll ich spielen, den Sohn des Gutbesitzers, einen gefallenen Engel, der die anderen in Versuchung führt, eine Weile zu siegen scheint, dann jedoch daran zugrunde geht. Das ist mir wie auf den Leib geschrieben!»

Es handelte sich um eine italienisch-französisch-deutsche Koproduktion mit einem römischen Regisseur, der Schiller verehrte und dadurch auf Wanja Krahl gekommen war, Renzo Paolucci, ein Name, den Silvie noch nie zuvor gehört hatte. Er galt als Anhänger des Neorealismus, der in Italien gerade sehr in Mode war.

«Die Gage ist eher überschaubar», sagte Wanja, der vor Aufregung regelrecht glühte. «Wahrscheinlich muss ich doch ganz bald einmal bei Elli Silman antichambrieren, damit sie mich künftig vertritt und mehr für mich herausholt. Aber sehen werden sie mich, so viel steht fest, und zwar alle. *Ora fatale* heißt der Film. *Schicksalsstunde* – und ich sage dir, diesen Streifen wird beim Festival in Venedig niemand ignorieren!»

«Wann sollen die Dreharbeiten denn beginnen?», fragte Silvie, als er zwischendrin Atem holen musste.

«Anfang Dezember. Paolucci will die ganze Trübseligkeit des italienischen Winters in der Po-Ebene einfangen und keine kostbare Zeit verlieren.»

«Dann reist du mit der Bahn nach Italien?», fragte sie weiter.

«Wie kommst du darauf?»

«Nun, weil Oskar doch deinen Wagen hat. Ich frage mich allerdings, womit er ihn bezahlt hat. Oder hast du ihm etwa Kredit gewährt?»

«Ach, das. Wir haben sozusagen getauscht», sagte Wanja, und an seiner sanften Stimmlage erkannte Silvie, wie sehr er auf der Hut war. «Er nimmt den Rometsch, und ich bekomme im Gegenzug seinen DKW …»

«… worauf sich nur ein Vollidiot einlassen würde», fiel Silvie ihm ins Wort. «Und das bist du keineswegs. Also?»

«Ein Tausch auf Zeit, wenn du es genau wissen willst. So lange, bis ich wieder flüssig bin. Oskar bezahlt mir eine Art Monatsmiete für den Wagen, das hilft mir und ihm offenbar auch. Aber wieso interessiert dich das so brennend?» Er wurde ärgerlich. «Bist du nur wegen meines Wagens mit mir zusammen?»

«Allein die Frage ist so dumm, dass ich sie eigentlich gar nicht beantworten sollte», entgegnete Silvie, «und natürlich lautet meine Antwort nein. Aber ich bin durchaus daran interessiert, dass mein Zwillingsbruder nicht auf die schiefe Bahn gerät. Wo ich übrigens ebenso wenig meinen Freund vorfinden möchte.»

«Deinen Freund?», wiederholte er vielsagend, ging zu ihr und sah ihr dabei tief in die Augen. «Bin ich das denn überhaupt – *dein Freund*?»

«Was denn sonst?», fragte sie zurück.

«Ein nächtlicher Seelentröster, der deinen fleischlichen Hunger stillt, jedoch gefälligst verschwinden soll, sobald es hell wird und die Pflicht ruft. Trifft es irgendwie exakter, findest du nicht auch?»

Silvie ließ sich Zeit mit ihrer Antwort.

«Was wünschst du dir denn im Hellen von mir?», sagte sie nach einer Weile.

«Oh», erwiderte er gedehnt. «Dies und das. Mal nachmittags ins Kino gehen, wenn du frei hast und uns gerade danach ist. Einen gemeinsamen Ku'dammbummel zum Beispiel. Kaffeetrinken mit der versammelten Familie Thalheim. Bislang kenne ich außer dir ja nur die Jüngste. Und ich könnte wetten, nicht einmal die weiß von uns.»

«Mir war bislang nicht bekannt, dass du so ein Familienmensch bist», entgegnete sie. «Von deiner weiß ich lediglich, dass du noch einen älteren Bruder in Hannover hast, das ist alles. Nicht einmal in deine Kreuzberger Wohnung habe ich bis heute einen Fuß gesetzt.»

«Lass es auch lieber bleiben! Die ist ein richtiges Loch: ein Bett, ein Tisch, ein Schrank. Ein paar brauchbare Klamotten. Bücher. Schallplatten, ein Plattenspieler. Mehr habe ich nicht. Alles andere hatte ich in den Rometsch investiert, um mich herauszuputzen, doch das war voreilig, wie ich inzwischen weiß.»

Er zog sie an sich.

«Ich bin lernfähig, Silvie», flüsterte er an ihrem Hals. «Außerdem würde ich nie etwas machen, das dir weh tut. Ich weiß nicht, wo Oskar sich rumtreibt. Und ebenso wenig kenne ich seine Geldquellen, das musst du mir glauben. Er hat mir aus einer momentanen Notlage geholfen, dafür bin ich ihm dankbar. Sobald ich wieder flüssig bin, bekommt er sein Geld zurück und ich meinen Rometsch. Mehr ist da nicht zwischen uns.»

«Kokst ihr? Schluckt ihr Pervitin oder etwas anderes? Du bist doch fast immer wach und Oskar auch. Bitte sag es mir!», flehte sie.

«Natürlich nicht!» Er schob sie ein Stück weg. «Hast du jetzt den Verstand verloren? Dieser Körper ist mein Kapital – mein einziges. Glaubst du etwa, ich würde ihn freiwillig demolieren?»

«Und Oskar?» Ein Flüstern.

«Das musst du ihn selbst fragen, Silvie. Dein Bruder hat viele Geheimnisse.»

In dieser Nacht liebten sie sich so innig wie noch nie zuvor. Wanja hatte sich zuerst ausgezogen, und im Kerzenschein betrachtete Silvie seinen nackten Körper, als sehe sie ihn zum allerersten Mal: die zarte Linie der Schlüsselbeine, die knochigen Schultern, den flachen Bauch, die langen Beine, sein sehnsüchtiges Geschlecht.

Ich liebe dich, dachte sie in plötzlichem Erschrecken. Ich wollte mich davor schützen, aber es ist einfach so geschehen.

Behutsam, fast ehrfürchtig, schälte Wanja sie aus ihren Kleiderschichten und küsste die freigewordene Haut. Als seine Lippen ihren Hals berührten, gab sie ein leises Brummen von sich. Zum ersten Mal tat es ihr leid, dass er ein Kondom benutzte, aber vielleicht war es besser, nicht alles auf einmal zu wollen. Silvie hob die Hüften und den Rücken, um ihn ganz in sich aufzunehmen. Das Brummen war nun *in* ihrem Körper, wurde lauter, je schneller sie sich bewegten, bis sie das Gefühl hatte zu schmelzen.

Dann sank er mit einem kurzen Laut auf ihr zusammen.

«Du musst unbedingt nach Italien kommen und mich beim Drehen besuchen», bat er, als ihr beider Atem wieder ruhiger geworden war. «Über Weihnachten machen wir ein paar Tage Pause, damit die Crew mit ihren Familien feiern kann. Versprich mir das!»

«Schöne Idee.» Sie lächelte. «Ich will es versuchen. Und

du musst mir versprechen, dich in keine rassige Italienerin zu vergucken. Du hast schon eine Blonde in Berlin – merk dir das!»

Er nickte und küsste sie.

Schlaftrunken kuschelte Silvie sich an ihn, als das Telefon zu schellen begann.

Einmal, fünfmal. Es wollte gar nicht mehr aufhören.

«Lass es läuten», murmelte Wanja, der auch schon halb am Einnicken war. «Die rufen sicher noch einmal an …»

«Bin gleich wieder da!» Sie schlang sich ein Tuch um und lief in den Flur.

«Silvie?» Sandros Stimme klang gepresst vor Angst. «Kannst du kommen? Miri und ich sind im Charlottenburger Krankenhaus – *prego*!»

«Ist etwas mit Rike?», fragte sie erschrocken.

«*Sì. I bambini* … sie muss geschnitten werden …»

Die Leitung war tot.

Silvie fegte zurück ins Zimmer, griff nach den erstbesten Klamotten und streifte sie sich über.

«Du wolltest meine Familie kennenlernen?», sagte sie. «Dann steh auf, Wanja, und zwar schnell!»

◦ ◦ ◦

Ein blauer Strampler mit einer aufgestickten Sonne. Das Gesichtchen so lieblich: die kleine Nase, die dunklen Wimpern, der Mund wie eine winzige Rosenknospe – aber der kleine Junge atmete nicht mehr.

«Angelo», sagte Sandro, dem Tränen über die Wangen liefen, als er den toten Säugling wieder einer Krankenschwester übergeben musste. «Unser kleiner Engel. Jetzt wird Anna ihr Brüderchen niemals kennenlernen!»

Silvie trat hinter ihn und legte die Arme um ihn. Er ließ es geschehen.

«Du hast dein kleines Mädchen, und du hast Rike», versuchte sie, ihn zu trösten. «Und beide brauchen dich jetzt.»

«Silvie hat recht», sagte Miri, die blass und mitgenommen aussah. «Ihr seid zu dritt. Eine echte kleine Familie!»

Bei der Geburt war so gut wie alles schiefgegangen, was nur schiefgehen konnte. Das Fruchtwasser brach zu früh, der Krankenwagen hatte eine halbe Ewigkeit bis zur Klinik gebraucht, und Hebamme Lou Berger, Rikes Freundin, auf die sie fest gebaut hatte, war mitten in einer schwierigen Hausgeburt, die sie nicht vorzeitig verlassen konnte.

Unvermittelt setzten Rikes Wehen aus. Bis das Wehenmittel sie wieder in Gang brachte, verging kostbare Zeit, doch selbst dann öffnete sich der Muttermund nicht so, wie es nötig gewesen wäre. Inzwischen war wenigstens Lou im Kreißsaal eingetroffen, die schnell umriss, dass man mit einer konventionellen Geburt nicht weiterkommen würde.

Kaiserschnitt.

Natürlich mussten Miri und Sandro draußen warten; vor Nervosität kaute er sich die Fingernägel ab.

Dann rief er Silvie an.

Im OP holten sie zuerst das kleine Mädchen, das einen dünnen Schrei ausstieß. Der Junge, der hinter ihr gelegen hatte, blieb stumm und war blau angelaufen. Er starb in Lou Bergers Armen, während Rike noch unter Narkose stand.

«Weiß sie es schon?», fragte Silvie.

Sandro nickte stumm, unfähig zu reden.

«Rike kriegt Anna auch erst zum Stillen wieder», sagte Miri. «Mutter und Kind brauchen angeblich Ruhe voreinander. So handhabt man es hier. Die arme, arme Rike – wie soll sie das nur alles ertragen?»

Wanja, der sich bislang eher im Hintergrund gehalten hatte, zog einen Flachmann aus seiner Manteltasche und reichte ihn Sandro.

«Polnischer Wodka», sagte er. «Löst keine Probleme, aber hilft. Ich bin übrigens Wanja, Silvies Freund. Mein Beileid.»

Sandro trank dankbar. Dann reichte er ihn an Miri weiter, die sich ebenfalls bediente.

«Danke», sagte sie, als sie ihm den Flachmann zurückgab. «Ich bin Miri, Rikes beste Freundin. Freut mich sehr. Wenngleich ich dich lieber unter anderen Umständen kennengelernt hätte. Wo steckt eigentlich Oskar?»

Silvie zuckte die Achseln. «Überall und nirgendwo», sagte sie.

«Die Schwiegereltern konnte ich gerade noch abhalten zu kommen», sagte Sandro. «Sie dürfen ohnehin erst morgen zu Rica, wenn Besuchszeit ist. Daran würde sich bei uns in *Italia* allerdings niemand halten. Wenn jemand krank ist, ist die ganze Familie bei ihm, ob zu Hause oder im Krankenhaus, ganz egal. *Porca miseria* – was für ein Unglück! Ich kann das alles noch immer nicht begreifen.»

Resolut kam eine Frau in Weiß, mit weißem Häubchen, auf sie zu.

«Ich bin Oberschwester Jutta und muss die Herrschaften jetzt dringend bitten, die Klinik zu verlassen.» Energisch stemmte sie die Hände in die fülligen Hüften. «Schließlich ist das hier eine Entbindungsstation – und keine Eckkneipe!»

Das galt dem Flachmann, den Wanja in der Hand hielt.

«Wir gehen gleich», sagte Silvie, «aber erst, nachdem Sie uns die Kleine gezeigt haben.»

«Wie stellen Sie sich das vor? Das Kind braucht seine Ruhe. Neugeborene haben noch kein entwickeltes Immunsystem, da kann jeder Kontakt gefährlich …»

«Dann eben hinter Glas», fiel Silvie ihr ins Wort. «Und damit sicher vor unserem Keimen. So macht man das doch.»

«Wer sind Sie eigentlich?» Oberschwester Jutta war noch immer voller Skepsis. «Ich weiß ja nicht einmal, ob Sie Verwandte sind!»

«Ehemann, Schwester», Silvie deutete auf sich, dann auf Miri. «Schwester und …», sie zögerte kurz, dann kam Wanja an die Reihe, «Schwager. Noch verwandter geht es ja kaum, oder wollen Sie zuerst unsere Kennkarten sehen?»

Die Oberschwester schien zwar nicht restlos überzeugt, gab aber nach. «Na schön. Dann kommen Sie mal. Aber nur ganz kurz.» Missbilligend schnaubend schritt sie voran. Das grüne Linoleum quietschte unter ihren Sohlen, während der kleine Trupp ihr zur Säuglingsstation folgte.

Silvies Augen wurden feucht, als ihnen das Baby nach einer Weile durch die Glasscheibe präsentiert wurde. Sie zwinkerte, schaute noch einmal genauer hin, aber sie hatte sich nicht getäuscht: Gesichtsform, Stirn, Nase, Mund, alles wie bei ihrer verstorbenen Mutter, beinahe, als sei Alma in dem winzigen Körper ihrer Enkelin zurückgekehrt.

Die Kleine verzog das Gesicht und machte ein Schnütchen.

«Willkommen im Leben, kleine Anna», flüsterte Silvie zutiefst gerührt. «Willkommen bei den Thalheims!»

4

Berlin, Frühling 1953

Auch zwei Wochen nach Stalins Tod beherrschte das Thema noch die Schlagzeilen der Zeitungen, das fiel Silvie ins Auge, als sie mit der Vespa vom Sender nach Hause fuhr. Der *Berliner Rundfunk*, für den sie nach dem Krieg gearbeitet hatte, mittlerweile nach Oberschöneweide in den Ostteil Berlins umgezogen, hatte nach der Bekanntmachung am 5. März mit ganztägiger Trauermusik reagiert, unterbrochen von Wortbeiträgen, die mit großem Pathos Leben und Leistung des Verstorbenen priesen. Der RIAS dagegen hatte an jenem Tag weiterhin flotte Unterhaltungsmusik gespielt, und die Kommentare über Stalin waren kritisch bis vernichtend.

Jetzt tat es Silvie leid, dass sie Willy Brandt bereits als Gast in ihrer Sendung gehabt hatte, denn eine aktuelle politische Prognose über die Zukunft von West und Ost aus seinem Blickwinkel wäre besonders interessant gewesen. Ihn nochmals einzuladen, hätte allerdings ihrem Konzept der Einmaligkeit widersprochen, zumal Brandts Auftritt dem Sender auch viele negative Anrufe eingebracht hatte. Als «Vaterlandsverräter» und «Drückeberger» hatten empörte Hörer ihn beschimpft, um die gerade noch salonfähigen

Ausdrücke zu zitieren, weil er die NS-Zeit im norwegischen Exil verbracht hatte. Vereinzelte Anrufer steigerten sich derart in Hasstiraden hinein, dass Silvies Chef Dietmar Schenk ihr dringend ans Herz legte, künftig keine Politiker mehr zu Wort kommen zu lassen. Besser solle sie sich auf sympathische Helden des Alltags und Prominente aus Mode, Sport oder Film konzentrieren, deren Leben ein breites Publikum interessierte.

Zähneknirschend musste sie ihm recht geben. *Stimmen* kam noch immer gut beim Publikum an, doch leider war die Euphorie der Hörer nach den ersten Sendungen ein wenig verflogen. Alles andere als einfach, an die ganz großen Stars heranzukommen und sie dann auch noch dazu zu bringen, ehrlich und frei vor dem Mikro zu reden! Es hagelte Absagen von diversen Agenturen; Größen aus Schauspiel und leichter Muse antworteten erst gar nicht auf ihr Anschreiben oder wimmelten Silvie spätestens am Telefon ab, nachdem sie sich, bisweilen auf geradezu abenteuerlichen Wegen, deren Nummer besorgt hatte. Dafür tauchten ungefragt Mimen aus der zweiten und dritten Riege auf, begierig darauf, sich der Öffentlichkeit zu präsentieren. Unter ihnen einige, die in den UFA-Filmen der Nazi-Zeit mitgewirkt hatten und damals eng mit Dr. Joseph Goebbels gewesen waren, ohne dessen Zustimmung nach 1936 kein deutscher Film mehr in die Kinos gelangt war.

Als besonders hartnäckig erwies sich dabei der Niederländer Henk de Witt, ein ebenso mittelmäßiger Tenor wie Schauspieler, der allerdings mit seinen knapp fünfzig Jahren noch immer blendend aussah und im Dritten Reich als Frauenschwarm gegolten hatte. Damals war er nicht davor zurückgeschreckt, sich im flotten Sportwagen vor dem KZ Dachau ablichten zu lassen. Jetzt allerdings blieben Angebote offenbar aus, und er gierte nach neuen Rollen. Er bombardierte Silvie geradezu mit Briefen, rief unzählige Male im Sender an und hatte ihr an einem stürmischen Frühlingsabend sogar vor dem Funkhaus aufgelauert, einen großen Strauß roter Rosen in der Hand, mit dem er sie wortreich bedrängt hatte.

«Selbst wenn Sie sich auf meinen Fußabstreifer legen – ich sehe Sie nun einmal nicht in meiner Sendung», sagte sie kühl, als er endlich geendet hatte, genervt von so viel dreister Aufdringlichkeit. «Und dabei bleibt es auch.»

«Aber ich war doch ein großer Star …»

«*War*, verehrter Herr de Witt. Und das mit sehr viel braunem Rückenwind. Sparen Sie sich künftig lieber das Geld fürs Grünzeug. Rosen lasse ich mir nämlich grundsätzlich nur von Menschen schenken, die mir etwas bedeuten.»

Sein Gesicht verzerrte sich wutentbrannt. «Was bilden Sie sich eigentlich ein, Sie kleine Funk-Tussi! Es gibt Leute hoch über Ihnen, die sich noch sehr genau an mein Talent erinnern. Und die werde ich über Ihre Respektlosigkeit in Kenntnis setzen.» Er kam ihr so nah, dass Silvie seinen säuerlichen Atem riechen konnte. «Denn glauben Sie mir, Fräulein Thalheim: Es kommen auch wieder andere Zeiten …»

An jenem Abend beschloss sie, Wanja in die Sendung holen.

Silvie zweifelte nicht länger daran, dass ihrem Geliebten eine große Karriere beim Film bevorstand, seit sie ihn bei den Dreharbeiten in der winterlichen Po-Ebene erlebt hatte. Für Silvie war die Reise nach Italien über die Weihnachtstage eine willkommene Flucht vor der Familie gewesen.

Rike litt noch immer an den Nachwirkungen des Kaiserschnitts und trauerte um ihr totes Kind. Außerdem hatte sie nicht genügend Milch, um Anna zu stillen. Der Kleinen wiederum verursachte die Fläschchennahrung offenbar Bauchschmerzen, denn sie schrie stundenlang zum Gotterbarmen. Es funktionierte halbwegs, wenn jemand sie geduldig herumtrug und dabei leise auf sie einredete. Doch kaum lag sie wieder allein im rosa ausgeschlagenen Körbchen, setzte das Gebrüll erneut ein. Sandro, der sich mit Rike nachts abwechselte, war schon ganz blass und dünnhäutig geworden. Am besten kam noch Miri mit der Kleinen zurecht, die alle in der Wohnung um den Schlaf brachte. Sie sang ihr nicht nur regelmäßig die neuesten Schlager zum Einschlafen vor, sondern hatte auf Rat von Lou Berger auch die regelmäßige Lieferung von frischer Ziegenmilch organisiert, in die die Babynahrung eingerührt wurde. Etwas, über das Neu-Oma Antonia bei ihrem ersten Besuch natürlich nur die Nase rümpfen konnte. Ohnehin schien sie ihrer Schwiegertochter nicht zu verzeihen, dass von den Zwillingen das Mädchen überlebt hatte, der Junge aber gestorben war.

«Hätte Rike sich mehr geschont, könnten beide noch hier sein. So aber gibt es keinen echten Lombardi in sechster Generation! Sie ist weit über dreißig und wird vielleicht niemals mehr einen Sohn gebären. Wenn sie so weitermacht, wird sie das Mädchen auch noch verlieren, *Santa Madonna*! Mit Ziegenmilch macht man vielleicht Käse, den essen kann, wer mag, aber man zieht damit doch keinen Säugling groß …»

Aber die ungewöhnliche Ziegen-Methode zeigte Wirkung. Und wenn die kleine Anna dann satt und zufrieden mit ihren gewitterblauen Alma-Augen in die Runde strahlte, entspannten sich auch die Erwachsenen.

Doch was sollte werden, wenn Miriam auszog und Sandro wieder auf Reisen ging, um für das Kaufhaus neue Stoffe einzukaufen?

Nach langer Suche hatte Miriam endlich eine kleine Wohnung direkt am Savignyplatz ergattert, weil eine der Schneiderinnen aus dem *Modekaufhaus Thalheim* mit Mann und Kind zu ihren Eltern nach Düsseldorf übersiedelte, dem neuen Zentrum der westdeutschen Modeindustrie. Viel Zeit zum Babyhüten blieb ihr schon jetzt nicht mehr, da die *Exklusivkollektion* fertig werden musste, wie sie ihre Abend- und Cocktailkleider genannt hatte, und jedes der Modelle ihren Segen brauchte, um auf den Bügel zu gelangen.

Zum Glück waren das alles nicht Silvies Baustellen, auch wenn sie Mitgefühl für ihre Schwester empfand und Miri den kommenden Erfolg von Herzen wünschte. Erleichtert, die ewigen Ausflüchte Oskars, Claires Sorgenfalten, die aufgesetzte Fröhlichkeit ihres Vaters und Floris Vorbereitungen für ein mehr als wackliges Abitur für ein paar Tage hinter sich zu lassen, war sie an Weihnachten zum ersten Mal im Leben geflogen. Angst hatte sie dabei nicht einen Augenblick verspürt, allenfalls kribbelnde Vorfreude und schließlich, nachdem die Maschine tatsächlich abgehoben hatte, nichts als unfassbares Entzücken.

Was für eine sensationelle Erfahrung, nach einer Weile dicker Wolken plötzlich die verschneiten Alpengipfel tief unter sich zu sehen! Aber auch an Bord fand sie alles ganz wunderbar. Orangensaft, Kaffee und belegte Brote wurden serviert, ihr Nachbar flirtete sie charmant an, und wäre es nach Silvie gegangen, so hätte der Flug gern noch Stunden dauern können, so sehr genoss sie ihn.

In Mailand hatte Wanja sie dann mit dem alten Buick der Filmproduktion abgeholt und an den malerischen Ortasee kutschiert, wo sie in einem kleinen Hotel die Feiertage mit italienischem Essen, süffigem Rotwein und sehr viel Zärtlichkeit verbracht hatten. Wanja wieder zu spüren, hatte sich geradezu überwältigend angefühlt, und dass es ihm ganz ähnlich zu gehen schien, machte Silvie sehr glücklich. Bevor es wieder zurück an den Drehort ging, waren sie noch zusammen zum Schrein der *Madonna del Sasso* hinaufgestiegen, um dort in luftiger Höhe den Blick über den winterlichen See bis hin zur Silhouette der schneebedeckten Bergriesen zu genießen.

«Ich war schon mal hier oben und hab sie um Beistand gebeten», gestand Wanja ihr auf der malerischen Felsspitze. «Glaube fast, die göttliche Jungfrau hat mich erhört.»

Silvie verstand, was er gemeint hatte, als sie ihn am nächsten Tag bei den Dreharbeiten beobachten durfte.

Als sie jetzt zu Hause angekommen war und die Fragen an Wanja für ihre gemeinsame Sendung vorbereitete, stand alles wieder vor ihrem inneren Auge, als sei es erst gestern gewesen: der heruntergekommene Gutshof inmitten der winterlich braunen Reisfelder, der bärtige Regisseur Renzo Paolucci, der überall gleichzeitig zu sein schien, neben ihm

Roberto, sein Assistent aus dem Tessin, der drei Sprachen beherrschte und als Übersetzer am Set fungierte. Wanja und der muskulöse junge Schweizer hatten sich angefreundet, lachten und scherzten viel zusammen, und Silvie machte es Freude, ihn so heiter und entspannt zu sehen.

Während des Drehs war Wanja bis in jede Faser seines Körpers konzentriert, mit geschmeidigen Bewegungen, die sie an ein Raubtier im Sprung erinnerten. Ihr Geliebter war zu spät geboren, um noch in den Krieg ziehen zu müssen, und dennoch steckten in ihm die ganze Wut, der ganze Schmerz und die große Sehnsucht einer verlorenen Generation.

Ja, er *war* der aufbrausende, der an sich selbst wie an der Welt verzweifelnde junge Mann, mit dem sich Unzählige identifizieren konnten. Und alles, was er fühlte und dachte, spiegelte sich eindrucksvoll in seiner Mimik. Als sie am nächsten Abend ein paar erste Filmausschnitte ansehen durfte, kam ihr wieder Markus' Bemerkung in den Sinn, dass die Kamera Wanjas Gesicht liebte.

Sie selbst hätte es nicht besser ausdrücken können.

Natürlich kannte Silvie den Film *Bitterer Reis* von Giuseppe de Santis aus dem Jahr 1949, mit der atemberaubenden Silvana Mangano in der Hauptrolle, ebenfalls in den Reisfeldern der Po-Ebene angesiedelt, von manchen als «Schenkel-Skandal» verunglimpft, weil die Arbeiterinnen beim Pflanzen die Kleider gerafft hatten, um sie vor dem Schlamm zu schützen. Paoluccis Drama jedoch spielte in einer anderen Liga, glich eher einer klassischen antiken Tragödie, und Wanja als aufbegehrender Rocco war ihr Held. Egal, wie der Film bei den Festspielen in Venedig abschneiden würde – diesen jungen deutschen Schauspieler würde niemand übersehen.

Silvie zwang sich wieder in die Gegenwart zurück und blickte auf ihr Notizbuch.

Doch wie eine Sendung richtig angehen, deren Gast ihr so nahestand wie Wanja? Sollte sie kurz anmerken, was sie beide verband, oder es zumindest andeuten? Ihren Gast ganz selbstverständlich duzen oder lieber beim reservierten Sie bleiben? Durfte sie es überhaupt riskieren, bei einem derart exaltierten Charakter wie Wanja ihre vertraute Rolle als «Anstupserin» einzunehmen, um damit seinem freien Reden den Lauf zu lassen? Oder konnte dann etwas passieren, das sie hinterher bereuen würde?

Silvie war fast erleichtert, als es klingelte, obwohl sie mit ihren Überlegungen noch nicht sonderlich weitergekommen war.

Lydia und ihre beiden Stieftöchter standen vor der Tür, die rundliche Amelie, deren Gesicht mit den roten Wangen sie an einen polierten Apfel erinnerte, und die ein Jahr ältere hochaufgeschossene Luisa, die ständig ihre Brille zurechtrückte, als wisse sie nicht so recht, wohin sonst mit den Händen. Alle drei wirkten aufgeregt, und dennoch spürte Silvie die Verbundenheit zwischen ihnen, etwas, das sie bei Lydia und ihren Söhnen stets vermisst hatte.

«Unsere Mädchen haben echte Probleme», begann Lydia, nachdem alle mit Kakao und Keksen versorgt waren. «Jetzt sollen sie womöglich sogar vom Gymnasium fliegen, nur weil sie gläubige Christen sind. Und da dachten wir, vielleicht kannst du uns weiterhelfen.»

«Ich? Wie sollte ich da helfen können?» Natürlich hatte

auch Silvie schon von den Maßnahmen gegen die Junge Gemeinde gehört, mit denen die SED gegen Jugendliche vorging, um sie gewaltsam in die Reihen der FDJ zu zwingen. Kirchlich organisierte Ferienlager waren abgesagt worden, Diskussionsabende wurden gesprengt, Laienspiele verboten. Wer ein Kreuz trug, hatte in der Schule mit drakonischen Strafen zu rechnen, wer mit «Feinden» aus Kirchengemeinden irgendwo in der Bundesrepublik in Kontakt stand, erst recht. Eine schreiende Ungerechtigkeit, aber was sollte sie schon dagegen ausrichten können?

«Einige von uns haben es nicht mehr ausgehalten und sind in den Westen abgehauen. Wir aber denken nicht daran», sagte Luisa, und ihre Augen hinter der Brille leuchteten. «Wozu predigt unser Vater schließlich sonntags von der Kanzel, dass man Gott mehr gehorchen solle als den Menschen? Wir wollen beides: im Osten leben und Christen bleiben.»

«Da hat Jürgen von seiner Warte aus natürlich recht», sagte Silvie. «Aber was nützt euch das, wenn ihr von der Schule fliegt und in Berufe gedrängt werdet, die ihr eigentlich gar nicht wollt?»

«Und das, wo die beiden so ausgezeichnete Schülerinnen sind», sagte Lydia voller Stolz. «Amelie ist eine echte Mathe-Kanone, und Luisa braucht sich ein Gedicht nur einmal durchzulesen, schon kann sie es auswendig. Alles Sprachliche fliegt ihr zu. Die beiden müssen einfach weiterlernen dürfen!»

«Jetzt übertreib mal nicht so maßlos, Lydi», wandte Amelie ein, aber ihr war anzusehen, wie sehr sie das Lob freute. «Schlimm ist nur, dass man uns unterstellt, die Junge Gemeinde sei eine Tarnorganisation für Kriegshetze, Sabotage und Spionage, die von westdeutschen und amerikanischen imperialistischen Kräften dirigiert werde.» Sie zuppelte an ihrem Pulloverbündchen. «Das ist doch krank, oder? Natürlich ist nichts davon wahr. Wir beten, diskutieren und feiern manchmal zusammen, vollkommen harmlos.»

Massive Vorwürfe gegen die jungen Christen, die sehr ernst zu nehmen waren. Wie Silvie an Ralfs abschreckendem Beispiel hautnah hatte erleben müssen, ließen sich sicherlich von Staatsseite aus mühelos die passenden Gesetze finden, um entsprechende Sanktionen zu verhängen.

«Ihr solltet vorsichtig sein», riet sie.

«Wir tun doch nichts Verbotenes», empörte sich Luisa. «Wir glauben an Gott, und das lassen wir uns nicht verbieten – von niemandem!»

«Habt ihr Carl schon mal konsultiert?», wandte sich Silvie an Lydia. «Ja, ich weiß, ihr beide habt euch jahrelang bekriegt, aber jetzt nach der Scheidung herrscht doch endlich Waffenstillstand zwischen euch. Vielleicht kann er als gewitzter Anwalt ja etwas bewirken …»

«Vergiss Carl.» Lydias Gesicht verschloss sich. «Für die eigene Familie hat der doch noch nie einen Finger gerührt.»

«Das stimmt doch gar nicht!», widersprach Silvie. «Papa hat er nach dem Krieg bei den Russen rausgepaukt …»

«Ich korrigiere: für mich oder seine Söhne. Und Jürgens Töchter sind ihm ebenfalls piepegal.» Sie war aufgesprungen, so erregt war sie. «Aber die beiden sind junge, quicklebendige, sehr begabte Mädchen mit einem Recht auf Zukunft. Und deshalb wollten wir dich heute fragen …»

«… ob du uns vielleicht in deine Sendung einlädst», sagten die Mädchen wie aus einem Mund.

«Meint ihr *Stimmen*?», fragte Silvie perplex. «Aber das passt doch gar nicht!»

«Und ob das passt!», beharrte Lydia. «Du hast massenhaft Hörer in West wie Ost, in nahezu jeder Altersklasse. Und wenn die beiden endlich mal Gelegenheit erhalten, öffentlich zu erzählen, womit sie tagtäglich zu kämpfen haben, könnte das sehr hilfreich sein für viele, die Ähnliches zu erleiden haben. Vielleicht lenkt die Obrigkeit dann ein, und sie dürfen doch auf der Schule bleiben.»

Schenk wird alles andere als begeistert sein, dachte Silvie. Aber eigentlich hat er sich ja nur gegen Politiker ausgesprochen, nicht gegen Politisches. Und vielleicht gefällt es ihm sogar, dem SED-Regime auf diese Weise eins auszuwischen.

«Das müsste ich zuerst mit meinem Vorgesetzten besprechen», sagte Silvie vorsichtig. «Außerdem stehen die Gäste für die nächsten Sendungen bereits fest. Allenfalls in ein paar Wochen, wenn überhaupt, aber versprechen kann ich leider nichts.»

Luisas hellblaue Augen füllten sich mit Tränen, und sie nahm die unvorteilhafte Brille ab. Jetzt sah man erst, wie hübsch sie eigentlich war.

«So viel Zeit haben wir aber nicht», flüsterte sie. «Bis dahin haben sie uns fertiggemacht.»

«Vielleicht setzen sie euch ja noch viel mehr zu, nachdem ihr in *Stimmen* zu hören wart», sagte Silvie. «Habt ihr daran schon mal gedacht?»

«Natürlich», erwiderte Amelie prompt. «Aber wer sollte uns schon erkennen? Wir waren doch noch nie im Radio.

Wir geben uns einfach Pseudonyme. Und wie die Schule heißt, erwähnen wir auch nicht. Geht doch um das große Ganze!»

Pseudonyme – das verstieß gegen die Spielregeln, die Silvie selbst aufgestellt hatte: Ihre Gäste sollten authentisch, ehrlich und ungeschminkt vor dem Mikrophon reden. Doch je länger sie den dreien zuhörte, desto besser gefiel ihr die Idee.

«Bitte», sagte Lydia eindringlich, «hilf uns, Silvie! Ich möchte an den beiden so gern etwas von dem wiedergutmachen, was ich bei meinen Söhnen versäumt habe. Als Gregor und Paul heranwuchsen, war ich die meiste Zeit mit meinem eigenen Kummer beschäftigt. Carls permanente Treulosigkeit hat mich zutiefst verletzt und hartherzig werden lassen. Natürlich hab ich gespürt, dass ihr alle mich damals nicht leiden konntet. Ich habe mich ja selbst nicht mehr gemocht …» Sie begann zu schniefen. «Ehe ich mich noch richtig versehen hatte, war plötzlich Krieg, und meine Jungs mussten an die Front. Zurückgekommen sind sie als erwachsene Männer, die so viel Schreckliches erlebt hatten, dass sie keine Mutter mehr brauchten oder wollten …»

Lydia fuhr sich mit der Hand über die Augen.

«Unser Kontakt lässt sich nicht mehr richtig flicken, das weiß ich selbst. Und mit Enkelchen kann ich wohl bei keinem von ihnen wirklich rechnen – und dabei hab ich solche Sehnsucht danach! Deshalb hab ich ja auch Rike angeboten, ihre Kleine zeitweise zu hüten, damit sie ein bisschen Raum für sich selbst hat, aber da hättet ihr mal Fritz hören sollen: ‹Meine Enkelin in die Zone? Nur über meine Leiche!› Dabei wollte ich doch nur helfen …»

Erstaunt starrte Silvie sie an. Als Kind hatte sie ihre Tante als schrill und unangenehm empfunden und stets zu Onkel Carl gehalten, der ihr als der viel Liebenswürdigere erschienen war. Nicht einen Augenblick hatte sie sich damals Gedanken gemacht, warum Lydia so oft aus der Rolle fiel – das tat ihr heute leid.

«Mir gefällt, was du sagst», erwiderte sie. «Und wenn ich euch drei hier zusammen sehe, wird mir ganz warm ums Herz. Also: Ich gehe noch heute zu meinem Chef und versuche, ihm die Sache schmackhaft zu machen. Wäre das ein Wort?»

Wanja hatte gemault, dass die Sendung mit ihm vertagt werden musste, aber Silvie war bei ihrem Entschluss geblieben. Und die Reaktionen der Hörer gaben ihr recht. Gleich unmittelbar nach der Sendung mit Lydias Mädchen brach eine Flut von Anrufen über den RIAS herein. Viele kamen aus den Westsektoren, aber auch einige aus der SBZ, bis irgendwann die Telefonleitungen aus dem Ostteil Berlins kurzerhand gekappt wurden.

Die Mädchen, von Silvie in der Anmoderation als Pauline und Klara vorgestellt, hatten ihre Sache großartig gemacht, frisch und locker erzählt, ehrlich alles aufgeführt, was sie bedrückte, und ihre Zukunftswünsche so überzeugend dargestellt, dass man sie ihnen auf der Stelle erfüllen wollte.

«Ich möchte Mathematikerin werden.» Amelies junge Stimme hatte sehnsuchtsvoll geklungen. «Zahlen sind klar, unmissverständlich und einfach wundervoll. Aufregende Welten verbergen sich in ihnen.»

«Und ich möchte Fremdsprachen studieren, um mich

mit Menschen aus anderen Ländern zu verständigen», schloss sich Luisa im Brustton der Überzeugung an. «Denn nur, wenn wir miteinander reden können, verstehen wir den anderen. Dann ist auch Gott in uns lebendig.»

Lydia, die vor dem Studio auf die beiden wartete, aber alles hören konnte, was drinnen gesprochen wurde, weinte vor Rührung. Auch Silvie hatte bei einigen Antworten der Mädchen einen dicken Kloß im Hals.

Innerlich noch immer sehr bewegt, fuhr sie in der kühlen Aprilnacht auf der Vespa nach Hause. Ausgerechnet heute war Wanja verabredet. Paoluccis Assistent Roberto war für ein paar Tage nach Berlin gekommen, und Wanja wollte seinem Schweizer Freund das Nachtleben zeigen. Inzwischen hatte ihr Liebster sein «Loch» in Kreuzberg verlassen und war in eine Zweizimmerwohnung nach Schöneberg gezogen, wo es zumindest ein Gästesofa gab.

Vielleicht war ja ausnahmsweise Oskar zu Hause, und sie konnte ihm ihr übervolles Herz ausschütten. Doch alle Fenster der Wohnung waren dunkel, als sie ihr Gefährt vor dem Haus in der Bleibtreustraße parkte. Silvie stieg hinauf, schloss die Wohnung auf und setzte sich schließlich mit einem Glas Wein an den Küchentisch, ohne Licht zu machen.

Als nach einer Weile das Telefon klingelte, begann sie zu lächeln.

Schön, dass Wanja spürte, wie sehr sie ihn gerade jetzt brauchte!

«Habt ihr jetzt alle zusammen den Verstand verloren?», wetterte Carl am anderen Ende der Leitung los, kaum hatte sie abgehoben. Nie zuvor hatte sie ihren Onkel so aufgebracht erlebt. «Ich dachte immer, du verstehst dein Geschäft, Silvie. Aber nach dem heutigen Abend muss ich doch sehr daran zweifeln. Gab es denn niemanden in eurem bescheuerten RIAS, der dich zurückgehalten hat?»

«Du sprichst von meiner Sendung?», fragte sie, perplex angesichts von so viel Empörung.

«Allerdings! Die SED öffentlich von zwei pubertierenden Mädchen vorführen zu lassen – was glaubst du, was nun passieren wird?»

«Du meinst, sie könnten noch mehr Schwierigkeiten bekommen?» Silvies Stimme begann zu zittern.

«Das, meine Liebe, ist so sicher wie das Amen in der Kirche! Es waren Grothes Töchter, die da geplappert haben, oder?»

«Ja», gestand sie. «Aber sie hatten doch andere Namen …»

«Zwei Schwestern aus Potsdam, deren Vater Pfarrer ist – eine perfekte Tarnung, herzliche Gratulation! Mensch, Silvie, da steckt doch garantiert meine Geschiedene dahinter, oder?»

Es hatte keinen Sinn zu lügen.

«Lydia war mit den Mädchen bei mir …»

«… und hat dich angejault, da biste weich geworden. Gutes Herz, aber nix in der Birne.» Sein kurzes Lachen hatte nichts Fröhliches. «Ich weiß, dass du eigentlich klug bist, aber in diesem Fall warst du es leider nicht. Lydia hat genau raus, welche Knöpfe sie drücken muss, damit man sich schuldig fühlt, glaub mir das.»

«Mein Programmleiter hielt es auch für eine gute Idee …»

«Der Kalte Krieg findet in Ost *und* West statt. Klar, dass ein RIAS aufzeigen will, wie mies das SED-Regime mit seinen Bürgern verfährt! Aber was danach aus diesen Bürgern wird, interessiert doch keinen mehr bei euch.»

Mittlerweile war ihr ganz elend zumute.

«Was können wir denn nun machen?», fragte Silvie mit belegter Stimme. «Ich will natürlich nicht, dass den beiden etwas zustößt …»

«Schadensbegrenzung», erwiderte er. «Und zwar sofort. Sehr viel mehr fällt mir im Moment auch nicht dazu ein. Alles so klein wie möglich halten, nicht noch mehr Öl ins Feuer gießen. Sind sie noch auf der Schule?»

«Bislang gibt es meines Wissens bloß die Drohung eines Schulverweises. Passiert ist noch nichts.»

«Gut. Dann ganz auf Normalität schalten. Hingehen, nettes Gesicht machen, wenn möglich vom Thema ablenken. Sich taub stellen, sobald das Wort RIAS fällt.»

«Wir haben Osterferien, Carl. Morgen ist Karfreitag und damit Feiertag.»

«Dann am besten ein kleiner Ortswechsel. Gibt es keine Verwandten im Osten, die sie besuchen könnten?»

«Ich glaube, Jürgen hat noch einen jüngeren Bruder, irgendwo bei Bautzen, Genaueres weiß ich nicht …» Sie brach ab. «Aber er kann natürlich auf keinen Fall weg. Karfreitag – das ist doch der höchste kirchliche Feiertag des ganzen Jahres! Da braucht die Inselkirche ihren Pfarrer.»

«Dann muss eben Lydia tätig werden. Sie soll die Mädchen wegbringen. Vielleicht waren sie ja sogar schon seit Palmsonntag bei ihrem Onkel in Bautzen …»

«So schlimm, Onkel Carl?» So hatte sie ihn schon seit Jahren nicht mehr genannt.

«Eher noch schlimmer», entgegnete er grimmig. «Die

SED will diese Junge Gemeinde mit Stumpf und Stiel ausrotten, weil sie ihre Pläne zur Eingliederung *aller* Jugendlichen in die FDJ empfindlich stört. Und dazu ist den Funktionären jedes Mittel recht. Ein hübscher kleiner Schauprozess mit zwei naiven Pastorentöchtern, die sich vom imperialistischen Westen benutzen ließen? Perfekte Inszenierung, sicherlich äußerst wirkungsvoll. Aber das wollen wir alle nicht erleben müssen!»

«Natürlich nicht …»

Inzwischen war Silvie den Tränen nahe, doch plötzlich hatte sie eine Idee. «Fahr du zu ihnen, Carl!», sagte sie eindringlich. «Und zwar so schnell wie möglich, am besten gleich morgen früh. Sag ihnen persönlich, was du mir gerade vorgeschlagen hast. Vielleicht wird ihr Telefon ja längst abgehört.»

«Ins selbstgehäkelte Pastorenhaus? Ich denke gar nicht daran!»

«Doch, bitte – du musst! Ich weiß, Rike war seit jeher dein Liebling, aber wenn dir auch an mir nur irgendetwas liegt, dann tust du jetzt, worum ich dich bitte. Schließlich bin auch ich Almas Tochter, nicht nur meine Schwester.»

Am anderen Ende der Leitung hörte sie ihn schwer atmen.

«Jetzt fährst du aber die ganz großen Geschütze auf», sagte Carl schließlich.

«Ich weiß. Machst du es?»

«Wie könnte ich da noch nein sagen?» Er seufzte tief. «Natürlich liegt mir etwas an dir, du verrücktes Huhn! Also gut. Sobald es hell wird, schlage ich im Pastorenhaus zu Hermannswerder auf. Und wehe, sie empfangen mich dort mit selbstgepflücktem Kräutertee!»

Eigentlich hatte Silvie nur noch ein paar Seiten lesen wollen, doch als stürmisches Klingeln sie aus dem Tiefschlaf riss, bemerkte sie, dass sie neben dem aufgeschlagenen Buch in Straßenkleidung auf dem Bett eingeschlafen sein musste.

Ein rascher Blick zum Wecker. Kurz nach fünf.

Jemand musste schon sehr gute Gründe für einen Besuch zu solch früher Stunde haben.

Flori?

Es konnte eigentlich nur Flori sein.

Nachdem sie letzten Monat zum Entsetzen ihrer Eltern zum zweiten Mal durchs Abitur gerasselt war, machte sie die Nacht zum Tag und war mehr als einmal erst zum Frühstück wieder nach Hause gekommen. Friedrich war außer sich gewesen, und die beiden älteren Schwestern hatten sich anstrengen müssen, um die aufgewühlten Gemüter wieder zu beruhigen. Schließlich hatte Silvie in zähen Verhandlungen mit dem Vater ein paar Wochen Bedenkzeit für Florentine herausgeschlagen, bevor weitere Entscheidungen über ihre Zukunft getroffen würden.

«Der Mensch besitzt auch ohne Abitur Daseinsberechtigung», hatte sie zu ihm gesagt. «Und manchmal wird trotzdem etwas aus ihm. Schau mich nur einmal an, Papa!»

Sie hörte jemanden heraufkeuchen, aber dann stand nicht Flori, sondern Rike vor ihr, ungekämmt, den Mantel offen, die Bluse halb aus dem Rock hängend.

«Wir müssen sofort zu Papa», sagte sie. «Sandro wartet unten im Auto. Miri hütet die Kleine. Aber du bist ja schon angezogen …»

Blindlings griff Silvie nach Jacke, Tasche, Schlüssel.

«Was ist mit ihm?», fragte sie, bereits im Gehen. «Wieder sein Magen? Muss er ins Krankenhaus?»

Im trüben Licht der Treppenhausbeleuchtung war Rikes Gesicht ganz fahl.

«Nein», sagte sie. «Nicht Papa.»

Eine eisige Hand griff nach Silvies Herz. «Oskar?»

Rike sah sie besorgt an. «Wir gehen jetzt erst einmal zurück in die Küche, und du setzt dich hin. Sonst kippst du mir noch um.»

Silvie folgte ihr wie betäubt und nahm am Küchentisch Platz. Rike ging zum Wasserhahn und füllte ein Glas, das sie vor die Schwester stellte.

«Jetzt sag schon!», drängte Silvie.

«Oskar hatte einen Unfall», fuhr Rike langsam fort. «Mit über hundert Stundenkilometern ist er durch Berlin gebrettert, der Polizei davon, bis er in einer Kurve die Kontrolle über das Auto verloren hat und in einen Laster gekracht ist. Totalschaden …»

«Ist Oskar …» Silvie klammerte sich an den zerschrammten Tisch, unfähig weiterzusprechen.

«Er lebt, Silvie, zum Glück, aber sie operieren ihn immer noch. Viele schwere Brüche, eine massive Kopfverletzung. Milzriss. Und dann ist da noch etwas mit seinem Rücken, das die Klinik am Telefon nicht so genau sagen wollte. Offenbar saß er betrunken am Steuer. *Sehr* betrunken. Es kann Wochen dauern, bis er wieder gesund wird – wenn überhaupt. Das alles müssen wir Papa jetzt sehr behutsam beibringen.»

Silvie klappte den Mund auf und wieder zu, unfähig, auch nur einen Ton herauszubringen.

Ihr Zwilling – ihr zweites Ich!

Du musst leben, Oskar, dachte sie verzweifelt, *leben …*

Friedrich Thalheim sagte lange nichts, nachdem Rike mit ihrem aufgeregten Bericht geendet hatte. Claire saß neben ihm und ließ ihn nicht eine Sekunde aus den Augen. Auch Flori, die im Schlafanzug die kleine Runde ergänzte, hatte es vollkommen die Sprache verschlagen.

«Der Junge hat das Schicksal herausgefordert», begann er schließlich. Er war sehr blass, wirkte aber erstaunlich gefasst. «Und jetzt bekommt er die Quittung. Ich begreife meinen Sohn nicht. Waren die Jahre unter den Russen denn nicht mehr als genug?»

«Für die Jahre unter den Russen kann Oskar nichts», sagte Silvie, die sich inzwischen wieder etwas gefasst hatte. «Aber er kann sehr wohl etwas dafür, wenn er jetzt im Frieden besoffen Auto fährt. Ich habe so etwas kommen sehen und in den letzten Wochen immer wieder versucht, ihn zur Vernunft zu bringen. Aber er hört nicht auf mich. Oskar hört auf niemanden – leider!»

«Von wem hat er denn diesen verdammten Rometsch?», herrschte Rike sie an. «Doch von keinem anderen als deinem Freund, der hat ihm das Auto angedreht!»

«Was soll das denn jetzt heißen? Dass Wanja schuld an Oskars Unfall sein soll? Das nimmst du gefälligst zurück!», schnappte Silvie. «Und von ‹Andrehen› kann gar keine Rede sein. Oskar hat nach diesem Auto regelrecht gegiert.»

Das gemütliche Kaffeetrinken im Kreise der Familie Thalheim, das er sich gewünscht hatte, stand noch immer aus. Aber es hatte zumindest ein, wenn auch ziemlich steifes, Mittagessen im *Schanigarten* gegeben, zu dem Wanja mit leichter Verspätung dazugestoßen war. Friedrich hatte sich auf ein Mindestmaß an Konversation beschränkt, Flori wie ein weidwundes Reh dreingeschaut, Rike waren vor Müdigkeit fast die Augen zugefallen. Selbst Claire war ungewohnt zurückhaltend gewesen, während Oskar einen dummen Witz nach dem anderen gerissen hatte. Abgesehen von Sandro, der sich angeregt mit Wanja über die Dreharbeiten in Italien unterhielt, schien keiner der Thalheims besonders angetan von dem Neuen an Silvies Seite.

«In gewisser Weise stimmt es eben doch. Mit seinem DKW hätte er wohl niemals so auf die Tube gedrückt», setzte Rike hinzu.

«Streitet euch bitte nicht», ging Claire dazwischen. «Ist doch schon schlimm genug, was alles passiert ist. Erst rasselt Flori durchs Abitur – und jetzt auch noch dieser furchtbare, furchtbare Unfall.» Sie begann zu schluchzen. «Das ist ja fast, als läge auf einmal ein Fluch auf uns. Ich kann bald nicht mehr!»

«Wir müssen versuchen, die Nerven zu behalten», sagte Sandro. «Lasst uns ruhig bleiben, *amici*. Die Klinik ruft bei uns an, sobald die Operation vorbei ist, so haben wir es vereinbart …»

«Wieso eigentlich bei euch?», fiel Silvie ihm ins Wort. «Ich wohne doch mit Oskar zusammen!»

«Weil unsere Telefonnummer in seiner Brieftasche war», erklärte er geduldig. «Die eigene hat man ja in der Regel nicht dabei, *davvero*? Also sollten Rica und ich jetzt nach Hause fahren, wo Miri auf die Kleine aufpasst. Geht das so für dich in Ordnung, Schwiegervater?»

Friedrich nickte matt. Dann hob er den Kopf. «Ich muss zu ihm», murmelte er. «Wir brauchen ihn doch im Kaufhaus!»

«Zu Oskar lassen sie dich nicht vor morgen früh», sagte Silvie sehr sanft, während ihr noch immer übel vor Angst um ihren Zwillingsbruder war. «Sicherlich wird er nach der OP zunächst auf die Intensivstation gelegt. Vor allem braucht er jetzt Ruhe!»

«Und unser Kaufhaus hat heute geschlossen», ergänzte Rike. «Karfreitag – du erinnerst dich, Papa? Morgen, am Samstag, kann ich mich dort wieder um alles kümmern. Dann wissen wir bestimmt schon mehr.»

Silvie lehnte ab, sich von Rike und Sandro nach Hause fahren zu lassen. Sie rief ein Taxi und ließ sich nach Schöneberg, zu Wanjas Wohnung in der Crellestraße bringen. Keinem aus der Familie hatte sie etwas von dem seltsamen Mietarrangement für den Rometsch verraten, das er mit Oskar im letzten Herbst getroffen hatte. Aber sie wusste, dass Wanja in den vergangenen Monaten mehrfach als Synchronsprecher gearbeitet hatte und mit dem Honorar sein Auto dieser Tage wieder ausgelöst hätte.

Sie war total aufgewühlt, voller Angst und Sorge um ihren Bruder, voller Zorn über seine Unvernunft, voller Scham, dass er Wanjas Wagen aus Leichtsinn zu Schrott gefahren hatte.

Wie Wanja wohl darauf reagieren würde?

Wütend? Verzweifelt? Vollkommen außer sich?

Würde er sich von allem lossagen wollen, was Thalheim hieß?

Bei dem Gedanken daran begann sie erst recht zu zittern.

Heute, am Karfreitag, war es ganz ruhig im Viertel. Alle Läden geschlossen, kaum jemand auf der Straße, obwohl es mittlerweile schon heller Vormittag war. Viele Vorhänge waren noch zugezogen; die Leute ließen den Feiertag offenbar ruhig angehen.

An der Haustür angelangt, zögerte sie, den Schlüssel schon in der Hand, den Wanja ihr erst vor ein paar Tagen anvertraut hatte.

«Damit du alles über mein Leben weißt, geliebtes Herz. Ab jetzt bin ich für dich so durchsichtig wie ein Kristall.»

Wanja und Roberto hatten bestimmt lange gefeiert und einiges getrunken. Sollte sie lieber gehen und erst später noch einmal wiederkommen?

Aber sie musste ihm doch erzählen, was Oskar zugestoßen war!

Silvie schloss auf.

Danach stieg sie die Treppen nach oben. Viertes Stockwerk, das hält sportlich, wie Wanja gescherzt hatte. Der Schlüssel wanderte zurück in die Handtasche.

Etwas atemlos klingelte sie.

Erst blieb alles ruhig, doch schließlich öffnete Wanja, die Haare verstrubbelt, ganz offensichtlich nackt unter dem fadenscheinigen gestreiften Kimono, den er aus einem Theaterfundus ergattert hatte.

«Du?»

«Ich muss dringend mit dir reden, Wanja.» Sie schob ihn sanft zur Seite, betrat den Flur. «Und für einen starken schwarzen Kaffee wäre ich mehr als dankbar.»

Die Schlafzimmertür war zu, die zum Wohnzimmer angelehnt. Das klapprige Sofa war nicht ausgezogen, was sie im Vorbeigehen registrierte. Ebenso stand nirgendwo ein Koffer oder eine Tasche.

«Ist Roberto schon wieder weg?», fragte sie.

Wanja nuschelte Unverständliches und hatte es plötzlich sehr eilig, in die Küche zu kommen, wo er fahrig am Herd zu hantieren begann.

«He», sagte Silvie, die ihm gefolgt war, und umschlang ihn von hinten. «Verzeih den frühen Überfall. Aber heute Nacht ist etwas ganz Schreckliches passiert, und ich stehe vollkommen neben mir. Du musst jetzt sehr, sehr tapfer sein, Wanja. Oskar hat ...»

Sie hielt inne.

Er roch so penetrant nach frischem Sex, dass sie es unmöglich nicht bemerken konnte. Und plötzlich begriff Silvie, was die geschlossene Schlafzimmertür zu bedeuten hatte.

Sie ließ Wanja los, ging zurück in den Flur. Er stürzte ihr hinterher, um sie aufzuhalten, doch sie war schneller.

Silvie riss die Tür zum Schlafzimmer auf.

Das Rollo war unten, aber sie konnte trotzdem klar erkennen, was sie eigentlich gar nicht sehen wollte.

Kleiderhaufen, benutzte Gläser. Eine leere Weinflasche. Zwei heruntergebrannte Kerzen auf einem Bierdeckel.

Reichlich Kippen im übervollen Aschenbecher.

Eine Reisetasche, aus der Hemden quollen.

Auf dem breiten Bett, das nahezu den ganzen Raum einnahm, ruhte bäuchlings in entspannter Haltung ein nackter Männerkörper.

Dass Roberto aus dem Tessin muskulöse Schultern und durchtrainierte Beine hatte, war ihr bereits auf dem Set aufgefallen. Dass sein nackter Hintern makellos war, lernte Silvie erst in diesem Augenblick.

○○○

Die Türglocke war abgestellt, und sie ging auch nicht ans Telefon. Mit Rike und Sandro hatte Silvie ein Klingelzeichen vereinbart, die beiden waren die Einzigen, die telefonisch zu ihr durchdrangen. Schenk hatte ihr drei Tage Extraurlaub gegeben, nachdem er von Oskars Unfall erfahren hatte, was gut und schlecht zugleich war, denn nun konnte sie ungestört vor sich hin grübeln.

«Ich liebe euch beide», hatte Wanja ihr nachgerufen, als sie wie eine Furie aus seiner Wohnung gefegt war. «Das ist nun einmal so passiert. Was soll ich dagegen tun?»

«Scheißkerl!», war das Letzte, das sie zurückgebrüllt hatte. «Mein Bruder ringt mit dem Leben – und du …»

Es tat so weh, dass ihr sogar das Atmen schwerfiel.

Wäre Oskar da gewesen, hätte dieses Mal sie sich für die schützende Betthöhle entschieden, um bei ihm Trost zu finden. Doch ihr Bruder lag schwerverletzt im Krankenhaus, und es gab niemanden sonst in der Familie, dem sie sich anvertrauen konnte. Sie aß nichts und trank so viel Rotwein, dass sie am nächsten Morgen sehr früh und mit dröhnendem Kopfweh erwachte. Das Aspirin, das sie dagegen einnahm, ließ sie sich übergeben. Wacklig kroch sie zurück ins Bett und döste weiter, bis es irgendwann gegen Mittag an der Tür klopfte.

«Bin nicht da», schrie Silvie vom Bett aus, überzeugt, dass es Wanja sein musste, der sich um jeden Preis Eintritt verschaffen wollte. «Hau ab, und lass mich gefälligst in Frieden!»

Das Klopfen wurde lauter. Silvie hielt sich die Ohren zu, aber es wollte einfach nicht aufhören. Wütend ging sie zur Tür.

«Reicht es noch nicht, was du mir angetan hast?», brüllte sie gegen das Holz an. «Willst du mich ganz am Boden sehen?»

«Bloß nicht», sagte eine vertraute Frauenstimme auf der anderen Seite. «Und jetzt mach endlich auf, Silvie!»

Verdutzt öffnete sie.

Miri trug einen schicken Trench in Dunkelblau, zu dem sie eine rote Baskenmütze kombiniert hatte. Über dem Arm baumelte ein Henkelkorb.

«Wie Rotkäppchen», sagte sie. «Nur in Blau. Aber mit Kuchen und Wein.» Miri zwinkerte. «Wenn ich dich allerdings so ansehe, hattest du Wein bereits zur Genüge. Gut, dann eben nur Kuchen.»

Bei ihrem Anblick begann Silvie loszuflennen. «Ach, Miri», schniefte sie. «Dass es bei mir in der Liebe immer so grässlich schiefgehen muss! Am liebsten wäre ich tot …»

«Das, meine Liebe, ist kein Kerl dieser Welt wert», sagte Miriam entschieden. «Du duschst jetzt, ziehst dir etwas Frisches an, isst ein paar Bissen – und dann fahren wir zu Oskar in die Klinik!»

Gesäubert und adrett hergerichtet in Hose und Pullover, fühlte Silvie sich tatsächlich um einiges besser. Miri hatte in der Zwischenzeit Kaffee gekocht und den mitgebrachten Marmorkuchen angeschnitten.

«Dein Kerl hat also einen Kerl», sagte sie, nachdem Silvie

zwischen zwei Bissen ihre Wut und Enttäuschung herausgesprudelt hatte. «Und du hattest keine Ahnung?»

«Dass sie Freunde sind – schon. Aber doch nicht so …»

Silvie hielt inne.

Wanja und Roberto zusammen am Set, lachend, sich balgend, häufig in Körperkontakt, als wolle sich der eine der Gegenwart des anderen versichern … Ob die ganze Filmcrew davon gewusst hatte? Mehr als wahrscheinlich, wenn man so eng an einem abgeschiedenen Ort zusammenarbeitete. Dann hatte sie sich mit ihrem Liebesbesuch prima vor allen blamiert!

«Oder doch? Ich weiß es nicht», fuhr sie erschöpft fort. «Im Moment weiß ich gar nichts mehr. Außer dass es aus ist zwischen uns. Schluss und für immer vorbei!»

«Wenn man das so leidenschaftlich sagt, dauert es meist noch ein ganzes Weilchen», sagte Miri. «Jedenfalls war das so zwischen Ben und mir. Zum Mond hätte ich ihn schießen können, als er der rassigen Ruth hinterhergestiegen ist, keine zwei Wochen, nachdem ich mit meinen sieben Zwetschgen im Kibbuz angekommen war, das Herz voller Liebe.»

«Dann war Daria also nicht die Einzige?»

«Ach wo. Und natürlich hab ich ihm Ruth verziehen und ihn trotzdem weitergeliebt, bis dann Dolli, Hannah, Liliane kamen und wie sie alle hießen …» Ihre dunklen Augen blickten Silvie ernst an. «Entlieben ist nämlich gar nicht so leicht. Und die Rückfallquote dabei verdammt hoch – egal, ob dein Liebster dich mit Frauen oder Männern betrügt.»

Silvies Mundwinkel zuckten schon wieder verdächtig, aber zum Glück war sie jetzt nicht allein. Kein erhobener

Zeigefinger. Keinerlei moralische Entrüstung. Einfach nur erfrischende Ehrlichkeit, wie gut ihr das gerade tat!

«Und dann gibt es zu allem Unglück auch noch die bevorstehende Sendung mit ihm», sagte sie. «Was glaubst du, wie ich meinen Programmleiter bequatschen musste, damit Schenk überhaupt mit Wanja als Gast einverstanden war!»

«Kannst du das nicht kurzfristig absagen? Schieb die Schuld auf Wanja. Diese Schauspieler sind doch so unstet und zickig, das ist allgemein bekannt! Verreist, Probeaufnahmen, Nervenzusammenbruch, komm schon! Irgendetwas Geniales fällt dir bestimmt ein …»

«Nein, du bist genial, Miri! Und einfach nur wunderbar», sagte Silvie, schon wieder mit einem halben Grinsen. «Ja, lass uns zu Oskar fahren!»

Auf der Vespa waren sie in wenigen Minuten am Krankenhaus Charlottenburg angelangt. Hier hatten sie vor ein paar Monaten die winzige Anna im Leben willkommen geheißen. Heute stiegen sie die Stufen zum ersten Stock, wo Oskar auf der Intensivstation lag, sehr viel bedrückter hinauf.

Sie wurden nicht zu ihm vorgelassen. Nur durch eine Glasscheibe konnten sie einen Blick auf den Patienten werfen, der einen Kopfverband trug und an vielen Schläuchen hing.

«Er hat bei allem noch Riesenglück gehabt», sagte der Stationsarzt, den sie nach Oskars Zustand befragten. «Und einen begnadeten Neurochirurgen. Ohne die Kunst von Professor Theo McLean wäre ab sofort vermutlich der Rollstuhl das schnellste Fortbewegungsmittel Ihres Bruders.»

Silvie schnappte nach Luft.

«Die Brüche heilen wieder, die Kopfverletzung ist weniger schlimm als zunächst befürchtet, und ohne Milz kann man heutzutage durchaus achtzig Jahre und älter werden – aber ein angebrochener zweiter Halswirbel, das ist richtig heikel!», fuhr er fort. «Der Professor hat den Bruch während der OP genagelt. Er hat ein Händchen dafür wie sonst kaum jemand.»

«Wird er wieder ...» Der Kloß in Silvies Hals schwoll weiter an. «Ich meine, wird mein Bruder wieder laufen können?»

«Das wollen wir doch stark hoffen!» Der Arzt lächelte sie freundlich an. «Aber sicherlich nicht heute und auch nicht morgen. Und mit der Raserei ist es auch für lange Zeit vorbei. Das sollte sich junge Herr Thalheim in Großbuchstaben hinter die Löffel schreiben!»

Verrückter Kerl, dachte Silvie in jäh aufflackernder Zärtlichkeit, als sie Oskar durch die Scheibe einen letzten Blick zuwarf. Du willst es im Leben ebenso wissen wie ich, scheust kein Risiko, keine Gefahr. Darin sind wir uns verdammt ähnlich. Aber in Zukunft müssen wir beide sehr viel besser aufeinander aufpassen. Das verspreche ich dir hiermit feierlich, Brüderchen!

Trotz alledem fühlte Silvie sich auf der Rückfahrt besser. Sie lieferte Miri, die den Tag frei hatte, vor ihrer neuen Wohnung ab. Danach kaufte sie sich unterwegs ein paar Äpfel, ein Brot, eine Flasche Milch, Käse, sowie drei Tafeln Schokolade, um ein wenig Seelennahrung vorrätig zu haben.

Nachdem sie den Ku'damm überquert hatte, sah sie schon von weitem ein schweres Motorrad am Gehweg der

Bleibtreustraße parken. Kurz nach dem Krieg hätte dieser Anblick die halbe Straße in Aufruhr versetzt; mittlerweile waren in den Westsektoren schon so viele wieder motorisiert, dass Carls schwarze Maschine lediglich ein paar neugierige Blicke von Vorbeischlendernden erntete.

«Du kommst von Oskar?», sagte er statt einer Begrüßung. «Wie geht es ihm? Fritz hat mich angerufen. So niedergeschlagen hab ich ihn noch nie erlebt.»

«Er ist stabil. Und wurde von einem begnadeten Neurochirurgen operiert, so hat man es uns jedenfalls versichert», sagte Silvie. «Sonst wäre vermutlich der Rollstuhl sein Schicksal.»

«Und das Oskar?» Carl schüttelte den Kopf. «Kaum vorstellbar bei diesem Irrwisch!»

«Er hat riesiges Glück gehabt und muss ab jetzt kürzertreten», sagte Silvie. «Aber er wird wieder gesund, und laufen können wird er auch. Kommst du mit rauf auf einen Tee? Das sind doch eigentlich alles sehr gute Neuigkeiten. Du musst gar nicht so bedrückt dreinschauen, Onkelchen!»

«Ich wünschte, die hätte ich auch zu bieten», erwiderte Carl. «Ich bin gestern wie versprochen vor Tau und Tag aufgestanden und zum Pfarrhaus nach Hermannswerder gefahren.»

«Und? Sind die Mädchen weg?»

«Ja», erwiderte er mit gesenktem Kopf. «Aber nicht bei Onkel Artur in Bautzen. Ich war trotz allem leider eine Stunde zu spät dran.»

«Wo sind sie dann?» Silvie konnte plötzlich nur noch flüstern.

«Noch in der Dämmerung wurden sie abgeholt und ins

Dessauer Jugendhaus gebracht. Dort sollen sie unter strenger Führung zu wertvollen Mitgliedern der sozialistischen Gesellschaft erzogen werden.»

Eisig lief es Silvie den Rücken herunter.

«Das hört sich aber beängstigend an», sagte sie leise.

«Genauso ist es dort auch», versicherte Carl. «Und noch viel, viel schlimmer.»

5

Berlin, Sommer 1953

Immer wieder rote Rosen auf den Treppenstufen.

Ein Bündel von wilden weißen Nelken, die frühmorgens auf Silvies Vespa-Sattel lagen. Vor der Wohnungstür ein rührendes Vergissmeinnicht-Sträußchen in einem alten Einweckglas, das ebenso in die Mülltonne flog wie die kleinen Zettelchen aus dem Briefkasten, mit den darauf gekritzelten Liebesgedichten.

Wie soll ich meine Seele halten, dass
sie nicht an deine rührt? Wie soll ich sie
hinheben über dich zu andern Dingen?
Ach gerne möcht ich sie bei irgendwas
Verlorenem im Dunkel unterbringen
an einer fremden stillen Stelle, die
nicht weiterschwingt, wenn deine Tiefen schwingen.

Verdammt noch mal!

Silvie liebte Rilkes Gedichte, seitdem Ralf sie ihr damals nahegebracht hatte. Und leider liebte sie auch Wanja noch immer, der nicht müde wurde, sie mit solchen charmanten Aufmerksamkeiten zum Verzeihen bewegen zu wollen.

Aber würde das auch für nur einen einzigen Moment Sinn ergeben?

Selbst wenn es wirklich aus wäre zwischen ihm und Roberto, was sie ja nicht einmal wusste, könnte doch schon an der nächsten Ecke ein weiterer attraktiver Kerl warten. Es mit anderen Frauen aufzunehmen, traute Silvie sich jederzeit zu – aber welche Chance hatte sie schon gegen einen männlichen Konkurrenten? Sie musste also stark bleiben, sich blind und taub stellen und einfach durch Wanja hindurchsehen wie durch Glas, sollte er zufällig ihren Weg kreuzen. Mit der neuen Sonnenbrille, muschelfarben, seitlich leicht geschwungen und an den Bügeln verschwenderisch mit Strass besetzt, bekam Silvie einen ebenso aufregenden wie abweisenden Auftritt spielend hin. Männer pfiffen ihr hinterher, das tat gut. Sie war also noch immer im Rennen, auch wenn ihr Herz sich wund und schwer vor Kummer anfühlte.

Je näher allerdings die Berlinale rückte und damit auch ihr dreißigster Geburtstag, desto schwieriger wurde es.

Kein Mann. Kein Haus. Kein Kind.

Sechs Worte, die jetzt manchmal wie ein Schlaghammer in ihrem Kopf dröhnten. Vermutlich wäre es leichter gewesen, hätte sie die Wohnung wie gewohnt mit Oskar teilen können, um ihren Kummer bei ihm abzuladen. Vor drei Wochen war er endlich aus der Klinik entlassen worden, auf dem Weg der Heilung, aber, wie Professor McLean mit mahnendem Unterton gesagt hat, noch keineswegs vollständig genesen. Die Bleibtreustraße mit ihren fünfzig Stufen bis hinauf zur Wohnung im zweiten Stock war für ihn aktuell unerreichbar.

Mit etwas Überwindung hatte Claire schließlich das Esszimmer im Erdgeschoss der Villa am Branitzer Platz freiräumen lassen, das Oskar so lange beherbergen sollte, bis er wieder laufen beziehungsweise Treppen steigen konnte. Das allerdings bedeutete, dass vorerst keine Esseneinladungen mehr stattfinden konnten, mit denen Friedrich Thalheim ausgewählte Geschäftsfreunde enger an sich band. Auch für das anstehende Fest musste Ersatz gefunden werden.

«Annas Taufe werden wir im Wohnzimmer feiern wie andere Familien auch», bot die Hausherrin tapfer an. «Dann eben bei Kaffee und Kuchen. Ist ja ohnehin ein kleiner Kreis, nur die Allerengsten. Oder lieber bei euch, Sandro und Rike …»

«Unsinn!», sagte Rike schnell. «Wozu sich denn die ganze Mühe daheim aufhalsen? Getauft wird unser kleiner Schatz in der Heilig-Geist-Kirche, wo wir auch geheiratet haben, und anschließend stärken wir uns alle im *Schanigarten*, das ist gleich um die Ecke. Dort kann Feldmann uns dann mit seinen Wiener Köstlichkeiten verwöhnen – und die werde ich auch brauchen, wenn ich den Besuch meiner Schwiegermutter überstehen will.»

Auch davor graute Silvie insgeheim: mit allen über Stunden zusammenzusitzen und dabei ein freundliches Gesicht zu machen, während es in ihr drin ganz und gar nicht aufgeräumt war.

Zudem lag in ganz Berlin das Thema Film in der Luft, was sie natürlich ständig an Wanja erinnerte, auch wenn Paoluccis *Schicksalsstunde* erst auf den Filmfestspielen in Venedig präsentiert werden sollte. Das *Modekauf-*

haus Thalheim hatte für die diesjährige Berlinale-Zeit Marianne Koch als Werbe-Ikone gewinnen können, eine schlanke Dunkelhaarige, die einige Semester Medizin studiert hatte, bevor sie für den Film entdeckt worden war. Sie war nicht nur gescheit, sondern auch noch charmant und fotogen, also die Idealbesetzung – hätte es da nicht ihren Verlobten gegeben, einen Arzt, der mit seiner arroganten Attitüde die Fotoarbeiten störte.

Miris *Exklusivkollektion* saß an ihr, als sei sie der jungen Schauspielerin auf den Leib geschneidert, und die großen Plakate, entwickelt aus den Aufnahmen von Rainer Wiest, einem aufstrebenden Stern der Modefotografie, waren sensationell. Überall im Kaufhaus hingen sie, wurden bewundert und bestaunt und spülten tatsächlich eine neue, anspruchsvollere Klientel ins Haus, die bislang hauptsächlich in kleineren Ateliers gekauft hatte.

Doch es gab leider auch Rückschläge: So verweigerte Maria Schell überraschend die Abnahme ihrer nachtblauen Spezialanfertigung aus schwerer Seide, angeblich weil ihr der gewagte Rückenausschnitt nicht zusagte. Eine weitere Absage kam von Lilo Pulver, für die ein enges Abendkleid aus Silberlamé gefertigt worden war, das sie in ihren Augen «zu madamig» machte. Damit zerplatzte der Traum vom Filmstar in einer Thalheim-Robe auf dem roten Teppich der Berlinale wie eine Seifenblase.

Rike, die bis zum letzten Moment gehofft hatte, dass die beiden deutschen Jungdiven sich doch noch umentscheiden würden, war am Boden zerstört, und auch Miri ließ die Mundwinkel hängen.

«Ja, es läuft», sagte sie, als sie mit Rike abends im Büro

zusammensaß. Silvie, eigens von ihr einbestellt, ergänzte die Runde. «Die Umsätze haben endlich angezogen. Die Krönung von Elisabeth II. hat erfreulich viel Schwung gebracht. Alle Frauen wollen jetzt so schön und so elegant gekleidet sein wie die junge englische Königin. Allerdings könnte es noch sehr viel besser laufen, hätte Oskar nicht im Vorfeld in alles hineingepfuscht. Jetzt bräuchten wir dringend die große Modenschau, die er kurz vor seinem Unfall selbstherrlich abgesagt hat. Dieser Glamour-Faktor fehlt uns definitiv.»

«Oskar ist seit vielen Wochen krank», wandte Silvie ein. «Und wenn es so ungeheuer wichtig ist, hättest du doch ...»

«Du wirst ihn noch bis zum letzten Atemzug verteidigen», schnitt Rike ihr das Wort ab. «Aber sieh endlich mal genauer hin: Dein über alles geliebter Zwilling hat auch seine Schattenseiten. Immer nur nehmen, nehmen, nehmen, erst unsere Geduld, jetzt unser Mitgefühl – was verlangt Oskar wohl als Nächstes? Wir sind schließlich keine x-beliebige Firma, sondern ein Familienunternehmen. Da ist jeder von uns mal mit Geben dran.» Sie fasste Silvie scharf ins Auge. «Was übrigens auch für dich gilt. Ist ja schön und gut, dass du beim RIAS groß rauskommst. Aber hast du dabei auch nur ein einziges Mal daran gedacht, unser Unternehmen ebenfalls von deinem Erfolg profitieren zu lassen?»

Exakt der Tonfall, den Rike ihr gegenüber schon früher oft angeschlagen hatte – und den Silvie aus ganzem Herzen hasste. Schuldig sollte man sich fühlen, wenn Rike so mit einem redete, egal, was man getan hatte. Ihre Schwester war wieder ganz die Alte.

«Soll ich meine Gäste etwa verpflichten, sich zuerst bei

euch einzukleiden, bevor ich sie ans Mikro lasse?», erwiderte sie bewusst provokant. «Glaube allerdings nicht, dass ich damit sehr weit kommen würde!»

«Vielleicht gar keine so schlechte Idee», sagte Miri rasch in scherzhaftem Tonfall, um die Spannung zwischen den Schwestern zu entschärfen. «*Schick im Radio* – warum eigentlich nicht? Toller Slogan. Darauf sind wir bislang noch gar nicht gekommen.»

Rike schien sie gar nicht gehört zu haben. «Da sieht man schon, wie du tickst, Silvie», fuhr sie fort. «Bei *euch* einkleiden. Es gibt aber kein ‹euch›. *Wir* sind das ***Modekaufhaus Thalheim***, wir alle zusammen! Du gehörst ebenso dazu.»

«Was genau willst du von mir?», fragte Silvie. «Sag es doch endlich ganz direkt!»

«Dass du dich für uns engagierst. Dass du dein Talent einbringst, deine Kreativität, dein Knowhow, das ist mehr als gefragt. Papa ist nicht ganz gesund und wird langsam alt, Claire hat vom Geschäft keine Ahnung, und Oskar kann man leider nicht selbständig agieren lassen, wenn kein größeres Unheil entstehen soll – abgesehen davon, dass er momentan sowieso außer Gefecht gesetzt ist. Flori weigert sich, eine Lehre bei uns anzutreten – und nicht einmal ihr Babysitten, das mich ein wenig entlasten sollte, hat richtig funktioniert. Ja, soll denn bis zum Sankt-Nimmerleins-Tag alles an mir allein hängen bleiben? Ein Kind habe ich verloren, und das andere ist noch ganz klein und bräuchte mich eigentlich dringend. Aber meine Schwester darf in aller Seelenruhe ihren Herzschmerz ausleben!» Jetzt schrie sie beinahe.

«Mein Herzschmerz geht dich gar nichts an», erwiderte Silvie kühl, weil sie sich vorgeführt fühlte.

Hatte Oskar geplappert? Inzwischen bereute sie, dass sie ihm bei einem ihrer Besuche vom Aus zwischen Wanja und ihr erzählt hatte.

«Das allerdings sehe ich anders.» Rike hatte sich wieder gefangen. «Oder woher, glaubst du, kommt das Geld für den zu Schrott gefahrenen Rometsch, das dein Ehemaliger jetzt fordert? Aus Oskars privater Sparbüchse wohl kaum!»

«Wanja stellt Forderungen an euch?», fragte Silvie perplex.

«An *uns*, meine Liebe», korrigierte Rike in spitzem Tonfall. «Und das nicht zu knapp. Die zehntausend Mark, die er dafür haben will, sind schließlich kein Pappenstiel.»

Das saß.

Aber natürlich hätte sie selbst drauf kommen können. Wanja hatte keine eiserne Reserve. Er lebte ganz im Jetzt, sozusagen von der Hand in den Mund, und der Sportwagen war das einzig Wertvolle, das er besaß.

«Das wusste ich nicht», sagte Silvie. «Hab ihn schon eine ganze Zeit nicht mehr gesprochen …»

«Worüber ich allerdings heilfroh bin», entgegnete Rike. «Ehrlich, Silvie, dieser Spargeltarzan ist doch kein Mann für dich! Viel zu jung und dann auch noch so exaltiert, so laut, so offenkundig …»

… homosexuell, dachte Silvie. Sag es ruhig! Wahrscheinlich haben alle es gesehen. Nur ich schockverliebtes Huhn war auf beiden Augen blind.

«Also, mir hat er gefallen», mischte Miri sich ein. «Seinen Wodka nach Annas Geburt fand ich äußerst hilfreich, und ein intelligenter Kerl scheint er auch zu sein. Natürlich alles andere als ein Durchschnittstyp, aber wer mag schon Durchschnittstypen? Sind wir drei doch auch nicht, wie wir hier sitzen!» Sie kicherte, wurde dann aber schnell wieder ernst. «Wirklich, Silvie. Wir könnten deine Hilfe dringend brauchen.»

«Wie soll ich euch schon helfen? Ich trage gerne Mode, aber Stoffe einkaufen und Kollektionen an die Frau zu bringen – etwas Langweiligeres kann ich mir kaum vorstellen.»

«Nun, das *Modekaufhaus Thalheim* könnte zum Beispiel jemanden für den Bereich Öffentlichkeitsarbeit gebrauchen. Keine Pressesprecherin im klassischen Sinn, aber eine kluge Person, die zu den Medien engen Kontakt hält. *Film und Frau* gibt es ja schon länger, aber auch Zeitschriften wie *Constanze*, mit ihren großen Modestrecken, werden immer wichtiger.»

«Du sagst es», bekräftigte Rike. «Da ruft der Anzeigenleiter dann nassforsch bei dir an und schwafelt dich voll, bis du kaum noch weißt, wie du heißt. Aber bei redaktionellen Beiträgen schwächeln sie. Genau da könntest du einhaken.»

«Und sie zwingen, voller Begeisterung über uns zu schreiben?» Silvie klang spöttisch, aber wenigstens hatte sie «uns» gesagt. «Wenn du mir auch noch verrätst, womit – sehr gern!»

«Das schaffst du», sagte Miri. «Muss ja nicht gleich auf Knopfdruck funktionieren. Wenn du ein bisschen nachdenkst, fällt dir sicherlich etwas ein. Und vielleicht motiviert dich ja zusätzlich, was ich dir gleich zeigen werde.»

Sie stand auf, verließ das Büro und kam kurz darauf mit einem Kleidersack zurück, den sie auf Rikes Schreibtisch legte. Aufreizend langsam zog sie den Reißverschluss nach unten. Darunter glitzerte es in magischen Blau- und Grüntönen: eine schulterfreie Robe war zu sehen, körpernah im Mermaid-Stil geschnitten, über und über mit Pailletten besetzt, die bei jeder Bewegung die Farbe wechselten.

«Darf ich vorstellen? Silvies Nixenkleid», sagte Miri schmunzelnd. «Für den ganz großen Auftritt. Und jetzt sag bloß, dass es dir nicht gefällt!»

ooo

Dass Taps ein paar Tage vor der Tauffeier gestorben war, warf einen Schatten auf den warmen Junitag. Flori hatte ihn morgens leblos und steif unter dem Apfelbaum im Garten der Villa gefunden und augenblicklich zu weinen angefangen. Auch den anderen Thalheims fiel der Abschied von dem weißen Westie schwer, war der kleine Hund doch ein geliebtes Familienmitglied gewesen, das die harten Zeiten im und unmittelbar nach dem Krieg mit ihnen durchgestanden hatte. Gregor und Hotte erboten sich, aus Bauholz einen kleinen Sarg zu zimmern und Taps unter ebenjenem Baum zu bestatten.

Selbst danach war Flori noch immer betrübt, so lange, bis Rike zusagte, dass sie ihre Freundin Franzi zu Annas Tauffest einladen durfte – obwohl Rikes eigenes Verhältnis zu der jungen Ost-Berlinerin ambivalent war. Sie gefiel ihr, doch das Experiment Babysitten hatten sie trotz gegenseitiger Sympathie abbrechen müssen. Anna weinte bitterlich, sobald die Eltern weggingen und jemand anderer als Miri sie hütete.

«Sie vermisst ihr Brüderchen», orakelte Antonia, die wie immer alles besser wusste, telefonisch aus Italien. «Ihr solltet zusehen, dass sie nicht auf Dauer allein bleiben muss.»

Mittlerweile hatte Rike zum Glück die resolute Kriegerwitwe Frau Schaller aufgetan, mit der die Betreuung von Anna einigermaßen funktionierte. Hätte man nur einen Platz gehabt, wo auch ganz kleine Kinder für ein paar Stunden gut betreut wurden, ohne dass die Eltern ein schlechtes Gewissen haben mussten! Aber Kindergärten nahmen die Kleinen erst mit dem dritten Lebensjahr auf, und in die trostlosen Säuglingskrippen gaben Mütter ihre Babys nur, wenn sie berufstätig sein mussten und gar keine anderen Möglichkeiten hatten.

«Franzi ist der einzige Mensch auf der Welt, der mich versteht.» Floris Mundwinkel hoben sich eine winzige Spur. «Zusammen mit ihr macht alles viel mehr Spaß!»

Franzi hatte ihr Abitur mit Bravour bestanden und genoss gerade die Ferien, bevor sie im Herbst an der Pädagogischen Hochschule Potsdam studieren wollte.

Allerdings ließ die Zulassung noch immer auf sich warten.

«Kommt wohl darauf an, wie mein Opa sich in der LPG-Frage entscheiden wird», vertraute sie Silvie nun an, als sie mit Oskar und inmitten der überschaubaren Gästeschar vor der Kirche auf die Ankunft der Lombardis mit dem Täufling warteten. «Über Monate wollten sie ihn ja mit fiesen Methoden kleinkriegen, aber er hat ihnen tapfer die Zähne gezeigt. Doch nun heißt es plötzlich, es müssten doch nicht alle Bauern zwangsweise eintreten. Denen, die in den Westen abgehauen sind und wiederkommen wollen, soll sogar ihr Land zurückgegeben werden – unter garantierter Straffreiheit. Sieht ganz so aus, als habe sich nach Stalins Tod der Wind aus Moskau gedreht. Ob ich allerdings Lehrerin werden kann, steht noch in den Sternen.»

«Wenn das mal nicht wieder nur eine Finte ist», kommentierte Oskar, inzwischen schon sicherer auf seinen Krücken unterwegs. «Die da oben springen doch mit euch um, wie sie wollen!»

«Und det is bei euch im Westen so anders?», berlinerte sie schlagfertig. «Die Kleenen müssen doch überall machen, wat die Großen sagen.»

Fasziniert starrte er sie an, das fiel Silvie auf. Franzi hatte ihren Pferdeschwanz abgesäbelt, eigenhändig, wie sie lachend gestanden hatte. Die kurzen blonden Haare waren fedrig geschnitten und brachten ihr apartes Gesicht mit den dunklen Mandelaugen noch besser zur Geltung. Sie hatte sich fein gemacht, trug ein burgunderrotes Kleid mit einem gleichfarbigen Strickbolero, das ihre weiblichen Formen unterstrich. Dass sie mehr als zehn Jahre jünger war als er, schien Oskar nicht zu stören, der im Gegensatz zu Silvie ganz offensichtlich keinerlei Probleme mit seinem herannahenden Dreißigsten hatte. Sehr wohl aber damit, dass er Franzi heute nicht zu einer Autofahrt einladen konnte, sondern immer noch selbst darauf angewiesen war, kutschiert zu werden.

Rikes, Sandros und Miriams Ankunft, die die bereits anwesenden Thalheims vervollständigte, unterbrach die Unterhaltung. Sie wurden von Antonia, Valentino sowie von Elsa Morelli begleitet, die mit den Lombardis aus Mailand angereist war und die kleine Anna im weißen Taufkleidchen vorsichtig wie eine Preziose trug. Dass weder Sandros

Bruder noch seine Mutter Annas Paten geworden waren, sondern Rikes Wahl ausgerechnet auf ihre Freundin, die konvertierte Elsa, gefallen war, hatte im Vorfeld erneut für heftigen Familienzwist gesorgt. Sandro hatte versucht, seine Frau doch noch umzustimmen, Rike jedoch stellte auf stur.

«Annas Oma und ihr Onkel zu sein, reicht doch, oder etwa nicht? Und was heißt schon konvertiert? Katholisch ist katholisch! Unsere Kleine soll es vor allem schön mit ihrer Patin haben – und da bin ich mir bei Elsa ganz sicher. Außerdem ist ihr jüngster Sohn Niccolò nur einen knappen Monat jünger. Einen kleinen *amico* bekommt unsere *piccolina* also schon mal gleich mit dazu.»

Als der Priester Anna das Kreuz auf die Stirn zeichnete, lag sie entspannt in Elsas Armen und sah ihn dabei konzentriert aus ihren gewitterblauen Augen an. Sie weinte ebenso wenig, während er danach ihr Köpfchen mit Weihwasser benetzte und den Taufsegen sprach. Anschließend wurde Annas Stirn noch mit Chrisamöl gesalbt, und sie erhielt eine Taufkerze, die an der Osterkerze entzündet worden war.

Denn er befiehlt seinen Engeln, dich zu behüten auf all deinen Wegen – so lautete ihr persönlicher Taufpsalm.

«Das mit den Engeln war wunderschön», sagte Franzi, noch immer beeindruckt, als sie schließlich alle zusammen im *Schanigarten* saßen. «So etwas hätte ich auch gern als Lebensbegleitung. Aber ich bin ja leider nicht getauft.»

«Man kann auch so als Engel unterwegs sein», erwiderte Oskar prompt, der ihr gegenübersaß und sie mit Blicken verschlang, was sie stillvergnügt zu genießen schien.

«Es hätten zwei sein sollen – *due*», kam von Antonia ein

paar Stühle weiter, die es einfach nicht lassen konnte, in der Wunde zu bohren, die der Tod des kleinen Angelo hinterlassen hatte.

«Mama», sagte Sandro in ungewohnt scharfem Tonfall. *«Basta così!»*

Von da an schwieg Antonia eingeschnappt.

Leider war das Wetter zu unbeständig, um auf der Terrasse essen zu können, wie ursprünglich geplant, aber der Wirt hatte alles getan, damit seine Gäste sich auch drinnen wohl fühlten. Die lange Tafel war mit weißem Damast gedeckt, Kerzen brannten, und in mehreren Vasen steckten kleine rosafarbene Moosröschen. Es gab sogar ein hölzernes Kinderstühlchen mit hohen Beinen, das Anna erlaubte, in gleicher Höhe mit den Erwachsenen am Tisch zu sitzen. Sandro, ein Anhänger der K.-u.-k.-Küche, hatte für die Taufgäste ein Menü aus Frittatensuppe, Wiener Schnitzel, Erdäpfelsalat und Palatschinken zum Dessert bestellt, das bei allen bestens ankam – ausgenommen natürlich bei Antonia, die sich auf ihren empfindlichen Magen berief und stattdessen Tafelspitz und Kartoffelbrei haben wollte.

«Die Taufen gehen leider immer stärker zurück», warf Lydia ein, die die Zeremonie versäumt hatte und abgehetzt, mit hochroten Wangen als Letzte ins Lokal gestürmt war, was Friedrich sofort mit einer bissigen Bemerkung kommentierte. Schon als Carls Frau war sie ihm niemals angenehm gewesen. Dass sie noch immer bei ihnen auftauchte, wo sie doch von seinem Bruder geschieden und mit ihrem Pfarrer verheiratet war, fand er schlichtweg unnötig. «Sogar bei uns in der Inselkirche, obwohl mein Jürgen das immer so schön feierlich macht.»

Sie senkte die Stimme. «Tut mir übrigens leid, dass ich so spät dran bin», raunte sie ihrer Tischnachbarin Silvie zu. «Hab natürlich die ganze Zeit neben dem Telefon gelauert. Aber da wird man auf Dauer doch nur vollkommen bekloppt.»

«Jürgen und Carl sind noch unterwegs?», fragte Silvie ebenso leise zurück.

Lydia nickte. «Deshalb kriege ich ja auch nichts runter», flüsterte sie. «Die beiden sind gestern nach Dessau aufgebrochen. Von ganz oben gibt es ausdrücklich die Anordnung, alle Schikanen gegen die Junge Gemeinde einzustellen. Kommt angeblich direkt aus Moskau. Aber was das konkret bedeutet, weiß keiner. Gilt das für alle? Oder nur für ein paar Auserwählte? Amelie und Luisa haben in diesem schrecklichen Jugendhaus unendlich gelitten. Wie im Knast muss es dort sein, nichts als Drill und harte Strafen. Das konnte ich zwischen den Zeilen herauslesen, auch wenn ihre Briefe natürlich heftig zensiert wurden. Meine armen, armen Mäuschen!» Sie unterdrückte ein Schluchzen. «Halt uns bitte die Daumen, Silvie, dass wir sie ganz bald unversehrt zurückbekommen!»

«Und ob ich das tue», sagte Silvie. «Und riesige Vorwürfe mache ich mir auch. Ich hätte mich niemals von dir zu dieser Sendung überreden lassen dürfen.»

Lydia schnitt sich jetzt doch ein Fitzelchen Fleisch ab und schob es in den Mund.

«Wenn man sich gar nicht wehrt, kann es doch ganz schnell wieder wie unter den Nazis werden. Ich habe jedenfalls von den Mädchen gelernt, dass Tapferkeit ebenso ansteckend sein kann wie Gewalt. Dafür bin ich dankbar –

und noch viel dankbarer, wenn ich sie endlich wieder umarmen kann.»

Silvie nickte.

«Kann ich mir vorstellen», sagte sie. «Aber eigentlich ist bei all dem Schlimmen doch fast ein kleines Wunder geschehen: dein Exmann und dein Gatte, Seite an Seite in heikler Mission – wer hätte das jemals gedacht!»

Während nun Lydia nickte, war die Unterhaltung am anderen Tischende erregt geworden.

«Jetzt bekommen diese Kommunisten die Quittung», tönte Friedrich am lautesten von allen. Eigentlich hätte er wegen seiner Magenprobleme konsequent abstinent leben müssen. Doch nicht zum ersten Mal missachtete er das ärztliche Gebot und ließ sich zum Hauptgang schon den zweiten Schoppen Weißwein einschenken. «Hab von Gregor gehört, dass auf den Baustellen der Stalinallee mächtig gestreikt wird. In den RIAS-Nachrichten haben sie es auch schon gebracht. Und nicht nur dort, auch in anderen Städten und Gemeinden begehren die Menschen auf. Unter Umständen könnte sich das zum Flächenbrand ausweiten.»

«Die Bauarbeiter sind allesamt stinksauer», bestätigte Franzi. «Sie sollen weiterhin die erhöhten Normen erfüllen, obwohl es doch jetzt angeblich für alle einfacher in der DDR werden soll. Rudi, der Verlobte meiner Mutter, hat auch die Arbeit niedergelegt. An der Großbaustelle des Krankenhauses Friedrichshain streiken sie ebenfalls. Die Stimmung ist überall mehr als aufgeheizt. Einige sind schon losmarschiert, um zu demonstrieren.»

«Und die Volkspolizei?», fragte Claire. «Schaut einfach zu?»

«Bisher – ja.» Franzi zog die Stirn kraus. «Aber wer weiß, was noch kommt? An der Sektorengrenze bin ich heute jedenfalls so was von gründlich gefilzt worden. Offenbar aus Angst, dass noch mehr Leute abhauen könnten.»

«Hast du das denn vor?», fragte Elsa, die interessiert gelauscht hatte. «Ich meine, könntest du dir vorstellen, im Westen zu leben? Sogar bei uns in Italien hört man von immer mehr Flüchtlingen, die die DDR verlassen.»

Franzi zog die Stirn kraus. «Manchmal schon», sagte sie. «Die schönen Kleider, das gute Essen, während wir noch Lebensmittelmarken haben, und alles hier bei euch ist irgendwie größer und bunter, obwohl doch eigentlich ganz Deutschland den Krieg verloren hat. Euch haben die Amis geholfen, wieder auf die Beine zu kommen, während uns die Russen immer mehr ausbluten lassen, das finde ich ungerecht. Aber ohne meinen Opa und meine Mamsch? Niemals!» Sie lächelte Flori an. «Die hat übrigens gesagt, die Lage könnte richtig ernst werden und ich solle lieber zu Hause bleiben. Aber ich konnte dich doch nicht so enttäuschen!»

Flori lächelte zurück. «Da würde ich ja zu gern mit dabei sein», sagte sie mit leuchtenden Augen. «Das Volk auf der Straße – wie einst in Paris, beim Sturm auf die Bastille …»

«Hast du jetzt vollkommen den Verstand verloren?», bellte Friedrich los. «Was gerade in Ost-Berlin passiert, ist kein kitschiger Historienschinken, den du dir genüsslich im Kino anschaust, liebes Kind, sondern bittere Realität. Was werden sie in der SBZ wohl tun, wenn die Leute nicht mehr gehorchen? Denk doch einmal nach!»

Flori zuckte die Achseln.

«Na, schießen werden sie, was denn sonst», fuhr er fort. «Und nicht nur die Volkspolizei, das kann ich dir garantieren. Da sind dann die russischen Brüder ganz schnell mit dabei.»

Er wandte sich an Franzi. «Dass Sie heute hier sind, Fräulein Rath, ist in der Tat äußerst unvernünftig, da muss ich Ihrer Frau Mutter recht geben. Sehen Sie zu, dass Sie rechtzeitig wieder nach drüben kommen. Dieser 16. Juni hat es wirklich in sich.»

Anna, eigentliche Hauptperson dieses Tages, hatte bislang alles friedlich über sich ergehen lassen, ihre bunte Rassel immer wieder fallen lassen und sie jedes Mal vergnügt wieder entgegengenommen. Als Rike allerdings das Gläschen mit dem mitgebrachten Möhrenbrei öffnete und sie zu füttern begann, kam es zum jähen Stimmungsumschwung. Ein paarmal schluckte die Kleine den Brei noch brav, dann jedoch presste sie die Lippen zusammen, drehte den Kopf weg und pfefferte die Rassel zu Boden.

Als der Löffel sich trotzdem wieder näherte, begann sie zu weinen.

Rike redete sanft auf sie ein, Anna verdrehte die Augen, stieß Löffel sowie Mama weg und schrie nur noch umso lauter.

«Passierte Möhren sind einfach nicht mehr das Richtige», mischte sich nun Antonia ein. «Vier Zähnchen hat sie ja bereits. Meine beiden Söhne haben mit neun Monaten längst Pasta mit Kalbfleisch gegessen. Natürlich immer ganz frisch gekocht – *fantastico per i bambini*!»

«Sie mag Möhren», sagte Rike mit zitterndem Kinn. «Möhren mit Hähnchen, ganz fein geschnitten …»

Anna war mittlerweile krebsrot angelaufen und brüllte wie am Spieß.

«Soll ich vielleicht …», bot Dreifach-Mama Elsa an. «Ich kenne diese Phasen nämlich nur zu gut. Unser Niccolò steigert sich manchmal auch derart ins Heulen hinein, dass wir ihn kaum noch beruhigen können.»

«Lass es mich mal versuchen», sagte Miri, hob die Kleine aus dem Kinderstühlchen und ging mit ihr in Richtung Küche.

Anna schrie weiter bis zum Gaumenzäpfchen.

Erst als Miri zu summen begann, wurde sie langsam ruhiger.

«Na also», sagte Miri leise, während sie ihr die letzten Tränchen abwischte. «Geht doch. Sag beim nächsten Mal gleich, dass du Musik hören willst!»

Da Anna inzwischen schon ein ordentliches Gewicht hatte, verlagerte sie sie auf den anderen Arm. Dabei öffnete sich der Mund des kleinen Mädchens, und ein kräftiger oranger Schwall ergoss sich über Miris gesamte Vorderseite. Das neue Kleid aus cremefarbenem Georgette mit dem schicken Wasserfallkragen, das sie sich eigens für die Tauffeier genäht hatte, war vollkommen hinüber.

«Was für eine riesengroße Sauerei!», rief Miri.

Schani Feldmann kam sofort mit einem nassen Lappen aus der Küche gerannt.

«Soll ich …»

«Bloß nicht», rief Miri, bevor er zu rubbeln anfangen konnte. «Da hilft nur noch die chemische Reinigung, wenn überhaupt.» Sie schielte an sich hinunter. «Liebe Güte, so kann ich doch gar nicht mehr an den Tisch zurück.»

«Ich hätte da vielleicht eine Idee …»

Feldmann lief in die Küche und kam mit etwas Weißem zurück, das er vor Miri hin- und herschwenkte.

«Helgas Kochkleid», sagte er. «Na ja, ein bisschen fülliger als Sie dürfte sie schon sein. Aber dafür ist es garantiert frisch gewaschen. Da hinten ist eine Kammer, wo Sie sich umkleiden können. Soll ich einstweilen das Baby übernehmen?»

«Bitte sehr!» Sie übergab ihm Anna, die dabei erstaunlicherweise friedlich blieb und versonnen mit ihren Händchen an seine markante Nase patschte.

«Süßes kleines Ding», sagte Schani Feldmann entzückt, während Anna auf ihn einbrabbelte, als gäbe es ungemein wichtige Dinge zu erzählen. «Nur leider noch nicht ganz dicht.»

Als Miri umgezogen wieder vor ihm stand, brachen sie beide gleichzeitig in lautes Gelächter aus. Das Kochkleid war ihr nicht nur eine, sondern gleich mehrere Nummern zu groß und ließ sie in der Stofffülle fast verschwinden.

«Da entwerfe ich monatelang die schönsten Roben», giggelte sie, «um dann selber beim Familienfest als wandelndes Zelt zu gehen. Davon habe ich immer schon geträumt!»

«Sie sind Modeschöpferin? Wie aufregend! Und auch eine Schwester von Frau Lombardi?»

«Ihre beste Freundin und Schneiderin», korrigierte sie. «Na ja, sagen wir, eine Schneiderin mit ganz guten Ideen. Die Modeschule blieb mir leider verwehrt. Dazu hatte ich damals die verkehrte Religionszugehörigkeit.»

Wieso erzählte sie ihm das alles? Sie redete doch sonst nie freiwillig darüber …

«Sie sind …», setzte er gerade an, als Rike zu ihnen trat, Silvie im Schlepptau, die ebenfalls neugierig geworden war.

«Jetzt musste ich doch mal nachschauen, was hier los ist», sagte Rike, während Anna die Ärmchen ausstreckte und zurück zu ihrer Mama strebte. «Aber wie siehst du denn aus, Miri? Die Kleine hat doch nicht etwa …»

«Doch», sagte Feldmann. «Und wie. Ihre Freundin war sehr tapfer. Außerdem finde ich, Helgas Kochzelt kleidet sie ganz vorzüglich.»

«Er steht auf dich», versicherte Silvie, als sie abends in Miris Wohnung zusammen ein letztes Glas Wein tranken. «Wie der dich angeschaut hat – das nenn ich hingerissen!»

«Ach wo, das bildest du dir sicherlich nur ein!» Miri hatte ihr geliehenes Kochzelt mittlerweile gegen eine karierte Hose und einen gelben Pulli getauscht. «Er wollte freundlich sein, nichts weiter. So freundlich, wie man zu einer vollgekotzten Fremden eben ist.»

«Er hat dich angesehen wie ein Mann, der eine Frau begehrt», beharrte Silvie. «Und glaub mir, damit kenne ich mich aus. Dem gefällst du, Miri – und wie! Was spräche eigentlich gegen ihn? Der Mann ist charmant, alles andere als hässlich, und kochen kann er auch noch.»

«Als ob das ein Argument wäre!»

«Also, wenn ich an die kulinarischen Mickerkünste meiner bisherigen Liebhaber denke, ist es nicht das Allerschlechteste. Sogar Ralf konnte gerade noch Kaffee kochen und ein Ei in die Pfanne hauen, viel mehr war nicht drin.» Silvie rutschte auf der Stuhlkante ganz nach vorn. «Weißt du, was? Wir beide gehen zusammen essen im *Schanigarten*.

Mittendrin tue ich dann, als hätte ich etwas immens Wichtiges vergessen, und verschwinde. Schwups, schon seid ihr beide allein. Wie wäre es zum Beispiel mit übermorgen? So hat er immerhin 48 Stunden Zeit, um sich nach dir zu sehnen.»

«Inmitten lauter mampfender Lokalgäste? Nur über meine Leiche!», protestierte Miriam.

«Übermorgen geht ja gar nicht, fällt mir gerade ein, da beginnt doch die Berlinale», sagte Silvie. «Weißt du, was? Wir gehen schon morgen. Dann muss er nicht ganz so lange bibbern. Und du auch nicht. Denn dir gefällt er auch, habe ich recht? Komm schon, wenn eine das Recht auf Glück hat, dann wohl du.»

«Niemals! Bist du wahnsinnig? Das sähe ja so aus, als würde ich ihm nachlaufen …»

Silvie stand auf und setzte sich neben Miri aufs Sofa.

«Wovor hast du eigentlich solche Angst?», fragte sie sanft. «Die Männerwelt besteht nicht nur aus treulosen Ben Greens!»

«Und das ausgerechnet von dir?» Miris Tonfalls verriet tiefe Skepsis.

«Du meinst, weil ich mit meinen Liebschaften jedes Mal auf die Nase falle?» Silvie lachte. «Hast ja recht, der wirkliche Volltreffer war bislang noch nicht dabei, jedenfalls nicht der für immer und ewig. Aber an die Liebe glaube ich – absolut und uneingeschränkt …»

Brennen muss es … bluten und sich anfühlen, als würde man barfuß auf Glasscherben laufen, dann und nur dann ist Liebe echt …

Verdammt! Da war sie wieder in ihrem Ohr, Wanjas

brüchig-lockende Stimme – und das Gefühl seiner heißen Haut, die sich an ihrer rieb …

«Silvie?» Miris Stimme drang wie durch Watte gedämpft zu ihr durch. «Wo bist du denn gerade?»

«In meinem total verrückten, vollkommen unvernünftigen Herzen, wenn du es ganz genau wissen willst», erwiderte Silvie. «Mit dem ich garantiert bei nächster Gelegenheit wieder Unsinn anstellen werde. Aber so bin ich eben.» Sie streckte sich ausgiebig, dann stand sie auf. «Ich laufe jetzt durch den Juniregen nach Hause. Bisschen Abkühlung kann nach diesen heißen Themen nicht schaden. Ausreden werden übrigens nicht akzeptiert, Fräulein Sternberg, merken Sie sich das schon mal. Morgen ist der *Schanigarten* dran – und zwar ohne Widerrede!»

Sie schlüpfte gerade in ihre Jacke, als das Telefon klingelte. Miri hob ab.

«Nein», sagte sie kopfschüttelnd nach einer Weile. «Silvie, ja, die ist da. Gerade am Gehen. Aber wieso denn? Flori? Nein, keine Ahnung, wo sie sein könnte, Rike …»

«Gib mir sie mal», bat Silvie.

«Das Küken ist verschwunden», stieß Rike am anderen Ende der Leitung aufgeregt hervor. «Claire und Papa haben gerade ganz aufgelöst bei uns angerufen. Sogar Oskar ist beunruhigt. Ich hatte so sehr gehofft, sie sei vielleicht bei Miri oder dir. Wo kann sie denn nur stecken, Silvie? Ihr wird doch hoffentlich nichts zugestoßen sein! Sandro wollte schon mit dem Wagen los und nach ihr suchen – aber wir wissen ja gar nicht, wo.»

«Vielleicht wieder eine ihrer nächtlichen Touren?», sagte Silvie. «Könnte doch sein, dass sie nach diesem intensiven

Tag ein wenig Abstand von der Familie gebraucht hat. Beruhige dich, Rike, bislang ist Flori noch immer wohlbehalten nach Hause gekommen.»

Leider war passiert, was alle in der Familie insgeheim befürchtet hatten: Flori war zum zweiten Mal durchs Abitur gefallen. Vor lauter Aufregung hatte sie trotz aller Lernerei mit ihrer Ost-Berliner Freundin Mathe und Französisch erneut verpatzt. Im Mündlichen hatte sie lediglich rumgestottert; so ließen sich keine miesen Noten verbessern. Also war es aus mit dem Studium an der Kunstakademie, von dem sie seit langem träumte …

«*Abstand von der Familie* – wie das schon klingt! Ich erkenne sie gar nicht wieder. Seit ihrem verpatzten Abitur ist Flori vollkommen durch den Wind. Nach außen hin tut sie zwar, als sei alles paletti, dabei weiß ich genau, wie sehr das innerlich an ihr nagt. Wenn wir nicht bald eine brauchbare Lösung für ihre Zukunft finden, gerät sie uns vielleicht noch ganz unter die Räder.»

Was sie werden möchte, muss Flori schon selbst entscheiden, alt genug dazu ist sie ja, wollte Silvie gerade antworten, als ihr plötzlich ein Gedanke durch den Kopf schoss.

«Drüben wird sie sein», sagte sie. «Drüben bei Franzi. Hast du nicht gehört, wie Flori beim Essen vom Sturm auf die Bastille geschwärmt hat? Ich sag dir, die ist still und heimlich mit ihrer Freundin nach Ost-Berlin, um das alles ganz aus der Nähe mitzuerleben.»

Am anderen Ende war es plötzlich mucksmäuschenstill.

«Rike?», sagte Silvie. «Bist du noch dran?»

«Das ist jetzt nicht dein Ernst», sagte Rike dumpf. «Während wir friedlich getafelt haben, waren drüben Abertausende Demonstranten auf der Straße, im Radio haben sie es gerade gebracht. Freie und geheime Wahlen haben sie verlangt, die Freilassung aller politischen Gefangenen, und für morgen wollen sie den Generalstreik ausrufen. Darauf muss die DDR-Staatsführung reagieren, wenn sie weiter an der Macht bleiben will. Sobald es hell wird, fliegen dadrüben die Fetzen, das kann ich dir sagen – und unsere kleine Schwester ist mittendrin!»

Inzwischen spürte auch Silvie einen dicken Kloß im Hals.

«Jetzt ist es ohnehin viel zu spät, um noch rüberzugehen», sagte sie. «Wir können …»

«Vergiss es! Die lassen keinen von uns mehr durch», unterbrach Rike sie. «Haben sie auch vorhin im Radio gebracht.»

«Dann fiele mir bloß noch Carl ein», sagte Silvie. «Aber ich glaube, dass …» Sie hielt inne.

Lydia hatte ihr seine und Jürgens geheime Mission anvertraut. Wer konnte schon sagen, was angesichts der Zuspitzung der Ereignisse nun daraus wurde. Besser, so wenige wie möglich aus der Familie wussten vom Vorhaben der beiden Männer.

«… das nichts bringt. Hab es schon probiert – Fehlanzeige. Die Leitungen sind toter als tot. Wo sollte Carl außerdem suchen, vorausgesetzt, wir könnten ihn informieren? Ich weiß ja lediglich, dass Franzi mit Nachnamen Rath heißt. Und dass sie in Friedrichshain wohnt. Ein verdammt großes Viertel …», sagte Rike verzagt.

«Unsere Kleene ist ja nicht doof», erwiderte Silvie so überzeugend, wie sie nur konnte. «Und Franzis Mamsch gibt es schließlich auch noch. Wahrscheinlich schlafen die beiden Mädels längst friedlich. Morgen ist dann ein neuer Tag – und wir sehen weiter!»

«Und wenn sie Flori nicht mehr zu uns rüber lassen?», flüsterte Rike. «Und sie drüben irgendwo eingebuchtet wird? Was dann, Silvie?»

○○○

Im Morgengrauen des 17. Juni rollten sowjetische Panzer auf Berlin zu. Anstatt die Frühschicht wie gewohnt zu beginnen, traten die Belegschaften großer Betriebe in den Streik und formierten sich zu Demonstrationszügen, nicht nur in Ost-Berlin, sondern auch in fast fünfhundert anderen Orten der DDR.

Silvie, die die ganze Nacht kaum ein Auge zugetan hatte, war schon seit sieben Uhr morgens im Sender und noch aufgeregter als ihre Kollegen, weil sie ständig an Flori denken musste. Der RIAS berichtete ununterbrochen in Sondernachrichten. Je weiter der Tag voranschritt, desto mehr überschlugen sich die Meldungen: Erstürmung von Haftanstalten und Befreiung von Häftlingen in Gera, Bergarbeiterstreik in den Wismut-Revieren, in Görlitz wurde sogar die lokale SED-Führung entmachtet.

Drei junge Männer erkletterten das Brandenburger Tor und schnitten die rote Fahne ab, die von unten wartenden Demonstranten verbrannt wurde. Jetzt wehte vom Tor Schwarz-Rot-Gold.

Um 13 Uhr verhängte der Militärkommandant des Sowjetischen Sektors, Generalmajor Pjotr Dibrowa, den

Ausnahmezustand für 167 der 217 Kreise der DDR – was Kriegsrecht bedeutete und das Verbot aller Kundgebungen und Versammlungen über drei Personen beinhaltete.

Um 14 Uhr lauschten alle im RIAS gebannt der Erklärung des Ministerpräsidenten Grotewohl, die im DDR-Rundfunk ausgestrahlt wurde und noch einmal ausdrücklich die Rücknahme der Norm-Erhöhung bekräftigte. Allerdings erklärte er gleich anschließend den Aufstand als das Werk von Provokateuren und faschistischen Agenten ausländischer Mächte und ihrer Helfershelfer aus deutschen kapitalistischen Metropolen.

Er hatte kaum geendet, da wurde ein aufgebrachter Friedrich zu Silvie durchgestellt.

«Unsere Florentine schwebt in größter Gefahr», schrie er in den Hörer. «Du hast doch gehört, was dieser Grotewohl gerade über westliche Provokateure gesagt hat. Wenn sie sie zu fassen bekommen, ist sie dran. Gütiger Gott, was hab ich nur verbrochen, dass du mich mit solch einem widerspenstigen Kind schlagen musst!»

«Ihr habt noch immer nichts von ihr gehört?», fragte Silvie zurück.

«Würde ich dich sonst anrufen? Und Carl kann ich auch nicht erreichen. Wenn man einmal im Leben seinen Bruder braucht …»

«Papa!», sagte Silvie streng.

«Schon gut, ihr haltet alle zu ihm, das weiß ich seit langem. Was sollen wir jetzt denn nur tun?»

«Abwarten und versuchen, trotz allem die Nerven zu behalten. Ich fürchte, viel mehr bleibt uns gerade nicht.»

«Ich denke gar nicht daran! Wenn ihr schon alle kneift,

dann gehe eben ich rüber und suche selbst nach ihr. Florentine muss da raus – und zwar so schnell wie möglich!»

«Dann kriegen sie dich. Und was glaubst du, was sie erst mit dir anstellen? Du fällst doch drüben auf wie ein bunter Hund. Bleib bloß vernünftig, Papa, ich bitte dich …»

Einer der Kollegen rief nach ihr. «Die Panzer sind da, Silvie! Und geschossen wird auch. Wir setzen weitere Sondersendungen an …»

«Ich muss jetzt Schluss machen. Wir alle hier sind in höchster Alarmbereitschaft. Ich melde mich, sobald ich Neuigkeiten habe, okay?»

Wenig später brannten das *Columbushaus* und das Restaurant *Haus Vaterland* am Potsdamer Platz. West-Berliner Feuerwehr verhinderte, dass andere Gebäude ebenfalls von den Flammen erfasst wurden. Verletzte wurden gemeldet, irgendwann waren es bereits vierzig.

Und sechzehn Tote, viele von ihnen junge Leute.

Flori, dachte Silvie angsterfüllt. *Kleine – wo steckst du nur?*

Am späten Nachmittag fielen noch immer Schüsse, aber die Demonstranten zerstreuten sich mehr und mehr. Der Aufstand schien niedergeschlagen.

Gegen 18 Uhr waren die Straßen Ost-Berlins gähnend leer.

Im RIAS gab Dietmar Schenk eine Runde Whiskey aus.

«Weitermachen, Leute», sagte er. «Einfach weitermachen. Egal, was auch passiert: Wir sind die Stimme der freien Welt, und das werden wir auch in Zukunft sein. Selbst wenn die Kommunisten heute scheinbar gewonnen haben – wichtig ist doch nur, wer zuletzt Sieger bleibt!»

Silvie nippte ein wenig an der hellen Flüssigkeit, die ihr nicht schmeckte, und schüttelte sich.

«Ich glaub, ich schaff das morgen nicht mit der Berlinale-Eröffnung», sagte sie. «Wie soll ich im Abendkleid gut gelaunt Prominente interviewen, während meine kleine Schwester vielleicht irgendwo elend im Gewahrsam sitzt?»

«O doch, das schaffen Sie, Silvie», versicherte Schenk. «Wir alle hier sind Soldaten der Freiheit. Und Sie sind eine von uns.»

ooo

Blitzlichtgewitter. Starauflauf im Foyer des *Neuen Gloria* am Ku'damm. Gold und funkelnde Steine an schlanken Frauenhälsen und sorgfältig manikürten Händen.

Ein Festival der Abendroben, Farbrausch vom Allerfeinsten.

Mittendrin Silvie in ihrem aufregenden Nixenkleid. Männerblicke klebten an ihr, aber noch viel besser war, dass sie den anderen Frauen auffiel.

«*Absolutely gorgeous, my dear*», kommentierte Elli Silman, die in ihrer rüschenbesetzten Kupferrobe einem explodierten Karamellbonbon glich. «Aber ist das nicht fast zu schick zum Arbeiten?»

Ist es nicht, dachte Silvie, während sie den Stars das Mikro unter die Nase hielt, deren Antworten sie niemals mehr als heute gelangweilt hatten. Ich bin ein Soldat. Ich stelle Fragen. Ich lächle.

Ich funktioniere.

Natürlich war der niedergeschlagene Aufstand zunächst

auch hier Gesprächsthema Nummer eins, aber die Branche war viel zu selbstverliebt, um sich allzu lang damit aufzuhalten. Sehr schnell war man doch wieder beim Üblichen angekommen – Rollen, Regisseure, vor allem aber Klatsch und Tratsch.

Die Pumps drückten, Silvies Kehle war trocken vom vielen Reden, und der Sekt, den sie zwischendrin durstig hinunterstürzte, schmeckte schal.

Was tat sie eigentlich noch hier?

Sollte sie wirklich auf Markus Weisgerber warten, mit dem sie lose verabredet war?

«Bezaubernd, ganz bezaubernd», säuselte gerade O. W. Fischer, der offenbar schon einiges intus hatte und Silvie näher kam, als ihr lieb war. «A blondes Nixerl, das es an den Strand gespült hat!»

Unwillkürlich wich sie ein paar Schritte zurück.

«Gehn's Kinderl, sind Sie nicht die junge Dame mit der schönen Sendung im RIAS?»

«Meinen Sie vielleicht *Stimmen*?», fragte Silvie.

Sehr viel weiter rückwärts konnte sie nicht mehr, denn ein paar Zentimeter hinter ihr war die Wand. Sie warf Manni Kraus, ihrem Kollegen vom Ton, der das schwere Aufnahmegerät schon den ganzen Abend herumschleppte, einen hilfesuchenden Blick zu, den dieser mit frechem Grinsen beantwortete.

Hilfe von dieser Seite war also nicht zu erwarten.

«*Stimmen* – ganz genau», sagte O. W. Fischer. «Das war's! Meine Agentur hat mir davon berichtet. Weshalb war ich eigentlich noch nie Ihr Gast? Ich, *der* Liebhaber des deutschen Films?»

Inzwischen war er so eng mit ihr auf Tuchfühlung, dass sie die weißliche Linie sah, mit der sein Toupet auf den schütter gewordenen Haaransatz geklebt war.

«Welch Versäumnis!», sagte Silvie rasch. «Das müssen wir unbedingt ins Auge fassen …»

Sie brach ab, denn im selben Augenblick betrat Henk de Witt das Foyer. Der hatte ihr gerade noch gefehlt!

«Ich muss jetzt aber wirklich los …»

Silvie wagte einen seitlichen Ausfallschritt und zwängte sich an Fischer vorbei. Vor der einen gläsernen Doppeltür hatte sich de Witt aufgebaut, der sie mit grimmiger Miene anstarrte, also steuerte sie die andere an. Silvie war ihrem Ziel schon ganz nah, als diese sich plötzlich öffnete.

Wanja kam herein, lässig-schick in einem altmodischen Smoking, der ihm das Aussehen eines leicht heruntergekommenen englischen Lords verlieh. Ihr Herz flog ihm entgegen, so stürmisch, dass Silvie selbst darüber erschrak.

«Ich hab so sehr darauf gebaut, dich hier zu treffen», sagte er mit der Spur eines Lächelns, das rasch wieder erlosch. «Und da bist du ja auch, meine wunderschöne, zornerfüllte Meeresjungfrau!»

«Aber ich will dich nicht sehen.» Silvie wollte an ihm vorbei, schnell nach draußen.

«Doch, das willst du.» Er hielt ihr Handgelenk fest umklammert und hinderte sie am Weitergehen. «Und ob du das willst!»

Eine elegante Geste mit der freien Hand, die hinaus in die Nacht wies.

«Ich habe dir nämlich jemanden mitgebracht.»

Jung, bleich und vollkommen verweint sah sie aus und

trug einen viel zu großen beigen Trench, den Silvie noch nie an ihr gesehen hatte.

«Flori?», flüsterte Silvie, riss sich los von Wanja, drückte die Tür auf und rannte hinaus. «Ich fass es nicht – Flori!»

«Wo zum Teufel warst du?», fragte Silvie eindringlich mindestens zum fünften Mal. «Wir alle sind vor Angst um dich halb wahnsinnig geworden – also raus damit!»

Sie saßen in der Charlottenburger *Ciro-Bar*, weil Flori sich mit Händen und Füßen dagegen gewehrt hatte, nach Hause gebracht zu werden. Friedrich und Claire wussten Bescheid und hatten natürlich sofort kommen wollen, was sie gerade noch verhindert hatte. Rike, Sandro und Miri würden von ihnen umgehend informiert werden.

Floris Blick glitt zum Regal, auf dem die vielen bunten Flaschen standen. Der längliche Spiegel darüber warf ihr Bild zurück: die blonde Frau im Abendkleid, das Mädchen im Trench, der schlanke Mann im Smoking.

«Cuba libre», nuschelte sie. «Das hätte ich jetzt gern.»

«Vergiss es, Schätzchen», sagte Wanja resolut. «Davon hattest du in den letzten vierundzwanzig Stunden definitiv mehr als genug!»

«Sie war betrunken?», fragte Silvie empört.

«Betrunken?» Er lachte kurz auf. «Stockbesoffen war sie! Ich hab jede Menge schwarzen Kaffee gebraucht, um sie auszunüchtern.»

«Dort gehe ich nicht mehr hin. Nie wieder im Leben! Lieber gleich in die Spree …»

«Damit hat unser Vater früher auch immer gedroht.» Silvie fühlte sich plötzlich zutiefst erschöpft, jetzt, wo die

Anspannung von ihr abgefallen war. «Aber Papa ist noch immer unter uns. Und du zum Glück auch.» Sie legte ihre Hand auf Floris Arm. «Wieso hast du nicht wenigstens angerufen? Einfach so zu verschwinden – wo zur gleichen Zeit im Osten scharf geschossen wurde! Wir dachten alle, du seist dadrüben … mitten unter Panzern und Gewehren …»

«Das wollte ich ja auch. Aber die Polizisten am Sektorenübergang waren so fies zu mir, da bin ich wieder umgekehrt. Und dann durch ein paar Kneipen gezogen, bis diese Typen mich angesprochen haben …»

«Welche Typen?», unterbrach Silvie sie.

«Zwei Männer, ganz schön alt, so um die vierzig. Eingeladen haben sie mich, mir viele Drinks ausgegeben, und irgendwann wurde mir kotzübel. Danach muss ich umgekippt sein. Als ich wieder zu mir kam, war es Nacht, und ich wusste nicht, wo ich war.»

«Du warst mit zwei Männern in einer fremden Wohnung?», fragte Silvie. «Und was ist dann passiert?»

«Nix. Der eine war weg, der andere hat laut auf der Couch geschnarcht. Aber die Tür war verschlossen. Dann bin ich irgendwie durchs Fenster raus.» Sie machte eine wegwerfende Geste. «Hochparterre. Keine große Aktion …»

«Sie stand vor einer Schönberger Kneipe», sagte Wanja. «Hab sie zu mir nach Hause geschleift und erst mal schlafen gelegt – auf dem Sofa», fügte er schnell hinzu, als er Silvies entrüsteten Blick sah. «Ich mag vielleicht ein Wüstling sein, aber ein Kinderschänder bin ich definitiv nicht!»

«Bin schon lange kein Kind mehr!», maulte Flori, die angeekelt in dem Tee rührte, den der dunkelhäutige Barmann ihr ungefragt serviert hatte.

«Als sie nachmittags noch immer nicht richtig wieder da war, hab ich diese Kaffee-Aktion gestartet», sagte Wanja. «Gut möglich, dass diese Typen ihr noch etwas anderes eingeflößt haben, so rammdösig wie sie war. Irgendwann gingen dann die hübschen Augen zum Glück wieder auf. Wir haben uns beide fein gemacht, ein Taxi gerufen und sind zu dir ins *Gloria* gefahren.» Er grinste. «Ach ja, zwischendrin hab ich noch schnell im Sender angerufen. Wollte doch sichergehen, dass wir drei uns keinesfalls verpassen!»

«Flori, haben diese Männer dir etwas angetan?» Silvie sah sie eindringlich an.

Vehementes Kopfschütteln.

«Aber du weißt es vielleicht nicht. Du warst ja ohnmächtig. Hör zu, wir müssen dich untersuchen lassen …»

«Aber ich bin vollkommen okay!» Flori sprang auf.

«Und wenn dich einer von ihnen in deinem Rausch geschwängert hat?», sagte Silvie.

Jetzt sank Flori auf dem Barhocker in sich zusammen. «Das ist nicht dein Ernst», flüsterte sie.

«Es muss ja nichts passiert sein», sagte Wanja. «Aber deine Schwester hat recht: Abgeklärt werden muss es. Ein Freund meines Bruders ist Frauenarzt in Dahlem – ein sehr guter, wie es allgemein heißt. Wenn du willst, rufe ich morgen für dich bei ihm an.»

Flori nickte. «Aber du gehst doch mit, Silvie?» Sie flüsterte, doch es klang wie ein Hilfeschrei.

«Logo», sagte Silvie. «So schnell wirst du mich jetzt nicht mehr los.» Sie zögerte, schaute zu Wanja, dann wieder zu Flori. «Wie wäre es denn, wenn du eine Zeitlang bei mir wohnen würdest? So lange, bis sich alles wieder etwas beruhigt hat: die Eltern, Rike und Sandro, die Stadt – einfach alles …»

«Das würdest du tun?» Floris Unterlippe begann schon wieder gefährlich zu beben. «Ja. Ja! Und ob ich das möchte! Aber die Eltern erlauben das doch niemals. Sie haben ja keine Ahnung, wie es wirklich in mir aussieht …»

Silvie lächelte. «Überlass das ruhig mir. Allerdings nur unter einer Bedingung: Keine Sperenzchen mehr, sonst liefere ich dich eigenhändig im Jugendhaus Dessau ab! Übrigens glaube ich, dass sie ihre jüngste Tochter doch ganz gut kennen, auch wenn sich das nicht immer so für dich anfühlt.»

«Versprochen! Was ist das – Jugendhaus Dessau?», fragte Flori.

«Glaub mir, Kleines, das willst du gar nicht so genau wissen», erwiderte Silvie.

Im Spiegel traf ihr Blick Wanjas. Niemals zuvor waren seine Gletscheraugen leuchtender gewesen.

Treue ist nicht nur, wenn man bleibt, sagten sie. Treue ist auch, wenn man immer wieder zurückkommt.

6

Berlin, Sommer 1954

Zum Auftakt der vierten Berlinale ging es im *Modekaufhaus Thalheim* rund. Im Parterre wurden gerade Stühle für die zahlreichen Besucherinnen aufgestellt und der Laufsteg montiert. Angesichts der warmen Temperaturen sollten kühle Getränke gereicht werden, die hoffentlich rechtzeitig eintreffen würden. Drei Stockwerke darüber hockte Silvie an ihrem Schreibtisch und ging noch einmal ihre Moderation für die große Modenschau durch, die in wenigen Stunden stattfinden sollte. Mit dem Text war sie noch immer nicht ganz zufrieden, doch je öfter sie ihn umgeschrieben hatte, desto steifer kam er ihr vor.

Verdammt! Vielleicht hätte sie doch lieber auf ihre berühmte Intuition hören und wie früher einfach aus dem Bauch heraus moderieren sollen. Doch Rike war dagegen gewesen und hatte darauf bestanden, alles vorher zu Gesicht zu bekommen.

«Bist du jetzt endlich fertig?» In einem schmal geschnittenen maisgelben Leinenkleid stürmte sie in Silvies Büro, über dem Arm ein halbes Dutzend weiterer Kleider. Der kleine, längliche Raum im obersten Stockwerk des Modekaufhauses, in dem Silvie jeden Donnerstag arbeitete, war mit Schreibtisch, Drehstuhl und ein paar Regalen eher provisorisch eingerichtet. Am wichtigsten war ohnehin das schwarze Telefon, Silvies Draht in die Welt, den sie manchmal fast zum Glühen brachte, wenn sie versuchte, mit Hilfe ihrer berühmten Stimme bei der Presse gut Wetter für ihr Familienunternehmen und dessen Produkte zu machen.

«Noch nicht ganz», räumte Silvie ein.

«Deine Nerven möchte ich haben!»

«Möchtest du nicht», entgegnete Silvie. «Glaub mir das! Was schleppst du denn da alles an?»

«Sollen wir den Start der Modenschau vielleicht nicht doch noch einmal umschmeißen?» Rike breitete die mitgebrachten Kleider auf Silvies Schreibtisch aus. «Sandro hat gerade diese hinreißenden Streifenkleider in Eisfarben ausgepackt. Das wär doch was für unsere regengeplagten Berlinerinnen, oder etwa nicht?»

Cremeweiße Pikeeware, mit rosa, gelben, blauen oder wahlweise pistaziengrünen Streifen, als schicke Neckholder mit betonter Taille und schmalen Lackgürtelchen, alles so frisch und sommerlich, dass man die Kühle fast auf der Haut spürte.

«Und ob!», rief Silvie begeistert. «Weißt du, was? Das Blau-weiße zieh ich nachher gleich selbst an. So macht es unseren Kundinnen vielleicht am meisten Appetit. Wo hat er die denn aufgetrieben?»

«Natürlich in Milano», entgegnete Rike. «Die Italiener sind uns in der Mode einfach nach wie vor voraus. Da müssen sich die deutschen Stoffhersteller schon ganz gewaltig anstrengen, wenn sie jemals aufschließen wollen.» Sie deutete auf ein mohnrotes Kleid. «Das auch?»

«Könnte das dunkelhaarige Mannequin tragen», lautete Silvies Antwort. «Iris, so hieß sie doch, oder? Statt des senfgelben Baumwoll-Zweiteilers. Der hat mir noch nie so besonders gefallen.»

«Ines», korrigierte Rike. «Und warum sagst du eigentlich nichts, wenn du mit der Auswahl nicht einverstanden bist? Ist doch nicht meine Privatveranstaltung, sondern echte Teamarbeit!»

«Weil du Kritik immer so schlecht abkannst. Aber ich werde mich bessern», fügte Silvie schnell hinzu, da Rike schon wieder das Gesicht verzogen hatte. «Versprochen. Dann auf zur vierten Berlinale bei den Thalheims, Schwesterlein!»

Drei Stunden später waren alle Stühle im Erdgeschoss des *Modekaufhaus Thalheim* besetzt. Zur großen Modenschau hatte man die Stockwerke mit Luftballons und zarten Girlanden dekoriert; für die Kundinnen gab es nicht nur fröhliche, farbenfrohe Cocktails, sondern auch belegte Schnittchen. Silvie, im brandneuen weiß-blauen Piquékleid, war in Höchstform und moderierte die einstündige Schau ebenso charmant wie verkaufsfördernd, ohne ein einziges Mal ihren Spickzettel bemühen zu müssen. Mit ihrem mitreißenden Boogie-Woogie bot Pauls Band *The Crazy Creatures* dazu den passenden musikalischen Rahmen, und als die Mannequins in bunten Tellerröcken über den Laufsteg tänzelten, wollte der frenetische Applaus gar nicht mehr aufhören. Den Vogel schoss schließlich Paul ab, als er gegen Ende der Veranstaltung Elke Schiller, die Chefredakteurin der *Constanze*, mit einem galanten Diener aufforderte und zusammen mit ihr gewagte Tanzfiguren absolvierte.

«Alles frisch aus den USA!», japste er, als erneut heftig applaudiert wurde, und strich dabei zufrieden über seine blonde Tolle, während auch Elke Schiller ordentlich ins Schwitzen gekommen war und nach Luft ringen musste. «Von drüben rollt eine aufregende neue Musikwelle auf uns zu, die wird alle schwindelig werden lassen, das sag ich euch!» Sein unwiderstehliches Grinsen, mit dem er schon als kleiner Junge überall Furore gemacht hatte. «Aber jetzt muss ich wirklich los, *ladies*. König Fußball ruft. Sage nur: Viertelfinale Deutschland gegen Jugoslawien – und heute zeigen wir es ihnen!»

Fußball-Weltmeisterschaft – das war das Wort des Sommers, das alles andere überstrahlte, sogar den internationalen Filmwettbewerb. Ganze Nationen waren infiziert, fieberten mit und stellten Wetten über den Sieger auf. Alle klebten an den Radios, sobald ein Spiel stattfand, und die raren neuen Fernsehgeräte waren stets umlagert.

Friedrich Thalheim hatte sich eines davon geleistet, weniger wegen des noch recht mageren ausgestrahlten Normalprogramms, sondern einzig und allein, um dieses Großereignis gebührend zu genießen. Von Jugend an Fan des Charlottenburger Clubs Hertha BSC, hatte er im vergangenen Jahr den Abstieg «seines» Vereins in die zweitklassige Amateurliga zutiefst bedauert. Aber jetzt spielten Nationalmannschaften gegeneinander, und zum ersten Mal seit Kriegsende durfte Deutschland wieder mit dabei sein. Das allgemeine Fußballfieber hatte auch Oskar erfasst, und sogar Carl hatte seine Kanzleiräume in Pankow mit einem brandneuen Radiogerät ausgerüstet, um ja keine der Übertragungen zu versäumen. Allerdings hatte die deutsche Nationalelf gegen den Favoriten Ungarn vor wenigen Tagen mit 8:3 eine vernichtende Niederlage kassiert; umso größer war die Spannung, wie das heutige Spiel ausgehen würde.

Die Männer der Familie zogen sich also rasch zurück, gefolgt von Miri, die es momentan stets besonders eilig hatte, nach Hause zu kommen. Rike und Silvie blieben noch im Kaufhaus, nachdem die Modenschau-Gäste gegangen waren und die Putzfrauen in allen Etagen für Sauberkeit sorgten, denn es gab Wichtiges zu besprechen. Antonia Lombardi war erneut erkrankt – dieses Mal sehr ernst. Sie hatte sich schwach gefühlt, war appetitlos, und dennoch dauerte es Wochen, bis ihr Sohn Valentino sie endlich zu einem Arztbesuch überreden konnte.

Man diagnostizierte Brustkrebs, leider bereits fortgeschritten, und empfahl die sofortige Operation. Elsas Gatte, Dr. Michele Morelli, Chirurg am Mailänder *Ospedale Maggiore*, bot sich an, sie durchzuführen, doch Antonia wollte lieber in die Schweiz. Wertvolle Zeit verstrich, in der sie mit Valentinos Hilfe nacheinander die Krankenhäuser von Zürich, Bern und Lausanne unter die Lupe nahm, um schließlich doch zur Mailänder Lösung zurückzukehren.

Gestern hatte sie nun Rike angerufen. «*Senti*», hatte sie gesagt. «Ich weiß, du magst mich nicht besonders. Aber ich erwarte, dass Alessandro mir als mein Ältester in diesen schweren Wochen zur Seite steht, und meine einzige Enkelin möchte ich ebenfalls um mich haben. Dir steht natürlich frei, zu tun oder zu lassen, was du willst. Aber schließlich bist du seine Frau, und wenn dir auch nur ein Jota an unserer Familie liegt, dann weißt du, wo dein Platz ist. Also bitte kommt – lasst mich jetzt nicht allein!»

«Du wirst fahren müssen, da beißt die Maus keinen Faden ab», sagte Silvie, als Rike ihr nach der Modenschau ihr Herz ausschüttete. «Was sagt denn Sandro dazu?»

«Das ist es ja!», stöhnte Rike. «Der führt sich auf einmal derart italienisch auf, dass ich meinen Mann kaum wiedererkenne. *La mamma* und *la famiglia* – so geht es nur noch. Man könnte fast glauben, wir seien im tiefsten Sizilien angelangt. Schwiegertochterliebe kann man doch nicht erpressen, oder?»

Silvie grinste, weil Rike die Augen dabei so theatralisch verdrehte.

«Du musst mit. Und Anna ebenso. Du würdest es doch ohnehin keine fünf Tage ohne deine Kleine aushalten, so, wie ihr beide aneinander klebt. Wird Antonia wieder gesund, was ich ihr von Herzen wünsche, werden sich alle daran erinnern, dass du ihr beigestanden hast. Und falls nicht …» Sie zögerte. «Dann hast du ihr wenigstens tapfer das letzte Geleit gegeben. Ich pass schon auf, dass alles hier läuft», sagte sie. «Sollen die Kollegen im RIAS ruhig zetern, wenn ich mich dort ein wenig rarer mache!»

Dort waren sie ohnehin alles andere als begeistert gewesen über ihr verstärktes Engagement im Familienunternehmen. Da aber Silvie weiterhin das freitägliche Schlagerwunschkonzert moderierte und ihre überaus beliebte Sendung *Stimmen* mittlerweile aus dem Repertoire gar nicht mehr wegzudenken war, blieb Schenk nichts anderes übrig, als diese Entscheidung zu schlucken. Erschwerend kam hinzu, dass inzwischen Radio Freies Berlin als erster deutscher Sender an den Start gegangen war, die bisherige NWDR-Station abgelöst hatte und den Berlinern in Westdeutschland mehr Gehör verschaffen sollte. Dort waren sie noch immer im Aufbau und brauchten so gut wie alles: Programm, Ansager, Moderatoren – vor allem aber natürlich möglichst viele Hörer. So war es kein Wunder, dass Silvie vom neuen Sender ein lukratives Angebot erhalten hatte. Sie überlegte kurz, dann sagte sie freundlich ab. Ihre Verbindung mit dem RIAS war zu eng, um ihn wegen ein paar Mark mehr einfach so zu verlassen. Aber sie hatte bei ihrem Chef sehr wohl eine baldige Gehaltserhöhung in die Diskussion eingebracht. Außerdem besaß sie nun ein gutes Druckmittel, denn Radio Freies Berlin hätte sie noch immer jederzeit mit Kusshand genommen …

«Ich fahre mit gar keinem guten Gefühl nach Mailand», sagte Rike nun schon zum dritten Mal. «Ausgerechnet jetzt das Geschäft Papa und Oskar zu überlassen, bereitet mir Bauchschmerzen. Papa hat wieder Magenprobleme, das hat Claire mir verraten, auch wenn er es zu überspielen versucht, und ist strikt auf Schonkost gesetzt. Und du weißt, wie irrational er dann manchmal werden kann. Außerdem ist der anstehende Herbst die heikelste Saison im ganzen Jahr, und ich bin unsicher, ob ich mich von unserem Bruder nicht schon wieder habe beschwatzen lassen. Was, wenn wir auf diesen Unmengen von Tweedkostümen à la Chanel sitzenbleiben, die wir mutig, oder vielleicht doch eher waghalsig, eingekauft haben?»

«Mach dir mal keinen Kopf», sagte Silvie. «*Constanze* und *Ihre Freundin* bringen in den großen Modestrecken drei beziehungsweise zwei davon als ersten Ausblick auf den

Herbst – dazu war jede Menge Überzeugungsarbeit nötig, das kann ich dir verraten! Das läuft schon …»

«Will ich doch hoffen, angesichts dieser gepfefferten Anzeigenpreise», sagte Rike. «Von wegen Redaktion und Werbung streng getrennt, da kann ich ja nur kichern! Aber dieser Tage kommen ausgerechnet auch noch die Vertreter für die nächsten Frühlingskollektionen ins Haus – und Papas Geschmack ist mittlerweile wirklich von gestern!»

«Gibt ja schließlich auch noch Miri und mich. Und natürlich Oskar. Wir können froh sein, dass er sich von seinem Unfall so gut erholt hat», sagte Silvie. «Hätte auch ganz anders ausgehen können.»

«Ich bin doch froh», versicherte Rike. «Soll er ruhig mit in der Geschäftsleitung sein, daran hab ich mich inzwischen gewöhnt. Was ich allerdings gar nicht mag, sind seine erneuten Alleingänge. Man hat irgendwie immer schon im Vorfeld eine düstere Ahnung, wenn Oskar wieder etwas ausbrütet. War bereits früher so, als ihr noch klein wart. Aber damit rausrücken will er partout nicht, damals nicht und heute ebenso wenig.»

«Stimmt», räumte Silvie ein.

Ja, da gab es etwas, das Oskar stark beschäftigte, das spürte sie auch. Manchmal überfiel sie ein schlechtes Gewissen, weil sie Rike damals nichts von seinen Verbindungen zu Brahm erzählt hatte. Doch wie es aussah, hatte sich das Ganze inzwischen ohnehin längst in Luft aufgelöst. Der Unfall hatte Oskar offenbar gründlich zum Nachdenken gebracht. Er warf nicht mehr so mit Geld um sich und fuhr nun einen simplen Opel Rekord mit weißem Dach, ohne zu rasen – soweit sie das beurteilen konnte.

Denn leider sah sie ihren Bruder nicht allzu oft.

Es kam ihr vor, als hätte Oskar im Lauf seiner Genesung die unsichtbaren Strippen, die stets zwischen ihnen bestanden hatten, durchtrennt. Das Kappen einer zweiten Nabelschnur, um endlich ganz und gar unabhängig zu werden?

Notwendig vielleicht, nach allem, was er durchgemacht hatte.

Weh tat es Silvie trotzdem.

Dazu gehörte auch, dass Oskar nun allein wohnte. Er hatte die Wohnung in der Schlossallee im vergangenen Herbst von einem ihrer neuen Zulieferer übernommen, die jetzt alle rund um den Ku'damm angesiedelt waren, da das alte Zentrum der Konfektionäre am Hausvogteiplatz in der Sowjetischen Zone lag. Sein neues Zuhause, im Parterre eines leicht heruntergekommenen Altbaus aus der Jahrhundertwende, war für Silvies Begriffe ziemlich dunkel. Allerdings ging nach hinten eine Terrasse raus, an die sich ein verwilderter Streifen Grün anschloss, was er beides herrlich fand.

Ob er sich überhaupt die Zeit nahm, es zu genießen? Wenn sie seine Panda-Augen und die eingefallenen Wangen betrachtete, überkamen sie berechtigte Zweifel. Quälten ihn wieder oder noch immer die alten Albträume? Oder waren es neue Sorgen, die Oskar um den Schlaf brachten?

Silvie sprach es nicht aus. Wozu ihre Schwester kurz vor der Abreise noch mehr verunsichern, als sie es vermutlich ohnehin schon war?

«Wenn ich irgendwie könnte, würde ich dableiben», seufzte Rike.

«Kannst du aber nicht. Und jetzt *basta*. Wir hier in Berlin werden schon nicht untergehen. Regelt ihr jetzt erst einmal in aller Ruhe eure italienischen Angelegenheiten! Und wer weiß, vielleicht kommt dabei ja sogar noch ein Geschwisterchen für Anna heraus? Wäre doch eigentlich optimal …»

Rike versetzte ihr einen spielerischen Stups. «Ich liebe meine Kleine bis zum Mond und wieder zurück, aber sei du mal Tag und Nacht mit so einem Wildfang zusammen – dann träumst du auch nur noch vom Ausschlafen und garantiert nicht von Kind Nummer zwei!»

Nach dem anstrengenden Tag und diesem intensiven Gespräch war Silvie erleichtert, draußen warme Sommerluft zu schnuppern. Ihre Vespa war frisch zurück aus der Werkstatt, wo sie generalüberholt worden war. Beim Betätigen des Anlassers sprang sie sofort an.

«Ob sick det auf Dauer überhaupt noch rentiert?», hatte der Kfz-Meister grinsend gesagt. «Warum schaffen Se sick keen schickes kleenes Auto an? So ein Goggomobil zum Beispiel oder ne schnieke Isetta wär doch viel praktischer! Ick hab da gewisse Kontakte nach *bella Italia*, davon können Se bloß träumen …»

Das kam nicht in Frage.

Sie liebte ihre Touren auf dem kleinen Gefährt durch die Stadt, die selbst jetzt, neun Jahre nach Kriegsende, noch immer Kriegswunden zeigte: Trümmergrundstücke, unrenovierte Häuser, Halbverfallenes neben einigem neu Erstrahltem. Im Rest der Bundesrepublik ging der Wiederaufbau entschlossener voran, doch seit der Blockade, mit der die Sowjets Berlin über Monate in die Knie hatten zwingen wollen, zögerten Investoren, Geld in die ehemalige deutsche Hauptstadt zu pumpen. So ragte der Torso der Kaiser-Wilhelm-Gedächtniskirche noch immer unverändert in den dunkelblauen Abendhimmel und würde Silvie stets an jenen unheilvollen Tag im Jahr 1943 erinnern, an dem auch das nahegelegene Kaufhaus der Thalheims durch alliierte Bombardierung in Flammen aufgegangen war.

Gemächlich kurvte sie weiter durch Charlottenburg.

Was war seitdem nicht alles passiert!

Der Krieg verloren, der Wiederaufbau unendlich mühsam, doch nun war eine Zeit angebrochen, in der man das Leben wieder unbeschwerter genießen konnte. Es gab genügend zu essen, die Läden waren voll verlockender Waren, moderne Elektrogeräte erleichterten die Arbeit im Haushalt oder unterhielten in der Freizeit.

War sie jetzt glücklicher als damals?

Eine Frage, die trotz aller Neuerungen für sie nur mit einem einzigen Namen verknüpft war.

Ja, Wanja war wieder im Spiel, seit jenem Abend vor einem Jahr, an dem er ihr die vermisste Flori ins *Gloria* gebracht hatte, und gerade auf dem besten Weg, selbst zum Star zu werden. Paoluccis *Schicksalsstunde* hatte auf dem 14. Internationalen Filmfestival in Venedig zwar keinen Preis errungen, aber großes Aufsehen erregt, und mit dem Film auch der junge Deutsche in der Rolle des aufsässigen Rocco. Elli Silman vertrat ihn seitdem als Agentin. Sie hatte Wanjas Gagen enorm nach oben schrauben können, dafür gesorgt, dass er als Synchronsprecher immer gefragter wurde, und zusammen mit ihrem neuen Klienten alle eingehenden Rollenangebote gründlich sondiert. Schließlich entschied er sich auf ihren Rat hin für den Part des Kurt Walter in dem Film *Neue Zeit*, der im noch immer kriegszerstörten Ruhrgebiet spielte und erneut einen tragischen Vater-Sohn-Konflikt zum Thema hatte.

«Wahrscheinlich muss ich jetzt den jugendlichen Rebellen geben, bis ich faltig bin oder mir alle Zähne rausfallen», unkte Wanja. «Aber soll mir recht sein – solange der Rubel rollt und sie mein Gesicht auf der Leinwand sehen wollen!»

Der Film war abgedreht, wurde gerade im Schneideraum fertiggestellt und sollte im Herbst in die Kinos kommen. Silvie war schon jetzt vom Erfolg überzeugt. Sie hatte Wanja während der Dreharbeiten in Essen besucht und dort miterlebt, wie er am Set mit seiner Rolle verschmolz. Die Lederjacke und das weiße Shirt, das er darunter trug, waren lediglich Requisiten. Die Figur kam ganz und gar aus seinem Inneren. Ja, er *war* der verletzte, zornige junge Mann, den der verlorene Krieg zurück in einen feindlichen Alltag gespült hatte, auch wenn Wanja im realen Leben noch Glück gehabt hatte, weil seine Familie dreimal ausgebombt worden war und die Nazis ihn daher im zerstörten Berlin nicht mehr hatten finden können.

Frauen flogen auf ihn, das konnte sie immer wieder feststellen, sobald sie mit ihm unterwegs war.

Und nicht nur Frauen.

Wanja hatte die alte und einen guten Teil der neuen Gage wieder in ein aufregendes Auto gesteckt, den neuen Rometsch Porsche Spyder. Sein «Silberpfeil», wie er ihn liebevoll nannte, zog Männer seines Alters und darüber geradezu magisch an. Er selbst tat so, als sei ihm das alles vollkommen gleichgültig, ja, als bemerke er es kaum.

Aber konnte Silvie dem tatsächlich trauen?

Etwas Flirrendes, Geheimnisvolles ging von ihm aus, das

einige abstieß, andere dagegen umso mehr reizte. Wanja fiel auf, wo auch immer er sich sehen ließ. Dass er sein Rollenkostüm – Lederjacke, Shirt, enge schwarze Hose – jetzt auch meist privat trug, verstärkte diesen Eindruck nur noch weiter.

Das nächste Rollenangebot kam wieder aus Italien. Auch dort waren nach den Erfolgen eines James Dean auf der internationalen Leinwand unangepasste junge Männer mit starker Ausstrahlung gefragt. Wenn alles glattlief, würde ihr Geliebter im Herbst zum ersten Mal in den heiligen Hallen der römischen Cinecittà vor der Kamera stehen.

Ob ein gewisser Roberto aus dem Tessin die Tage bis dahin bereits zählte?

Wanja hatte nur gelacht, als sie ihn danach gefragt hatte.

«Liebe die Welt, und die Welt wird dich lieben», zitierte er Thomas Manns Helden Felix Krull, seine neue Lieblingsfigur. «Du bist die Frau meines Lebens, Silvie. Und daran kann auch kein Roberto der Welt etwas ändern.»

Beim Gedanken daran bremste Silvie so heftig ab, dass sie nach vorn rutschte und ihre Brüste unsanft mit dem Lenker in Berührung kamen. Sie spannten und waren empfindlicher als sonst. Waren sie nicht auch größer geworden?

Dass ihr nicht schlecht war, hatte nichts zu bedeuten, das konnte sich auch noch später einstellen. Sie war schon seit zwei Wochen «überfällig» und schwankte Dutzende Male am Tag zwischen blankem Entsetzen und jubelnder Freude.

Wanja und sie ein gemeinsames Kind – absolut unmöglich!

Wanja und sie ein gemeinsames Kind – warum denn eigentlich nicht?

Ihren gefürchteten dreißigsten Geburtstag hatte Silvie im letzten Jahr zur eigenen Überraschung nach all der Aufregung im Vorfeld erstaunlich gut überstanden. Doch noch immer hörte sie ab und zu diesen hässlichen inneren Dreigesang.

Kein Mann. Kein Haus. Kein Kind.

Würden diese Worte in ihrem Kopf nun endlich für alle Zeit verstummen?

ooo

Am Tag des heißersehnten Endspiels war Berlin im Ausnahmezustand. Deutschland, das im Halbfinale seinen Nachbarn Österreich mit 6:1 vom Platz gefegt hatte, musste zum zweiten Mal gegen Ungarns «Goldene Elf» antreten, den absoluten Favoriten der Weltmeisterschaft.

Büros schlossen früher, Angestellte hetzten nach Hause, um den Anpfiff bloß nicht zu versäumen. Kollegen versammelten sich gemeinsam vor dem Radio; alle Kneipen, in denen ein Fernseher stand, waren überfüllt. Vor den Schaufenstern der Elektroläden drängten sich Menschentrauben. Ansonsten waren die Straßen Berlins in West wie Ost leergefegt. Im *Modekaufhaus Thalheim* verrichtete eine stark geschrumpfte Rumpfmannschaft den Dienst, weil ohnehin kaum mit Kundinnen zu rechnen war, denn das Fußballfieber war auch auf viele Frauen übergesprungen. Um 18:00 Uhr sollte dann ganz zugesperrt werden, so schafften es die Mitarbeiter wenigstens noch zur zweiten Halbzeit.

Am *Schanigarten* hing das Schild *Geschlossene Gesellschaft*.

Schani Feldmann hatte ausgewählte Gäste zu einer privaten Fußballparty in sein Restaurant eingeladen, das anlässlich dieses Ereignisses ebenfalls mit einem Fernsehgerät ausgestattet war. Fast die gesamte Familie Thalheim war anwesend, einschließlich Carl, der mit seinem Motorrad aus Pankow gekommen war, sowie seine Söhne Paul und Gregor, Letzterer mit seinem ständigen Begleiter Hotte.

Sogar die komplette Pfarrersfamilie Grothe hatte den Weg aus Potsdam nicht gescheut. Fürsorglich wie eine Glucke umsorgte Lydia ihre Mädchen, die den Zwangsaufenthalt in Dessau ganz unterschiedlich verarbeitet hatten. Während die früher eher schüchterne Luisa nun couragierter auftrat und sich problemlos wieder in den Unterricht eingegliedert hatte, war das einstige Mathe-Genie Amelie schwer ins Straucheln geraten. Nachts wachte sie weinend auf, verpatzte so gut wie jede Klassenarbeit und verschlechterte sich in so vielen Fächern, dass die Versetzung nicht möglich war. Als sie auch noch ein Magengeschwür bekam und stark abmagerte, beschlossen Jürgen und Lydia, sie vom Gymnasium zu nehmen, damit sie wieder zu sich finden konnte. Im Herbst sollte Amelie nun in einem kleinen Potsdamer Zimmereibetrieb als Lehrling beginnen, worauf sie sich freute, wie sie sagte.

Natürlich fehlten Rike und Sandro mit ihrer Kleinen, die noch am Morgen aus Mailand angerufen hatten. Antonia hatte die Operation einigermaßen überstanden und würde nun lernen müssen, nur mit einer Brust zu leben, eine massive Herausforderung für eine so stolze, modebewusste Frau wie sie. Was ihr bei der Genesung am meisten zu helfen schien, war die Gegenwart der kleinen Anna, von der sie auf einmal gar nicht genug bekommen konnte.

«Hab ich dir damals doch gleich prophezeit», sagte Silvie zu ihrer Schwester. «Annas Glucksi-Lachen und diesen umwerfenden Gewitter-Augen kann auf Dauer niemand widerstehen, nicht einmal eine hartgesottene Schweizer Großmutter. Und mach dir bloß keine Sorgen. Hier bei uns läuft alles prima!»

Dass sie für den nächsten Tag einen Termin beim Frauenarzt vereinbart hatte, behielt sie für sich. Nicht einmal Wanja, den sie mutig in die gemischte Fernsehrunde mitgebracht hatte, wusste bislang Bescheid. Gut gelaunt alberte er mit Miri herum, die in jeder Hinsicht aufgeblüht war, seitdem sie sich Hals über Kopf in Schani verliebt hatte – und umgekehrt. Dieses Traumpaar erfolgreich verkuppelt zu haben, hielt Silvie noch immer für eine ihrer Glanzleistungen.

Und wie hatte Miri sich zunächst geziert, als sie nach Annas Taufe mit ihr im *Schanigarten* essen gehen wollte! Tausend Ausflüchte – Erkältung, Husten, der seit der Kindheit entstellte Rücken, Modezeichnungen, die dringend vollendet werden mussten, die unaufgeräumte Wohnung und-was-nicht-noch-alles-sonst – bis Silvie der Geduldsfaden gerissen war und sie die Freundin regelrecht auf ihre Vespa gezerrt hatte, so wie sie gerade war, ungeschminkt, in Rock und Strickjacke.

Am Strahlen, das über Schanis Gesicht ging, als sie Seite an Seite sein Restaurant betreten hatten, erkannte Silvie, dass sie alles richtig gemacht hatte. Die beiden hatten nur noch Augen füreinander, und als sie sich nach einer halben Stunde dezent aus dem Staub machte, merkten sie es nicht einmal. Eine wunderschöne Romanze begann, aus der im

Lauf der Monate immer mehr wurde. Schani, verzückt wie am allerersten Tag, hatte Silvie vorhin im Vorbeigehen zugeraunt, dass er an diesem besonderen Abend noch etwas Großes plane.

Miris Gesicht war schon jetzt so glücklich und rosig, als ahne sie bereits, was sie erwartete.

Nur Flori saß mit betrübter Miene ein Stück entfernt von ihren Eltern. In jener Nacht vom 17. Juni war ihr nicht Gewalt angetan worden, das hatte der Dahlemer Frauenarzt damals bestätigt. Silvies Erleichterung war grenzenlos, und so kannten sowohl Friedrich als auch Claire bis heute lediglich eine abgespeckte Version der Ereignisse. Das Küken der Familie war noch einmal mit dem Schrecken davongekommen und gab sich seitdem Mühe, nicht ständig anzuecken.

Leicht fiel ihr das allerdings ganz und gar nicht.

Ohne Abitur kein Studium, daran hatte sie jetzt heftig zu kauen. Denn die Lehre zur Dekorateurin im KaDeWe, zu der Flori sich schließlich durchgerungen hatte, weil sie unter keinen Umständen im elterlichen Kaufhaus Lehrling sein wollte, gefiel ihr nicht besonders. Den Mund zu halten und ständig Anweisungen anderer nachzukommen, war für ihren starken Willen und ihren lebendigen Widerspruchsgeist eine echte Herausforderung. Und dass sie im ersten Jahr vor allem Hilfsarbeiten auszuführen hatte, empfand sie einfach nur als verplemperte Zeit. Immerhin hatte sie zu ihrem lange vernachlässigten Zeichnen zurückgefunden, das sie nun in der Freizeit wieder exzessiv praktizierte, und auch das Zusammenleben mit Silvie funktionierte erstaunlich gut. Kam allerdings Wanja zu Besuch, verzog sie sich schnell in ihr Zimmer. Die Schwärmerei für ihn war offenbar noch immer nicht vollkommen überwunden, obwohl er sich ihr gegenüber stets tadellos kumpelhaft verhielt.

Zu Silvies Überraschung hatten sowohl Friedrich als auch Claire erstaunlich wenig gegen diese «Übergangslösung» einzuwenden gehabt. Als diese sich allerdings zum Dauerzustand entwickelte, fragte der Papa doch immer öfter nach und die besorgte *maman* seufzte bei jeder Gelegenheit auf. Ihren kleinen *puce*, den heißgeliebten Floh, wie sie die Tochter als Kind stets genannt hatte, in ein selbstbestimmtes Leben zu entlassen, fiel ihr unendlich schwer.

«Sie kommt wieder zu dir zurück», tröstete Silvie, wenn Claire allzu verzweifelt zu werden drohte. «Umso eher, je mehr du sie jetzt in Ruhe lässt. Vertrau deiner Tochter, Florentine macht schon ihren Weg!»

Franzi Rath, Floris Freundin aus Ost-Berlin, hatte im Jahr davor großes Pech gehabt. Nach Überschreiten der Sektorengrenze war sie am Spätnachmittag des Aufstands, schon fast zu Hause angelangt, aus Versehen in einen der letzten Demonstrantenpulks geraten und dabei von der Volkspolizei festgenommen worden. Obwohl sie ihre Unschuld beteuerte, erhielt Franzi in einem Schnellverfahren mit Pflichtverteidiger wegen «aktiver provokatorischer Handlungen, die gegen die festgelegte Ordnung gerichtet waren», ein Jahr und zwei Monate Jugendstrafe. Zu verbüßen in ebenjenem Dessauer Jugendhaus, aus dem die beiden Grothe-Töchter als Mitglieder der Jungen Gemeinde entlassen worden waren.

Rudi, der Verlobte ihrer Mutter, war ebenfalls verhaftet, angeklagt und zu fünf Jahren Haft in Bautzen verurteilt worden. Dass die Bundesrepublik Deutschland den 17. Juni so rasch zum *Tag der deutschen Einheit* erhob, machte das Los der mehr als eintausendfünfhundert Menschen, die am «Tag X», wie der Aufstand des 17. Juni in der DDR genannt wurde, gegen die Gesetze des Arbeiter- und Bauernstaates verstoßen hatten, noch schwerer. In den Haftanstalten wurden sie gezielt schikaniert und gequält, teilweise sogar gefoltert. West-Medien hatten von zahlreichen Selbstmorden berichtet, was zwar zu empörten Protesten in Berlin und der gesamten Bundesrepublik geführt hatte, aber an den Zuständen in den Gefängnissen nichts änderte.

Wie gern hätte Flori ihre Freundin aus Ost-Berlin im *Schanigarten* dabeigehabt! Doch Franzi hockte noch immer im Dessauer Jugendhaus und durfte nur ab und an einen Brief schreiben, der dann stark zensiert wurde. Ihr Traum von der Pädagogischen Hochschule in Potsdam war wie eine heruntergefallene Glaskugel in unzählige hässliche Splitter zerschellt.

Die anderen Fußballfans saßen erwartungsvoll auf den Stühlen, die Schani möglichst strategisch geschickt vor dem Fernsehgerät platziert hatte. Zuvor hatten sich alle mit Paprikahenderl und Zupfnudeln gestärkt. Zum Spiel selbst bot der Gastgeber Bier, Limonade und Sprudel an, um die erhitzten Gemüter zu kühlen. Spannung lag in der Luft, Friedrich hatte schon jetzt vor Aufregung einen hochroten Kopf.

«Wenn die Ungarn uns heute wieder vom Platz fegen wie beim letzten Mal, muss man ja fast von nationaler Schande sprechen», trompetete er in die Runde. «So etwas bleibt für immer an uns kleben. Dann wären wir besser erst gar nicht bis ins Endspiel gekommen!»

«Nicht gar so streng, Herr Thalheim!», widersprach Wanja temperamentvoll. «Dass wir es so weit gebracht haben, ist doch schon sensationell. Österreich leckt bis heute seine Wunden vom grandiosen 6:1, das wir ihnen verpasst haben – und nicht anders wird es bald auch den ‹magischen Magyaren› gehen. Die weltbeste, in 32 Spielen stets unbesiegbare Ungarn-Elf, das war gestern. Heute sind die Deutschen dran!» Er linste frech zu Schani Feldmann. «Ups – ich hoffe, ich hab grad nichts Falsches gesagt!»

Der lachte bloß, und Silvie liebte Wanja in diesem Augenblick mehr denn je. Wenn er sich nur ein bisschen Mühe gab, kam er doch mit allen gut aus. Warum sollten sie eigentlich keine glückliche kleine Familie werden können? Vielleicht keine von der Stange, aber das hatte sie ja auch niemals gewollt.

«Mein Stammbaum ist derartig verzweigt in der ehemaligen K.-u.-k.-Monarchie, dass ich so gut wie mit jeder Ethnie dienen kann», erwiderte Schani. «Bedien dich also ruhig nach Wunsch: Von Ruthenen und Tschechen über Slowenen, Ungarn und Wienern haben wir so gut wie alles mit im Topf – sogar eine spannende jüdische Seitenlinie.» Jetzt schaute er nur noch Miri an, die wissend zurücklächelte. «Ist allerdings schon eine ganze Weile her. Was man schleunigst ändern sollte.» Er erhob sein Glas. «Heute aber fühle ich mich ganz als Neu-Berliner, und mein Herz schlägt für die deutsche Elf – möge sie siegreich sein. Prosit!»

«Anpfiff!», schrie Oskar.

Alle starrten gebannt auf den Bildschirm. Das Wankdorfstadion in Bern war mit 60 000 Zuschauern bis auf den letzten Platz gefüllt, aber sie wirkten winzig klein.

«Schon verdammt winzig, dieses Ding», beschwerte sich Friedrich nach kurzem. «Wenn die Elektroindustrie auf Dauer Erfolg damit haben will, muss sie die Flimmerkiste unbedingt größer machen – und zwar dalli.»

«Na ja, wie im Kino ist es natürlich nicht», erwiderte Claire. «Wir hätten ebenso gut auch von zu Hause aus schauen können. Dann könntest du viel näher …»

«Pst», unterbrach er sie ungeduldig und angelte nach seiner Brille. «Das ist doch wirklich nicht dasselbe! Fußball muss man unter Männern genießen. Und jetzt quassle bitte nicht ständig dazwischen, *Chérie*, sonst kann man sich ja gar nicht auf das Spiel konzentrieren …»

In diesem Moment schoss Ungarn das erste Tor.

Oskar und Carl sprangen gleichzeitig auf.

«Mist, Mist, Mist!», rief Carl erregt. «Aber genauso hab ich es leider kommen sehen …»

Er hatte keine Zeit, sich wieder hinzusetzen, so schnell war zum zweiten Mal der Ball im deutschen Tor gelandet.

2:0!

Schani ließ für die Erwachsenen eine Runde Klaren springen, der die Stimmung im *Schanigarten* allerdings kaum aufhellte.

Doch die deutsche Elf im Stadion von Bern kämpfte wie besessen weiter, und bereits in der elften Spielminute grätschte Max Morlock einen Ball ins ungarische Tor.

2:1 hörte sich schon besser an.

Und dann verwandelte Helmut Rahn eine Ecke zum 2:2.

Im *Schanigarten* brach der Jubel los, und die deutsche Mannschaft ging mit einem Unentschieden in die Halbzeitpause.

Schani hatte Apfelstrudel mit warmer Vanillesauce vorbereiten lassen, den alle nun in sich hineinschlangen, als hätten sie gerade selbst auf dem Rasen des Berner Stadions bis zum Letzten gekämpft.

«Wir können heute gewinnen», sagte Wanja, und Oskar schlug ihm zustimmend auf die Schulter. «Und die Ungarn werden lernen müssen, was Verlieren bedeutet.»

«Wenn er recht hat, hat er recht!», bekräftigte Oskar vergnügt.

Die beiden wieder so entspannt miteinander zu sehen, war Labsal für Silvie. Nach langen Querelen hatten Wanja und ihr Bruder eine halbwegs vernünftige finanzielle Lösung für den zu Schrott gefahrenen Rometsch gefunden, mit der sogar Rike schließlich einverstanden gewesen war. Vielleicht konnten sie ja an die Zeit vor dem Unfall neu anknüpfen.

«Aber es regnet doch die ganze Zeit so fürchterlich», sagte Claire. «Die armen Jungs, die tun mir richtig leid – klitschnass spielen zu müssen!»

«Müssen sie dir nicht, denn für die deutschen Spieler ist Regen geradezu ideal», widersprach Carl. «Sie sind mit neuen Schuhen ausgerüstet, wie ich gelesen habe, und können sich damit auf einem nassen Rasen bestens bewegen. Allerdings haben unsere Jungs noch 45 schwere Minuten vor sich …»

Sie schauten, stöhnten und schrien, denn die zweite Halbzeit entwickelte sich zum absoluten Fußballkrimi, bis Helmut Rahn in der 84. Minute den Ball zum 3:2 in die linke untere Ecke des ungarischen Tors drosch. Eine Gegenattacke der Ungarn erfolgte prompt, und der Ball lag im deutschen Tornetz – doch der Linienrichter hatte Abseits gegeben.

Nach schweißgetränkten fünf weiteren Minuten gewann die deutsche Elf unter Trainer Sepp Herberger mit 3:2.

Deutschland war Weltmeister!

«Ein Wunder», stammelte Carl. «Ein echtes Wunder …»

«Das Wunder von Bern», brachte Friedrich es auf den Punkt. «Jetzt sind wir Deutschen endlich wieder jemand in der Welt!»

Aus allen Fenstern der umliegenden Häuser drangen erlöste Freudenrufe. Ganz Berlin schien seine riesige Begeisterung in den regnerischen Sommerhimmel zu schreien.

Im *Schanigarten* lagen sich alle in den Armen, als Erstes die sonst so streitbaren Brüder Friedrich und Carl, die sich beide freuten wie kleine Jungen. Carl umarmte seine Söhne, danach Silvie, Flori und Claire und schließlich sogar die gesamte Familie Grothe, einschließlich seiner Geschiedenen. Als er auch noch Miri zutiefst bewegt an die Brust drücken wollte, schritt plötzlich Schani ein.

«Moment!», sagte er und schob ihn energisch zur Seite. «Diese junge Frau gehört jetzt ganz allein mir!»

Er sank vor Miri auf die Knie und blinzelte zu ihr hinauf, während auf seiner geöffneten Handfläche ein goldener Ring mit einem taubenblutroten Stein funkelte.

«Miriam Sternberg, du Sonne meines Lebens, tief wie der Ozean und so warm wie ein knisterndes Feuer: Willst du meine Frau Feldmann werden und das Leben mit mir teilen bis ans hoffentlich noch weit entfernte Ende unserer Tage?»

Miri wurde erst blass, dann kehrte die zarte Röte in ihr Gesicht zurück.

«Ja, das will ich», sagte sie mit vor Aufregung bebender Stimme. «Denn ich liebe dich von ganzem Herzen, Schani Feldmann!»

○○○

«Gut, dass Sie zu mir gekommen sind», sagte Frauenarzt Dr. Tempe nach der Untersuchung, ein Mann Ende fünfzig, den Silvie zunächst als wohlwollend und väterlich eingestuft hatte. «Ja, Sie sind schwanger, Fräulein Thalheim. Zur Sicherheit lassen Sie uns bitte auch noch Ihren Urin da.»

Er vertiefte sich in die Eintragungen auf der Patientenkartei.

«Könnten es eventuell Zwillinge sein?», fragte Silvie aufgeregt. «Ich bin nämlich selbst einer, und es heißt doch, man bekäme dann auch leichter welche …»

«Zwillinge? Nein. Wie es aussieht, sind Sie ungefähr in der siebten Woche», fuhr er fort.

«Eigentlich müsste ich schon weiter sein», unterbrach ihn Silvie. «Meine letzte Blutung war …»

«Ich orientiere mich an der Größe der Gebärmutter», unterbrach er sie, plötzlich gar nicht mehr väterlich. «Und bin damit stets gut gefahren. Wenn ich nämlich darauf hören würde, was die werdenden Mütter mir alles weismachen wollen, hätte ich meine Praxis längst zumachen müssen.»

Etwas in Silvie verschloss sich bei diesen Worten.

Der sympathische Arzt in Dahlem, den Wanja Flori damals empfohlen hatte, praktizierte leider nicht mehr, sonst hätte sie den aufgesucht. Verdammt – aber warum hatte sie nicht die Hebamme Lou Berger nach einem guten Gynäkologen gefragt? Und weshalb gab es kaum Ärztinnen für Frauenheilkunde, an die Schwangere sich wenden konnten, was doch eigentlich sinnvoll und vor allem naheliegend gewesen wäre? Weil sie vor und im Krieg studiert haben müssten, um jetzt zu praktizieren, lautete die Antwort, die sie sich gleich selbst geben konnte. Und unter Hitler nur als untergeordnete Krankenschwestern, nicht aber als Medizinerinnen erwünscht gewesen waren.

«Vorerkrankungen?», drang Dr. Tempes Stimme in ihre Überlegungen. «Bluthochdruck, Diabetes, Operationen ...»

«Mandeln raus mit sieben», sagte Silvie sehr schnell. «Und mit elf den kleinen Zeh gebrochen. Mehr hab ich nicht zu bieten.»

«Ihre erste Schwangerschaft also.»

Täuschte sie sich, oder war sein Blick hinter der Hornbrille tatsächlich schärfer geworden? Gerade eben hatte sie sich noch so ladylike gefühlt in ihrem hummerroten Sommerkleid mit den weißen Pünktchen, zu dem sie weiße Pumps und Spitzenhandschuhe kombiniert hatte, doch jetzt kam sie sich nur noch aufgeputzt vor.

Silvie nickte leicht beklommen.

Er konnte nichts anderes wissen, und sie würde ihm bestimmt nichts verraten.

«Nun, Sie haben sich, ganz unter uns, ein wenig Zeit damit gelassen», fuhr er fort. «Einunddreißig, das ist nicht gerade jung für eine Erstgebärende. Anfang bis Mitte zwanzig, in diesem Alter sollten die Kinder idealerweise kommen, so hat die Natur es eingerichtet. Unter Umständen müssen Sie nun mit gewissen Komplikationen rechnen, sowohl bei Ihnen selbst als auch, was das Kindeswohl betrifft.»

Silvie starrte ihn erschrocken an.

«Bei älteren Müttern wie Ihnen kommt es in den ersten Schwangerschaftswochen öfter mal zu Abgängen, und Sie haben ja sicherlich schon von Kindern gehört, die an Mongolismus leiden, nicht wahr? Auch diese geistige Behinderung tritt deutlich häufiger auf, wenn die Mütter einen gewissen Reifegrad erreicht haben. Sie sind nicht verheiratet?»

«Verlobt», log Silvie und ärgerte sich im gleichen Moment maßlos über sich selbst. Was gingen ihn eigentlich ihre familiären Verhältnisse an? Er war für ihre medizinische Betreuung zuständig und nichts weiter. Wieso machte er ihr überhaupt Angst? Plötzlich wollte sie nur noch weg, und je angepasster sie sich verhielt, desto schneller würde es vermutlich gehen.

«Verlobt», wiederholte er mit einem Unterton, den sie gar nicht mochte. «Dann hoffen wir mal, dass die Hochzeitsglocken möglichst bald läuten. Einstweilen: Essen Sie vernünftig, schlafen Sie ausreichend, vermeiden Sie große Anstrengungen. Sehr viel mehr kann ich Ihnen für heute nicht mitgeben. Wir sehen uns dann beim nächsten Termin!»

Wie benommen stand Silvie schließlich vor der Praxis am Olivaer Platz. Wie war es diesem Mann nur gelungen, dass sie sich auf einmal so mies und klein fühlte – und vor allem so schuldig?

Zu alt, ledig und dann auch noch ein illegaler Schwangerschaftsbruch, von dem er unter keinen Umständen etwas erfahren durfte: In Dr. Tempes Augen war sie schon jetzt alles andere als die ideale werdende Mutter. Für ein paar Augenblicke drohte rabenschwarze Mutlosigkeit sie zu überwältigen.

Wie sollte sie das alles mit einem Baby überhaupt schaffen?

Die Arbeit beim RIAS und den festen Tag im Modekaufhaus, die Verantwortung für Flori, die sie übernommen hatte und nicht so einfach wieder abgeben wollte, die neue Wohnung, die sie auf Dauer unbedingt brauchen würden – und vor allem Wanja …

Wanja, dem sie erst einmal beibringen musste, dass er Vater wurde!

Übelkeit schoss in ihr hoch, so ätzend und schnell, dass sie sich nach vorne beugen und mitten auf dem Gehweg übergeben musste.

«Allet in Ordnung?» Eine ältere Frau in einem großgeblümten Sommerkleid war mit ihrer Einkaufstasche neben ihr stehen geblieben und betrachtete sie mitleidig. «Brauchen Sie Hilfe?»

Silvie wischte sich den Mund mit einem Taschentuch ab. Ja, hätte sie am liebsten geschrien. Und zwar jede Menge!

Aber sie schüttelte nur den Kopf.

«Geht schon wieder», sagte sie matt. «Danke.»

«Kenn ick», sagte die Frau und nickte. «War bei mir auch immer so, wenn wat Kleenes unterwegs war. Viermal hab ich dit erleben dürfen, mit allen Höhen und Tiefen. Man denkt, man packt es niemals. Aber denn packt man es eben doch. Allet Jute für Sie. Dit wird schon!»

Noch immer leicht benommen, doch schon wieder ein wenig zuversichtlicher stieg Silvie auf ihre Vespa. Wenn eine einfache Frau das Leben mit vier Kindern gemeistert hatte, weshalb dann nicht auch sie?

Zum Glück konnte sie gleich nach Hause fahren, um die nächsten Sendungen für *Stimmen* vorzubereiten. Elli Silman hatte endlich zugesagt, darauf freute sie sich ganz besonders, sowie Fußballer Helmut Rahn, der Fußball-Held von Bern. Und warum eigentlich nicht auch einmal Lou einladen, die als kundige Hebamme über Jahre schon so vielen kleinen Berlinern auf die Welt geholfen hatte?

«Und du willst wirklich keinen Martini?», fragte Wanja ein paar Stunden später, als sie zusammen in der Küche saßen. «Nicht einmal einen ganz, ganz winzigen?»

«Danke nein.» Silvie hielt die Hand über ihr Glas. «Mir ist heute eher nach einem klaren Kopf zumute.»

Sein brüchiges Lachen, das ihr noch immer tief unter die Haut fuhr.

«Ach, ein wenig Benebelung tut nach diesen endlosen Stunden im Synchronstudio immer ganz gut. Wirklich keine leicht verdiente Kohle, auch wenn es irgendwie Spaß macht. Aber sie werden immer pingeliger, und du musst alles wieder und wieder neu aufsagen, bis sie endlich zufrieden sind. Am schlimmsten von allen ist übrigens unser gemeinsamer Freund Markus Weisgerber, der würde die deutschen Dialoge wohl am liebsten alle selbst sprechen, damit es auch wirklich passt …»

Er schob die Gabel in den Mund und begann lustlos zu kauen.

Silvie hatte sich erstmals an *Spaghetti alla Bolognese* gewagt, nach Sandros Empfehlung ein kinderleichtes Gericht, das jede Anfängerin hinbekam, aber die Nudeln waren ihr trotzdem leider zu weich geraten und der *sugo* war nicht würzig genug. Wahrscheinlich würde niemals eine gute Köchin aus ihr werden.

«Schmeckt es dir nicht?», fragte sie.

«Doch. Aber wieso essen wir eigentlich nicht im *Schanigarten*? Da hättest du dir die ganze Mühe sparen können.»

Weil dieser Abend nur uns beiden gehört, dachte Silvie. Beziehungsweise uns dreien. Flori ist mit anderen Lehrlingen im Kino und danach tanzen. Keiner kann uns hier heute stören.

«Bisschen Abwechslung ist auch doch mal ganz schön, oder?», erwiderte sie und spürte, wie ihr Herz dabei immer aufgeregter zu pochen begann. «Und außerdem wollte ich in Ruhe mit dir reden.»

Die Gletscheraugen bekamen etwas Alarmiertes, was wiederum Silvie irritierte. Gab es da etwa schon wieder etwas, das sie besser wissen sollte? Himmel noch einmal – bei diesem Mann konnte sie sich einfach niemals ganz sicher sein, so nötig sie das auch gerade gebraucht hätte!

«Ja», sagte er gedehnt und schob den Teller ein Stück beiseite. «Dann leg mal los, Süße …»

«Ich bin schwanger. Wir bekommen ein Kind, Wanja.»

Wortlos starrte er sie an.

Silvie wurde eiskalt. Hatte sie jetzt mit zwei knappen Sätzen alles zerstört?

Dann jedoch sprang er auf, zog sie vom Stuhl hoch und wirbelte mit ihr durch die Küche.

«Ein Kind, ein Kind», sang Wanja zwischen unzähligen Küssen, die ihr Gesicht trafen, ihr Haar, ihren Hals.

«Wir bekommen ein Kind, ist das nicht einfach wunderbar …»

Er ließ sie plötzlich los, dass sie taumelte.

«Und du bist wirklich ganz sicher?»

«Bin ich», sagte Silvie. «Der Frauenarzt hat es heute bestätigt. Im nächsten März kommt es zur Welt – falls alles gutgeht.»

Er zog sie wieder in die Arme. «Aber was redest du da nur für Unsinn, mein Liebling?», sagte er zärtlich. «Natürlich geht alles gut. Du und ich – das wird das schönste Kind der Welt, das weiß ich!»

○○○

Zwei Wochen später stand plötzlich Oskar abends vor der Tür. Der Tag war schwül gewesen; Silvie hatte sich im Büro schon seit Mittag nicht besonders wohl gefühlt. Es zog und zwickte im Bauch, das sei aber ganz normal, hatte Lou Berger ihr versichert, die sie zwischendrin hilfesuchend angerufen hatte. Seit ein paar Stunden war sie nun zu Hause, doch weder Kamillentee noch hochgelagerte Beine brachten echte Linderung. Sie hatte ihr sommerliches Leinenkleid gegen ein gelbes Baumwollhängerchen getauscht, das sie nirgendwo einengte. Ihre Röcke gingen allmählich nicht mehr zu. Wurde langsam Zeit, dass sie sich nach einer passenden Garderobe für die kommenden Monate umsah. Vielleicht konnte ihr Rike ja etwas borgen. So sparsam und umsichtig, wie sie war, hatte sie bestimmt einiges aus ihrer Schwangerschaft aufbewahrt.

Allerdings wusste bislang noch niemand aus der Familie,

dass Silvie in anderen Umständen war. Eigentlich hatte sie vorgehabt, die kritische Dreimonatsfrist abzuwarten, bevor sie die freudige Nachricht verkündete, aber falls Rike früher aus Italien zurückkam, würde sie sie doch schon einweihen, und die anderen dann auch gleich mit dazu. Die große Schwester fehlte ihr. So sehr sie an ihrem Zwillingsbruder hing, gewisse Dinge konnte man nur mit einer Schwester besprechen.

«Ich hab Mist gebaut, Silvie», sagte Oskar, kaum hatte er den Flur betreten. «Ganz, ganz großen Mist. Kann sogar sein, dass ich für eine Weile untertauchen muss. Ist Flori schon im Bett?»

«Ist sie. Aber was um Himmels willen ist denn passiert …»

Wie ein Getriebener rannte er wortlos an ihr vorbei. Silvie folgte ihm in die Küche.

«Raus damit!», verlangte sie.

Oskar sah müde und todunglücklich aus, und als er weitersprach klang seine Stimme rau. «Du weißt doch, dass ich Prokura habe und über unsere Finanzen verfügen kann? Das hat mich übermütig werden lassen – das und Rikes lange Abwesenheit. Ich hab bei Brahm investiert, *viel* investiert, Schwesterchen, und das geht jetzt, wie es aussieht, alles komplett den Bach runter.»

«Doch nicht etwa in diesen verflixten Versandhandel? Aber den gibt es doch gar nicht …»

«Leider doch», fiel er ihr ins Wort. «*Express*, so haben wir ihn genannt, einschließlich Versandkatalog, Umtauschrecht, Ratenkauf und allem Pipapo. Lief mehr als schleppend an, aber wir müssten nur Geduld haben, hat Brahm gesagt und selbst jede Menge Geld in das Projekt gesteckt. Doch dann wurde er klamm und hat mich gebeten, mit einzuspringen. War gar kein Problem, mit unserem guten Namen Kredite aufzunehmen! Ich war selbst ganz erstaunt, wie einfach sie es mir gemacht haben, und Brahm hat mich darin nur weiter bestätigt. Natürlich wollte ich es Papa und Rike sagen, aber erst, wenn die Sache richtig erfolgreich wäre, damit sie endlich einmal stolz auf mich sind, doch dazu kam es leider nicht …»

Er zog eine Zigarette hervor, zündete sie an, machte ein paar nervöse Züge. Dann drückte er sie wieder aus.

«Seit Rike in Italien ist, hab ich dann noch einmal kräftig nachgelegt. Jetzt stehen wir bei drei verschiedenen Banken ganz tief in der Kreide.» Oskar sah sie sorgenzerfurcht an. «Und nun wollen sie plötzlich nicht mehr mitspielen, und schon morgen wird Papa alles erfahren. Ich wünschte, ich wäre tot, Silvie! Warum bin ich nicht in Wanjas Rometsch krepiert? Am besten für euch alle wäre doch, ich läge schon seit Jahren in einem russischen Massengrab …»

«Hör sofort auf mit diesem Unsinn!», rief Silvie empört. «Und natürlich wartest du nicht ab, bis dir morgen alles um die Ohren fliegt. Abtauchen? Wär ja noch schöner! Wir fahren auf der Stelle nach Hause zu Papa – und dort legst du die Karten auf den Tisch. Kapiert?»

«Um diese Zeit?»

«Natürlich! Komm schon, Oskar. Ich schreibe Flori noch schnell einen Zettel, falls sie aufwacht und nach mir sucht – und dann nichts wie los!»

Allein beim Aufstehen mutierte das Ziepen in Silvies Bauch zu einem widerlichen Stechen, und speiübel wurde ihr auch noch. Sie versuchte, langsam zu atmen, damit es wieder nachließ, ein und aus, und schaffte es damit bis vor die Wohnungstür. Doch auf den Stufen nach unten musste sie sich so fest an den Handlauf klammern, dass ihre Knöchel weiß hervortraten.

«Was ist mit dir?» Oskar blieb stehen. «Bist du krank?»

«Nur schwanger», entfuhr es Silvie.

«Schwanger? Und das sagst du erst jetzt – von Wanja?»

Sie nickte. «Lass uns schnell zu Papa fahren, dort kann ich mich dann ausruhen.»

Er führte sie zu seinem Opel, wo sie einstieg und sich auf dem Beifahrersitz zusammenkrümmte.

«Geht es?», fragte er nach den ersten Metern.

«Mhm …»

«Das gefällt mir nicht», murmelte Oskar und griff zu ihr herüber, um sie beruhigend zu streicheln. Um Silvies Beine fühlte sich alles feucht an. Und als seine Hand wieder zurück ans Lenkrad fand, war sie rot.

«Du blutest ja», sagte er zutiefst erschrocken und drückte aufs Gas.

«Es tut so entsetzlich weh, Oskar», wimmerte Silvie. «Mein Kind …»

Er missachtete zwei rote Ampeln, fuhr achtzig, nicht die in der Stadt vorgeschriebenen fünfzig Stundenkilometer, und bremste mit quietschenden Reifen vor dem Charlottenburger Krankenhaus.

«Bin gleich zurück», sagte er zu Silvie, die wächsern auf dem Sitz hing. «Silvie?»

Sie konnte sich nicht rühren, und er sprintete hektisch los.

«Hilfe kommt gleich», schrie er über die Schulter zurück. «Halte durch – um Himmels willen!»

Das war das letzte, was sie hörte. Dann wurde alles schwarz.

Als Silvie wieder wach wurde, lag sie in einem weißen Krankenhausbett. Überall an ihr hingen Schläuche, die Kehle war staubtrocken, und die Augen fühlten sich an, als seien sie mit winzigen Kieselchen gefüllt. Sie tauchte aus einem Traum voller Schatten auf, mit lauter Händen in Gummihandschuhen, die nach ihr greifen wollten.

Alles fühlte sich wund an.

«Wo bin ich?», flüsterte sie mühsam.

«Auf der Intensivstation, Liebes.» Zärtlich streichelte Miri ihre Hand. «Claire hab ich gerade nach Hause geschickt. Die neue Ablösung bin ich.»

«Was ist … passiert?»

«Du hast starke Blutungen bekommen, und sie mussten dich auf der Stelle operieren. Gut, dass Oskar ein derart hemmungsloser Raser ist. In diesem speziellen Fall war es mehr als hilfreich.»

«Aber mein Kind … was ist mit dem Baby, Miri?»

«Schlaf jetzt. Ruh dich aus. Alles wird gut.»

Silvie atmete rasselnd. «Du lügst», sagte sie dann. «Nichts wird gut. Mein Baby ist …»

«Es war eine Eileiterschwangerschaft, Silvie. Noch ein paar Tage mehr – und wir hätten dich vielleicht verloren.» Miri seufzte. «Mein Gott, warum muss ausgerechnet ich dir all das erzählen? Die Ärzte sollten das tun!»

Silvie begann bitterlich zu weinen.

Sie hatte das Kleine verloren, auf das Wanja sich so sehr gefreut hatte. Wie würde er darauf reagieren? Mit Enttäuschung, oder würde er sie sogar dafür hassen? Sie war zu schwach zum Denken. Alles in ihr war schwarz und tot. Wie ausgeweidet fühlte sie sich, körperlich wie auch seelisch. Trotzdem versuchte sie sich aufzurichten, fiel aber kraftlos wieder zurück.

«Wo ist Wanja? Warum ist er nicht hier?»

«Ich weiß es nicht.» Miri zuckte die Achseln.

«Du lügst schon wieder. Die Wahrheit, Miri – bitte!» Silvie wurde immer panischer. Was hatte das jetzt schon wieder zu bedeuten?

Dass er sie bereits verlassen hatte?

Angst schnürte ihr die Kehle zu.

«Wir haben Wanja trotz vieler Versuche leider noch nicht erreicht. In seiner Wohnung war er jedenfalls nicht», sagte Miri. Sie stand auf und beugte sich über das Bett. «Es tut mir so unendlich leid für dich», sagte sie. «Wir wussten ja nicht einmal, dass du ein Kind erwartest. Keiner von uns wusste das, du kleine Geheimniskrämerin!» Sie streichelte Silvies Wange.

«Und jetzt ist alles vorbei. Für immer ...» Silvie merkte, dass sie verwaschen sprach, die Worte wollten nicht richtig aus ihrem Mund kommen.

«Du brauchst erst einmal ganz, ganz viel Ruhe. Aber du kannst wieder schwanger werden, Liebes, auch mit nur einem Eileiter, das hat der Arzt mir ausdrücklich versichert ...»

«Miri?», unterbrach Silvie sie rau. «Lässt du mich jetzt bitte allein?»

7

Frankfurt/Berlin, Herbst 1954

Silvie hörte Gregor vor dem Haus dreimal hupen, nahm ihre Reisetasche, schloss die Wohnung ab und ging hinunter. Ihr Cousin saß hinter dem Steuer seines alten schlammgrünen VW-Käfer und grinste sie kurz an.

«Alles so weit in Ordnung, Silvie?», fragte er, nachdem sie eingestiegen war.

«Muss ja», erwiderte sie ausweichend, während sie es sich auf dem Beifahrersitz bequem machte. «Lass uns am besten gleich losfahren. Es wird jetzt schon wieder so früh dunkel, und bis nach Frankfurt ist es eine ganze Ecke.»

«Stimmt», erwiderte Gregor. «Außerdem sind die ersten zweihundert Kilometer durch die DDR die allerschlimmsten. Verheerende Straßenbeläge, nirgendwo was Anständiges zum Einkehren – und das wird garantiert auch so bleiben. Aber für unser Päuschen unterwegs ist gesorgt.» Er deutete auf die Rückbank. «Käsestullen und zwei Thermoskannen mit Pfefferminztee. Du kannst natürlich jederzeit Bescheid geben, falls du mich ablösen willst. Anderenfalls kutschiere ich dich aber auch gern in einem Rutsch bis ans Ziel. Ich mag nämlich lange Autofahrten. Wird man so herrlich leer dabei im Schädel.»

Der Impuls, zur diesjährigen Buchmesse nach Frankfurt am Main zu fahren, war ungewöhnlich für ihren zurückhaltenden Cousin, der seit Jahren gelernt hatte, sein Privatleben hinter einem dichten Vorhang zu verbergen.

«Ich muss dringend mal raus aus Berlin», hatte er bei seinem überraschenden Anruf vor ein paar Tagen zu ihr gesagt. «Eine Art Koller, so könnte man es nennen. Will mich umsehen, was in der Börsenstadt Frankfurt architektonisch so läuft. In Westdeutschland sprudeln die Investitionen ja doch wesentlich üppiger als bei uns. Und du bist, wie man im Familienfunk hört, inzwischen zur Leseratte geworden. Die Abwechslung wird uns beiden guttun.»

Mitten ins Schwarze getroffen.

Diese endlosen Krisensitzungen im Familienrat, der seit Oskars Kreditdebakel ständig tagte, hatte Silvie gründlich satt, auch wenn sie bitter nötig waren. Seine heimliche Beteiligung an Brahms geflopptem Versandhandel hatte das Kaufhaus und die Familie Thalheim auf den Kopf gestellt. Bei diversen Banken mit einer derart hohen fünfstelligen Summe in den Miesen zu sein, glich einer Katastrophe, was die Finanzen und den guten Ruf der Familie betraf! Prompt erlitt Friedrich die schlimmste Magenattacke seit der Berlin-Blockade und musste sogar für ein paar Tage stationär behandelt werden. Richtig gut ging es ihm noch immer nicht, aber er biss die Zähne zusammen und bestand darauf, im *Modekaufhaus Thalheim* nach dem Rechten zu sehen. Alles war besser, als sein Geschäft unbeaufsichtigt zu lassen, nachdem der Filius sein Vertrauen so missbraucht hatte. Natürlich hatte er Brahm am Telefon die Hölle heißgemacht. Der reagierte derart impertinent, dass Friedrich wutentbrannt auflegte. Seitdem ließ Brahm sich im Büro verleugnen, sobald der Name Thalheim fiel, offensichtlich unwillig, sich mit dem Schaden konfrontieren zu lassen, den er angerichtet hatte. Mehrfache Versuche, ihn in seinem Kaufhaus anzutreffen, liefen ins Leere. Herr Brahm sei auf unbestimmte Zeit verreist, das hatte eine Mitarbeiterin Friedrich bei seinem letzten Kontaktversuch ausgerichtet.

Und Oskar?

Er reagierte wie früher, wenn er etwas angestellt hatte, zuerst zerknirscht, schließlich bockig, zuletzt verfiel er in eine Art Lethargie, die Silvie mehr als alles andere beunruhigte. Sein Posten als Geschäftsführer lag seit Wochen auf Eis. Womit er nun seine Tage verbrachte, wusste niemand, nicht einmal sie. Irgendwann hatte er gemurmelt, alles wiedergutmachen zu wollen, allerdings auf seine Weise, mehr war nicht aus ihm herauszubekommen. Silvie konnte nur hoffen, dass er keinen neuen Unsinn vorhatte.

«Ihr habt einiges verkehrt gemacht», lautete Markus Weisgerbers Fazit, den Rike nach ihrer überstürzten Rückkehr aus Italien gemeinsam mit Silvie um Rat gefragt hatte. «Heutzutage muss man sich als Firma juristisch akkurat aufstellen. Das gilt auch für Familienunternehmen wie eures.»

«Weiß ich doch», seufzte Rike. «Wozu hab ich schließlich Betriebswirtschaft studiert? Natürlich habe ich von Anfang an für eine GmbH plädiert. Aber Papa wollte partout nichts davon wissen. ‹Eine Familie braucht das nicht. Wäre ja noch schöner› – so hat er getönt. ‹Als ob wir uns jemals gegenseitig über den Tisch ziehen wollten …›»

«Das kann ich mir lebhaft vorstellen», erwiderte Markus voller Anteilnahme. «Ich erinnere mich noch gut: Wenn

Fritz einmal auf stur schaltet, ist er taub für alle Gegenargumente. Jetzt allerdings müsst ihr leider einen hohen Preis dafür bezahlen.»

In alter Verbundenheit empfahl er ihnen eine renommierte Anwaltskanzlei in Zehlendorf, die sich auf Wirtschaftsrecht spezialisiert hatte. Denn der Schaden war enorm: Weil die Thalheims es versäumt hatten, eine GmbH zu gründen, hafteten nun Friedrich, Oskar und Rike als Geschäftsführer mit ihrem persönlichen Eigentum für die aufgenommenen Kredite – was auch Sandro als Rikes Ehemann mit einschloss. Niemand aus der Familie ging daran geschäftlich zugrunde, aber eine fast sechsstellige Summe abzustottern, war für alle ein herber Vermögenseinbruch, der sich nicht so einfach wegstecken ließ.

Reaktionen vom Mailänder Familienzweig ließen nicht lange auf sich warten. Die inzwischen wieder zu Kräften gekommene Antonia Lombardi bekam einen Tobsuchtsanfall, als sie davon erfuhr, und selbst der sonst so lässige Valentino, der gerade seine Verlobung bekanntgeben wollte, wirkte ungewohnt aufgebracht.

Was hatten sie sich in den darauffolgenden Wochen nicht alles einfallen lassen, um den Umsatz anzukurbeln! Es gab jetzt eine extra Brillenecke im Modekaufhaus. Zudem waren Hüte, Mützen und Schals sowie weitere Accessoires mit ins Sortiment aufgenommen worden. Im dritten Stockwerk wurde gerade eine Abteilung für noble Nacht- und Unterwäsche vorbereitet. Rike ackerte ununterbrochen, um endlich wieder Boden gutzumachen, Silvie bombardierte die Presse, damit wohlmeinende Artikel erschienen, und Miri und ihr Verlobter Schani Feldmann hatten sogar Trauung plus Hochzeitsreise verschoben. Doch was auch immer sie in Gang gesetzt hatten und künftig noch weiterhin anschieben würden, brauchte natürlich Zeit, bis es sich auszahlte – und die fälligen Kredite mussten termingerecht bedient werden.

«Alles reines Flickwerk», hatte Rike am Vorabend beim gemeinsamen Abendessen in ihrer Wohnung geklagt. Sie sah immer blasser und müder aus und hatte die aufregenden Rundungen, die von einigen Wochen italienischer Pasta herrührten, längst wieder verloren. «Egal, wie sehr wir uns auch plagen, so schnell können wir diese Verluste doch gar nicht wieder wettmachen. Diese Schulden fressen uns noch die Haare vom Kopf!»

Unwillkürlich schüttelte sich Silvie, als sie daran denken musste. Gregor warf ihr vom Fahrersitz aus einen irritierten Blick zu. Inzwischen waren sie auf der A115 angelangt, und vor ihnen tauchte der West-Berliner Kontrollpunkt Dreilinden auf, den sie rasch passieren konnten. Dagegen wurden ihre Pässe auf der Ost-Seite am Kontrollpassierpunkt Drewitz sorgfältigst unter die Lupe genommen, bevor man sie weiterfahren ließ.

«Und wie geht es dir wirklich?», fragte er. Ab jetzt waren sie in der DDR unterwegs, was bedeutete, dass sie sich genauestens an die Verkehrsordnung zu halten hatten, wenn sie keinen Ärger bekommen wollten. Es galt als offenes Geheimnis, dass Fahrzeuge mit West-Berliner Kennzeichen bei Verstößen besonders hart bestraft wurden. «Musstest ja ganz schön was verkraften in letzter Zeit. Bist du denn wieder richtig gesund?», setzte er sanft hinzu.

Silvie atmete tief ein und aus. «Zumindest behaupten

das die Ärzte», erwiderte sie. «Aber in mich hineinschauen kann natürlich keiner. Und ob das mit dem Kinderkriegen tatsächlich noch einmal funktioniert ...» Sie brach ab.

Was sollte sie ihm sagen?

Dass es sich wie Sterben angefühlt hatte und sie in diesem rabenschwarzen Meer der Trauer fast ertrunken wäre? Dass sie zum ersten Mal körperlich begriffen hatte, welch flüchtiges Gut Jugend ist? Und fast verzweifelt wäre, weil sie nicht in der Lage war, neues Leben zu schenken?

So viele Ängste.

So viele Sorgen.

So wenig Hoffnung.

Und Wanja, den sie gerade so dringend an ihrer Seite gebraucht hätte, unendliche Kilometer entfernt beim Dreh in Rom ...

Seine Erklärung für jene Schreckensnacht im Krankenhaus, wo niemand ihn erreichen konnte, hatte sie geschluckt, aber sie gärte bis heute in ihr: Er sei mit zwei Kameramännern bis zum Morgen in einer Bar versackt, in der sie sich hemmungslos betrunken hätten, und habe am nächsten Tag den übelsten Kater seines Lebens gehabt, unfähig, auch nur einen Finger zu rühren, geschweige denn Anrufe anzunehmen.

Log er?

Oder hatte Wanja doch die Wahrheit gesagt?

Allein dass sie immer wieder darüber nachgrübeln musste, machte Silvie schon krank. Sie rief sich selbst zur Ordnung. Sie hatte nicht vor, ihren derangierten Seelenzustand bis ins letzte Detail vor ihrem Cousin auszubreiten. Gregor liebte Männer, das wusste sie schon seit einer halben

Ewigkeit, was eine ganz andere Art von Leben bedeutete. Ein Familienidyll, wie sie es sich in ihren kühnsten Träumen ausgemalt hatte, dürfte ihm ziemlich fremd sein.

«Komm schon, Silvie! So mutlos kenn ich dich ja gar nicht! Wenn du vielleicht noch ein bisschen abwartest ...»

«Um dann aufs Neue enttäuscht zu werden? Am besten wäre es sicherlich, ganz mit diesem Thema abzuschließen. Mal sehen, ob ich das fertigbringe.»

«Also, ich wäre gern Kind bei dir», fuhr Gregor zu ihrer Überraschung fort. «Und würde ich auf Frauen stehen, so kämst du für mich in die allerengste Wahl. Mit dir zusammen ist alles hell und leicht. Das war schon so, als wir klein waren. Unser Haus erschien mir immer viel dunkler, wenn du nach den kurzen Besuchen wieder weg warst.»

«Meinst du das ernst?», fragte Silvie erstaunt. «Du hast doch gar nicht viel mit uns gespielt.»

«Dabei hätte ich eigentlich so gern, vor allem mit dir! Hab mich bloß nicht getraut, weil ich eben *anders* war und keiner das merken durfte. War nicht gerade kuschelig bei uns daheim, das darfst du mir glauben. Ja, Onkel Friedrich mag streng sein, und ihr habt eure Mama viel zu früh verloren, das war sicherlich sehr schlimm, aber dann kam Claire in eure Familie, und ihr wusstet wenigstens wieder, woran ihr wart. Bei uns dagegen hat sich alles immer irgendwie verkehrt angefühlt: eine unzufriedene Mutter, ein Vater, der ständig vor dem häuslichen Unfrieden geflüchtet ist, ein kleiner Bruder, versunken in seiner Musik, dem ich nicht zu zeigen wagte, wer ich wirklich bin ...»

Gregor schaute auf den Tacho und bremste.

«Der Gedanke an all das regt mich noch immer so auf,

dass ich gleich zu schnell werde», sagte er. «Denn es hat ja bis heute nicht aufgehört – ganz im Gegenteil. Als ob wir uns für das schämen müssten, was wir sind! Wüssten meine Kollegen im Architekturbüro über mich Bescheid, könnte ich mir sofort die Papiere im Personalbüro abholen. Von Professor Baumgarten ganz zu schweigen. Der lobt zwar ab und zu meine Arbeit, lässt aber bei jeder Gelegenheit blöde Witze über ‹warme Brüder› los. ‹Die Leute stehen Schlange, um hier arbeiten zu dürfen›, so sein Lieblingssatz. ‹Wer sich nicht nahtlos in mein Team einfügt, der fliegt!›»

«So schlimm?»

«Schlimmer!» versicherte er. «Man fühlt sich so verdammt allein dabei, weißt du das? Es gibt ja nicht einmal einen anständigen Begriff für uns.»

Silvie nickte. Den Begriff *Homophile* kannte sie, das hörte sich wirklich an wie eine Krankheit, und das war noch die harmloseste Bezeichnung. Manche nannten sich selbst ‹die Unsrigen›, aber Gregor vermied das Wort.

«Aber jetzt bist du doch schon lange nicht mehr allein, sondern hast Hotte als Gefährten», sagte Silvie, während sie energisch die Erinnerung an Wanjas ungemachtes Bett mit dem nackten Roberto zu verbannen versuchte. «Ihr beide seid so ein wunderbares Paar.»

«Ja ...», sagte Gregor gedehnt. «Das war, bevor sie uns bespitzelt haben. Und bevor Susi auf der Bildfläche erschienen ist.»

«Susi?»

«Susi Schranz aus Kreuzberg, um genau zu sein. Sie arbeitet mit Hotte im Tierheim und ist eine junge Witwe mit einer kleinen Tochter. Bei denen ist er nun kürzlich als Untermieter eingezogen. Und so wie diese Susi ihn anhimmelt, befürchte ich, vielleicht schon bald nicht nur das.»

«Ihr wohnt gar nicht mehr zusammen?»

Gregor schüttelte den Kopf. «Irgendwelche Nachbarn müssen uns verpfiffen haben. Das mit den beiden Brüdern auf engem Raum war wohl auf Dauer doch nicht ganz so überzeugend. Ich hab Hotte immer wieder beschworen, vorsichtig zu sein, sobald wir rausgehen. Aber du kennst ihn ja: Immer mit'm Kopp durch die Wand! Wird schon gutgehen ... Jedenfalls flatterte eines Tages eine Vorladung der Sittenpolizei ins Haus. Mit was für einem mulmigen Gefühl ich dort hingegangen bin, kannst du dir sicherlich vorstellen.» Er deutete auf das Handschuhfach. «Dadrin liegt eine Packung Astor nebst Feuerzeug. Zündest du mir eine an?»

Silvie kam seiner Aufforderung nach.

«Rauchst du viel?», fragte sie.

«Du nicht?»

«So gut wie nie. Ich mag nicht, dass man danach wie ein Aschenbecher riecht», erwiderte sie.

«Ein Laster, das man nur schwer wieder loswird. Im Krieg haben wir alle gequalmt wie die Bekloppten, um die Angst und den Hunger zu betäuben. Aber das war noch lange nicht alles. Mit diesem Pervitin-Dreckszeug im Marschgepäck haben sie uns losgeschickt, eine ganze Armee unter Drogen – das musst du dir mal vorstellen! Und wir haben es geschluckt wie Hustenbonbons. Sonst wär der ganze Irrsinn vielleicht schon viel früher aus gewesen. So aber konnten wir die Nächte durchmarschieren, ohne dabei müde zu werden, und haben weitergeschossen, ohne groß nachzudenken. Dabei hatte ich trotz allem noch Glück, weil ich an der Westfront stationiert war und schließlich als Kriegsgefangener bei den Tommys gelandet bin.»

Gregor zog an seiner Zigarette.

Silvie musste an Oskar denken und die vielen durchzechten Nächte. Auch Wanja hatte sie ja für eine gewisse Zeit in Verdacht gehabt, die Droge zu konsumieren.

«Kommt man an das Zeug heutzutage eigentlich noch ran?», fragte sie.

Gregor runzelte überrascht die Stirn. «Keine Ahnung. Wieso fragst du?»

«Nur so. Und wie ging es dann weiter bei der Sittenpolizei? Magst du mir das auch noch erzählen?»

«Verwarnt haben sie mich», sagte er. «So richtig etwas gegen uns in der Hand hatten sie ja nicht. Aber natürlich stehen Hotte und ich jetzt auf irgendwelchen Listen – die sie bei nächster Gelegenheit aus der Schublade ziehen und gegen uns verwenden können. Mit seiner Anstellung im Tierheim kann ihm vermutlich nicht viel passieren. Meine Karriere als Architekt dagegen könnte ich vergessen, sollte etwas davon bekanntwerden. Dann bliebe nur noch der Osten, aber ich hab nun mal im Gegensatz zu meinem Vater so gar nichts übrig für die Kommunisten. Ihre Plattenbauweise finde ich zum Davonlaufen, und der Zuckerbäckerstil der Stalinallee liegt mir auch nicht.»

Aufgebracht drückte er seine Zigarette im Aschenbecher aus.

«Bei Licht betrachtet, ist es noch immer genauso wie damals unter den Nazis: Verfemt sind wir, werden strafrechtlich verfolgt und müssen uns in winzige Nischen ducken – wie satt ich das alles habe! Auch bei der Wehrmacht hast du dich permanent verstellen müssen, nur später in England war es dann leichter. Dort gab es Tim Barnes, der sofort Bescheid wusste. Ein netter Kerl, freundlich und mit viel Humor. Manchmal wünschte ich, ich wäre dort geblieben, auf seiner kleinen Farm ...»

«Du als Bauer?», sagte Silvie. «Kann ich mir irgendwie nicht so recht vorstellen. Ebenso wenig wie deinen Hotte als Galan irgendeiner Susi. Der Mann liebt dich, Gregor, das steht fest!»

Er bremste scharf und fuhr dann in die kleine Parkbucht. «Lass uns eine Pause machen», schlug er vor.

«Von mir aus gern», sagte Silvie.

Aber Gregor machte keine Anstalten, nach den Thermoskannen und den Stullen zu greifen, sondern sah sie lange an. Schließlich legte er seine Hand auf ihre Schulter.

«Manchmal schützt Liebe trotz allem nicht vor Verrat», sagte er. «Ich wollte es ja eigentlich für mich behalten, aber wenn wir jetzt schon so offen über das Thema reden, sage ich es dir doch, weil alles andere in meinen Augen feige wäre. Dein Freund Wanja wildert in unseren Gefilden, Silvie. In Parks, in Bars, in Clubs, überall in Berlin, wo wir uns heimlich treffen, da ist er auch. Ganz offensichtlich nicht auf der Suche nach einem festen Gefährten, sondern nach Abenteuern, dem schnellen Kick, und dabei geht er ziemlich hemmungslos vor. Vielleicht findest du lieber einen anderen Vater für deine zukünftigen Kinder. Denn du wärst eine wunderbare Mutter, voller Licht und Heiterkeit.»

Sie starrte auf die Hände in ihrem Schoß, die sie bei Gregors Worten unwillkürlich zu Fäusten geballt hatte. Nach dem Krankenhausaufenthalt hatte sie wieder den Ehering ihrer Mutter angelegt, der ihr auf dem Mittelfinger passte, weil ihre Hände schmaler waren. Der Ringfinger daneben war bis heute nackt. Wie gern hätte sie ihn mit einem Verlobungsring geschmückt, selbst wenn der Stein noch so winzig wäre!

Aber es hatte wohl nicht sollen sein, und vor seiner Abreise nach Rom hatte sie Wanja kaum zu Gesicht bekommen.

Weil er ständig auf Männersuche war? Weil ein sexuelles Abenteuer das nächste jagte und sie allein ihm niemals genügen würde?

Der Rest ihrer Träume fiel gerade wie ein Kartenhaus in sich zusammen.

Kein Mann. Kein Haus. Kein Kind.

Würde dieser Fluch sie denn niemals verlassen?

«Jetzt habe ich dich verletzt», sagte er. «Das wollte ich nicht …»

«Nicht du, Gregor», sagte Silvie matt. «Das schaffe ich ganz allein, indem ich mir zielsicher immer die falschen Kerle aussuche. Das hat schon richtig System bei mir!»

«Vielleicht solltest du dich zur Abwechslung mal suchen lassen», erwiderte er.

«So ganz das Weibchen spielen? Mit den Wimpern klimpern und lockende Blicke um mich werfen? Liegt mir nicht, lieber Vetter, sorry – dazu hab ich wahrscheinlich zu viel Feuer im Bauch!» Ihr Lachen klang rau. «Lass uns weiterfahren. Ich möchte diese Ödnis hinter mich bringen.»

Gregor startete den Käfer erneut.

«Das habe ich nicht gemeint», sagte er. «Ich rede davon, wie du im Radio rüberkommst, so klug und warm. Ganz selbstverständlich. Das müsste vielen Männern doch eigentlich gefallen. Du bringst die Menschen zum Reden, als hätten sie ihr Leben lang nichts anderes getan. Ich liebe deine *Stimmen*, Silvie, weißt du das?»

«Du hörst dir meine Sendungen an?», fragte sie überrascht.

«Wenn ich es irgendwie einrichten kann – immer. Die mit Helmut Rahn mochte ich ganz besonders. Ich weiß noch genau, was er gesagt hat.»

Gregor wechselte die Stimmlage und klang auf einmal wie einer aus dem Ruhrgebiet. «Der Ball fällt mich vor die Füße, jenau auf'm rechten. Un in die Sekunde wusst ich jenau, wat jetz passiert. Die zwei Ungarn, der Lorant un der annere, stürzen sich auf mich zu. So richtig mit Jewalt. Ich lass se kommen und zieh dann die Kirsche schnell von'n rechten auf'n linken Fuß. Und da, Mann, ich seh et noch wie heute, hab ich dat janze Gelände vor mir. Keine 20 Meter von'n Tor weg, inner Position von den Halbrechten, und der Grosics steht akkurat so, dat in seine Ecke Platz is. Ich zieh ab mit den linken Fuß, und dat jibt so'n richtig jefährlichen Aufsetzer. Un wat dann passiert is, dat wisst ihr ja ...»

Silvie musste lachen. Seine Parodie des umschwärmten Nationalspielers war einfach zu köstlich. Auf einmal sah alles doch nicht nur tintenschwarz aus.

«Du besitzt ja echtes komödiantisches Talent», sagte sie. «Paul an den Instrumenten und Gregor als Schauspieler – was für ein begabtes Brüderpaar!»

«Ne, der Star unserer Familie bist definitiv du», versicherte er. «Daran solltest du denken, wenn der nächste Kerl vor dir steht. Sei dir deines Wertes bewusst. Ein Mann, der dich wirklich verdient, wird das zu schätzen wissen.»

«Tja, den müssten wir dann wohl backen lassen», setzte Silvie seufzend hinzu. «Denn bislang ist er mir leider noch nicht über den Weg gelaufen.»

«Das wird er auch an dir mögen, wenn er der Richtige ist», sagte Gregor. «Dass du immer das letzte Wort haben willst. Greifst du bitte mal nach hinten zu den Stullen? Also, ich brauche jetzt dringend Nervennahrung!»

∘∘∘

Inmitten all des Gedruckten fühlte Silvie sich am nächsten Tag so wohl wie schon lange nicht mehr. Durch die Gänge der Messehallen flanieren, immer wieder stehen bleiben, ein Buch aufschlagen, ein paar Seiten lesen, zum nächsten greifen und den Vorgang wiederholen – wie herrlich fühlte sich das an! Da sie nicht zur Feuilletonabteilung des RIAS gehörte, gab es keinen ausdrücklichen Auftrag, auf der Messe zu arbeiten, aber natürlich würde sie jede Gelegenheit nützen, wenn sich etwas Spannendes für *Stimmen* ergab.

Während Gregor mit seinem Käfer durch Frankfurt kurvte, um sich an Architektur sattzusehen, konnte sie hier ungestört stöbern. Die Stände waren übersichtlich, die Büchertische in Länge und Breite genormt und einfach ausgestattet. In der Zeitung hatte sie gelesen, dass dies Vorschrift sei, um den Wettbewerb fair zu gestalten. Doch offenbar hielten sich nicht alle Verlage daran. Ein paar der Aussteller hatten farbige Pappaufsteller anfertigen lassen oder Autorenfotos in Plakatgröße aufgehängt, was natürlich mehr hermachte. Am Rowohlt-Stand gab es drehbare Plastikständer, die die bunten Taschenbücher präsentierten und für allgemeines Aufsehen sorgten. Hier wäre das Paradies auf Erden für Flori gewesen, die allmählich Spaß an ihrem Lehrberuf als Dekorateurin fand und inzwischen so ziemlich alles und jeden durch die passende Präsentation ins rechte Licht rücken wollte. Vielleicht konnten sie ja nächstes Jahr gemeinsam nach Frankfurt fahren, eine Idee, die Silvie sehr gefiel.

Es machte ihr nichts aus, dass die Luft gegen Mittag in den Messehallen immer stickiger wurde, je mehr Besucher sich durch die Gänge schoben. Hauptsache, das kleine blaue Notizbuch, das sie sich extra für diesen Besuch zugelegt hatte, füllte sich mehr und mehr mit spannenden Buchtipps. Wann sie das allerdings lesen sollte? Der Tag müsste mindestens sechsunddreißig Stunden haben, um alles zu bewältigen!

Natürlich wäre es vernünftiger gewesen, wenn sie gestern Abend den dritten Äppelwoi nicht getrunken hätte. Gregor hatte ihn ihr in einem schummrigen Lokal zu Handkäs und Musik aufgedrängt, bevor er wortlos in die Nacht verschwunden war. So hatte ihre Morgentoilette in dem kleinen Hotel in Bahnhofsnähe länger als gewöhnlich gedauert. Mit dem Ergebnis konnte Silvie allerdings zufrieden zu sein, und auch der sündteure kirschrote Lippenstift hatte sich als Tüpfelchen auf dem i gelohnt. Das verrieten ihr nicht nur die Männerblicke, die sie bewundernd streiften, sondern vor allem die der Frauen, die für Silvie ohnehin mehr galten, weil sie ehrlicher waren. In dem schokobraunen Twinset mit dem taillenkurzen Jäckchen, das sie zu einem schwingenden eisblauen Rock kombiniert hatte, fühlte sie sich schick und jugendlich zugleich. Ihren Hals umschmeichelte ein buntes

Nickituch, das Schmuck ersetzte. Außerdem knisterte der Petticoat geheimnisvoll, ein Mitbringsel von Pauls USA-Reise, und die bequemen braunen Wildlederstiefelchen ließen ein entspanntes Flanieren ohne brennende Füße zu.

Eine Stimme mit rheinländischem Einschlag zog Silvie schließlich wie magisch zu einem der Stände. Umringt von einigen Hörern las ein schmaler Mann in einem knittrigen Sacco – von kaputten Familien, Vätern, die im Feld geblieben waren, von Frauen, die die alten Rollenbilder nicht mehr bedienen wollten und sich neue noch nicht zutrauten. Er sprach zu schnell, verschluckte viele Endsilben und versäumte, die richtigen Pausen zu setzen, das fiel Silvie als erfahrener Radiofrau sofort auf. Und dennoch wollte sie nur noch eins: ihm weiter zuhören, am liebsten stundenlang.

Das war ein Gast, wie sie ihn für *Stimmen* brauchte! Sie musste unbedingt versuchen, ihn dafür zu gewinnen …

«Heinrich Böll», sagte jemand halblaut neben Silvie. «Wird garantiert einer der wichtigsten Nachkriegsautoren unseres Landes, wenn Sie mich fragen. Und der andere neben ihm, der vor Stolz gerade fast platzt, ist sein Verleger Caspar Witsch. Die anderen sind Journalisten und ein paar neugierige Buchhändler. Er gibt gerade eine kleine Kostprobe für Nachzügler. Die eigentliche Lesung für seinen neuen Roman war bereits gestern.»

«Böll? Ja, genau, jetzt, wo Sie es sagen! Auf dem Schutzumschlag war sein Foto so klein und verwaschen, dass ich ihn zuerst gar nicht erkannt habe», flüsterte Silvie zurück. «Er sieht älter aus, als er ist. Selten habe ich traurigere Augen gesehen. Was muss er nicht schon alles erlebt haben! Man hört ihm so gerne zu.»

«Das haben Sie jetzt aber sehr schön gesagt …»

Silvie drehte sich zu ihm um.

Der Mann neben ihr war grau meliert, einen halben Kopf größer als sie und circa Mitte vierzig. Alles an ihm wirkte seriös: der Flanellanzug, das blütenweiße Oberhemd, die blaue Streifenkrawatte. Nicht ganz dazu passten allerding sein hungriger Mund und die braunen Augen hinter der Hornbrille, aus denen Lebenslust und Schalk blitzten.

Heinrich Böll hatte seine kleine Lesung beendet und begann, auf die ihm gestellten Fragen zu antworten. Zwei junge Frauen hatten es ganz besonders wichtig und bedrängten ihn regelrecht mit ihren Mikros, beide eher unscheinbar, aber mit ihren strengen Frisuren, den Rollkragenpullovern und den engen schwarzen Hosen sehr intellektuell wirkend.

«Da stünde ich jetzt auch gern», murmelte Silvie. «Aber leider bin ich nun mal keine dieser Feuilletontussis. Und ein Aufnahmegerät habe ich natürlich auch nicht dabei.» Sie lächelte gewinnend. «Kennen Sie Herrn Böll zufällig näher?»

«Leider nein. Ich bin bloß der Standnachbar. Peter van Ackern.» Er reichte ihr eine Visitenkarte, Büttenpapier, edle Schrift, alles vom Feinsten.

Sie überflog sie rasch, dann glitt ihr Blick über die vollgepackten Büchertische.

«Dann ist das ja Ihr Verlag …»

Er nickte. «Klassiker. Kunst. Anspruchsvolle Bildbände für den Genießer. Jetzt, wo so viele Menschen wieder Lust auf Ferne haben – aber manchmal leider noch nicht die Mittel, um sich alles vor Ort, mit eigenen Augen anzusehen. Und mit wem habe ich das Vergnügen?»

Du bist der Star unserer Familie, hatte Gregor gesagt. *Sei dir dessen bewusst!* Jetzt wäre eine gute Gelegenheit, es gleich mal auszuprobieren.

Silvie reckte sich unwillkürlich. Ein kleines Lächeln als Zugabe konnte sicherlich nicht schaden. «Thalheim mein Name», sagte sie und zog dabei ebenfalls eine Visitenkarte, die leider ein wenig mitgenommen aussah, aus ihrer Handtasche. «RIAS Berlin …»

«Doch nicht etwa *die* Silvie Thalheim von *Stimmen*?», erwiderte van Ackern sichtlich verblüfft.

«Genau die. Sie kennen meine Sendung?»

«Natürlich! Und mag sie sehr. Ich bin nämlich auch aus Berlin, müssen Sie wissen. Meine Tochter ist übrigens ganz verrückt danach, und das will so einiges heißen bei einem Backfisch mitten in der Pubertät …»

Silvies Lächeln bekam etwas Bemühtes.

Männer wie er hatten natürlich alles: eine Frau, Kinder, ein Haus, vorzugsweise in Zehlendorf, Dahlem oder am besten gleich direkt am Wannsee – und dazu auch noch einen Verlag. Das waren Glückspilze, die fest im Sattel saßen, das Leben zu meistern wussten und garantiert niemals mit seelischen Abstürzen zu kämpfen hatten.

Er schien zu spüren, dass ihre Stimmung zu kippen drohte.

«Wenn Sie Böll sprechen wollen, dann sollten Sie jetzt zu ihm gehen», sagte er. «Sieht für mich dort drüben nämlich schwer nach Abflug aus.»

Silvie blieb keine Zeit, lange zu überlegen. Kurz entschlossen ging sie auf den Mann mit den traurigen Augen zu.

«Ich bin Silvie Thalheim vom RIAS Berlin», sagte sie,

«und noch immer ganz im Bann des soeben Gehörten. Kühne Frage, Herr Böll: Wäre es für Sie denkbar, mir eine Stunde Ihrer kostbaren Zeit zu schenken?»

Die buschigen Brauen hoben sich fragend.

«Ich moderiere die Sendung *Stimmen*, die live ausgestrahlt wird und immer nur einen einzigen Studiogast hat», setzte sie rasch hinzu. «Ich würde Ihnen ein paar Fragen stellen, dann erzählen Sie, begleitet von einigen Musikstücken Ihrer Wahl. Vielleicht darf ich noch anfügen, dass die Sendung eine begeisterte Hörerschaft in West wie Ost hat, die von Jahr zu Jahr weiter wächst. In *Stimmen* erreicht Ihre Stimme die Menschen ganz direkt.»

Er hatte ihr schweigend zugehört, aber es schien ihm gefallen zu haben, das verriet ihr sein scheues Lächeln.

«Wenden Sie sich mit Ihrem Anliegen am besten an unsere Presseabteilung», sagte sein Verleger jovial. «Frau Kreutzer wird Ihnen sicherlich weiterhelfen …»

«Berlin, haben Sie gesagt?», unterbrach ihn Böll, ohne Silvie aus den Augen zu lassen.

Sie nickte.

«In drei Wochen habe ich dort tatsächlich zwei Lesungen mit einem Tag Pause dazwischen. Wenn das nicht zu kurzfristig ist …» Er zog die Schultern nach oben, als ob er friere.

«Das bekommen wir hin», entgegnete Silvie schnell, obwohl dieser Terminvorschlag all ihre Planungen über den Haufen warf. Sie würde reichlich zu argumentieren haben, Schenk gegenüber und ebenso den bereits eingeladenen Gästen, die nun vertröstet werden mussten. Aber war sie nicht eine Meisterin der Improvisation? «Also abgemacht, Herr Böll? Es wäre mir eine so große Ehre!»

«Moment, Moment, so schnell geht das nicht! Ich muss zuvor noch mit meinem Autor konferieren.»

Witsch zog Böll ein Stück in den Gang und redete länger auf ihn ein, dann kamen sie beide wieder zu Silvie zurück.

«Wir bräuchten natürlich im Vorfeld eine Liste der Fragen. Und gibt es Aufnahmen dieser Sendung, damit man mal vorab hineinhören könnte?», sagte Witsch.

«Selbstredend. Wir senden Ihnen gern Tonbandkopien in den Verlag. Was allerdings die Fragen betrifft …» Silvie sah Böll bittend an. «Erfahrungsgemäß wird es am lebendigsten, wenn Sie die erst kurz vor der Sendung erfahren. Bitte vertrauen Sie mir, lieber Herr Böll: Ich habe Ihren Roman *Und sagte kein einziges Wort* voller Begeisterung verschlungen und kann es kaum erwarten, *Haus ohne Hüter* zu lesen. Ich werde also bestens vorbereitet auf unser Gespräch sein – versprochen!»

«Sie hören von mir, Fräulein Thalheim.» Bölls Lächeln vertiefte sich. «Ich freue mich.»

Silvie sah ihm nach, wie er zwischen den Ständen verschwand.

Fräulein hatte er sie genannt. Weil sie ihm jung erschienen war? Oder weil jeder ihr ansehen konnte, dass sie nicht verheiratet war?

«Gut gemacht», kommentierte van Ackern, der alles mitgehört hatte. «Hätten Sie vielleicht Lust, sich bei uns am Stand mit einem Glas Orangensaft und einer belegten Laugenstange zu stärken?»

War das seine übliche Messe-Flirterei, während zu Hause in Berlin die Gattin im schnieken Eigenheim auf ihn wartete?

Ganz so leicht war eine Silvie Thalheim nicht zu haben.

«Danke nein», erwiderte sie kühl. «Und ich muss jetzt auch wirklich weiter. Gibt ja noch so vieles hier zu sehen.»

«Schade.» Er sah auf einmal richtig betrübt aus. Dann entspannten sich seine Züge wieder. «Dürfte ich Sie dann zumindest auf unsere Verlagsparty einladen? Wir feiern heute Abend zusammen mit dem hiesigen Fischer Verlag im *Sachsenhauser Jazzclub*, und da morgen für den einen oder anderen schon die Heimreise ansteht, werden gewiss auch viele Kollegen aus anderen Verlagshäusern da sein.» Er drückte ihr einen Zettel in die Hand. «Von der Altstadt aus nehmen Sie die eiserne Brücke über den Main, und schon sind Sie am Ziel. Sie werden doch kommen?»

«Mal sehen», sagte Silvie.

«Wein, Häppchen, die hellsten Köpfe der Branche, eine Spitzenband, verspricht also sehr lustig zu werden», setzte er hinterher.

«Ich bin mit meinem Cousin hier in Frankfurt. Wir wollten eigentlich essen gehen ...»

«Tun Sie das in aller Ruhe – und danach bringen Sie ihn doch einfach mit.»

Sein sonorer Bassbariton blieb ihr im Ohr, auch als sie weiterschlenderte, was sich als immer schwieriger erwies, weil der Publikumsandrang weiter wuchs. Silvie gefiel, dass so viele junge Menschen darunter waren.

Vor dem Stand des Fischer Verlags ballten sich besonders viele Besucher. Dort war ein ganzer Tisch mit lauter Exemplaren eines einzigen Buchs ausgelegt, das offenbar alle interessierte. Auf weißem Grund prangte eine schwarze Schrift: *Kinsey-Report. Das sexuelle Verhalten der Frau.*

Silvie griff ebenfalls danach, ergatterte nach kurzem Warten einen der raren Klappstühle und begann zu lesen. Der Inhalt kam wissenschaftlich daher, das gefiel ihr. Über achttausend Frauen waren in Einzelinterviews befragt worden und hatten über ihre Sexualität Auskunft gegeben: Masturbation. Sexuelle Träume. Voreheliches Liebesspiel. Lesbische Neigungen und Beziehungen. Ehebruch – Kinseys mutiges Projekt schien so gut wie nichts ausgelassen zu haben.

Ob die amerikanischen Frauen dabei immer ganz ehrlich geantwortet hatten? Und ob es in Deutschland anders gewesen wäre?

Was für heiße Themen! Kein Wunder, dass die Leser Schlange standen, um nur einen Blick auf das Skandalbuch zu werfen.

Unter den Nazis hätte niemand offen darüber sprechen dürfen, und auch nach dem Krieg war das Thema Sexualität für Frauen offiziell weiterhin tabu. Zu Silvies Leben hatte sie stets ganz selbstverständlich gehört. Als Pionierin der Liebe, wie sie sich selbst verstand, hatte sie sich in jungen Jahren nur wenig darum geschert, was andere von ihr hielten, mehr gefühlt als kalkuliert, begehrt und Lust empfunden, wenn ihr danach war, ohne immer an die Folgen zu denken.

Ganz anders ihre ältere Schwester, die eher brav und bieder gelebt hatte und durch den treulosen Mailänder Stefano massiv in ihren Grundfesten erschüttert worden war, bevor sie schließlich mit Sandro glücklich wurde. Oder gab es doch Geheimnisse in Rikes Leben, von denen Silvie nichts ahnte? Silvie wusste ja nicht einmal, ob Rike ihr jemals die Sache mit dem viel zu früh gefallenen Walter verziehen hatte, der eigentlich Rikes Freund gewesen war, sich aber während eines Heimaturlaubs spontan für sie, Silvie, entschieden hatte. Sogar Verlobungsringe aus Blech hatten sie damals getauscht – beide noch halbe Kinder, wie sie jetzt in der Rückschau dachte.

Schließlich kam ihr Alma in den Sinn, ihre verstorbene Mutter, die ihrem Tagebuch wilde Eskapaden und schamlose weibliche Sehnsüchte unverbrämt anvertraut hatte. Eine Ausnahme jener frühen Jahre oder, wie dieser Report zeigte, wohl doch eher Durchschnitt?

Silvie hatte das Tagebuch damals zufällig im Schrank entdeckt, weil Rike es jahrelang unter Verschluss gehalten hatte, ohne es zu lesen. Sie selbst dagegen hatte nicht zu lesen aufhören können, bis sie ganz damit durch gewesen war. Könnte spannend sein, sich diese atemlos geschriebenen Seiten nochmals vorzunehmen, jetzt, wo sie selbst in einer komplizierten Beziehung voller Höhen und Tiefen festgefahren war, die ihr manchmal kaum noch Luft ließ.

Wo mochte es eigentlich abgeblieben sein? Seit damals hatte Silvie das Tagebuch nicht mehr in der Hand gehabt.

Sie würde Rike danach fragen …

Erneut vertiefte sie sich in den *Kinsey-Report*, bis sie ein leider nur allzu vertrautes Ziehen in Nacken und Kopf verspürte. Welch ein Wahnsinn, inmitten dieses Trubels konzentriert lesen zu wollen!

Sie stand auf und ging zu einem der Herren in Anzug und Krawatte, der offenbar zum Standpersonal gehörte.

«Ich würde dieses Buch gern kaufen», sagte Silvie. «Wo kann ich bitte bezahlen?»

«Da sind Sie beileibe nicht die Einzige», feixte er. «Aber das geht erst ab nächster Woche, da ist es nämlich im Handel. Alles, was Sie hier sehen, sind lediglich Vorabexemplare zu Werbezwecken.»

«Und Sie könnten nicht die allerkleinste Ausnahme machen?» Silvies Blick wurde schmelzend.

«Was meinen Sie, wie viele Leute mich das heute schon gefragt haben! Leider nein, sehr verehrtes Fräulein – ich bedaure.»

Leicht vergrätzt kehrte Silvie wieder zu ihrem Platz zurück, der sich inzwischen jedoch als besetzt erwies. Notgedrungen musste sie nun im Stehen weiterlesen.

«Interessante Lektüre?», hörte sie nach einer Weile einen sonoren Bassbariton hinter sich und ärgerte sich, dass sie den Kinsey-Report unwillkürlich zuklappte, als sei sie bei etwas Verbotenem ertappt worden. Jetzt stach ihm der Titel natürlich erst recht ins Auge.

«Schon», sagte sie rasch. «Aber vielleicht sollten eher Männer das Buch lesen, damit sie endlich erfahren, worauf es wirklich ankommt. Kaufen kann man es übrigens erst nächste Woche, da sind sie hier ganz eigen. Sie müssen sich also noch gedulden.»

Van Ackerns Lachen klang fröhlich und ungezwungen. «Dazulernen ist immer gut», sagte er. «Besonders bei den wichtigen Dingen des Lebens. Und was könnte wichtiger sein als der richtige Umgang mit einer schönen Frau?» Er sah sie dabei so eindringlich an, dass sie den Blick senken musste.

Verdammt – dieser distinguierte Typ schaffte es doch tatsächlich, sie verlegen zu machen! Jetzt wollte sie nur noch weg.

«Muss weiter», murmelte Silvie, drehte sich um und

legte ihr Exemplar zurück zu den anderen auf den Büchertisch.

«Ich hoffe, man sieht sich später …», rief van Ackern ihr hinterher.

Sie zuckte die Achseln.

Da kannst du lang warten, dachte sie. Von mir aus bis zum Sankt-Nimmerleins-Tag. Mit einem verheirateten Kerl fange ich nichts mehr an, das hab ich mir geschworen, so umwerfend er auch sein mag!

Kein Mann, kein Haus. Kein Kind.

Dann soll es eben so bleiben …

Gregor war schuld, dass sie es sich dann doch noch einmal anders überlegt hatte.

«Eine Party? Wie wunderbar!», lautete seine spontane Reaktion. «Natürlich gehen wir da zusammen hin. Ich hab seit Ewigkeiten nicht mehr getanzt …»

Und so waren sie nun im *Sachsenhauser Jazzclub* gelandet. Heiß war es, brechend voll und so verqualmt, dass einem die Augen tränten, aber die ausgelassene Stimmung ließ die Partygäste diese Widrigkeiten schnell vergessen. Die Band nannte sich *The Flying Eagles* und spielte Blues, Dixie und Boogie-Woogie zum Niederknien, und als sie schließlich auch noch Bill Hayleys Hit *Rock Around the Clock* anstimmten, gab es für Silvie und Gregor kein Halten mehr. Er wirbelte sie über die Tanzfläche, bis ihr schwindelig wurde. Irgendwann verlor sie ihn, weil der Schwung zu heftig geworden war, und als sie wieder blindlings nach einer Hand griff, gehörte die Peter van Ackern, den sie im ersten Moment beinahe nicht mehr erkannt hätte. Ohne Brille,

Schlips und Sakko wirkte er jünger und um einiges dynamischer, und er strahlte sie an, als sei sie der Hauptgewinn.

«Phantastisch, oder?», schrie er ihr begeistert zu. «Das nenn ich mal Musik!»

Der nächste Song war ebenso schnell, und Silvie war danach ganz außer Atem, doch *The Flying Eagles* hatten ein Einsehen mit ihrem erschöpften Publikum und spielten im Anschluss eine langsame Nummer.

Peter van Ackern zögerte keinen Moment, Silvie zu sich heranzuziehen. Es fühlte sich aufregend an, ihm auf einmal nah zu sein, und zu ihrer Überraschung gleichzeitig sehr vertraut, als hätten sie schon viele Male so eng miteinander getanzt. Die Größe stimmte, die Art, wie er seine Arme um sie legte, sein muskulöser, männlicher Körper, der ganz anders auf sie wirkte als Wanjas fragile Schlaksigkeit.

Gehalten fühlte sie sich, geborgen, wie nach langer Reise angekommen.

Sie hob den Kopf.

Er hielt die Augen geschlossen, schien nur zu spüren.

Zu genießen.

Viel zu schnell war das Stück vorbei, und sie lösten sich wieder voneinander.

«Etwas zu trinken?», fragte er, und Silvie nickte, bevor er zwischen all den verschwitzten Leibern in Richtung Bar verschwand.

Wie würde der Abend weiter verlaufen?

Jovial und gemessen wie noch tagsüber auf der Messe fand sie ihn jedenfalls ganz und gar nicht mehr. War sie etwa schon wieder dabei, den Schwur zu brechen, den sie sich vor ein paar Stunden selbst gegeben hatte?

Gefährlich, dachte Silvie, sehr gefährlich …

Sie wartete, doch Peter van Ackern kam nicht zurück, und irgendwann verließ sie die Tanzfläche und ging selbst zum Tresen, wo sie auf Gregor traf, der offenbar auch gerade pausierte.

«Dein temperamentvoller Tanzpartner erhielt einen Anruf», sagte er, während er ihr eine Cola bestellte. «Danach ist er wie von Sinnen rausgerannt. Schien etwas sehr Dringliches zu sein.» Er stellte sein Glas ab. «Wollen wir beide dann vielleicht noch mal aufs Parkett?»

°°°

Während der Rückfahrt nach Berlin gelang es Silvie nicht, innerlich ruhig zu werden. Nicht einmal, als sie sich selbst hinter das Steuer setzte, um Gregor abzulösen.

Nach einer kurzen, nahezu schlaflosen Nacht war sie am nächsten Morgen noch einmal auf die Buchmesse gegangen. Offiziell, um mit der Pressefrau, die Böll betreute, das weitere Vorgehen für seinen Auftritt in *Stimmen* abzusprechen – was sie natürlich ebenso telefonisch hätte regeln können. In Wahrheit lugte sie während des kurzen Gesprächs, das wenig Neues brachte, ständig zum Nachbarstand, ob dort nicht vielleicht ein grau melierter Kopf auftauchte. Keine Spur von van Ackern.

Irgendwann nahm sie ihren Mut zusammen und ging hinüber.

«Thalheim vom RIAS Berlin», sagte sie zu dem jungen Mädchen hinter dem provisorischen Tresen. «Ist Herr van Ackern heute gar nicht da?»

«Der musste wegen einer dringenden Familienangelegenheit zurück nach Berlin», erhielt sie als Antwort. «Aber ich soll Ihnen das hier geben.»

Eine Papiertüte mit zwei Büchern und ein paar Zeilen auf einer Karte aus Büttenpapier. Silvie zog zuerst den *Kinsey-Report* heraus und als zweites einen Bildband über Capri und den Golf von Neapel.

> *Hoffe, Sie nehmen es mir nicht übel, dass ich ein paar Beziehungen spielen ließ*, stand da in einer großzügigen Handschrift. *Tut mir leid, dass ich mich gestern nicht mehr verabschieden konnte, aber manchmal lässt einem das Leben eben keine andere Wahl. Vielleicht kann meine Lieblingsinsel ein kleines Trostpflaster sein.*
>
> *War sehr schön mit Ihnen, liebe Silvie Thalheim. Und sehr, sehr aufregend. Ihr Peter van Ackern*

«Bist du jetzt verknallt?», fragte Gregor neben ihr, als könne er hören, wie van Ackerns Zeilen in ihrem Kopf rumorten.

«Im Leben nicht», erwiderte sie heftig. «Dazu gehört schon mehr als ein verheirateter Silberschopf mit Kohle und den richtigen Beziehungen. Außerdem muss ich meine eigenen Angelegenheiten regeln. Sobald Wanja zurück in Berlin ist, sage ich ihm, dass es keinen Sinn mehr mit uns hat. Und dann werde ich sicherlich erst einmal eine ganze Weile allein bleiben. Das ist jedenfalls mein Plan.»

«Schade – ihr wart ein so attraktives Paar …»

«Der ist doch viel zu alt für mich. Und viel zu arriviert.»

«Find ich ganz und gar nicht», beharrte Gregor. «Jemand, der so tanzen kann …»

«Und du?», unterbrach sie ihn, weil sie nicht mehr über sich reden wollte. «Kehrst du jetzt Berlin den Rücken und ziehst nach Frankfurt?»

«Im Leben nicht», wiederholte er ihre Antwort. «War spannend zu sehen, was sie alles in Frankfurt aufziehen. Ja, als Architekt hätte man da so einiges zu tun, das steht fest. Aber dafür nach Hessen umziehen? Du und ich, wir sind doch echte Berliner und bleiben unserer geliebten Frontstadt natürlich treu. Außerdem könnte ich Hotte niemals verlassen. Und mit den Susis dieser Welt nehme ich es jetzt auch auf. Wär doch gelacht, oder etwa nicht?»

«Find ick dufte», entgegnete Silvie. «Dann hat sich unser Ausflug in den Westen der Republik ja wenigstens für einen gelohnt.»

Den letzten Rest der Strecke übernahm wieder Gregor das Steuer, worüber Silvie froh war, weil sie auf einmal hundemüde war. Sie verabschiedete sich von ihm, als er sie in der Bleibtreustraße ablieferte, stieg hinauf in den zweiten Stock und schloss leise auf, um Flori nicht zu wecken, für die der Tag im KaDeWe schon früh beginnen würde.

Als sie ihr Zimmer betrat, sah sie die schlafende Gestalt auf ihrem Bett.

«Flori?», sagte sie verdutzt. «Was machst du denn hier? Ist etwas passiert?»

Verstrubbelt hob sie den Kopf. «Ich hab auf dich gewartet. Da muss ich irgendwann eingeschlafen sein.»

«Ist etwas mit Papa?», fragte Silvie mit enger Kehle.

«Papa? Nein. Der komische Brahm war vorhin da und

wollte dich unbedingt sprechen. Es geht um Oskar. Und jetzt käme es einzig und allein auf dich an. Mehr wollte er nicht verraten. Weißt du, was er gemeint haben könnte?»

«Keine Ahnung», sagte Silvie. «Hat er dich bedroht?»

Flori schüttelte den Kopf. «Aber unheimlich ist er mir.» Sie griff nach Silvies Arm. «Und ehrlich gesagt, macht er mir sogar Angst.»

«Dazu bekommt er nie wieder Gelegenheit», erwiderte Silvie, obwohl ihr selbst mulmig zumute war. «Dafür werde ich sorgen.»

Das Läuten des Telefons klang überlaut. Silvie hob ab – und ihr Herz schlug schneller. Aber am anderen Ende war kein sonorer Bassbariton, wie sie einen winzigen unvernünftigen Moment lang gehofft hatte, sondern Werner Brahm.

«Gut, dass Sie wieder in Berlin sind! Ich hab da nämlich etwas, das Sie interessieren dürfte, Fräulein Thalheim», sagte er mit schleimiger Freundlichkeit.

«Und das müssen Sie mir unbedingt jetzt mitteilen?», erwiderte sie gereizt. «Mitternacht ist wahrlich nicht die passende Zeit dafür!»

Brahm lachte leise. «Leider doch», sagte er. «Termingeschäfte dürften Ihnen als Unternehmertochter ja nicht ganz unvertraut sein. Ich erwarte Sie also morgen um acht Uhr in meinem Modehaus. Die Adresse kennen Sie. Ich freue mich immer, wenn Sie sich bei uns in Wilmersdorf unverbindlich umsehen.» Er zögerte. «Und kommen Sie bitte allein. In unser aller Interesse …»

∘ ∘ ∘

Hätte sie Rike doch Bescheid geben sollen?

Es lag ihr schon auf der Zunge, als sie in aller Früh telefonierten, aber nachdem die Schwester ihr zwischen Lachen und Weinen eröffnet hatte, dass sie zum zweiten Mal schwanger war, behielt Silvie das anstehende Treffen mit Brahm lieber für sich.

«Und ist dir wieder so übel?», fragte sie, nachdem sie gratuliert hatte.

«Bis jetzt nicht», erwiderte Rike. «Trotzdem rechne ich, wie du dir vorstellen kannst, mit dem Allerschlimmsten. Keine Ahnung, wie ich das alles hinbekommen soll! Aber meine beiden Schätze sind vor Begeisterung ganz aus dem Häuschen. Und Antonia wird hoffentlich auch endlich zufrieden sein, egal, was es wird. Inzwischen hat sie gelernt, dass auch Enkelinnen die reine Freude sein können.»

Im Hintergrund hörte sie Sandro lachen und Anna giggeln, und plötzlich fühlte Silvie sich sehr allein. Bald würden sie zu viert sein, eine glückliche kleine Familie, während ihr Leben immer einsamer zu werden drohte.

Sie stieg auf die Vespa und fuhr im kühlen Herbstmorgen die kurze Strecke über Olivaer Platz und Preußenpark, bis sie am Hohenzollerndamm angelangt war.

Brahms Laden war noch zu. Sie klopfte an die Glastür, er sperrte auf und gleich hinter ihr wieder zu.

«Pünktlich wie die Maurer», sagte er statt einer Begrüßung. «Dann folgen Sie mir mal in mein Allerheiligstes, verehrtes Fräulein Thalheim. Ich darf vorausgehen …»

Silvie folgt ihm beklommen.

«Wenn ich nun endlich erfahren könnte, worum es eigentlich geht», sagte sie säuerlich.

«Gemach, gemach! Sie werden gleich klar sehen …»

Im ersten Stockwerk öffnete er eine Tür, neben den Umkleidekabinen gelegen.

«Mein Büro», sagte er. «Die Schaltzentrale sozusagen, in der die Hebel bedient werden. Nehmen Sie doch bitte Platz.» Er deutete auf seinen einzigen Sessel, ein grünes Kunststoffungeheuer, in dem sie fast versank. Brahm selbst klemmte sich hinter den zerschrammten Schreibtisch. Der Raum war düster, spartanisch möbliert und alles andere als gemütlich. Silvies abschätzige Blicke waren ihm offenbar nicht entgangen.

«Gehe doch davon aus, dass Sie die Fabel von der Grille und der Ameise kennen?», sagte er.

Sie nickte.

«Nun, die gesamte Familie Thalheim erinnert mich seit jeher an Grillen. Sehen alle gut aus, machen viel Gedöns und wähnen sich unglaublich überlegen der bescheidenen Ameise Brahm gegenüber. Doch was ist, wenn der bittere Winter kommt? Wo sind dann die Vorräte zum Überleben?» Er sprang auf und hieb mit der Faust so fest auf den Tisch, dass sie zusammenfuhr. «Wachen Sie auf, Fräulein Thalheim! Denn der bittere Winter ist längst da, und Sie stecken mittendrin!»

Hatte er den Verstand verloren?

Silvie ballte die Hände zu Fäusten. Sie würde ihm nicht zeigen, dass sie Angst hatte. Diesen Triumph sollte er nicht haben.

«Ich bin nicht gekommen, um mir irgendein meteorologisches Geschwafel anzuhören», sagte sie kühl. «Wenn Sie nichts anderes zu sagen haben, gehe ich jetzt wieder.»

«Sie gehen erst, wenn ich es sage!» Er stand vor ihr, dürr und bleich, offenbar zum Äußersten entschlossen. «Und wenn Sie sich das hier angesehen haben.» Brahm ließ einen dünnen Stapel Papier in ihren Schoß fallen.

«Was ist das?», fragte Silvie.

«Was ist das?», äffte er sie im Falsett nach. «Das sind Schuldscheine, verehrtes Fräulein Thalheim, alle unterschrieben von Ihrem Zwillingsbruder Oskar – eigenhändig! Sie wissen doch sicherlich, wie gern er pokert, oder?»

«Sie lügen!», blaffte Silvie ihn an. «Oskar hätte niemals mit Ihnen gespielt! Nicht nachdem Sie ihn mit dem Versandhandel derart über den Tisch gezogen haben …»

«Achtung, Achtung!» Er kam ihr so nah, dass sie seinen säuerlichen Atem riechen musste. «Wenn jemand nichts vom Geschäft versteht, ist das nicht mein Problem. Und wer sagt denn, dass ich sein Partner am Kartentisch war?»

«Sie haben Oskars Schuldscheine gekauft?» Silvie hatte Oskars steile Handschrift längst identifiziert.

Idiot, dachte sie. Verdammter, zutiefst verzweifelter Idiot, was hast du da nur getan?

«Kluges Mädchen», grinste Brahm. «Ja, das habe ich in der Tat. Jetzt gehören Sie alle mir. Und haben Sie auch auf das Fälligkeitsdatum geachtet?»

«3. Oktober. Aber das ist ja schon in drei Tagen», krächzte Silvie. «Wie soll mein Bruder Ihnen denn bis dahin zwanzigtausend Mark bezahlen? Er hat doch gar nichts mehr. Und die Banken werden ihm auch nichts mehr leihen …»

«Was alles nicht mein Problem ist!» Brahm lächelte zufrieden. «Außerdem könnte die Familie Thalheim doch spielend Hypotheken auf diversen Immobilienbesitz aufnehmen. Oder lieber gleich etwas davon veräußern? Oder der Rest der Sippe springt ein? Meines Wissens entstammt Alessandro Lombardi einem Geschlecht wohlhabender Mailänder Tuchhändler, sonst hätte Rike ihn wahrscheinlich nie geehelicht. Unsereins war ja nicht gut genug für sie …» Er fuhr sich über die Glatze. «Wissen Sie, liebe Silvie, mir ist eigentlich schnurzegal, woher mein Geld kommt – Hauptsache, es kommt!»

«Die Lombardis lassen wir aus der ganzen Angelegenheit mal schön raus.» Silvie hatte sich aus dem Sessel hochgerappelt. «Und wenn ich Ihnen so zuhöre, drängt sich mir irgendwie der Verdacht auf, es geht Ihnen eigentlich gar nicht wirklich um Geld.»

«Worum dann?», fragte er lauernd.

«Um eine Art Feldzug gegen die Thalheims. Gegen Rike, weil Sie bei ihr abgeblitzt sind, und gegen unseren Vater, weil er nicht länger Ihr Geschäftspartner sein wollte. Mit Oskar haben Sie sich an das schwächste Glied der Familie herangewanzt, einen jungen Mann, der in russischer Kriegsgefangenschaft fast verreckt wäre, haben ihm tolle Erfolge und Gewinne vorgegaukelt, damit er leichtsinnig wird und Ihnen Geld vorstreckt, das ihm nicht gehört – ja, schämen Sie sich denn eigentlich gar nicht?»

Sein Gesicht war maskenhaft starr. «Sie haben jemand Wichtigen in Ihrer interessanten Aufzählung vergessen», sagte Brahm. «Sich selbst.»

«Was hätte ich mit Ihnen zu schaffen?» Unwillkürlich wich Silvie zurück, aber hinter ihr war nur noch die Wand.

«Och», sagte Brahm. «Da würde mir schon das eine oder andere einfallen. Es heißt ja, Sie seien nicht allzu wählerisch, was Männer anbelangt. Wenn Sie sich mir gegenüber erkenntlich zeigen, könnte ich durchaus eine gewisse Kulanz an den Tag legen …»

In ihrer Phantasie holte Silvie aus und schlug ihm hart ins Gesicht, bis die Lippe platzte und Blut aus seiner Nase rann.

«Nicht einmal wenn Himmel und Erde die Plätze tauschen würden», erwiderte sie stattdessen frostig, ohne auch nur einen Finger zu rühren. «Und jetzt lassen Sie mich bitte sofort gehen.»

Widerwillig rückte er zur Seite. «Das werden Sie noch bereuen», zischte er. «Drei Tage – und keine einzige Stunde länger. Danach ist alles beim Gericht.»

Silvie war schon halb aus der Tür, da drehte sie sich noch einmal um. «Sie sind nichts als ein Wurm, Brahm», sagte sie. «Ein lausiger, durch und durch widerlicher Wurm. Kriechen Sie doch zurück zu Ihren Lumpen. Und merken Sie sich eins: Uns Thalheims können Sie nicht zu Fall bringen – nicht Sie!»

Sie zitterte so stark, dass sie es kaum bis zur nächsten Telefonzelle schaffte. Dort stellte sie die Vespa ab und rief Markus Weisgerber an.

«Ich muss dich sprechen, Markus», sagte sie. «Dringend. Du bist vielleicht unsere letzte Rettung. Wann kann ich dich sehen?»

«Du klingst ja schrecklich, Silvie», sagte er besorgt. «Doch nicht etwa wieder ein Unfall?»

«So etwas in der Art. Allerdings eher finanzieller Natur.»

«Das beruhigt mich. Alles, was man mit Geld wieder richten kann, ist halb so schlimm. In einer Stunde bei mir in der Firma. Geht das?»

Atlantis Film, sein neues Produktionsbüro, lag in der Charlottenburger Hardenbergstraße in einem Altbau, fußläufig zu den großen Ku'damm-Kinos, wie er voller Stolz erwähnte. Hell, großzügig, edel ausgestattet – was für ein Gegensatz zu Brahms mieser Bude!

«Ich konnte Brahm noch nie leiden», sagte Markus, nachdem Silvie ihren atemlosen Bericht beendet hatte. «Schon damals nicht, als Fritz und ich in den dreißiger Jahren erstmals mit ihm in Kontakt kamen. Für mich war er immer eine Art Kellerassel, aber dein Vater hielt große Stücke auf ihn.»

«Und jetzt hält er Oskar in seinen Klauen», sagte Silvie. «Ach, Markus, was soll ich nur mit meinem Zwillingsbruder machen? Wenn ich mit dieser neuerlichen Geschichte zu Rike und Papa gehe, werden sie ihn teeren und federn, das steht fest. Dann kommt er niemals wieder auf die Beine.»

«Weiß Oskar, dass du hier bei mir bist?»

Sie schüttelte den Kopf.

«Dann müssen wir noch über die Summe sprechen», sagte Markus. «Wie viel schuldet er Brahm?»

«Fünfzehntausend Mark.» Sie räusperte sich. «Eigentlich sind es sogar zwanzigtausend. Aber fünftausend habe ich auf der Bank. Die steuere ich gerne bei.»

«So sehr liebst du ihn?» Markus klang beeindruckt.

«Oskar ist ein Teil von mir – und beileibe nicht der schlechteste. Auch wenn er gerade am Boden liegt. Er würde das Gleiche für mich tun, wenn er könnte. Das weiß ich.»

«Vor allem braucht er dringend einen guten Therapeuten», sagte Markus. «Sonst lässt das nächste Dilemma nicht lange auf sich warten. In den USA wäre das kein Problem. Aber hier in Berlin …»

«Den werden wir schon auftreiben», sagte Silvie. «Was ist mit dem Geld? Brahm hätte nur mit sich reden lassen, wenn ich mit ihm in die Kiste steige …»

«Das hast du doch hoffentlich nicht auch nur in Erwägung gezogen?», sagte Markus entsetzt.

«Natürlich nicht. Da würde ich ja noch lieber mit dem Leibhaftigen Polka tanzen», erwiderte Silvie. «Was schaust du jetzt auf einmal so ernst drein?»

«Weil ich gerade grüble, welchen Topf ich anzapfen könnte», erwiderte er. «Meinst du, Oskar taugt als Produktionsassistent? Vielleicht wäre es das Beste, wenn er dem Familienunternehmen Thalheim eine ganze Zeit den Rücken zukehren würde …»

«Das würdest du ihm anbieten?» Silvie sprang auf und umarmte Markus spontan. «Er wird es lieben, das weiß ich. Und ja, ich glaube, das liegt ihm sehr. Alles, was mit Film zu tun hat, fasziniert ihn. Kommt für ihn gleich nach schnellen Autos. Kleider haben Oskar eigentlich schon als Kind gelangweilt. Aber Papa wollte ja unbedingt seinen Sohn als Nachfolger im Modehaus.»

«Ja, das mit Fritz wird natürlich das nächste Problem.» Markus rieb nachdenklich sein Kinn. «Und kein kleines, so viel steht fest.»

«Darum kümmere ich mich», sagte Silvie. «Ich hab da schon eine Idee. Du willst Oskar wirklich aus seiner Notlage helfen und leihst ihm so viel Geld?» In ihren Augen schimmerten Tränen. «Das werde ich dir nie vergessen!»

«Er muss die Summe bei mir abarbeiten, falls er mit

diesem Deal einverstanden ist, und das wird dauern», korrigierte Markus. «Die Heilsarmee bin ich nämlich nicht, selbst wenn man mir eine gewisse Schwäche für die Thalheims wohl nicht absprechen kann. Ich könnte mir bestimmte Prämien ausdenken, falls es zwischen Oskar und mir gut funktioniert, das würde die Rückzahlung schneller und einfacher machen.»

«Danke», sagte Silvie leise. «Nochmals danke, danke, danke!»

«Ich tue es vor allem für eure Mutter», sagte Markus ebenso leise. «Alma hat mir sehr viel bedeutet. Ich denke, das weißt du.»

Sie nickte und musste wieder an die Interviews aus dem *Kinsey-Report* denken – und an sich. Die Thalheim-Frauen und ihre Geheimnisse. Damals hatte sie nicht gewusst, ob das Kind, das sie erwartete, von Ben war oder von Ralf. Vielleicht war es ihrer Mutter in jungen Jahren ähnlich ergangen. Alma war tot und konnte keine Antwort mehr geben. Rike, die so gern Dinge verschwieg, die nicht in ihr Konzept passten, ließ sie lieber außen vor. Aber Markus saß ihr gegenüber, höchst lebendig …

Sie musste es einfach wissen!

«Eines noch, Markus, und verzeih bitte, wenn ich dich ganz direkt frage, aber es rumort schon seit vielen Jahren in mir. Bist du eigentlich Rikes Vater? Es gibt so vieles an ihr, das mich immer wieder an dich erinnert …»

Er starrte sie schweigend an.

«Jetzt schau doch nicht gar so perplex. Ich habe Mamas Tagebuch schließlich auch gelesen!»

«Das, liebe Silvie, könnte allein Alma uns allen beantworten», erwiderte er nach einer Weile. «Ich hätte es mir so sehr gewünscht, das sage ich dir hier und heute unverbrämt. Aber wie die Dinge nun einmal liegen, bleibt dieses Geheimnis wohl für immer bei ihr.» Sein Blick wurde noch intensiver. «Und weil es nun einmal so ist und das Schicksal Lilo und mir Söhne und Töchter leider nicht vergönnt hat, betrachte ich euch alle in gewisser Weise als meine Kinder. Ich hoffe, du hast nichts dagegen?»

Silvies Lächeln kam von Herzen.

«Nicht das Geringste, lieber Zweitpapa», sagte sie. «Ganz im Gegenteil!»

8

Berlin, Winter 1954/1955

Miris Anblick in dem nachtblauen Kleid mit Wasserfallkragen und winzigen eingestickten Goldsternen, die bei jeder Bewegung funkelten, verzückte die kleine Hochzeitsschar, die sich zur standesamtlichen Trauung versammelt hatte. Daher glich Schanis «Ja» im 1943 schwer zerbombten, inzwischen wieder neuaufgebauten Rathaus von Charlottenburg einem Hauch, so hingerissen war er. Diesem bürgerlichen Akt würde sich vier Tage später eine jüdische Hochzeitsfeier anschließen, traditionell auf einen Dienstag anberaumt, weil der als günstigster Tag zum Heiraten galt. Abgesehen von Silvie begleiteten nur die engsten Vertrauten das Brautpaar zum Standesamt: Schanis aus Wien angereister älterer Bruder Ferdinand und dessen attraktive Frau Thea, Friedrich und Claire sowie Rike, Sandro, Oskar und Flori. Ferdi, wie alle Ferdinand nannten, und Rike fungierten als Trauzeugen; die zweieinhalbjährige Anna war das Blumenkind und wirkte niedlich in ihrem weinroten Samtmäntelchen mit dem weißen Spitzenkragen. Allerdings weigerte sie sich nach der kurzen Zeremonie, auch nur eine einzige der zarten Blüten aus ihrem Körbchen zu streuen. Nicht einmal Mama Rike, inzwischen mit beachtlichem Achtmonatsbauch, vermochte sie dazu zu bewegen. Die Kleine zog eine weinerliche Schnute und verlegte sich aufs Italienische, wie meistens, wenn etwas nicht nach ihrem Willen lief.

«È mio», begann sie zu schluchzen und presste den Korb an ihre Brust. *«Tutto per Anna!»*

«Das haben wir jetzt von ihrem engen Kontakt mit der *nonna*», seufzte Rike. «Dabei reicht doch eigentlich eine Diva pro Familie, *davvero*?»

Friedrich hatte beim Kuss der Brautleute feuchte Augen bekommen und umarmte Miri anschließend sichtlich gerührt.

«Deine Mutter wäre heute sehr glücklich», sagte er mit brüchiger Stimme. «Wenn Ruth nur hier sein könnte …» Er brach ab und wandte sich an den frischgebackenen Ehemann. «Und wenn du sie nicht auf Händen trägst, lieber Schani, dann bekommst du es mit mir zu tun, das garantiere ich dir! Miriam hat alles Glück dieser Welt verdient.»

«Was sie auch bekommen wird, soweit es in meinen Händen liegt – versprochen!», entgegnete Schani bewegt.

Eine Szene, die lange in Silvie nachschwang, die direkt daneben gestanden und jedes Wort mitbekommen hatte. Selten genug, dass sie ihren Vater so gefühlvoll erlebte, der sich für gewöhnlich hinter Konventionen versteckte. Miri allerdings hatte seit jeher eine Sonderstellung bei ihm gehabt und durfte Dinge zu ihm sagen, die er keinem anderen zugestanden hätte. Nachdem Oskar aufgrund des Bankendebakels seinen Posten als Geschäftsführer niedergelegt hatte, war Friedrich Thalheim sofort damit einverstanden gewesen, Miri zu befördern. Als Chefin des Modeateliers wirkte sie nun seit ein paar Monaten äußerst erfolgreich an

Sandros Seite, der für den Einkauf verantwortlich war. Eine kluge Entscheidung, da die nahende Geburt und die anschließende Stillzeit Rike eine ganze Weile stark beanspruchen würden.

Doch war das wirklich der einzige Grund?

Oder plagte Friedrich Thalheim ein schlechtes Gewissen?

Nicht zum ersten Mal sinnierte Silvie über Ruth Sternberg, für die ihr Vater sich während der Naziherrschaft so vehement eingesetzt hatte: eine schöne, sehr zurückhaltende Frau mit einem absoluten Auge für Formen und Schnitte. Sie war niemals verheiratet gewesen und hatte sich noch am Tag ihrer Deportation strikt geweigert, der Tochter den Namen ihres Erzeugers preiszugeben, obwohl Miri sie dazu gedrängt hatte.

Oder kannte Miri diesen Namen längst und behielt ihn lieber für sich, um bei den Thalheims keinen Unfrieden zu stiften?

Miri hatte ein großes Herz und war gleichzeitig ein Mensch voller Geheimnisse. Früher war sie am engsten mit Rike verbunden gewesen, doch seitdem sie ernüchtert aus Israel zurückgekehrt war, war Silvie bei ihr weit nach vorn gerückt. Auf gewisse Weise waren sie beide am unsteten Ben Green gescheitert, der sich nicht festlegen wollte oder konnte, und seit dieser bitteren Erkenntnis keine Konkurrentinnen mehr, sondern zu engen Freundinnen geworden. Und vielleicht sogar mehr als das: Miri war für Silvie mittlerweile wie eine dritte Schwester, so nah fühlte sie sich ihr. Und trotzdem hätte Silvie nur zu gern gewusst, ob dieses starke Gefühl auch biologische Ursachen hatte …

Unwillkürlich bekam sie Gänsehaut.

Erst Markus Weisgerber und Rike. Und jetzt auch noch Papa und Miri? Halluzinierte sie und sah überall nur noch potenzielle Väter?

Doch wenn eine in der Familie Thalheim das Gras wachsen hörte, dann war es seit jeher sie gewesen, allein schon deshalb, weil sie nicht vorschnell urteilte oder verdammte, sondern sich seit Kindertagen so gut wie *alles* vorstellen konnte.

So fühlte sie.

So dachte sie.

Und genauso handelte sie auch.

Vier Tage später schien Miri in ihrem Brautkleid von innen zu leuchten. Die Lombardis hatten ihre besten Kontakte nach Belgien spielen lassen, um an diese außergewöhnliche Ware zu kommen, die jungen Schneiderinnen aus der Modellabteilung im *Modekaufhaus Thalheim* alles dafür getan, um ihre geliebte Chefin mit einem raffinierten Modell ins allerbeste Licht zu setzen. Das Oberteil war aus zarter cremefarbener Spitze als langärmeliges Mieder gearbeitet, das hie und da ein wenig Haut durchblitzen ließ; der mehrlagige Chiffonrock, nicht bauschig, sondern schmal, bis über die Knöchel an ihr herabfließend, machte die Braut deutlich größer. Miris widerspenstige Mähne bändigte ein tief angesetzter Knoten; das Blütendiadem, der ebenfalls mit Spitze besetzte schulterlange Schleier und ein paar vorwitzige schwarze Locken, die sich aus der Frisur gelöst hatten, verliehen der Zweiunddreißigjährigen eine weiche, ausgesprochen jugendliche Ausstrahlung.

Miri zitterte vor Nervosität.

«Wenn das mal alles gutgeht», sagte sie mit dünner Stimme inzwischen bestimmt schon zum achten Mal. «Wir versuchen hier etwas, das es eigentlich gar nicht geben dürfte …»

Das bezog sich auf die jüdische Hochzeitsfeier, die in einigem von der Tradition abwich, auch was die ungewöhnliche Ausstattung betraf. Flori und ein paar ihrer begabtesten jungen Kollegen aus dem KaDeWe hatten den schlichten Gastraum in enormer Fleißarbeit mit kunstvollen Deko-Elementen aus Pappe und Pseudo-Stuck in eine toskanische Villa verwandelt. Säulen und Pilaster, in weichen Sand- und Terrakottatönen gehalten, verbreiteten italienische Atmosphäre und ließen dem nasskalten Schmuddelwetter draußen vor der Tür keine Chance. Für genügend Weite sorgte Floris perfekte Illusionsmalerei, die sie im Hintergrund des Lokals aufgepinselt hatte, eine hügelige Landschaft mit Pinien und Zypressen, überspannt von einem emailleblauen, wolkenlosen Himmel. Miri war noch nie in Italien gewesen, während Schani das schöne Land jenseits der Alpen gut kannte; mit diesem Motiv wollte er sie schon einmal auf die Hochzeitsreise einstimmen, die die beiden dort hinführen würde.

Zudem war der gesamte *Schanigarten* verschwenderisch mit weiß-grünen Kalla-Gebinden geschmückt, kein ganz einfaches Unterfangen mitten in einem kalten Berliner Februar. Der Bräutigam hatte die Handwerker mit guten Worten und Zusatzboni angetrieben, den gläsernen Anbau bereits einen Monat vor der zugesagten Frist fertigzustellen, weil er mit der Hochzeit einfach nicht mehr warten wollte. Zusätzlich standen für den besonderen Anlass ein gutes

Dutzend Orangen- und Zitronenbäumchen im Wintergarten, die so betörend nach Süden und Sommer dufteten, dass jeder, der den Raum betrat, schnuppernd innehielt.

Hier war auch die weiße *Chuppa* aufgebaut, der Traubaldachin, der das neue gemeinsame Dach symbolisierte. Eigentlich sollte eine jüdische Hochzeit, wenn schon nicht in der Synagoge, so doch zumindest unter freiem Himmel stattfinden, damit der Segen Gottes das frischgebackene Ehepaar direkt berühren konnte. Dazu jedoch hatten Miri und Schani sich bei Temperaturen um den Gefrierpunkt nicht durchringen können. Auch trug der Bräutigam keinen weißen Kittel, wie es die jüdische Tradition vorschrieb, sondern zu seinem dunkelblauen Anzug lediglich eine weiße Kippa. Die Brautleute hatten jedoch seit dem Morgen gefastet und zudem gestern Abend getrennt voneinander die *Mikwe*, das rituelle Reinigungsbad, besucht. Voraussetzung für die Zeremonie war der Übertritt des Bräutigams zum Judentum gewesen, dem ein monatelanger Unterricht in der mosaischen Religion vorangegangen war.

«Wenn ich von der Herkunft her ohnehin so etwas wie ein Achteljude bin, kann ich ebenso gut auch ein ganzer werden», hatte Schani seinen für manchen doch recht überraschenden Entschluss kommentiert. «Miri musste so vieles in ihrem Leben entbehren. Jetzt soll sie endlich für immer wissen, wohin sie gehört.»

Oskar hatte er anvertraut, dass er sich der vorgeschriebenen Beschneidung nicht mehr unterziehen musste.

«Und so ganz koscher kochen werden wir künftig natürlich auch nicht, sonst bleiben uns die Gäste weg. Aber das mit dem fruchtbar sein und sich mehren, was eine jüdische

Ehe beinhaltet, gefällt mir sehr – und was mich betrifft, so können wir jederzeit damit anfangen.»

Sein flapsiger Tonfall täuschte nicht darüber hinweg, wie aufgeregt auch er war. Salo Rubin, der silberbärtige Rabbi aus L. A., den Markus für die Zeremonie hatte gewinnen können, schien das zu spüren.

«Come on, Schani, everything is fine», sagte er, um ihm die Nervosität zu nehmen, und seine weiche Aussprache der Konsonanten verriet, dass er einst in Frankfurt am Main das Licht der Welt erblickt hatte. «Die Probleme beginnen normalerweise doch erst *in* der Ehe.»

Schanis angespannter Gesichtsausdruck verschwand erst, nachdem der Rabbi den Segen über einen Becher Wein gesprochen hatte, aus dem die beiden nacheinander tranken, und Miri seinen breiten goldenen Ring auf dem Zeigefinger trug, den er ihr mit den Worten übergestreift hatte: «Mit diesem Ring seist du mir angelobt entsprechend dem Gesetz von Moses und Israel.»

Den Ehevertrag, der die Pflichten des Gatten gegenüber seiner Frau festlegte, hielten sie im beiderseitigen Einverständnis kurz.

«Von allem, was ich besitze, gehört dir die Hälfte, mein über alles geliebtes Herz», sagte Schani. «Und da ich dich anbeten und ehren werde bis zum Ende meiner Tage, so wahr ich hier stehe, müssen wir über Scheidungsvereinbarungen nicht lange nachdenken.»

Anstelle der sieben jüdischen Männer, die eigentlich unterschreiben müssten, unterzeichneten Markus und Lilo Weisgerber als Zeugen das Dokument, Letztere so gerührt, dass ihr Tränen über die Wangen liefen.

Als Rabbi Rubin anschließend die traditionellen sieben Segenssprüche rezitierte, drang von der provisorischen Bühne, auf der die Band mit ihren Instrumenten stand, starkes Hüsteln. Paul, in einem violetten Glitzersacco, das direkt aus Las Vegas stammte, hatte seinen Hundeblick aufgesetzt und behielt ihn bei, als Schani ein Weinglas zerbrach und die Hochzeitsgäste *«Massel tov»* riefen, um dem frischgebackenen Ehepaar alles Glück der Welt zu wünschen.

«Mich hast du ja leider verschmäht», schmollte Paul, während er Miri beim Gratulieren eine Spur zu stürmisch umarmte. «Dabei war ich doch jahrelang so was von verschossen in dich! Weißt du eigentlich, was du mir damit angetan hast? Mein Herz hast du grausam gebrochen, Miri! Da liegt es nun vor dir in unzähligen Splittern und wird niemals wieder ganz.»

«Doch, das wird es, da bin ich ganz sicher! Du bist und bleibst mein liebes Brüderchen», erwiderte sie gut gelaunt. «Und deine Fee mit dem Zauberstab, die alles wieder heilt, lässt garantiert nicht mehr lange auf sich warten. Inzwischen machst du es dir in meiner früheren Wohnung gemütlich. Denn ich ...» ihr warmer Blick flog nach links, «... habe ja ab heute mit meinem Schani in der Rüdesheimer Straße ein neues Zuhause.»

«Dit steht allet noch in die Sterne», murmelte Paul. «Aber weil ick noch immer so doll auf dir steh, ham wir Jungs was janz Spezielles eenstudiert – nur für dich, Miri.»

Klezmermusik!

Silvie hatte sie zum ersten Mal im RIAS gehört und liebte sie, weil sich in jedem Stück Freude und Schmerz auf geniale Weise verbanden. Paul spielte seinen Part auf der Klarinette virtuos, er musste wochenlang geübt haben, um das so perfekt hinzubekommen, und auch die anderen Bandmitglieder, in ihren abenteuerlichen Saccos bunt wie Kolibris, gaben sich an Akkordeon, Geige und Rahmentrommel die allergrößte Mühe. Bald schon wurden die Melodien ausgelassener, viele Füße begannen zu wippen, und so einige der Gäste schielten bereits zur Tanzfläche.

Wie festlich sie alle aussahen!

Die Herren in dunklen Anzügen; die Damen in farbenfrohen Cocktailkleidern, viele davon aus dem *Modekaufhaus Thalheim*, in dem seit neuestem auch Rut Brandt Kundin war, die Gattin des Präsidenten des Berliner Abgeordnetenhauses. Unwillkürlich musste Silvie an die bittere Not der ersten Nachkriegsjahre denken, wo Stoffe rar und sie alle dankbar für Brahms Lumpenkollektion gewesen waren. Sie würden dem früheren Geschäftspartner der Thalheims, der inzwischen zum Feind geworden war, schon bald vor Gericht wiederbegegnen. Die West-Berliner Staatsanwaltschaft hatte gegen ihn ein Verfahren wegen böswilligen Bankrotts und Konkursverschleppung eröffnet. Die Chancen, dass ihn eine empfindliche Strafe erwartete, standen also nicht schlecht – ganz abgesehen von der Zivilklage, die die Familie Thalheim hinterhergeschoben hatte. Natürlich mussten sie weiterhin Oskars leichtsinnig aufgenommene Bankkredite bedienen, und das noch eine ganze Weile, die Vorstellung jedoch, dass Brahm nicht ungeschoren davonkommen würde, machte es trotzdem irgendwie leichter.

Und Oskar?

Der war kaum wiederzuerkennen, seitdem er für Weisgerbers *Atlantis Filmproduktion* arbeitete. Hatte er sich wirklich in Therapie begeben, was Silvie ihm so dringend ans Herz gelegt hatte? Falls ja, dann tat es ihm ausgesprochen gut. So heiter und entspannt, ja fast ausgelassen, hatte sie ihren Zwillingsbruder seit Jahren nicht mehr erlebt. Er ging vollkommen auf in seiner Tätigkeit als Produktionsassistent, war pünktlich, zuverlässig, geradezu übereifrig, und es schien ihm nicht einmal etwas auszumachen, dass aktuell wieder ein seichter Heimatstreifen nach bewährtem Strickmuster gedreht wurde.

«Da kommt Kohle für die Firma rein, und das ist prima so. Denn auf uns warten noch so viele gute Stoffe», hatte er ihr voller Zuversicht erst neulich erklärt. «Markus hat bereits das eine oder andere Auge auf spannende Theaterprojekte im Osten der Stadt geworfen. Mensch, Silvie, Kunst darf doch keine Grenzen kennen, oder? Und ich kann dabei mithelfen, dass daraus eines Tages ein Film wird.»

Er hörte sich also rundum glücklich an; ihr Vater jedoch hatte an dieser Entscheidung schwer zu kauen. Sein einziger Sohn und Juniorchef nicht mehr im *Modekaufhaus Thalheim* – und dann auch noch ausgerechnet bei Markus Weisgerber in Lohn und Brot! Das Verhältnis zwischen den beiden einstigen Teilhabern war noch immer leicht angespannt. In Friedrichs Augen war die ganze Filmbranche ein Sammelbecken eher zwielichtiger Charaktere – natürlich abgesehen von den weiblichen Stars, die bei ihm einkauften. Andererseits musste er anerkennen, dass Markus das Geschäft offenbar verstand, in das er während seines Exils in den USA hineingewachsen war. Trotzdem gab es heftige Auseinandersetzungen zwischen Vater und Sohn, die schließlich in einen Kompromiss mündeten: Nach fünf Jahren sollte Oskar auf seinen früheren Posten zurückkehren, eine Zeit der Läuterung und Bewährung, wie Friedrich es formulierte, der nach wie vor nichts von Oskars Spielschulden wusste.

Ab und an überfiel Silvie ein Anflug von schlechtem Gewissen, weil sie ihrem Vater diese weitere Entgleisung vorenthalten hatten. Dann jedoch betete sie sich vor, dass dies die beste aller denkbaren Lösungen war, und wenn sie wie heute in Oskars leuchtende Augen schaute, war sie vollkommen davon überzeugt. Wie männlich und attraktiv er in seinem grauen Anzug mit dem weißen Oberhemd und der azurblauen Krawatte wirkte!

Warum gab es eigentlich noch keine Frau an seiner Seite?

Oder gab es die längst, und er hatte nur gute Gründe, sie der Familie vorzuenthalten?

Dass ihr eigenes Liebesleben immer wieder ins Stottern geriet, war für Silvie nichts Neues, aber musste das unbedingt auch für ihren Zwillingsbruder gelten?

Wenigstens war die älteste Schwester in besten Händen.

Rike trug heute ein weit geschnittenes rehbraunes Taftkleid mit breiten Falten, das von ihrer enormen Babykugel trotzdem fast gesprengt zu werden drohte. Auch die zweite Schwangerschaft strengte sie an, war aber zum Glück nicht von so heftigen Übelkeitsattacken begleitet wie die erste und daher für sie erträglicher. Sie selbst und das Kind seien bei bester Gesundheit, hatte der Frauenarzt ihr erst kürzlich bestätigt. Dieses Mal war sie nicht mit Zwillingen schwanger, so viel war ebenfalls gewiss. Trotzdem hatte sie große Angst vor der Geburt. Würde diese ohne Komplikationen verlaufen – oder musste sie sich wieder auf Schlimmes einstellen?

Antonia Lombardi zählte fest auf einen Enkel. Rike und Sandro dagegen war jedes Geschlecht willkommen, Hauptsache, das Kleine war gesund.

Claire, die so besorgt um die Schwangere wieselte, als könne es jeden Moment losgehen, steckte in einer wadenlangen silbernen Brokatrobe und gab ganz die fürsorgliche Stiefmama. Allerdings schwand ihre gute Laune rapide, als sie die eigene Tochter zu Gesicht bekam. Ballerinas, eine schwarze Jeans, eine überweite Strickjacke in leuchtendem Grün, zudem auf dem Rücken geknöpft – das war für diesen festlichen Anlass eine ebenso auffallende wie gewagte Kombination.

«Hör bloß auf, mich anzumosern», zischte Flori mit wippendem Pferdeschwanz zurück, als Claire neben sie trat und ihr halblaute Vorhaltungen machte. «Alle, die von Mode etwas verstehen, tragen das jetzt so. Außerdem bin ich in wenigen Wochen volljährig. Dann kann ich ohnehin tun und lassen, was ich will. Also gewöhn dich am besten schon mal daran!»

«Müssen es wirklich diese grässlichen Amihosen sein?», schaltete sich nun auch noch Friedrich ein. «Das sieht ja aus, als kämst du direkt aus der Autowerkstatt oder von der Tankstelle. Schließlich bist du eine Thalheim. Oder hast du das vergessen?»

«Manchmal wünschte ich, ich könnte das, stell dir vor», gab Flori patzig zurück und verzog sich mit ihrer Cola in die hinterste Ecke des Lokals, wo Schani zur Unterhaltung seiner Gäste einen lackschwarzen Kickertisch mit bunten

Fußballerfiguren aufgestellt hatte, der jetzt allerdings verwaist war.

Silvie ging ihr nach, um die Wogen zu glätten. Heute jedoch biss selbst sie bei der rebellischen Jüngsten auf Granit.

«Kümmert euch doch erst einmal um eure eigenen Angelegenheiten», schnappte Flori. «Dieses Spießertum ist ja kaum zu ertragen. Was übrigens auch für dich gilt, Silvie. Früher warst du so stark, so frei, so unbekümmert. Wie habe dich dafür bewundert! Doch seitdem du Wanja vom Hof gejagt hast, bist du ebenso bieder geworden wie all die anderen.»

Es fühlte sich an wie ein Magenschwinger, der Silvie ohne Vorwarnung traf.

Wanja – ach, Wanja!

Im Dezember war er bärtig und abgerissen wie ein Schiffbrüchiger aus Rom nach Berlin zurückgekehrt, in der irrigen Annahme, sie beide würden exakt da als Liebespaar fortfahren, wo sie vor seinen verlängerten Dreharbeiten aufgehört hatten. Wanja reagierte fassungslos, als Silvie ihm unverblümt das Aus ihrer Beziehung eröffnete.

«Das ist jetzt nur ein schlechter Scherz, oder? Du liebst mich doch, und ich, ich liebe dich auch …», stammelte er. «Es gibt keine andere Frau in meinem Leben, Silvie, das schwöre ich!»

«Aber jede Menge heißer Kerle, diesseits und jenseits der Alpen. Mein Cousin hat mir die Augen geöffnet, und ich bin froh darüber. Wenn du unbedingt den Wilderer spielen musst, dann tu es. Lass mich dabei jedoch gefälligst außen vor.»

«Das betrifft dich doch gar nicht …»

«Tut es sehr wohl! Und ich bin mir zur schade dafür, jedes Mal wieder aufs Neue gehäutet zu werden. Hör zu, Wanja, es ist mir todernst: Mit uns beiden ist es aus und vorbei, und kein Gedicht, kein Blumenstrauß, kein Liebesschwur dieser Welt kann mich wieder umstimmen, kapiert?»

«Das hältst du doch nicht durch, Süße. Ich weiß genau, das *kannst* du gar nicht durchhalten, weil wir beide nämlich auf ewig zusammengehören …»

Dieser Blick! Seine sensiblen Hände, die sie augenblicklich wieder auf ihrem Körper spüren wollte. Wanjas verführerische Reibeisenstimme, die ihr noch immer durch und durch ging.

Damals hatte Silvie ihn aus der Wohnung geworfen, um nicht doch wieder schwach zu werden, und sie hatte es tatsächlich geschafft, bis heute standhaft zu bleiben, aber um welchen Preis! Ganz papieren fühlte sich ihr Innerstes seitdem an, kraftlos, wie ausgeblichen. Doch jedes Mal, wenn sie rückfällig zu werden drohte, rief sie sich wieder das Gespräch in Gregors Käfer auf der Fahrt zur Buchmesse in Erinnerung.

Dein Freund Wanja wildert in unseren Gefilden, Silvie. In Parks, in Bars, in Clubs, überall in Berlin, wo wir uns heimlich treffen, da ist er auch. Ganz offensichtlich nicht auf der Suche nach einem festen Gefährten, sondern nach Abenteuern, dem schnellen Kick, und dabei geht er ziemlich hemmungslos vor …

Flori starrte sie erwartungsvoll an, gespannt auf die Wirkung ihrer Provokation.

Was sollte Silvie der Jüngeren antworten?

Sie wollte sich vor ihr keine Blöße geben, aber anlügen wollte sie sie auch nicht.

«Man kann jemanden lieben – und es tut einem trotzdem nicht gut», erwiderte sie schließlich. «Genauso war das zwischen Wanja und mir. Ich konnte mich gerade noch retten, sonst wäre ich wahrscheinlich mit Mann und Maus ersoffen. Möge das Leben dich vor solchen Erfahrungen bewahren, das wünsche ich dir von ganzem Herzen …»

Silvie kehrte zu den anderen zurück, die noch immer das Brautpaar umringten.

Schani strahlte überglücklich. «Tanzen können wir später noch zur Genüge», sagte er und erhob sein Sektglas. «Jetzt ist erst einmal das Buffet eröffnet. Es gibt Heißes und Kaltes, Deftiges und Süßes, eigentlich müsste für jeden etwas dabei sein. Stärkt euch nach Herzenslust und sagt bitte Bescheid, falls ihr Nachschub braucht. Die gesamte Crew des *Schanigartens* steht heute zu eurer Verfügung – mit Ausnahme von meiner Wenigkeit.»

Es war beeindruckend, was er alles aufgefahren hatte, von italienischen Antipasti, gebeiztem Lachs und drei verschiedenen Pastagerichten über Wiener Schnitzel, Rindsrouladen, Kalbsrollbraten und Szegediner Gulasch bis hin zu einer verschwenderischen Kuchen- und Dessertauswahl, die keine Wünsche offenließ: Sachertorte, Windbeutel, Frankfurter Kranz, Malakofftorte, Käsesahne, Zitronensorbet, Panna cotta, Grießflammeri, Semifreddo und vieles, vieles mehr. Die Hochzeitsgäste beluden ihre Teller und ließen sich an ihren Plätzen nieder, nur Silvie war nach dem Zusammenstoß mit Flori der Appetit vergangen. Ein wenig unschlüssig schlenderte sie mit ihrem Sektglas zwischen den mit weißem Damast eingedeckten Tischen hin und her.

Carl, gerade erst eingetroffen, schien es ähnlich zu gehen,

und er reagierte erfreut, als sie ihn aufforderte, sich mit ihr in den Wintergarten zurückzuziehen, sobald er seine Söhne begrüßt hatte.

Gregor war heute ohne Hotte da.

«Immer noch diese Susi?», hatte Silvie ihn gefragt.

«Die Löffel könnte ich ihr langziehen», antwortete ihr Cousin verbittert. «Und ihm dazu. Die beiden spielen heilige Familie. Jetzt ist sogar schon von Verlobung die Rede …»

Falls Carl Hottes Fehlen auffiel, so ließ er es sich nicht anmerken. Überhaupt hatte sie aus seinem Mund noch nie ein Wort über die gleichgeschlechtliche Beziehung seines Ältesten vernommen.

«Bin heute leider nicht allerbester Stimmung», gestand Carl Silvie, nachdem sie die Glastüren geschlossen und sich mit ihren Gläsern auf zwei Stühlen niedergelassen hatten. Blass kam er ihr vor, wirkte abgearbeitet, und er schien auch einiges an Gewicht verloren zu haben, denn sein dunkler Anzug, den er schon seit Jahren besaß, schlotterte an ihm. Die starke Ähnlichkeit mit seinem jüngeren Bruder war noch immer unverkennbar, doch das Leben, das die beiden jeweils führten, hatte auch ihr Aussehen geprägt. Während man Friedrichs dezenter Fülle den neu gewonnen Wohlstand ansah, wirkte Carl dagegen fast asketisch.

«Miri und ihr charmanter Mann hätten wahrlich einen fröhlicheren Gast verdient. Aber das Schicksal von Lydias Stieftöchtern geht mir sehr nah. Einmal konnte ich Amelie und Luisa ja schon aus dem Dessauer Jugendhaus holen. Ob es dieses Mal auch so glimpflich abgeht, steht allerdings in den Sternen.»

«Was ist denn passiert?», fragte Silvie.

«Hast du vom *Eisenberger Kreis* gehört?», lautete seine Gegenfrage.

Sie schüttelte den Kopf.

«Ihr in eurem RIAS solltet euch besser um die wirklich wichtigen Dinge in West und Ost kümmern, anstatt mit billigen US-Slogans den Kalten Krieg weiter anzuheizen», regierte er ungewohnt heftig. «Die *Weiße Rose* ist dir aber schon ein Begriff?»

«Sophie und Hans Scholl, ihre Freunde und ihr mutiger Kampf gegen Hitler», erwiderte Silvie wie aus der Pistole geschossen. «Ich bin, wie du soeben ganz richtig erwähnt hast, Redakteurin beim Rundfunk. Da weiß man so etwas.»

«Korrekt.» Er klang wieder versöhnlicher. «Auf diese Widerstandsgruppe berufen sich nun gewisse Studenten der Uni Jena und einige Thüringer Gymnasiasten aus Eisenberg. Sie fordern freie Meinungsäußerung, Versammmlungs- und Pressefreiheit, prangern Lebensmittelkarten, HO-Wucherpreise und die Ausbeutung der arbeitenden Klasse in der DDR an. FREIHEIT schreiben sie nachts mit Kreide an die Häuserwände. Kannst dir sicherlich vorstellen, wie die Staatsmacht darauf reagiert!»

«Kann ich», erwiderte Silvie. «Mit aller Härte natürlich. Aber was hat das mit Lydias Mädchen zu tun?»

«Nun, Amelie absolviert ihre Zimmermannslehre, von der hört man nichts Auffälliges, doch die ehemals so brave Luisa hat zwei neue Klassenkameraden – just aus diesem Eisenberg. Mit denen ist sie nachts, mit Farbeimer und Pinsel bewaffnet, um die Häuser gezogen, und leider sind sie dabei erwischt worden. Nun sieht es zappenduster für sie aus. Rückfällig geworden, so nennt man das. Wenn mir für die Verteidigung nicht noch irgendetwas Geniales einfällt, wird man Luisa Grothe drastisch abstrafen.»

«Wieder Jugendhaus?»

«Mindestens. Als Tochter eines Pastors gilt Luisa von Haus aus als besonders verdächtig. Da ist der SED-Führung jede Schikane recht, vor allem, weil dieses Frühjahr die Jugendweihe eingeführt wird, die auf Dauer Firmung und Konfirmation ersetzen soll. Für mich persönlich hat Religion nie eine große Rolle gespielt, aber natürlich gibt es nach wie vor viele Menschen im Osten, die sich noch immer stark den christlichen Kirchen verbunden fühlen und sich dagegen wehren wollen.»

«Es könnte also zu einer neuen Protestwelle kommen ...»

«Genau das befürchtet die Staatsführung», erwiderte Carl. «Was, wenn plötzlich auch überall in Ost-Berlin FREIHEIT an den Hauswänden stünde? Das wollen sie natürlich unter allen Umständen verhindern. Deshalb werden sie an diesen jugendlichen Straftätern ein Exempel statuieren. Davon müssen wir leider ausgehen.»

«Die arme Lydia», sagte Silvie bewegt. «Welche Sorgen sie schon wieder plagen! Ich muss unbedingt versuchen, sie aufzumuntern ...»

«Lass das im Augenblick lieber bleiben. Du als *die* Stimme des amerikanischen Feindsenders könntest Luisas schwierige Lage noch desolater machen. Ich versuche alles, was in meinen Kräften steht, das habe ich meiner Geschiedenen versprochen. Ich mag die Mädchen nämlich. Und mir gefällt, wie mütterlich Lydia sich ihrer annimmt. Mittlerweile bin ich sogar mit ihrem Gatten beinahe so etwas wie befreundet. Pastor Jürgen Grothe und ich in einem Boot – wer hätte das jemals gedacht!»

Silvie stellte ihr Glas hart auf den Boden. «Aber was ist eigentlich mit dir, Carl?», fragte sie. «Wie lange willst du das noch ertragen?»

«Du meinst …»

«Alles, Carl, *alles*. Die unsichtbare Grenze, die unsere Stadt in zwei Hälften teilt, auch wenn die S-Bahnen noch verkehren, die Spaltung in den Köpfen der Menschen, das Unrecht dort drüben, dieses sinnlose Gerede von einer Wiedervereinigung, die es in hundert Jahren nicht geben wird.» Silvie hatte sich richtig in Rage geredet.

«Ja, die beiden deutschen Staaten driften unaufhaltsam auseinander, das sehe ich ebenso», entgegnete er. «Die BRD hat im Bundestag die Pariser Verträge ratifiziert. Damit ist das Besatzungsstatut beendet und die Aufnahme in die Westeuropäische Union gesichert – was das endgültige Aus für ein neutrales, unabhängiges Gesamtdeutschland bedeutet. Jetzt wartet die BRD nur darauf, der NATO beizutreten …»

Sein Gesicht verzog sich. Ob aus Trauer oder Abscheu, konnte Silvie nicht genau bestimmen. Aber sie war kein naives Mädchen mehr, das sich von klugen Männern die Welt erklären ließ. Diese Zeiten waren ein für alle Mal vorbei. Silvie hatte sich eine eigene Meinung gebildet und keine Lust, mit der hinter dem Berg zu halten.

«Und die DDR geht mit Albanien, Bulgarien, Polen, Rumänien, der Tschechoslowakei und dem Großen Bruder Sowjetunion den Gegenpakt ein», konterte sie temperamentvoll. «Dann haben wir vielleicht bald keinen Kalten Krieg mehr, sondern einen sehr realen. Mir wird speiübel, wenn ich nur daran denke. Haben die Menschen denn alles schon wieder vergessen: die Fliegeralarme, die vielen Toten, das Leid, die Angst, den Hunger? Können sie nicht eins und eins zusammenzählen? Inzwischen sind beide Seiten mit Atombomben gerüstet. Und wenn die gezündet werden, ist ohnehin alles vorbei.» Sie griff nach Carls Arm. «Du siehst müde aus und bist so dünn geworden. Du rackerst dich ab, aber wofür? Weißt du das eigentlich noch, Onkel Carl? Gegen das System kommst du als Einzelkämpfer doch nicht an. Meinem Ralf konntest du nicht helfen, einem aufrechten Sozialisten, der unter Lebensgefahr gegen die Nazis gekämpft hatte. Ihn haben sie definitiv auf dem Gewissen, und seitdem hasse ich diesen SED-Staat!»

«Ja, ich bin müde, und ich schlafe schlecht. Aber Ungerechtigkeit gibt es überall ...»

«Ich weiß sehr wohl, dass auch hier im Westen so manches im Argen liegt», unterbrach ihn Silvie. «Überall sitzen sie wieder, die einstigen Nazis – in den Gerichten, den Schulen, den Behörden. Überall trifft man auf sie, und ob sie jetzt wirklich an die Demokratie glauben, ist eher fraglich. ‹Man muss mit den Menschen leben, die man hat›, so hat Adenauer es genannt, und ich finde, er macht es sich verdammt einfach damit. Aber wir dürfen immerhin frei wählen und können gehen, wohin wir wollen. Jeder ergreift den Beruf, den er will, es gibt Presse- und Meinungsfreiheit, die Leute reisen wieder an den Gardasee, nach Paris und an die Adria, weil sie ordentlich verdienen. Alle haben genug zu essen. Zusammengezählt ist das jede Menge und besser, als die Menschen in Deutschland es jemals hatten. Was hält dich eigentlich noch dort drüben?»

Er sah sie unverwandt an.

«Das hat dein Vater mich schon so oft gefragt», sagte er schließlich. «Und deine Schwester auch.»

«Rike?»

Er nickte. «Nicht einmal ihr habe ich ganz ehrlich geantwortet. Aber jetzt will ich es versuchen: Ich glaube, dass ich als Anwalt gerade dort gebraucht werde, wo die Ungerechtigkeit am größten ist. Doch das ist nicht der einzige Grund, aus dem ich im Osten bleibe. Es gibt da jemanden, Silvie, den ich unbedingt wiederfinden muss. Sie heißt Kitty.»

«Wer ist das?» Silvie hatte den Namen noch nie zuvor gehört.

«Die Liebe meines Lebens. Ich habe Kitty vor mehr als zwanzig Jahren verloren, jedoch niemals die Hoffnung aufgegeben, sie wiederzufinden.» Carl fuhr sich mit der Hand über das Gesicht. «Und abermals war ich gerade nicht ganz aufrichtig – wie schwer das manchmal doch sein kann! Also noch einmal: Zwischendrin hatte ich sehr wohl die Hoffnung verloren, aber jetzt hoffe ich wieder. Mein Gefühl ist so stark. Ich versuche, daran festzuhalten.»

«Kitty, so heißt sie?»

Er nickte wieder.

«Zwanzig Jahre, das ist eine sehr lange Zeit», sagte Silvie nachdenklich. «Und was seitdem nicht alles passiert ist! Eine Welt ist untergegangen, eine neue aus Trümmern auferstanden. Wenn deine Kitty den Krieg überlebt hat, was alles andere als sicher ist, könnte sie heute theoretisch überall sein. Sie kann einen Mann haben, jede Menge Kinder und nichts mehr von dir wissen wollen …»

«Ja, ja, und wieder ja – mit jedem Wort hast du recht! Sie

muss einen neuen Namen tragen, sonst hätte ich sie längst ausfindig gemacht. Und natürlich gibt es keinerlei Garantie, dass sie noch in Ostdeutschland ist, aber mein Bauch sagt mir, dass ich nicht ganz falschliege. Und falls sie nichts mehr von mir wissen will, muss ich das aus ihrem eigenen Mund hören, sonst glaube ich es nämlich nicht.»

«Wie ich die ganze Zeit über, in der Oskar als vermisst galt», sagte Silvie. «Ich wusste, dass er lebt, ganz egal, was die anderen auch gesagt haben. Aber wir sind Zwillinge. Ihr nicht.»

«Liebende können das auch», widersprach er vehement. «Und das waren wir, Kitty und ich. Sie ist mein Traum vom Glück. Und ich verlasse die DDR nicht, bis ich sie gefunden habe.»

«Geheimnisse?» Rikes dunkler Schopf lugte durch die Tür.

«Keineswegs. Nur ein Gespräch zwischen Onkel und Nichte über die Schlechtigkeit der Welt», sagte Carl, der wusste, wie rasch Rike sich ausgeschlossen fühlen konnte. «Kommt ohnehin viel zu selten vor.»

«Er hat recht, wir haben ein wenig politisiert», bekräftigte Silvie. «Aber jetzt gehen wir tanzen. Komm, Carl!»

«Dass ich als Andenken an den Großen Krieg ein steifes Bein habe, dürfte inzwischen aber hinlänglich bekannt sein», protestierte er schmunzelnd, während er aufstand.

«Und dass du damit prima tanzen kannst, wenn du nur willst, ebenso», sagte Rike. «Allerdings bin jetzt eindeutig ich dran. Erstgeborene und so. Ältere Rechte, kennst du ja zur Genüge. Und schließlich weiß man nie so genau, wann es dieses Mal mit den Wehen losgehen wird …»

Carl warf Silvie eine Kusshand zu und ließ sich von Rike zur Tanzfläche ziehen. *The Crazy Creatures* spielten gerade den Slowfox *Ganz Paris träumt von der Liebe*, ein großer Hit der aufstrebenden jungen Schlagersängerin Caterina Valente.

«Das schaff ich sogar mit meiner Riesenkugel», scherzte Rike, während er so behutsam den Arm um sie legte, als bestünde sie aus feinstem Porzellan. «Aber jetzt mal ganz im Ernst: Worüber habt ihr euch wirklich unterhalten …?»

«Immer muss Rike über alles Bescheid wissen. Sie wird sich niemals ändern», sagte Silvie leise zu Miri, die zu ihr getreten war.

«Vermutlich nicht», antwortete Miri. «Weißt du noch, wie Rike früher vor jedem Spiel die bunten Murmeln in unseren Beutelchen nachgezählt hat, damit wir bloß nicht schummeln konnten?»

Beide kicherten.

Dann umarmte Silvie ihre Freundin. «Bist du jetzt glücklich?», wollte sie wissen.

«Überglücklich», versicherte Miri, die rosig und erhitzt aussah. «Danke noch einmal, dass du uns zusammengebracht hast!»

«Ging ja gar nicht anders», sagte Silvie lächelnd. «Ihr beide seid doch füreinander bestimmt.»

«Schon, aber der Ring an meinem Finger und ihr alle hier, das kommt mir wie ein Traum vor. Irgendwie kann ich es noch gar nicht richtig fassen.» Miri runzelte plötzlich die Stirn. «Warum spielen Pauls Jungs eigentlich nicht weiter?»

«Weil ich etwas für dich vorbereitet habe, das dich eventuell noch eine winzige Spur glücklicher machen könnte.»

Silvie gab der Band das verabredete Zeichen. «Du entschuldigst mich für einen Moment?», sagte sie zu Miri.

Silvie stieg auf die Bühne und stellte sich vor das Mikrophon.

«Liebes Brautpaar, liebe Hochzeitsgäste! Miri, meine Schwestern und ich sind ein weites Stück zusammen gegangen. Zu diesem Weg gehört auch ein gewisser Club der Britischen Besatzungstruppen, in dem ich 1945 aufgetreten bin. Bitte seid heute alle gnädig mit mir, denn ich habe seit Jahren nicht mehr öffentlich gesungen – außer einmal im RIAS, zusammen mit Hildegard Knef, aber das war ja sozusagen ganz privat …»

Lachen. Applaus.

Danach wurde es erwartungsvoll still im *Schanigarten.*

«Es gibt da ein Vokalensemble, dem ich mich tief verbunden fühle», fuhr Silvie fort, «und dessen wunderbare Lieder mich schon seit Kindertagen begleiten. Die Nazis haben es gewaltsam auseinandergerissen, weil einige seiner Mitglieder Juden waren – dabei sind sie alle doch immer nur eins gewesen: phantastische Künstler.» Als sie sich leicht beim Reden bewegte, schwang der weite Rock ihres blauen Seidenkleides um ihre Beine. «Ich habe dieses Lied schon damals gesungen, heute aber bekommt es eine ganz neue Bedeutung: für dich, Miri, und für dich, Schani: Mein ganz spezielles Hochzeitslied für euch von den *Comedian Harmonists.* Den Text habe ich ein klein wenig umgeschrieben, aber man muss schon genau hinhören, um das zu bemerken.» Sie machte eine halbe Drehung zu den Musikern. «Wenn ich dann bitten dürfte, lieber Paul?»

Du bist nicht der Erste, du musst schon verzeihn,
aber mein Letzter, das könntest du sein.
Du hast den gewissen Zauber, der ins Blut geht wie der Sekt,
Den geheimnisvollen Zauber, der die tollsten Wünsche weckt.
Du bist nicht der Erste, du musst schon verzeihn,
aber mein Letzter, das könntest du sein.
Mit den anderen Männern war mein Herz nie vermählt,
da bist du der Erste, der Erste, der zählt …

Es war mucksmäuschenstill im Raum, während Silvie mit Hingabe ihr Ständchen sang. Sie ging ganz in der Musik auf und schloss für einen Moment die Augen. Als sie sie wieder öffnete, fiel ihr Blick auf einen schlaksigen Mann mit dunkelroten Locken, der etwas abseits stand und sie anstarrte. Wo kam der auf einmal her? Als Silvie genauer hinsah, machte ihr Herz einen Sprung. Damals, als halb Berlin in Trümmern lag, hatte er die Uniform der Britischen Streitkräfte getragen. Heute wirkte sein dunkler Anzug mit den feinen Nadelstreifen ein wenig aus der Mode gekommen, als hätte es schon länger keine geeignete Gelegenheit mehr gegeben, ihn auszuführen. Das Gesicht war schmaler geworden, was ihm stand, und ein paar erste Fältchen um die Augen machten es noch männlicher. Noch immer besaß Ben Green diese Grübchen, die Frauen magisch anzogen.

Silvie spürte, wie ihr Herz schneller zu schlagen begann, selbst nach all den Jahren. Immerhin war er ihre erste große Liebe gewesen, für die sie damals alles zu geben bereit gewesen war. Ihre Stimme rutschte unwillkürlich eine halbe Oktave höher, dann aber war der Mann plötzlich verschwunden.

Nichts als reine Einbildung also …

Herrliche Tage, wo man noch glaubt, Liebe hat Ewigkeit.
Alles im Leben wird dir geraubt. Alles verschlingt die Zeit.
Und so ganz auf einmal im Leben kommt der Moment, wo man Adieu sagt, lächelnd sich trennt.
Und dann sehr traurig, ganz verzagt, bis man zum Einzigen sagt:
Du bist nicht der Erste, du musst schon verzeihn …

Miri und Schani versanken in einem innigen Endloskuss, nachdem sie geendet hatte. Der Applaus war stürmisch, Silvie verbeugte sich anmutig, aber es gab keine Zugaben, so laut die begeisterten Hochzeitsgäste auch klatschten.

Silvie verließ die Bühne, ging durch die Schar der Gäste hinaus und atmete vor dem Lokal tief ein und aus. Fadendünner Schneeregen fiel, und sie fröstelte schon nach wenigen Augenblicken. Die Straße war dunkel und leer; es war nicht kalt genug, dass der Schnee dauerhaft liegenblieb, aber ein paar helle Inseln auf dem dunklen Pflaster bildete er doch.

Plötzlich waren die alten Erinnerungen wieder so lebendig wie schon lange nicht mehr. Wie hätte ihr Leben wohl ausgesehen, wenn sie damals mit Ben zusammengeblieben wäre …?

«Musstest du auch mal raus?», hörte sie Rike neben sich, die zu ihr nach draußen gekommen war. «Diese Wärme, diese vielen Menschen – ich brauchte dringend frische Luft!»

«Kann ich gut verstehen. Ich hatte schon begonnen zu halluzinieren. Für einen Moment meinte ich tatsächlich, Ben Green unter den Gästen zu sehen.»

«Das musst du dir tatsächlich eingebildet haben, der wäre schließlich auch mir aufgefallen. Allerdings ist das schon ein seltsamer Zufall», erwiderte Rike mit einem verlegenen Lächeln. «Ben hat nämlich einen Brief ins Modekaufhaus geschickt und sich nach Miris aktueller Adresse erkundigt, weil er wohl vorhatte, in seine alte Heimatstadt zurückzukehren. Aber natürlich hat er sie von mir nicht bekommen. Er hat ihr das Herz gebrochen und dir in gewisser Weise Jahre zuvor doch auch. Da werde ich bestimmt nicht zulassen, dass er durch Berlin spaziert und alte Wunden aufreißt.» Ihr Blick wurde schärfer. «Miri ist jetzt ja glücklich unter der Haube. Und du würdest dich doch hoffentlich nie wieder mit ihm einlassen, oder?»

«Falls ja, dann wäre das ganz und gar meine Angelegenheit, Rikelein», antwortete Silvie ein wenig spitz. «Aber keine Angst: Mir ist so gar nicht nach dem nächsten Schiffbruch zumute. Und der käme unweigerlich, denn Ben Green ist und bleibt Ben Green, ganz egal, ob er in London, Berlin oder in einem Wüstenkibbuz lebt!»

«Dann ist es ja gut.» Rike klang erleichtert. «Aber du siehst auf einmal so bedrückt aus …»

«Hochzeiten können einen ganz schön sentimental machen», sagte Silvie. «Ich scheine, was Männer angeht, wirklich kein glückliches Händchen zu haben.» Sie dachte an das Auf und Ab mit Wanja und an die Begegnung mit dem charmanten Verleger, der sich seit Frankfurt nie wieder bei ihr gemeldet hatte. «Vor allem, wenn man sie immer nur als Gast erlebt. Vorhin dachte ich noch, wann es bei Oskar wohl endlich so weit sein wird. Jetzt dagegen wünsche ich mir, dass er sich mit dem Heiraten noch gaaanz viel Zeit lässt. Was unser Küken betrifft, so brauchen wir uns wohl noch keine Sorgen zu machen, so resolut, wie die sich alle Jungs vom Leibe hält.»

«Dann weißt du also gar nicht, dass Flori einen Freund hat?» Rike, bibbernd schon wieder auf dem Weg zurück ins Lokal, blieb kurz in der Tür stehen.

«Nie im Leben!»

«Ich hab sie neulich händchenhaltend mit einem jungen Mann durch unser Kaufhaus schlendern sehen und direkt angesprochen. Er heißt Pascal, trägt eine Hornbrille und stammt aus Lyon. Das mit den beiden geht wohl schon seit einer ganzen Weile. Hat Flori dir denn nichts von ihm erzählt? Ihr lebt doch Wand an Wand!»

«Nicht ein einziges Sterbenswörtchen», sagte Silvie, die ihrer Schwester fröstelnd ins Warme gefolgt war.

«Tja, Geheimnisse scheinen uns Thalheims irgendwie zu liegen», sagte Rike grinsend. «Zum Glück tanzt Sandro in dieser Beziehung vollkommen aus der Reihe. Mein Ehemann ist so ehrlich und klar wie ein Gebirgsbach – und deshalb geh ich jetzt auch eine Runde gemütlich mit ihm schwofen.»

Flori hatte einen Freund – und sie wusste nichts davon!

Das musste Silvie erst einmal verdauen. Was verbarg ihr einstiges Küken noch vor ihr? Und war es richtig gewesen, ihr so viel Freiraum zu lassen, wie sie es getan hatte? Sie hatte versprochen, ein Auge auf ihre kleine Schwester zu haben, solange diese in ihrer Wohnung lebte. Wenn jetzt etwas schiefging, würden Friedrich und Claire sie zur Rechenschaft ziehen, und sie könnte es ihnen nicht einmal verübeln …

Silvie blickte auf die Tanzfläche. Gerade wurde Flori so ausgelassen von Ferdi herumgewirbelt, dass es eine wahre Freude war. Die Band spielte einen schnellen Bill-Haley-Song, den Silvie aus dem RIAS kannte. Das anschließende Lied war langsam und sehnsüchtig.

«Only you …», schrammelten *The Crazy Creatures*.

Jetzt verschwand Floris schmale Gestalt fast in Ferdis kräftigen Armen, und Silvie schielte unwillkürlich zu Thea.

«Alles okay», murmelte Schani neben ihr. «Mein großer Bruder und seine Frau sind beide unwahrscheinlich souverän und lieben sich heiß. Musst dir also keine Sorgen machen. Ferdinand weiß, was er tut.»

«Was man von Flori nicht immer behaupten kann», murmelte Silvie zurück und beschloss, sich besser nicht einzumischen.

Ihr Blick flog über den Gastraum.

Die Tischgesellschaft hatte sich schon weitgehend aufgelöst; nur ein paar wenige Gäste saßen noch, die anderen standen plaudernd in kleinen Grüppchen zusammen oder waren beim Tanzen.

Moment mal – wer war da gerade mit Gregor begeistert am Kickern? Das war doch …

«Peter van Ackern», erklärte Schani, dem nicht entgangen war, dass Silvie in die Ecke stierte. «Ein netter Stammgast, der immer bei mir vorbeikommt, wenn er Lust auf gutes Essen hat. Er wusste nicht, dass heute geschlossene Gesellschaft ist, da habe ich ihn spontan eingeladen. Der

Mann hat wirklich eine schwere Zeit hinter sich. Erst stirbt ihm vor drei Jahren die Frau an Krebs, dann bekommt die einzige Tochter im letzten Herbst einen Blinddarmdurchbruch, und er verliert um Haaresbreite auch noch sie. Jetzt ist seine Greta zum Glück wieder ganz auf dem Damm, aber er hat einiges durchgemacht. Da dachte ich, ein wenig Abwechslung könnte sicherlich nicht schaden …»

Silvies Beine hatten sich ganz von selbst in Bewegung gesetzt.

Er hatte nicht angerufen, seit sie einander in Frankfurt begegnet waren, kein einziges Mal, aber jetzt kannte sie wenigstens den Grund.

Gregor und er waren tief über den Tisch gebeugt, beide hemdsärmelig und krawattenlos, so sehr hatte das Spiel sie bereits erhitzt.

«11:10», rief Gregor, «aber warten Sie nur. Gleich haben wir unentschieden. Und dann hol ich sie mir, die Revanche!»

«Werden wir ja sehen», rief van Ackern zurück, blickte auf – und erkannte Silvie.

Ein warmes Lächeln erhellte sein Gesicht.

«Sie auch hier …»

«Das will ich meinen», sagte Silvie, ebenfalls lächelnd. «Sie befinden sich auf der Hochzeit meiner besten Freundin. Miri gehört quasi zur Familie!»

«Ich muss mich entschuldigen.» Er starrte sie an. Die Worte schienen ihm auszugehen. «Ich wollte mich bei Ihnen melden, aber …»

«Unsinn», sagte Silvie. «Ein krankes Kind geht immer vor. Schani hat mich informiert.»

«Das Beste haben Sie ohnehin verpasst», sagte Gregor. «Silvies Gesangseinlage.»

«Sie haben heute gesungen? Das können Sie also auch? Und ich dachte bislang, Ihre Sendung mit Böll sei kaum zu übertreffen.»

«Die haben Sie gehört?»

«Ich versäume keine Aufnahme, aber diese war wirklich herausragend. Wie ehrlich Böll geredet hat! Das Leid der Soldaten, die Angst, der Hunger, das widerliche Zeug, das wir alle bei der Wehrmacht schlucken mussten, um durchzuhalten – eine Anklage gegen den Krieg, authentisch und eindrucksvoll, so wie es eben nur ein großer Schriftsteller kann. Sie müssen doch massenweise Hörerreaktionen bekommen haben!»

«Haben wir.» Silvie strich sich die Haare aus der Stirn, weil ihr plötzlich sehr heiß geworden war. Dieser Mann brachte sie immer wieder in Verlegenheit, und wenn es nur durch Blicke war. «Viele sehr positive, aber leider nicht nur. Es gab auch ein paar Beschwerden und sogar einige wüste Beschimpfungen. Wir hätten die Ehre des deutschen Soldaten besudelt und noch mehr in dieser Richtung. Nicht alle wollen die Wahrheit hören.»

Sie sahen sich schweigend an.

«Wollen wir dann vielleicht weiterspielen?», fragte Gregor irgendwann.

«Das vertagen wir, einverstanden? Ich muss jetzt erst mit dieser bezaubernden Frau tanzen!» Van Ackern nahm ihre Hand und führte sie auf die Tanzfläche. Als er Silvie an sich zog, fühlte es sich ebenso gut an wie damals in Frankfurt.

Eigentlich sogar noch besser.

Besaß Paul einen sechsten Sinn, oder war es purer Zufall, was die Band als Nächstes spielte?

Mr. Sandman, bring me a dream
Make him the cutest that I've ever seen
Give him two lips like roses and clover
Then tell him that his lonesome nights are over

Sandman, I'm so alone
Don't have nobody to call my own
Please turn on your magic beam …

«Die ganze Zeit sind Sie mir nicht aus dem Kopf gegangen», murmelte er an ihrem Ohr. «Ich habe Sie vermisst. Gerade erst merke ich, wie sehr!»

«Nicht reden», murmelte Silvie zurück. «Spüren!»

«Mach ich gerade.»

«Dann ist es ja gut …»

«Aber ich hab Ihnen doch so viel zu sagen …»

Die ersten Takte von *Fly Me to the Moon.*

«Eins steht fest: Die haben es heute definitiv auf uns abgesehen», sagte van Ackern noch schmunzelnd, während er Silvie enger an sich zog.

Und dann sagte er lange gar nichts mehr.

Noch nie zuvor war sie so beschwingt durch eine kalte Februarnacht gelaufen. Auf ihren Lippen spürte Silvie noch immer seinen Abschiedskuss – und, Mann! – konnte dieser Kerl küssen!

Natürlich hatte Peter van Ackern sie nach Hause bringen

wollen, aber davon hatte sie nach dem vielen Feieralkohol nichts wissen wollen, und ein Taxi hatte sie ebenso abgelehnt wie den Rücksitz von Carls Motorrad, der nach dem ersten Glas Sekt pflichtschuldig auf Wasser umgestiegen war. Flori, inzwischen vom Tanzen und einigen Cuba Libre deutlich milder gestimmt, war einverstanden gewesen, bei Rike und Sandro zu schlafen, die sie morgen zur Arbeit bringen würden, das gab Silvie Freiheit …

Dieser Fußweg vom Westend nach Charlottenburg heute Nacht gehörte ihr ganz allein! Eingepackt in ihren dicken alten Wintermantel und gefütterte Stiefel, stapfte sie los, im Kopf noch immer die Zeilen ihres neuen Lieblingslieds, das sie vor sich hin summte:

Fly me to the moon
Let me play among the stars
Let me see what spring is like
On Jupiter and Mars
In other words, hold my hand
In other words, baby, kiss me …

Plötzlich blieb sie stehen.

Exakt diesen Weg hatte sie schon einmal mit Claire und ihren Schwestern zurückgelegt, den schweren Bollerwagen mit Taps obendrauf hinter sich her ziehend. Damals war Berlin ein Trümmerfeld gewesen, die Straßen voller Abfall und Krater, ihr Elternhaus von Russen besetzt. Nach verbranntem Gummi und Kadavern hatte es gestunken, wo heute überall emsig renoviert und gebaut wurde. Zwischen den alten Gründerzeit- und Jugendstilhäusern wuchsen kantige Neubauten in die Höhe, sicherlich zweckdienlich und einfacher heizbar, aber nicht unbedingt Silvies Geschmack. Doch es gab noch immer eine erstaunliche Anzahl von Ruinengrundstücken, die auf betuchte Investoren warteten. Eine schmale Mondsichel stand am Himmel und wurde immer wieder von rasch ziehenden Wolken verdeckt, doch zum Glück war die Straßenbeleuchtung schon lange wieder intakt, und Silvie musste auch keine Angst mehr vor marodierenden Soldatentrupps haben.

Sophie-Charlotten-Straße, Kaiserdamm – die Gegend war Silvie von ihren Fahrten auf der Vespa unendlich vertraut, doch zu Fuß fühlte sich die Stadt doch noch einmal ganz anders an.

Mein Berlin, dachte Silvie und wurde auf einen Schlag ganz sentimental, wie sehr ick dir doch liebe!

Sie ging schneller jetzt, weil ihr die Kälte unter den Mantel kroch und auch der unbedeckte Kopf immer kühler wurde, und sie war froh, als sie die Pestalozzistraße erreicht hatte, nach rechts in die Kaiser-Friedrich-Straße einbog und schließlich auf der Kantstraße angelangt war. Am Savignyplatz blieb sie kurz stehen.

Ihr Vater hatte den alten Laden, in dem sie nach dem Krieg zunächst untergekommen waren, vermietet, aber kein großes Glück mit rasch wechselnden Mietparteien gehabt. Aktuell residierte hier ein Schuhgeschäft, das allerdings aussah, als würde es ebenfalls bald wieder geschlossen werden.

Eine Buchhandlung wäre hier genau das Richtige, dachte Silvie, während sie unter der S-Bahn hindurch und dann auf der Bleibtreustraße in Richtung Wohnung weiterging. Gemütlich eingerichtet, mit hellen Regalen und einer kleinen Sitzecke zum Stöbern, in der man eine Tasse Tee trinken konnte …

Phantasien, die sie beflügelten und die letzten Meter bis zum Ku'damm wie im Flug vergehen ließen.

Sie überquerte die breiten Fahrbahnen. Links von ihr lag im Dunkeln das *Modekaufhaus Thalheim*, keine ausgebrannte Ruine mehr wie 1943, sondern wieder zu neuer Pracht erwacht, und die Rührung von eben überkam sie zum zweiten Mal, bevor sich die Schmetterlinge in ihrem Bauch energisch zurückmeldeten.

Jetzt bei Kerzenschein die kalten Knochen in der heißen Badewanne wärmen und dabei von Peter und seinen Küssen träumen …

In ihrer Manteltasche knisterte der Zettel mit seiner privaten Telefonnummer und dem kurzen Satz, den er in eleganter Handschrift zum Schluss für sie aufgeschrieben hatte: *Man muss das Leben tanzen.*

Konnte es ein schöneres Motto für ihre gemeinsame Zukunft geben?

Silvie rannte bis zur Haustür, weil sie es plötzlich kaum noch erwarten konnte, schloss auf und lief die Treppen nach oben in den zweiten Stock. Kaum in der Wohnung angelangt, befreite sie sich von allen Kleidungsstücken, schlüpfte in ihren Morgenmantel und ließ Badewasser ein. Mit anständigen Kerzen sah es gerade ein wenig mau aus, aber vier Stummel ließen sich doch noch auftreiben, die zündete sie an und platzierte sie neben der Badewanne auf einem alten Teller, als es stürmisch an der Wohnungstür läutete.

Also hatte Flori es sich doch anders überlegt und war wie so oft ohne Schlüssel unterwegs …

«Du?», sagte sie erschrocken, nachdem sie geöffnet hatte und erkannte, wer da vor ihr stand. «Was willst du hier, Wanja? Wie bist du überhaupt ins Haus gekommen?»

«Irgendwo geklingelt. Und dann im Treppenhaus gewartet. Ich muss mit dir reden.»

«Aber ich nicht mit dir. Es ist alles gesagt …»

Sie wollte die Tür schließen, aber er hatte schon seinen Fuß dazwischen geschoben.

«Du wirst mit mir reden, hier und heute.» Er schob sich weiter in den Flur, während Silvie ein Stück zurückwich. «Ich hab gesehen, was du getan hast – mit diesem geilen alten Mann. Euer Tanz war ein einziger obszöner Beischlaf. Schämst du dich denn gar nicht?»

«Du warst im *Schanigarten*?»

Zum ersten Mal bekam Silvie Angst vor Wanja. Er war ungekämmt und hatte einen dunklen Bartschatten. Seine Gletscheraugen flackerten, und die Pupillen waren klein wie Stecknadeln.

Er redete wie im Rausch.

«Allerdings. Und zwar draußen vor der Tür. Bei einigem Anstand hätte ich natürlich auf der Gästeliste stehen müssen, denn schließlich bin ich einer von Schanis Stammgästen, wenn du dich freundlicherweise erinnern würdest. Aber das hast du sicherlich zu verhindern gewusst. Wer zum Teufel ist dieser Greis?»

«Das geht dich gar nichts an. Und jetzt verschwinde!»

«Erst wenn du mir geantwortet hast!» Wanja packte ihre Handgelenke und hielt sie fest.

«Lass mich sofort los. Du tust mir weh!» Sie versuchte sich zu befreien, was allerdings misslang.

«Was glaubst du, wie weh du mir vorhin getan hast?»

Silvies Morgenmantel klaffte wegen des Gerangels auf, und obwohl er sie so oft nackt gesehen hatte, störte es sie heute. Entblößt fühlte sie sich ihm hilflos ausgeliefert.

«Wenn du nicht endlich machst, was ich verlange, schreie ich das ganze Haus zusammen», sagte Silvie total aufgebracht. «Allerdings werde ich dann auch nicht auslassen, was du mit all diesen Kerlen anstellst …»

Er ließ sie so abrupt los, dass sie taumelte.

«Ich bin das neue Gesicht Deutschlands, du dummes, dummes Mädchen.» Niemals hatte seine Stimme rauer geklungen. «Im Sommer wird es dich von jeder Litfaßsäule anstarren. *Asphaltkerle*, so heißt mein neuer Film. Ab da gibt es nur noch *den* Krahl. Ruhm, Fans, Geld, alles, was du nur willst. Und das willst du wirklich wegwerfen – für einen hässlichen Graurücken?»

Er griff in die Innentasche seiner Lederjacke, die er auch heute trug, obwohl es eigentlich viel zu kalt dafür war, und für einen Moment befürchtete Silvie, er würde eine Waffe hervorziehen und damit auf sie losgehen. Aber es war nur ein Haufen leerer weißer Blätter, die er nacheinander auf den Boden flattern ließ.

«Stumm hast du mich gemacht», zischte er wutentbrannt. «Kein Gedicht mehr. Nicht einmal eine Zeile, die mir noch einfällt. Aber blind wirst du mich nicht auch noch machen. Meine Augen sehen dich, wo immer du auch bist.»

«Geh jetzt, Wanja», erwiderte Silvie, die hoffte, dass er ihr Zittern nicht bemerkte. «Wenn ich dir jemals etwas bedeutet habe, dann geh!»

Er zog die Schultern hoch wie ein frierendes Kind, schüttelte mehrmals den Kopf, als weigere er sich noch immer, zu akzeptieren, was gerade geschah, dann drehte er sich um und verließ wortlos die Wohnung.

Als die Tür hinter ihm ins Schloss fiel, presste Silvie sich vor Erleichterung die Faust in den Mund. Danach sperrte sie von innen gleich zweimal zu. Jetzt musste er draußen bleiben.

Für immer.

Bis ins Badezimmer schaffte sie es gerade noch, auch wenn sie bei anderen Gelegenheiten schon deutlich sicherer auf den Beinen gewesen war.

Sie zerrte sich den Morgenmantel vom Leib und stieg in die Wanne.

Es dauerte eine ganze Weile, bis sie sich im warmen Wasser entspannte. Erst dann begannen ihre Tränen zu fließen und wollten gar nicht wieder aufhören.

Ein bitteres Ende, dachte Silvie, als sie allmählich wieder versiegten, aber gleichzeitig auch ein grandioser Neubeginn. *Man muss das Leben tanzen*, hatte Peter geschrieben.

Vielleicht sollte alles ja genauso sein.

9

Berlin, Sommer 1955

Die Berliner Frauen waren ganz verrückt nach dem Kleid, das Marilyn Monroe in Billy Wilders Film *Das verflixte 7. Jahr* trug, figurbetont, mit Neckholder und einem weiten Plisseerock, den die Abluft der New Yorker U-Bahn so sexy nach oben gewirbelt hatte, dass ihre wohlgeformten Waden und Schenkel zu sehen waren. Der Schnitt war kein Problem, den hatte Miri rasch aufs Papier geworfen und an Ausschnitt und Taille leicht modifiziert, damit das Kleid noch tragefreundlicher wurde als das Original. Wie man den Entwurf an die unterschiedlichen Größen anpasste, ging ihr ebenfalls spielerisch von der Hand.

Aber das Material!

Baumwolle fiel nicht geschmeidig genug, Seide war zu teuer, Leinen war viel zu bockig und kam ohnehin nicht in Frage. Jetzt hätte Miri gleich ballenweise jene Fallschirmseide gebrauchen können, aus der sie damals gleich nach Kriegsende Silvies aufregendes Kleid für den Auftritt im Britischen Club geschneidert hatte, doch an die war kein Herankommen mehr.

Um die Nachfrage zu bedienen und dem *Modekaufhaus Thalheim* das profitable Geschäft zu sichern, brachte Sandro seine Kontakte zum Glühen und schaffte es schließlich, eine Charge Kunstseide in den Farben Cremeweiß, Lichtblau, Nilgrün und Pfirsichrosa aufzutreiben, die sofort weiter an die Konfektionäre wandern sollte. Die allerdings waren gerade dabei, die Winterkollektionen für die Auslieferung vorzubereiten, und es hagelte lauter Absagen.

«Erst im nächsten Jahr damit herauszukommen, geht nicht», seufzte Rike. «Da wollen die Leute etwas Neues. Dann kräht kein Hahn mehr nach dem Kleid der Monroe.»

«Dieser Film wird ein Klassiker, darauf könnte ich wetten», widersprach Silvie. «Ebenso wie das Kleid. Wie Marilyn ihre Rolle spielt, ist zum Niederknien, so witzig und mit diesem Schuss Ironie, der in vielen Szenen durchblitzt. Und wie hübsch sie darin ist! So würden viele Frauen gern aussehen.»

«Könnte es sein, dass du eventuell ein wenig befangen bist?», konterte Rike, als sie mit Silvie und Miri zusammensaß. «Niemand liebt diesen Wilder mehr als du …»

Alles in Rikes Büro war topmodern: die breiten Sessel mit rotem und zitronengelbem Wollbezug ebenso wie der schwarze Nierentisch, um den sie saßen. Auf dem Schreibtisch unter dem schrägen Fenster lag auf der linken Seite nur noch ein winziges Häuflein Unerledigtes, während der wesentlich größere rechte Stoß zeigte, was Rike in kürzester Zeit bereits erfolgreich bewältigt hatte. Kein Zweifel, sie hatte alles im Griff, auch noch als Zweifach-Mami. Leider konnte sich der Firmensenior, dem Ordnung ebenso wichtig war wie seiner Ältesten, heute nicht an dieser Tüchtigkeit erfreuen. Zu Friedrichs bekannten Magenproblemen hatten sich neuerdings gelegentlich auftretende Herzrhythmusstörungen gesellt, die gründlich untersucht werden mussten.

«Weil er als Regisseur schlichtweg genial ist!», erwiderte Silvie temperamentvoll, nachdem sie in einem Zug die kalte Limonade geleert hatte, die Hildegard Stutzke den Damen in bunten Gläsern serviert hatte. Dass diese Oskar schmerzlich vermisste, für den sie trotz all seiner Sprunghaftigkeit am liebsten gearbeitet hatte, war unübersehbar. «Hildi» war eben noch eine Sekretärin alten Schlags, für die eigentlich nur männliche Chefs zählten. «Bei Wilder kommt alles scheinbar federleicht daher. Das ist ganz große Kunst, was Peter übrigens auch sagt.»

Silvie liebte es, seinen Namen ganz selbstverständlich mit ins Gespräch einfließen zu lassen. Peter van Ackern war gebildet, er liebte Kunst, Theater und Film, hatte eine ähnliche politische Anschauung wie sie und war als erfolgreicher Verleger von den versammelten Thalheims auf Anhieb akzeptiert worden. Dass er auch der beste Liebhaber war, dem Silvie je begegnet war, war ihr süßes Geheimnis. Allerdings konnte man es vielleicht erahnen, weil es zwischen den beiden permanent knisterte, sobald sie sich zusammen in einem Raum befanden. Mit ihm zu schlafen, war ein Fest für alle Sinne, denn Peter war leidenschaftlich und besaß darüber hinaus Witz und Esprit. Er begehrte Silvie nicht nur, sondern brachte sie beim Liebespiel immer wieder zum Schmunzeln. Dieser Mann brauchte wahrhaft keinen Kinsey-Report, um zu wissen, was eine Frau sich wünschte!

Silvie blies sich eine blonde Haarsträhne aus der Stirn, weil es unter dem Glasdach ganz schön heiß werden konnte, sobald die Sonne darauf brannte. Seit Wilders Erfolgsfilm trug sie ihre blonden Locken so kurz und stufig geschnitten wie Marilyn Monroe, was ihr umwerfend stand, wie Peter begeistert bekundet hatte. Ja, ihr Leben hätte gerade das Paradies auf Erden sein können – wäre da nicht dieser Stachel in ihrem Fleisch gewesen.

«Natürlich fertigen wir diese Kleider, ist doch gar keine Frage. Ich habe ein paar unserer alten Kontakte aktiviert», bemerkte Miri in die entstandene Pause hinein. «Ein gutes Dutzend der Frauen rund um den Hausvogteiplatz, die vor dem Krieg in der Konfektion gearbeitet haben, wären bereit, kurzfristig einzuspringen. Hat sich wie ein Lauffeuer unter ihnen herumgesprochen. Allerdings sollten wir beim Stundenlohn nicht knausern, sonst wird nämlich nichts daraus.»

«Dürfen sie das denn überhaupt?», warf Rike ein. «Meines Wissens müssen alle Werktätigen in der Ostzone doch Tag und Nacht am Aufbau des Sozialismus mitwirken.»

«Sie nähen feierabends und am Wochenende bei uns im Atelier sowie bei einem großen Konfektionär gleich um die Ecke, der uns Plätze an seinen Profi-Nähmaschinen vermietet. Danach fahren sie wieder rüber nach Ost-Berlin», erwiderte Miri. «Alles also kein Problem.»

«Bezahlen dürfen wir sie aber selbstredend in D-Mark, wie ich doch annehme?», kam von Rike.

«Selbstredend», kommentierte Silvie. «Und spar dir bitte den versteckten Sarkasmus, Rikelein. Würde dich gern mal sehen, wenn du an deren Stelle wärst. Mensch, das sind doch alles Frauen in den besten Jahren! Und jede möchte mal im HO-Laden mit West-Währung Kaffee, Schokolade, Cognac oder andere Leckereien einkaufen, anstatt im Konsum um die Ecke mit diesen leidigen Lebensmittelmarken herumzuknapsen. Gute zehn Jahre nach Kriegsende, das muss man sich mal vorstellen! Bin mir nicht einmal ganz sicher, ob die abends immer satt im Bett liegen. Hier bei uns im Westen veröffentlichen die Frauenzeitschriften dagegen bereits seitenweise Diät-Rezepte, weil viele Zeitgenossen vor lauter Fressgier immer mehr aus dem Leim gehen ...»

«Sagen wir also, je fünfzig Kleider in den Konfektionsgrößen 36 bis 44, geteilt durch die vier Farben?», schlug Miri vor, die sich ungern in einen Zwist der beiden Schwestern einmischte und ganz krank wurde, wenn sie es ab und zu doch tun musste. «Ich könnte mir ja durchaus noch mehr vorstellen, aber wir wollten ja unbedingt auf dem Teppich bleiben, nach allem, was wir gerade so mühsam hinter uns gebracht haben. Sonst naht der Herbst in Windeseile, und wir sitzen möglicherweise noch immer auf unseren dünnen Fähnchen!»

Sie spielte damit auf Brahm an, mittlerweile vom Landgericht Berlin wegen betrügerischen Konkurses und Insolvenzverschleppung zu einer Haftstraße von zwei Jahren und vier Monaten verurteilt, der er sich allerdings durch Abtauchen entzogen hatte. Niemand wusste, wo er sich aufhielt. Sein Modekaufhaus war geschlossen, die Schöneberger Wohnung gekündigt, all seine Konten hatte Brahm abgeräumt. Die Zivilklage der Thalheims gegen ihn war noch immer am Laufen – doch wie sollte man einem nackten Mann, der sich zudem offenbar in Luft aufgelöst hatte, in die Taschen greifen?

«Und was wird aus den Größen jenseits der 44, die sich auch einmal im Leben wie die Monroe fühlen wollen?», wollte Silvie wissen. «Schicken wir die dann kalt lächelnd wieder nach Hause?»

«Natürlich nicht», versicherte Miri. «Die kaufen sich etwas aus unserer aktuellen Sommerkollektion und tragen darunter einen feschen Petticoat. Ohne den geht ohnehin bald gar nichts mehr.»

«Einverstanden», sagte Rike knapp und stand auf. «Ich muss los, ihr Lieben, sollte eigentlich längst zu Hause sein. Matteo vermisst seine Milchbar bestimmt bereits!»

Dieses Mal konnte sie stillen, was ihrem Söhnchen sehr guttat. Auch die Geburt war erfreulich rasch und ohne Komplikationen verlaufen. Matteo, zur Welt gekommen an einem verregneten Märzmorgen, war mittlerweile fast vier Monate alt. Im Gegensatz zu Schwesterchen Anna, dem Abbild ihrer verstorbenen Großmutter Alma, gehörte er mit seinen dunklen Kirschaugen definitiv in die italienische Linie, hatte Sandros leicht olivfarbene Haut geerbt und sein markantes Kinn und trug auf dem schmalen Köpfchen einen Wuschel nahezu schwarzer Locken.

«Ein echter Lombardi!», hatte *nonna* Antonia begeistert in den Hörer geplärrt, nachdem sie die ersten Fotoabzüge erreicht hatten. *«Vengo subito!»*

Zusammen mit Valentino und seiner bezaubernden, allerdings ziemlich schüchternen Braut Isabella kam sie nach Berlin angerauscht, ließ Matteos Taufe in der Heilig-Geist-Kirche nebst anschließendem Mittagessen im kleinsten Kreis erstaunlich widerspruchsfrei über sich ergehen, bestand aber auf einer «richtigen» Tauffeier in Mailand, sobald der Kleine etwas älter und damit reisefähig sei.

Matteo war pausbäckig, friedlich und unkompliziert,

schlief gerne und begann nur dann zu meckern, wenn er hungrig wurde. Anna küsste ihren *fratellino*, den sie Matti nannte, bei jeder Gelegenheit hingebungsvoll ab. Allerdings war nicht zu übersehen, wie eifersüchtig sie manchmal reagieren konnte, sobald das Baby zu viel Aufmerksamkeit von Mama oder Papa auf sich zog. Dann weinte und schrie sie und stampfte sogar wütend auf, um sich Gehör zu verschaffen. Vom folgenden Tag an würde der private Kindergarten *Gänselieschen* an der Sybelstraße auf sie warten, der auch Kinder knapp unter drei Jahren aufnahm, und ihr in seinen gemütlichen, hellen Räumen sicherlich genügend Abwechslung bieten.

Nach Rikes raschem Aufbruch schlenderte Silvie mit aufmerksamem Blick durch die Etagen des Kaufhauses. Noch immer mochte sie die luftige Ausstattung in den weichen Pastelltönen, die so gut mit der klaren Raumgestaltung von Urs Lüthi harmonierte, dem Schweizer Architekten, der ihren Neubau entworfen hatte. Allerdings waren inzwischen andere Farben *en vogue*, wie sie sich im KaDeWe oder dem neuen Karstadtgebäude fanden, lauter, greller, bunter. Was übrigens nicht nur für Mode und Möbel galt, sondern auch für Musik, Kunst und Film. Das ganze Jahrzehnt schien regelrecht nach Farbe zu dürsten, vermutlich als Reaktion auf die braune Trübnis der Kriegsjahre.

Erfreulicherweise blieben trotzdem viele Damen dem *Modekaufhaus Thalheim* und seiner dezenten Linie treu, und es waren reichlich neue Kundinnen hinzugekommen. Die Investitionen vom letzten Jahr, die den Schuldenberg der Familie zum Schmelzen bringen sollten, begannen sich nach und nach auszuzahlen. Die Produktauswahl war so groß wie nie zuvor, und mit den neu eingeführten Abteilungen Nachtwäsche sowie Accessoires und Sonnenbrillen konnten viele Bedürfnisse in einem Haus abgedeckt werden.

Allerdings kam für Silvies Geschmack vieles zu bieder daher. Zusätzlich zu den üblichen Regalen und Kleiderstangen wünschte sie sich eine fetzigere Art der Präsentation: Mannequins zum Beispiel, die als lebendige Schaufensterpuppen durch die Abteilungen flanierten, Stoffpröbchen, die auf einem Wühltisch zum Fühlen und Berühren anregten, aktuelle Schlager, die als Hintergrundmusik zum Kauf animierten. Doch sie ahnte schon, dass Rike ihre Ideen wieder einmal nur als Silvie-Phantastereien abtun würde. Ja, bei Neuerungen musste man durchaus Vorsicht walten lassen, um die Kundschaft nicht zu überfordern oder gar zu verschrecken, das hatten sie inzwischen gelernt. So hatte ihnen im letzten Monat Friedrichs «Beduftungsaktion» mit wohlriechenden Essenzen, die stoßweise versprüht worden waren – in den USA angeblich in vielen Läden ein gigantischer Erfolg –, zwei Ohnmachtsanfälle und eine ganze Reihe grünlich aussehender Damen mit Kopfschmerzattacken eingebracht. Nicht alles aus dem Land der unbegrenzten Möglichkeiten funktionierte eben auch in Berlin.

Diese Röcke hier allerdings funktionierten – und wie!

Silvie versetzte der Kleiderstange, an der Petticoats in Regenbogenfarben hingen, einen übermütigen Stoß. Weit, weiter, am allerweitesten, so lautete die Devise. Während die Damen in mittleren Jahren gerne zum Bleistiftrock griffen, der züchtig das Knie bedeckte, konnten Teenager und Junggebliebene gar nicht genug bekommen von diesen raschelnden Ungetümen, die jede Taille schmal erscheinen ließen, weil die darüber fallenden Röcke so ausladend waren. Beim Rock 'n' Roll, bei dem die wildesten Verrenkungen geboten wurden, ließen sie dann übermütig Spitze und Tüll blitzen. Viele aus der älteren Generation ereiferten sich darüber und verurteilten diesen Tanz als unmoralisch.

Silvie dagegen fand ihn einfach nur herrlich.

Gut gelaunt ließ sie sich von der Rolltrappe nach unten tragen, die sie niemals betreten konnte, ohne an Oskar und seinen phänomenalen Sturz von 1932 zu denken, dem er die inzwischen verblasste Narbe auf seiner Stirn verdankte. Er selbst dagegen behauptete steif und fest, sich gar nicht mehr daran zu erinnern. Typisch für ihn! Hinfallen, sich verletzen, sofort wieder aufstehen und mit frechem Lächeln weitermachen, als sei nichts geschehen, das war sein Lebensmotto.

Im Augenblick schien ihr Zwillingsbruder ganz oben angekommen zu sein, was Silvie sehr freute. Die Arbeit in der *Atlantis Filmproduktion* machte ihm Spaß, sein Aufgabenbereich wuchs, und er war, wie er ihr erst gestern in einer angesagten Wurstbude bei Currywurst und Cola versichert hatte, an einer «ganz heißen Sache» dran. Sogar mit dem Schuldenabstottern meinte er erst offenbar ernst, das hatte Markus ihr vor ein paar Wochen zugetragen.

Allerdings wie lange noch?

Denn zwei Straßen weiter hatte gestern nicht sein Opel geparkt, sondern ein gebrauchter bronzefarbener Cadillac, den er einem GI angeblich für «'n Appel und 'n Ei» abgekauft hatte. Der Wagen röhrte, als Oskar Silvie zu einer Spritztour mitgenommen und auf dem Ku'damm kräftig

Gas gegeben hatte, erst jüngst von den letzten Straßenbahnschienen befreit und nun endgültig in einen großstädtischen Boulevard verwandelt. Während der Cadillac losschoss und die anderen Autos hinter sich ließ, kroch für einen Augenblick die alte Angst in Silvie hoch. Was immer ihr Bruder auch schwor, er war und blieb ein Hasardeur, den nichts so sehr faszinierte wie Geschwindigkeit. Bei seinem gefährlichen Unfall war er mit dem Schrecken davongekommen, aber leider gab es keine Garantie auf dauerhaftes Glück. Von welchem Straßenbelag, welcher Hausmauer würden sie ihn eines Tages womöglich kratzen müssen, wenn alles schiefliefe?

Ihr wurde übel, wenn sie daran dachte.

Dann jedoch bremste Oskar plötzlich und fuhr ab da vernünftig weiter. «Ganz ruhig, Schwesterchen», sagte er mit seinem umwerfenden Lächeln, mit dem er sie schon herumgekriegt hatte, als sie beide noch klein gewesen waren. «Entspann dich, ich bau schon keinen Mist. Ich will leben, Silvie. Kannst dir gar nicht vorstellen, wie sehr!»

Wie genau er sich dieses Leben vorstellte, war nicht aus ihm herauszubekommen, was immer sie auch versuchte. Die Zeit, als sie sich gegenseitig alles erzählt hatten, war offenbar unwiederbringlich vorbei. Oskar mochte Peter und umgekehrt, das spürte Silvie, doch sein Interesse am neuen Mann im Leben seiner Zwillingsschwester hielt sich in Grenzen. Ein paar freundliche Fragen bei einem Abendessen zu dritt, dann hatte Oskar offenbar bereits genug und zog sich innerlich zurück in seine eigene Welt, zu der er keinem anderen Zutritt gewährte.

Was trieb er allabendlich? Besuchte er noch immer diverse Clubs und Bars wie kurz nach seiner Heimkehr aus der Kriegsgefangenschaft? Und wenn ja, was suchte Oskar dort?

Gleichgesinnte?

Frauen?

Vergessen?

Andererseits wirkte er zufrieden und sah zudem gesund aus wie schon lange nicht mehr, sodass sie ihre Sorgen für den Augenblick eigentlich beiseiteschieben konnte, was ihr allerdings nicht immer gelang. Oskar und sie blieben untrennbar verbunden, das spürte sie gerade jetzt in ihrer atemlosen neuen Verliebtheit.

Immer noch in Gedanken bei Oskar und seinem geheimen Privatleben, hatte Silvie das *Modekaufhaus Thalheim* inzwischen verlassen. Die Vespa war wieder einmal zur Reparatur in der Werkstatt, doch bis nach Hause hatte sie es auch zu Fuß nicht weit, und ein Ku'dammbummel an einem sonnigen Spätnachmittag besaß seinen ganz eigenen Reiz.

Sie war erst ein paar Schritte weit gekommen, als ihr aus einem der Schaukästen Wanjas Gesicht entgegensah. Das Foto war schwarzweiß und arbeitete gekonnt mit dem Gegensatz von Licht und Schatten. Die Wangenpartie dunkel gehalten, die Gletscheraugen gleißend hell, verlieh es ihm eine düstere, gleichzeitig aber auch ungemein faszinierende Aura.

Gefährlich sah er aus, verdammt anziehend und sehr, sehr einsam.

ASPHALTKERLE. Ein Film von Torsten Wills mit Wanja Krahl.

Sie musste stehen bleiben und ihn anstarren, sie konnte gar nicht anders, und hatte seltsamerweise das Gefühl, er starre ebenso intensiv zurück. Jetzt schien er am Ziel seiner Träume angekommen, jener Mann, dem sie ihre Liebe geschenkt hatte, doch was wusste sie eigentlich wirklich über Wanja?

Eigentlich nur, dass sie froh sein konnte, ihn los zu sein.

Peter hatte sie bislang lediglich ein paar Bruchstücke erzählt. Silvie hielt nichts davon, die Wunden einer verflossenen Beziehung in die neue zu tragen, aber wenn er sie fragte, würde sie ihm offen Rede und Antwort stehen, das hatte sie sich vorgenommen.

Sie ging weiter, leicht gebeugt, als müsse sie sich schützen an diesem blanken Julitag, der ihr plötzlich gar nicht mehr so strahlend vorkam. Es hatte also nichts genützt, die meisten Berlinale-Termine an eine jüngere Kollegin abzutreten, die nur allzu gern an ihrer Stelle die Stars und Sternchen auf dem roten Teppich für den RIAS interviewte. Die Erinnerung an die letzte Begegnung mit Wanja konnte sie trotzdem nicht ungeschehen machen.

Was hatte er ihr in jener kalten Februarnacht voller Wut prophezeit?

Meine Augen sehen dich, wo immer du auch bist.

Und das taten sie, denn an der nächsten Litfaßsäule klebte das auffällige Filmplakat schon wieder. Selbst die geschwungene Sonnenbrille, die Silvie nun aufsetzte, half da nicht weiter. Sie beschleunigte ihre Schritte und strengte sich an, den Blick nur noch auf das Pflaster vor sich zu richten. Insgeheim hatte sie vorgehabt, Peter zum Schwänzen zu verführen und vor Büroschluss aus seinem Verlag zu locken, der in einer geräumigen Wohnung in der Pariser Straße residierte. Doch das ließ sie heute wohl lieber bleiben.

Wer konnte schon sagen, wie viele Plakat-Wanjas bis dahin noch ihren Weg kreuzten?

Außerdem befand sich sein Team gerade im Endspurt eines opulenten Griechenland-Bildbandes, da störte sie besser nicht. Und womöglich hielt sich zu allem Überfluss Greta im väterlichen Verlag auf, jener Stachel, der ihre rosarote Liebesblase immer wieder malträtierte.

Gretas Bewunderung für die Moderatorin der Sendung *Stimmen* war jäh ins Gegenteil umgeschlagen, als Silvie zum ersten Mal bei den van Ackerns erschienen war und Peters fünfzehnjährige Tochter gespürt hatte, wie viel ihren Vater mit dieser Frau verband. Seitdem hasste Greta Silvie inbrünstig, was Zusammenkünfte in Peters Haus, geschweige denn eine Übernachtung dort nahezu unmöglich machte.

«Gib ihr ein bisschen Zeit», verteidigte Peter seine Tochter, die patzige Antworten gab, aus dem Zimmer rannte und Türen schmiss, sobald sie Silvie erblickte. «Sie trauert noch immer um die heißgeliebte Mama. Greta war knapp zwölf, als Ingrid starb. Ein sensibles Alter, da ist man nicht mehr klein, aber man gehört auch noch nicht richtig zu den Jugendlichen.»

«Das ist inzwischen mehr als drei Jahre her», hatte Silvie geantwortet. «Jetzt ist sie definitiv kein Kind mehr.»

«Ich weiß, mein Herz, ich weiß. Aber Greta hat einen guten Kern, auch wenn sie sich dir gegenüber so krätzig aufführt. Und guten Geschmack hat sie auch, ist ja schließlich mein Mädchen! Sie wird sich an dich gewöhnen, und über kurz oder lang wird sie dich dann richtig gernhaben, das kommt unweigerlich. Man kann ja schließlich gar nicht anders, als dich gernzuhaben …»

An seine liebevollen Worte zu denken, machte Silvies Gesicht ganz weich. Doch in der Beurteilung der Lage war sie längst nicht so optimistisch wie er. Trotzphasen bei Heranwachsenden konnten sich hinziehen, das wusste sie aus eigener Erfahrung. Bei Flori hatte sie das mit allen Höhen und Tiefen erlebt, die selbst jetzt als Volljährige noch immer ordentlich bocken konnte, wenn es darauf ankam. Die Liebe zu Pascal, den sie Silvie auf deren Nachfrage hin schließlich doch präsentiert hatte, hatte ihre jüngste Schwester ein wenig ausgeglichener werden lassen. Die beiden schienen ganz vernarrt ineinander zu sein. Auch Silvie mochte den jungen Mann mit dem störrischen schwarzen Haar und der dicken Brille, der so blitzschnell zwischen Französisch und Deutsch hin- und herwechseln konnte, dass einem fast schwindelig wurde. Noch auffälliger allerdings war sein zeichnerisches Talent. Mit wenigen Strichen warf Pascal Porträts oder Landschaften aufs Papier und lachte verlegen, wenn Silvie ihn begeistert lobte.

«*Alors*, zum Pariser Pflastermaler reicht es vielleicht», hatte er einmal erwidert. «Um allerdings eines Tages anständig davon zu leben, habe ich noch jede Menge zu lernen.»

Der Sohn eines französischen Vaters und einer Berliner Mutter hatte seine Lehrzeit als Bühnenbildner am Schillertheater fast abgeschlossen. Dort war er auch Flori begegnet, die mit ihren Kollegen aus dem KaDeWe zur Anregung hinter die Bühne eingeladen worden war. Ob er allerdings in Festanstellung übernommen werden würde, war noch nicht entschieden, was reichlich dunkle Wolken am jungen Liebeshimmel aufziehen ließ. Denn Pascal liebäugelte offenbar mit einer Rückkehr nach Frankreich. Flori besetzte endlos das Telefon und erschien morgens verweint zum Frühstück.

«Wenn er geht, will ich nicht mehr leben», schluchzte sie. «Erst Franzi, die ich für immer verloren habe, und nun vielleicht auch noch er. Immer wenn ich meine Zwillingsseele gefunden habe, nimmt das Leben sie mir wieder weg!»

Sie war nicht zu trösten, sondern lediglich kurz zu besänftigen. Es gab nur einen, der das vermocht hätte: Pascal.

Mittlerweile war Silvie in die Bleibtreustraße eingebogen, in der sich immer mehr neue Geschäfte ansiedelten: exklusive Damenwäsche, Schuhe, ein Blumenladen, seit neuestem auch ein auf edel getrimmter Friseursalon, dem sie ihren neuen Kurzhaar-Look verdankte. Vor dem Haus Nr. 33 wartete eine schlanke Gestalt, ein junger Mann, wie sie zunächst dachte, denn er trug zu seiner Schirmmütze helle Hosen und eine dunkle Jacke, die ihm viel zu weit war.

Als sie näher kam, begann sie allerdings zu stutzen, und schließlich erkannte Silvie, wer da vor ihr stand.

«Luisa! Solltest du nicht in Dessau sein?», sagte sie. «Ohne deine Brille hab ich dich erst gar nicht erkannt!»

«Vergiss es», erwiderte ihre Stiefcousine mit matter Stimme, zog sich die Mütze vom Kopf und entblößte einen blonden Stachelkopf. «Die verlorene Brille ist noch mein kleinstes Problem. Hab im Jugendhaus einen Löffel geklaut, ihn mit voller Absicht verschluckt und dann Alarm geschlagen. Im Krankenhaus haben sie mich von oben bis unten aufgeschnitten und ihn mir wieder aus dem Gedärm geklaubt.»

Sie schlug die Jacke zurück und schob das Männerhemd nach oben. Ihren flachen Bauch teilte eine hässliche Längsnaht in zwei Hälften, die dunkelrot war und entzündet aussah.

«Wie ein Rollbraten», fuhr Luisa fort. «Das flicken sie extra so scheußlich zusammen, damit wir es bloß kein zweites Mal versuchen. Aber ein zweites Mal wird es bei mir nicht geben. Hab mir die Kleider vom Assistenzarzt geschnappt, bin aus dem Krankenhaus getürmt und in einem Lastwagen von Dessau nach Ost-Berlin getrampt. Friedrichstraße, dann nichts wie rein in die S-Bahn und im Westen wieder ausgestiegen. Ich dachte schon, ich würde niemals ankommen. Aber jetzt bin ich endlich hier. Bitte hilf mir, Silvie ...»

Sie schwankte leicht und war kaum noch zu verstehen.

«Du glühst ja», sagte Silvie erschrocken, als sie das Mädchen behutsam umarmte. «Und deine Wunde sieht gar nicht gut aus. Du musst sofort zu einem Arzt.»

«Nein!», krächzte Luisa. «Keinen Arzt. Nur ein bisschen ausruhen. Ich bin so unendlich müde ...»

Silvie rief Carl in seiner Ost-Berliner Kanzlei an, als Luisa in Floris Bett eingeschlafen war, und gab ihm so verklausuliert wie möglich zu verstehen, was passiert war.

«Ich weiß Bescheid», entgegnete er knapp. «Lydia und Jürgen hatten bereits Besuch. Dass sie keine Ahnung von Luisas Flucht hatten, wird man ihnen nicht glauben. Gleiches gilt für Amelie. Auch die werden sie kaum in Ruhe lassen.»

«Kannst du kommen?»

«In circa zwei Stunden. Bleibt am besten zu Hause.»

Woandershin hätte Luisa es in ihrem Zustand ohnehin

nicht geschafft. Selbst nach der zweiten Aspirintablette war das Fieber nicht wesentlich gesunken. Ihre Flucht in die Freiheit war viel zu kurz nach der OP erfolgt. Silvie entschloss sich, sie so bald wie möglich in eine Klinik zu bringen. Sie telefonierte kurz mit Peter, der noch immer über der Fahnenrevision brütete, weil ihm plötzlich die Bildunterschriften nicht mehr gefielen, und sagte ihre Verabredung für heute ab. Und so hockte sie ein paar Stunden später schließlich mit ihrem Onkel in der überhitzten Küche, anstatt mit dem Geliebten die kühlen Fluten des Schlachtensees zu teilen.

«Das ist leider alles andere als ein Pappenstiel», sagte Carl, nachdem Silvie ihm den ganzen Hergang erzählt hatte. «Denn da kommen gleich mehrere Straftaten zusammen: Flucht aus dem Jugendhaus, Diebstahl sowie ungesetzlicher Grenzübertritt. Eine Möglichkeit wäre, sich sofort reumütig zu stellen und ein höheres Strafmaß zu akzeptieren. Aber ich gehe davon aus, das wird Luisa nicht wollen.»

«Genau!» Die soeben Genannte war heimlich aus dem Bett gestiegen und hatte alles mitgehört. «Ich gehe nämlich nicht zurück – nie wieder!»

«Und deine Schwester? Und die Eltern?», gab Silvie zu bedenken. «Alle werden sie zu leiden haben!»

«Ja, und das ist mir auch wahnsinnig arg.» Zittrig ließ sie sich auf einen der Stühle fallen. «Aber ich halte es in Dessau einfach nicht länger aus. Dieser Drill, die vielen Strafen, die Aufseherinnen, die nur darauf lauern, dass wir einen Fehler machen. Letzten Monat hat sich ein Mädchen aufgehängt, weil sie vollkommen am Ende war …» Luisa begann zu weinen. «Aber es ist ja nicht nur dieses schreckliche Jugendhaus, das nichts anderes ist als ein Knast. Die ganze DDR ist doch ein einziges Gefängnis! Man darf nicht sagen, was man denkt, nicht tun, was man will. FREIHEIT haben wir an die Hauswände gepinselt, mehr nicht, und wurden so hart dafür bestraft. Wie satt ich das alles habe! Ich will hier im Westen leben, frei sein, mein Abitur machen und anschließend Sprachen studieren. Meine Familie kann ja nachkommen, wenn sie möchte …»

«Dein Vater würde niemals seine Gemeinde im Stich lassen, das weißt du», sagte Carl. «Und Lydia niemals ihren Jürgen. Amelie …»

«Eine Tischlerlehre lässt sich doch auch in West-Berlin absolvieren», fiel Luisa ihm schluchzend ins Wort, «wo die Möbel ohnehin viel moderner sind. Und Amelie und ich könnten wieder zusammen sein!»

«Dann hätten Jürgen und Lydia beide Mädchen verloren …», murmelte er, während Silvie beschwichtigend seinen Arm berührte.

«Ich glaube, lieber Carl, Luisa wusste ganz genau, was hier auf dem Spiel steht», sagte sie. «Und trotzdem hat sie so viel riskiert. So ist es doch, oder?»

Das Mädchen nickte.

«Dann lass sie jetzt bitte damit in Frieden. Als Erstes fahren wir in die Notaufnahme des Charlottenburger Krankenhauses, damit ihr Bauch angeschaut werden kann …»

«Aber das will ich nicht!»

«… darüber gibt es keine Diskussion, Luisa. Eine Sepsis wollen wir doch nicht riskieren, oder? Und dann Carl, was kommt danach? Bitte klär uns auf. Ich bin nämlich noch nie aus der Ostzone abgehauen.»

«Wer nach Westdeutschland oder West-Berlin übersiedelt, hat sich bei der Volkspolizei abzumelden und seinen Personalausweis zurückzugeben», sagte er. «Wer das versäumt, wird mit Gefängnis bis zu drei Monaten bestraft …»

«Aber nur, wenn sie einen kriegen», rief Luisa. «Und mich werden sie nicht kriegen, das schwöre ich euch!»

ooo

Peter van Ackern hatte sich spontan bereiterklärt, Luisa bei sich aufzunehmen, nachdem sie das Krankenhaus wieder verlassen konnte. Sie könne bei ihnen wohnen und mit der jüngeren Greta das Westendgymnasium besuchen. Doch da hatten Friedrich und Claire auch noch ein Wörtchen mitzureden. Besonders die Letztere stürzte sich geradezu auf das Mädchen, ein willkommener Ersatz für Flori, die ihre Besuche in der Villa am Branitzer Platz äußerst sparsam dosierte.

Nach endlosen tränenreichen Telefonaten mit Potsdam – aus Vorsicht über den Anschluss einer unverdächtigen Nachbarin geführt –, in denen Luisa immer wieder bekräftigte, wie unverrückbar ihr Entschluss sei, entschied sie sich schließlich, in Rikes ehemaliges Dachstübchen einzuziehen, das schon manch anderen aus der Familie beherbergt hatte. Die Entzündung war verschwunden, und der Schnitt am Bauch verheilte gut. Allerdings würde die wulstige Narbe Luisa lebenslang an ihren Ausbruch erinnern. Wie einen Orden würde sie sie tragen, versicherte das Mädchen, und jedem, der sie danach fragte, voller Stolz erzählen, wie sie entstanden sei. Die Sommerferien wollte sie nutzen, um den West-Schulstoff aufzuholen, um dann im nächsten Frühjahr das Abi abzulegen.

«Dann bin ich neunzehn. Und mein Leben fängt richtig an!»

Inzwischen war ihr Stoppelkopf in eine hübsche Kurzhaarfrisur verwandelt worden, sie trug eine neue Brille und war im *Modekaufhaus Thalheim* von Silvie höchstpersönlich eingekleidet worden.

«Noch nie hab ich so schickes Zeug angehabt.» Fast ehrfürchtig berührte Luisa die bunten Stoffe und freute sich an allem, was Silvie für sie aussuchte. Als schließlich auch noch Rike dazukam und sie zu einem lichtblauen Kleid aus der brandneuen Monroe-Kollektion überredete, kannte ihre Begeisterung keine Grenzen mehr.

Die Monroe-Linie hatte sich tatsächlich als der Renner überhaupt entpuppt – die Berlinerinnen standen Schlange, um an eines der Modelle zu kommen.

«Zu wenige, zu billig, beim nächsten Mal wissen wir es besser», resümierte Miri, als die Kleiderstangen schon nach wenigen Tagen so gut wie leergekauft waren. «Aber wir haben es geschafft. Und so hübsch wie Luisa sieht kaum eine darin aus!»

Luisa errötete, und als später auch noch Oskar, der die Damenrunde beim Eisessen im *Café Kranzler* ergänzte, einen anerkennenden Pfiff ausstieß, war ihr Glück vollkommen. Bislang hatte Silvies Bruder keinen Blick für Pfarrer Grothes ältere Tochter gehabt, heute jedoch ließ er sie kaum aus den Augen.

Luisa bestand mit Nachdruck darauf, sich für all die ihr erwiesenen Wohltaten zu revanchieren, und da Rike auf die Schnelle nichts anderes einfiel, schlug sie ihr vor, Anna nachmittags vom Kindergarten abzuholen und nach Hause zu bringen. Damit der kleine Wildfang nicht fremdelte, verbrachte Luisa einen ganzen Sonntag mit der Familie Lombardi und verabschiedete sich erst spät, weil Anna sie gar nicht mehr fortlassen wollte.

«Dit läuft», sagte Silvie genüsslich, die eine Woche später gemütlich neben Peter im Liegestuhl lümmelte. Weil es ein Montag war und fast alle arbeiten mussten, war das Badeufer am Schlachtensee erfreulich leer. Ein paar Kinder alberten im Seichten herum, einige Rentner zogen weiter draußen ihre Bahnen. Kein tragbarer Plattenspieler plärrte.

Nichts als Sonne, Wind und Wasser.

Sie hatten eine Kühltasche mit Selters und Sekt dabei und dazu Tomaten, Spreewaldgurken, Brot und ein paar Buletten eingepackt.

«Endlich mal keene größeren Probleme! Die Sendung brummt, der Umsatz ist prima, die gesamte Familie wohlauf. Kommt mir irgendwie richtig komisch vor …»

Peter lächelte zurück. «Dann könnten wir beide ja endlich mal unsere Reise planen. Was hältst du davon? Schließlich hab ich dir Capri versprochen. Und was ich verspreche, das halte ich auch!»

«Capri», wiederholte Silvie träumerisch. «Ja, das wäre schon was …»

«Liegt ganz allein an dir», sagte er. «Allerdings bitte nur bis Mitte September oder dann wieder ab Mitte Oktober. Die Zeit dazwischen gehört der Buchmesse.»

«Miri war ja so begeistert von ihrer Italienreise», sagte Silvie. Auf einmal hatte sie wieder die Bilder der winterlichen

Po-Ebene im Kopf, die sie allerdings rasch vertrieb. Die Tage dort mit Wanja waren wie ein Rausch gewesen. Jetzt sehnte sie sich danach, Landschaft und Architektur in Ruhe zu genießen. «Ravenna, Venedig, Florenz, Rom – auf der Rückfahrt dann Mailand. Dabei war es dort im März noch lausig kalt. Aber sie konnte mit dem Schwärmen trotzdem nicht mehr aufhören.»

«Capri schlägt sie alle», sagte Peter. «Denn Capri ist keine Insel, sondern ein Zustand. Türkisblaues Meer, schroffe Felsen, die Blaue Grotte …»

«Nicht zu vergessen die rote Sonne, die im Meer versinkt», feixte Silvie. «Ob ich so viel Kitsch überhaupt ertragen würde?»

«Kitschig ist es nur auf den grellen Postkarten und den handbestickten Tischdecken.» Peter war sehr ernst geworden. «Vor Ort ist es einfach überwältigend. Und diese Schönheit will ich mit dir teilen, Silvie, mit der Frau, die ich liebe. Wenn du magst, ein ganzes Leben lang.»

Silvie verschlug es die Sprache. «War das etwa ein Antrag, Peter?», flüsterte sie schließlich. «Möchtest du nicht lieber noch ein wenig warten?»

«Natürlich ist das ein Antrag. Und warten – worauf denn bitte schön? Weise und grau bin ich doch bereits!» Peter lachte. «Also, willst du die Meine werden, geliebte Silvie?» Er stand auf, beugte sich über sie und küsste sie leidenschaftlich.

«Dann sage ich ja, denn ich liebe dich auch», entgegnete Silvie, als sie wieder Luft bekam. «Mit ganzem Herzen – ja!»

«Das müssen wir feiern!» Er strahlte wie ein Junge. «Der

Ring wird natürlich nachgeliefert. Liegt schon bei mir zu Hause im Tresor und hat nur auf die passende Gelegenheit gewartet. Lass uns im *Kempinski* schick essen gehen, oder wo immer du willst!»

Silvies glückliches Lächeln erlosch urplötzlich. «Und Greta?», sagte sie. «Was ist mit Greta? Deine Tochter wird alles andere als begeistert von unserem Vorhaben sein!»

«Ich rede mit ihr», versprach er. «Und erkläre ihr alles. Greta ist klug. Schließlich …»

«… ist sie ja dein Mädchen», vervollständigte Silvie den Satz. «Aber wird sie jemals auch mein Mädchen werden wollen?»

«Bestimmt!» Seine braunen Augen begannen verdächtig zu glänzen. «Und vielleicht kommt ja über kurz oder lang noch ein weiteres Familienmitglied hinzu, wer weiß?»

Silvie fröstelte plötzlich.

Wie leicht wäre es jetzt gewesen, ihn mit einer unverbindlichen Bemerkung abzuspeisen, um den zauberhaften Nachmittag nicht zu verderben! Aber nach der schmerzlichen Erfahrung mit Wanja hatte sie sich geschworen, immer ehrlich zu sein. Lügen oder Halbwahrheiten waren keine Basis für eine glückliche Ehe.

Also, wenn nicht jetzt, wann dann?

«Für mich sind Kinder kleine Wunder», begann sie behutsam. «Das denke ich jedes Mal, wenn ich Anna oder den kleinen Matteo sehe. Wie goldig sie sind! Und wie schnell sie sich entwickeln. Dein Wunsch, Kinder mit mir zu haben, ehrt mich also ungemein. Allerdings solltest du wissen, dass ich mich einmal gegen ein Kind entschieden habe. Damals war ich sehr jung und sehr verwirrt, und ich habe es später zutiefst bereut. Meine zweite Schwangerschaft hatte sich unglücklicherweise im Eileiter eingenistet und mich fast das Leben gekostet. Ich möchte dich nicht enttäuschen, Peter. Aber ob ausgerechnet ich die richtige Frau zum Kinderkriegen bin, weiß ich wirklich nicht!»

Er zog sie hoch zu sich und umarmte sie innig.

«Ich danke dir für deine Offenheit, meine tapfere Silvie», murmelte er bewegt an ihrem Hals. «Und ich könnte mir keine andere vorstellen. Lassen wir das Schicksal entscheiden, einverstanden? Alles, was kommen mag, wird freudig von uns begrüßt.»

Jetzt wurden ihre Augen feucht.

«Ich liebe dich, Peter», sagte Silvie. «Ich liebe dich so sehr.»

In Hochstimmung fuhren sie zurück. Peter brachte Silvie in die Bleibtreustraße und fuhr dann selbst weiter zur Akazienallee, um sich für diesen besonderen Abend vorzubereiten. In den neuen cremeweißen Dessous, die sie erst vor wenigen Tagen in der Wäscheabteilung des *Kaufhauses Thalheim* erstanden hatte, tänzelte Silvie übermütig durch die Wohnung. Flori war bei Pascal, bei dem sie auch die Nacht und den darauffolgenden freien Tag verbringen würde. Der junge Bühnenbildner hatte jetzt doch das Angebot erhalten, auch nach der Lehrzeit am Schillertheater zu arbeiten, was sie beide sehr erleichterte. In Vorfreude auf den Abend mit Peter hatte Silvie sich ein Glas Martini eingeschenkt, an dem sie immer wieder nippte, während sie ihren Kleiderbestand durchging und sich schließlich für das cremefarbene Cocktailkleid mit eingewebten Rosen entschied, das auf leicht gebräunter Haut besonders elegant wirkte.

Kein Mann. Kein Haus. Kein Kind – pah!

Heute war ihre Verlobung mit dem wundervollsten Mann der Welt, und sie würde diesen hässlichen Fluch nun für immer ad acta legen können. Zum Zeitvertreib hatte sie den jüngst erstandenen Fernsehapparat eingeschaltet, in dem gerade ein ulkiger Typ mit Bart und Halbglatze am Kochen war. Sein Bauch spannte unter einer weißen Damenschürze, auf der sein Porträt plus Name prangte.

Wovon quasselte dieser Clemens Wilmenrod da gerade?

«Nehmen Sie eine Scheibe Toast, buttern Sie sie leicht, legen Sie eine Scheibe Schinken darauf und eine Scheibe Dosenananas, darauf wiederum eine Scheibe Käse, die Sie mit einer Cocktailkirsche krönen. Schieben Sie alles bei 180 Grad in den vorgewärmten Ofen – und *voilà*! Fertig ist Ihr ebenso exotischer wie schmackhafter Toast Hawaii. Ihn für Ihre Liebsten zuzubereiten, sehr verehrte Damen, ist wahrlich kein Zauberwerk …»

Das Telefon klingelte, und Silvie drehte die Lautstärke runter.

«Ja?», nahm sie leicht singend den Anruf an, weil es sich ja nur um Peter handeln konnte, der das Wiedersehen ebenso wenig erwarten konnte wie sie.

«Anna ist verschwunden.» Rike sprach so dumpf, dass Silvie ihre Schwester beinahe nicht erkannt hätte.

«Was soll das heißen – verschwunden?»

«Verschwunden eben.» Rikes Stimme schraubte sich höher. «Luisa wollte sie wie jeden Nachmittag vom Kindergarten abholen. Aber da war sie nicht mehr. Jemand hat unser Kind gestohlen, Silvie, am helllichten Tag! Was sollen wir denn jetzt nur tun?»

«Ihr wart schon dort?»

«Selbstverständlich! Sandro und Luisa sind alle Straßen abgelaufen und haben jeden gefragt, aber keiner hat sie gesehen. Vielleicht ist sie ja in ein Auto gezerrt und wer weiß wohin gebracht worden. Sie ist doch noch so klein und kann sich nicht wehren …» Rike weinte so heftig, dass sie nicht mehr weitersprechen konnte.

Während Silvies Gedanken rasten, versuchte sie verzweifelt, einen kühlen Kopf zu bewahren. «Ihr müsst die Polizei verständigen. Am besten sofort.»

«Kannst du … kommen … bitte …»

«Natürlich», sagte Silvie. «Bin gleich bei euch.»

Wie betäubt legte sie das festliche Kleid beiseite und zog ein einfaches mit Streifen an.

Peter, dachte sie. Und unsere Verlobungsfeier. Ich muss ihm Bescheid geben …

Sie stand schon neben dem Telefon, als es erneut zu läuten begann.

«Fräulein Thalheim», nölte eine Männerstimme, «wie schön, Sie nach so langer Zeit zu hören! Hatten Sie denn einen angenehmen Sommer mit netten neuen Bekanntschaften?»

Brahm!

Eiskalt lief es ihr den Rücken herunter.

«Was wollen Sie?», sagte sie unfreundlich. «Ich hab gerade sehr wenig Zeit.»

«Die Frage ist doch eher, was *Sie* wollen, verehrtes Fräulein Thalheim. Ich habe da nämlich etwas, das Ihnen sehr viel wert sein dürfte, Ihnen und Ihrer hochnäsigen Schwester …»

Sprach er von Anna? Aber das konnte, das durfte nicht sein …

«Wenn Sie der Kleinen auch nur das Geringste antun, werden Sie Ihres Lebens nicht mehr froh, das verspreche ich Ihnen!», fauchte Silvie.

«Ich hatte gehofft, dass Sie mich verstehen.» Brahm klang fast belustigt. «Eine schöne, lebenslustige Frau wie Sie, die so stark nach ihren Gefühlen und Empfindungen lebt. Und wer könnte schon garstig zu einem so bezaubernden Kind sein, es sei denn …»

«Was verlangen Sie, Brahm?», unterbrach sie ihn, weil sie sein unverschämtes Geschwafel nicht länger ertragen konnte.

«Kurz und knapp, ja, das liegt Ihnen, Teuerste, ich weiß, ich weiß! Nun denn: Dreißigtausend Mark in kleinen, gebrauchten Scheinen. Bis morgen Abend. Den Ort der Übergabe werde ich Ihnen noch rechtzeitig mitteilen. Und keine Polizei! Sonst kann ich für die Sicherheit der Kleinen nicht garantieren. Natürlich legen Sie die Klage gegen mich nieder, versteht sich ja von selbst. Und ja, da wäre noch etwas: *Sie* werden mir das Geld überbringen, Fräulein Thalheim. Ich denke, das sind Sie mir schuldig nach Ihrem letzten Auftritt und erst recht, wenn man bedenkt, wie Ihre Sippe mir das Leben versaut hat!»

Er hatte aufgelegt, und Silvies Herz schlug so schnell, dass sie Angst hatte, es könne ihr aus der Brust hüpfen. Dieses Schwein! Am liebsten hätte sie ihm die Augen ausgekratzt, aber er hatte Anna, und ihrer Nichte durfte nichts passieren.

Sie wählte Peters Nummer.

«Anna ist entführt worden», sagte sie. «Der Erpresser verlangt dreißigtausend Mark. Es handelt sich um dieses Brahm-Schwein, das Oskar und damit uns alle so in die Bredouille gebracht hat. Die Klage gegen ihn sollen wir auch niederlegen … Aber jetzt geht es erst einmal um das Kind. Ich muss sofort zu Rike und Sandro in die Giesebrechtstraße. Die beiden sind schon halb wahnsinnig vor Sorge.»

«Soll ich auch kommen?», lautete seine erste Frage.

«Ja. Nein. Ich weiß es nicht. Später vielleicht … Ich rufe dich wieder an, okay?»

«Okay. Ich bleibe in der Nähe des Telefons. Und ich bin immer für dich da, mein Herz. *Immer!*»

Mit zitternden Händen legte Silvie auf, um gleich danach Rike anzurufen, doch Sandro hob ab.

«Brahm hat Anna in seiner Gewalt», sagte sie. «Er verlangt dreißigtausend Mark. Habt ihr die Polizei schon informiert?»

«Wollte ich gerade tun …»

«Warte noch, bis ich bei euch bin. Wir brauchen einen guten Plan.»

«Ma vieni presto!» Noch nie zuvor hatte ihr Schwager sich so jämmerlich angehört.

«Natürlich komme ich sofort. Zusammen werden wir mit diesem Schwein schon fertig werden!»

Silvie packte ihre Tasche und rannte nach unten. Frisch überholt, sprang die Vespa sofort an, und Silvie war schon nach ein paar Augenblicken bei den Lombardis angelangt. Sie parkte, klingelte, spurtete die Stiegen hinauf.

Sandro öffnete. Schon im Flur hörte sie Rike laut weinen.

«Brahm hat wirklich unser Kind?», schluchzte sie, als Silvie die Küche betrat. «Ich erwürge ihn. Mit meinen eigenen Händen!»

«Er verlangt dreißigtausend Mark, die ich ihm überbringen soll», sagte Silvie, «sowie die Niederlegung der Zivilklage. Und keine Polizei. Aber diesen Gefallen werden wir ihm nicht erweisen.»

«Und wenn er Anna etwas antut?», schrie Rike auf.

«Calmati, amore», sagte Sandro und nahm sie zärtlich in den Arm. «Beruhige dich bitte! Wir müssen alle versuchen, die Nerven zu bewahren, so schwer das auch sein mag. Das ist jetzt am allerwichtigsten.»

«Sandro hat recht», bekräftigte Silvie. «Aber ohne Polizei kommen wir nicht weiter. Schließlich ist Brahm rechtskräftig verurteilt und flüchtig. Dazu kommen als schwere weitere Straftaten nun auch noch Kindesentführung sowie Erpressung. Dafür wird er lange einsitzen.» Sie wandte sich an ihren Schwager. «Wir rufen bei der Kripo an. Die sagen uns dann sicher, was zu tun ist. Soll ich das übernehmen?»

Beide nickten.

Silvie ließ sich von der Auskunft ins Polizeipräsidium an der Friesenstraße verbinden und fasste prägnant zusammen, was geschehen war. Als sie wieder auflegte, lächelte sie kurz.

«Guter Typ, dieser Hauptkommissar Schwarz», sagte sie. «Klang so klar und wirkt überaus erfahren. Ich fahre jetzt zurück in die Bleibtreustraße. Dort kommt er dann in ein paar Minuten vorbei.»

«Aber wieso denn nicht hier?», fragte Rike angsterfüllt. «Anna ist doch unser Kind!»

«Weil Brahm euch und dieses Haus vielleicht beobachtet», erwiderte Silvie.

«Und die Bleibtreustraße nicht?»

«An zwei Orten gleichzeitig kann nicht einmal er sein. Außerdem erscheint der Hauptkommissar in Zivil, und da Brahm mich ohnehin für eine verdorbene Schlampe hält, wird er denken, das sei mein neuer Liebhaber.»

«Und wenn er die Entführung nicht allein durchzieht, sondern Komplizen hat?», fragte Rike mit zitternder Stimme. «Wäre doch möglich.»

«Brahm traut nur sich selbst», erwiderte Silvie und hoffte, dass sie um einiges entschiedener klang, als sie sich tatsächlich fühlte. «Und auf dieser Basis werden wir agieren.»

Niemals waren die Stunden qualvoller verstrichen. Nach Aufforderung von Hauptkommissar Schwarz hatte Sandro ein Päckchen für die Geldübergabe präpariert. Silvie hatte sich im Sender krankgemeldet; sobald Anna wieder sicher zu Hause wäre und Brahm gefasst, würde sie mit der Wahrheit herausrücken.

Unablässig kauerte sie neben dem Telefon, unfähig zu essen oder etwas Sinnvolles zu tun. Irgendwann hatte Peter vor der Wohnungstür gestanden.

«Ich lass das Liebste in meinem Leben in solch einer Situation doch nicht allein.»

Er sorgte dafür, dass sie zumindest ausreichend trank, und gab ihr mit kurzen Umarmungen und kleinen Küssen neue Kraft.

«Du spielst ein gefährliches Spiel», sagte er. «Dieser Kerl ist unberechenbar. Ich hoffe, das weiß die Kripo ebenfalls.»

«Wissen sie», versicherte Silvie. «Und sie werden mich beschützen. Das haben sie versprochen. Ich hoffe nur, dass es Anna gut geht …»

Als das Telefon schließlich klingelte, zuckte sie zusammen.

«Haben Sie das Geld?», fragte Brahm.

«Ja. Wo und wann?»

«Och, ein bisschen freundlicher, verehrtes Fräulein Thalheim, wenn ich bitten dürfte! Was ist mit der hässlichen Klage gegen mich?»

«Niedergelegt. Wie von Ihnen gefordert.»

«Sie würden nicht wagen, mich zu täuschen. Das würden Sie doch nicht, oder?»

Silvie schluckte. «Niemals», erwiderte sie dann honigsüß und ballte dabei die Hände zu Fäusten. «Sie kennen mich doch.»

«Leider nicht gut genug, deshalb fiebere ich ja auch unserem Wiedersehen heute so entgegen. Dann will ich mal Ihre Neugier stillen: *Café Kranzler*, 17:00 Uhr, der hinterste Tisch im Freien. Und ziehen Sie sich was Hübsches an, liebste Silvie! Dürfte ja bis auf weiteres unser letztes Rendezvous sein, und das möchte ich noch einmal in vollen Zügen genießen.» Seine Stimme wurde stählern. «Halten Sie sich streng an unsere Abmachung. Sonst kann ich für nichts garantieren …»

«In einer Stunde», sagte sie zu Peter, nachdem sie aufgelegt hatte. «Und ich soll mich hübsch machen, hat er gesagt.»

«Für diesen Verbrecher? Ich könnte ihm an die Gurgel ...»

«Ich zieh das Rote an», sagte Silvie. «Darin bin ich gut zu sehen. Und die goldenen Sandalen mit den flachen Absätzen, falls ich schnell sein muss.» Sie schmiegte sich in seinen Arm. «Papa und Claire haben noch immer keine Ahnung. Offiziell macht Luisa einen Ausflug mit den Lombardis. Nicht einmal Oskar und Miri sind eingeweiht. Jetzt hab ich auf einmal doch ein furchtbar schlechtes Gewissen ...»

«Die Kripo hat gesagt, je weniger Familienmitglieder von der Aktion wissen, desto besser», beruhigte Peter sie. «Daran hältst du dich und machst dir keinen Kopf. Okay?»

«Okay.» Silvie löste sich aus seinem Arm. «Ich muss mich fertig machen. Bitte denk an mich. Jetzt wird es ernst.»

«Wenn ich könnte, würde ich es dir verbieten», sagte er. «Aber das wäre zwecklos, oder? Genauso, wie dir anzubieten, dich zu begleiten.»

«Ganz genau.» Sie schenkte ihm ein winziges Lächeln. «Wie gut du mich inzwischen doch kennst!»

Die Vespa trug sie später den Ku'damm entlang wie unzählige Male zuvor, doch niemals war sie so aufgeregt gewesen.

Wenn es schieflief.

Wenn sie Annas Leben in Gefahr brachte.

Wenn alles nur Bluff war und Brahm im letzten Augenblick mit neuen Forderungen kam ...

Sie durfte nicht daran denken.

Ein Schritt nach dem anderen, Ruhe ausstrahlen und alles so machen, wie sie es mit Schwarz verabredet hatte.

Silvie parkte und ging auf das berühmte Café zu. Der

Hauptkommissar saß an einem der Tische und hatte vor sich eine Berliner Weiße stehen. Dann waren die Männer der gemischten Paare, die die anderen Tische ringsherum bevölkerten, wahrscheinlich alles Leute aus seiner Abteilung, obwohl sie wie harmlose Gäste wirkten.

Sie gab sich Mühe, ganz normal zu laufen, dabei fühlten sich ihre Beine an wie Blei, und die Sohlen ihrer Sandalen schienen am Boden zu kleben.

Ganz hinten hockte tatsächlich Brahm. Er hatte sich nicht einmal die Mühe gemacht, sich zu tarnen. Sein blanker Schädel glänzte wie poliert im Sonnenlicht.

«Atemberaubend», sagte er, als Silvie vor ihm stand. «Nahezu göttinnengleich. Was für eine Menge Spaß uns beiden doch entgangen ist!»

«Kommen wir zur Sache.» Silvie setzte sich. «Wo ist Anna?»

«Dort drüben, in dem grauen Käfer.» Sein Daumen zeigte nach links, wo ein paar Meter weiter tatsächlich ein grauer VW parkte. «Unversehrt, wie zugesagt. Ich halte mich an meine Versprechen. Ich hoffe, Sie auch.»

Am liebsten hätte sie ihm mitten ins Gesicht gespuckt, so widerlich fand sie ihn, aber es gelang ihr, sich zu beherrschen. Sie zog das Bündel Geld aus ihrer Tasche, sorgsam eingewickelt in braunes Packpapier. Obenauf lagen die 50-DM-Scheine, davon waren die ersten dreißig echt, wie Schwarz ihr versichert hatte.

Brahm riss eine Ecke auf und betastete das Geld. «Sieht ja tatsächlich so aus, als ob man sich auf Sie verlassen könnte», sagte er schleimig.

«Auf mich?», erwiderte Silvie. «Immer!»

Langsam hob sie ihren rechten Arm – das mit Schwarz verabredete Zeichen.

Die Kripobeamten sprangen auf und hatten den Tisch so rasch umringt, dass bei ihrem Blitzstart ein paar Stühle umgefallen waren. Einer der Beamten griff nach dem Bündel und steckte es ein.

Schwarz selbst ließ die Handschellen klicken. «Werner Brahm, Sie sind vorläufig festgenommen wegen des Verdachts auf Kindesentführung und Erpressung», sagte er.

Brahm versuchte sich zu wehren, wand sich, trat, spuckte um sich, aber nichts half. Schließlich gab er auf.

«Freut euch nicht zu früh», zischte er in Silvies Richtung. «Da ist das letzte Wort noch nicht gesprochen. Das werdet ihr büßen, ihr Thalheims, alle miteinander …»

«Abführen», befahl Schwarz. «Jetzt bekommt er ausreichend Zeit, um über seine Taten nachzudenken.»

«Ich muss sofort zu Anna», sagte Silvie. «Wie sie das Ganze wohl verkraftet hat?»

«Kommissar Wiest begleitet Sie», sagte Schwarz, aber da war sie bereits losgelaufen.

Sie fanden die Kleine auf der Rückbank liegend, einen verbeulten blauen Elefanten fest an sich gedrückt. Eilig wurde das Schloss aufgebrochen.

«Mama», sagte Anna zuerst weinerlich, aber als sie Silvie erkannte, begann sie schief zu lächeln. «Tasi!» Annas Spezialname für Silvie.

Die wollte das kleine Mädchen gar nicht mehr aus den Armen lassen. «Ich bin ja so froh, dass wir dich wiederhaben», sagte sie zutiefst bewegt. «Tut dir denn etwas weh, mein Schätzlein?»

Anna schüttelte den Kopf. «Müde», sagte sie und rieb sich die Augen.

«Ja, du darfst gleich in dein schönes Bettchen! Deine Tasi und die Polizei bringen dich jetzt nach Hause.»

«Da schließe ich mich doch gerne an», sagte eine vertraute Männerstimme hinter Silvie.

«Peter!» Silvie fuhr zu ihm herum. «Aber ich hab doch ausdrücklich gesagt …»

«Glaubst du vielleicht, ich lasse dich allein mit solch einem Unhold?», sagte er. «Ich hatte natürlich gegenüber Position bezogen. Und hätte er dir auch nur ein Haar gekrümmt, wäre ich ihm an die Gurgel gegangen!»

«Du verrückter, lieber Kerl!» Sie gab ihm einen Kuss. «Der niemals macht, was man ihm sagt …»

«Darum passe ich ja auch so gut zu dir», konterte er. «Und jetzt auf zu den Lombardis!»

«Ja, auf zu den Lombardis», sagte Silvie. «Wir bringen Rike und Sandro das schönste aller Geschenke!»

10

Berlin / Capri / Berlin, Frühling 1956

Den Ring ihrer Mutter trug Silvie inzwischen an einer Kette um den Hals. Dass es an ihrer linken Hand noch immer nur den schlichten Brillantsolitär als Verlobungsring gab und an der rechten noch immer kein goldener Ehering steckte, lag an Peters Tochter Greta. Blass und energielos war das Mädchen schon längere Zeit gewesen, was der Hausarzt zunächst als ganz normalen Wachstumsschub eingeordnet hatte. Plötzlich aber begannen Gretas Röcke zu rutschen, sie litt unter nächtlichen Schweißausbrüchen und klagte über Kopfschmerzen, die zum Teil mit Erbrechen einhergingen. Zuerst glaubte der besorgte Papa noch an einen Infekt, unglücklicherweise verschleppt, doch als auf ihrer Haut blaue Flecken auftraten, brachte er seine Tochter ins Klinikum Westend am Spandauer Damm, seit 1948 die Klinik der Freien Universität Berlin.

Seit ein paar Monaten stand fest, was Greta wirklich fehlte, und die Diagnose war ein Schock: akute Leukämie.

Greta wurde sofort stationär aufgenommen, erhielt Bestrahlungen und zusätzlich einen aggressiven Medikamentencocktail, der, intravenös verabreicht, den Blutkrebs besiegen sollte. Eine Methode, die in West-Berlin und der

Bundesrepublik erst an wenigen Krankenhäusern durchgeführt wurde, in den USA jedoch schon länger erfolgreich erprobt war. Allerdings fielen daraufhin ihre dicken kastanienbraunen Haare büschelweise aus, und sie weinte, bis die Augen total zugeschwollen waren.

Ab da ging es auf und ab; mal waren die Blutwerte besser, und Greta durfte nach Hause, dann verschlechterten sie sich erneut, und sie musste zurück in die Klinik. Den ganzen Herbst und Winter über hielt dieses aufreibende Hin und Her Peter und damit natürlich auch Silvie in Atem und ließ weder Raum für konkrete Hochzeitsplanungen, noch für die ersehnte Capri-Reise. Beide bemühten sich, tapfer zu sein, was ihnen meistens auch gelang.

Doch leider nicht immer.

Es gab durchaus Momente, da fühlte Silvie sich nur noch mutlos, voller Angst, Gretas Krankheit könne den Zauber ihrer Beziehung mit Peter zerstören. Sie war sogar so weit, ihm eine Trennung auf Zeit vorzuschlagen, damit er sich ganz auf sein Kind konzentrieren könne, doch davon wollte Peter nichts wissen.

«Das würde mich umbringen», protestierte er leidenschaftlich. «Du bist doch mein Halt in stürmischer See, Silvie. Ohne dich läge ich längst zerschmettert auf dem Meeresgrund.»

Also ertrug sie weiterhin an seiner Seite Hoffnungen und Enttäuschungen, die kurzen Phasen der Euphorie ebenso wie die tiefen Täler der Angst um seine Tochter. Gretas schwere Erkrankung war wie ein gnadenloser Schmirgelprozess, rieb Oberflächliches ab, bis nackte, verletzliche Haut darunter zum Vorschein kam. Silvie hatte das Gefühl, sich schützen zu müssen, um nicht vollkommen zerrieben zu werden. Lesen half dabei, Musikhören, lange Spaziergänge im Grunewald, während derer sie halblaut Selbstgespräche führte.

Silvie brauchte diese kleinen Auszeiten.

Aus diesem Grund war sie auch noch nicht in Peter van Ackerns Haus in der Akazienallee übersiedelt, obwohl er das zutiefst bedauerte. Trotzdem hätte sich ein Zusammenwohnen zum jetzigen Zeitpunkt für Silvie nicht richtig angefühlt, denn das Zögern, diesen Schritt zu wagen, rührte tief aus ihr selbst. Die vertrauten Räume in der Bleibtreustraße, seit Kriegsende so eng mit ihrem Leben verknüpft, waren ihr Rückzugsort, den sie zum Kraftauftanken dringend brauchte.

«Du liebst meinen Vater ja wirklich», sagte Greta, als Silvie an einem jener kühlen, verregneten Apriltage, an denen man befürchten konnte, es würde nie wieder richtig Frühling werden, in die Akazienallee gekommen war. «Sonst hättest du diese Besuche bei mir sicherlich längst eingestellt. Um mich wird es dir ja wohl kaum gehen.»

«Richtig», erwiderte Silvie. «Und falsch zugleich. Punkt eins: Ja, ich liebe deinen Vater, finde ihn famos und wunderbar. Punkt zwei: Natürlich geht es mir um dich. In deiner gnadenlosen Kompromisslosigkeit imponierst du mir sehr. Klüger wäre allerdings, du würdest diese enorme Kraft nicht gegen mich, sondern endlich für dich selbst einsetzen.»

«Was soll das heißen?» Gretas Augen, ebenso braun und neugierig wie die ihres Vaters, starrten Silvie an. Seitdem sie keine Haare mehr hatte, wirkte ihr Gesicht kindlicher und verwundbarer. Die hohe, leicht gewölbte Stirn hatte sie offenbar von ihrer Mutter geerbt, ebenso die vollen, oft trotzig aufgeworfenen Lippen. Ingrid van Ackern war keine klassische Schönheit gewesen, aber eine sehr attraktive Mischung aus Zerbrechlichkeit und Stärke, wie die Fotografie bewies, die in einem Silberrahmen auf dem Nachtkästchen der Tochter stand.

«Ganz einfach. Der Krebs attackiert dich. Okay, dann attackier ihn zurück», erwiderte Silvie. «Er ist dein Feind, nicht ich. Ich will lediglich mit deinem Vater glücklich sein.»

«Jetzt redest du mit mir, als sei ich zwölf», fuhr Greta auf.

«Genauso kommst du mir manchmal auch vor», konterte Silvie. «Niemand kann etwas für deine Krankheit. Und nur du selbst kannst beschließen, wieder gesund zu werden.»

Eine ganze Weile blieb Greta stumm.

«Das klingt jetzt fast wie das Gelaber von diesem jungen Pfaffen, der einmal die Woche bei mir auftaucht und auf verständnisvoll macht», sagte sie schließlich. «Dabei bin ich nicht einmal katholisch! Ich solle die Krankheit annehmen. Sonst noch was. Ich denke gar nicht daran.»

«Genau hinzuhören kann auf keinen Fall schaden. Dann würdest du vielleicht merken, wer es gut mit dir meint. Ich zum Beispiel.» Silvie zog einen leichten Schal aus ihrer roten Handtasche, die sie zu einem Pepitakostüm aus der neuen Frühlingskollektion kombiniert hatte, und legte ihn zur Schlange eingekringelt auf die Bettdecke. «Orange mit Türkis, verwoben in einem Muster, das ursprünglich aus Persien stammt und Paisley genannt wird. In Mailand tragen das jetzt alle jungen Mädchen. Dürfte ziemlich heiß an dir aussehen.»

«Bestechung?», fragte Greta, aber ihre Mundwinkel kräuselten sich doch ganz leicht.

«Natürlich», bekräftigte Silvie lächelnd. «Und ich mache gern damit weiter, wenn du magst.»

Noch lange nicht der Beginn einer Freundschaft, doch immerhin zeigten sich erstmals Risse im meterdicken Beziehungseis. Eine Woche später brachte sie Greta *The Catcher in the Rye* als Originalausgabe mit, beim folgenden Besuch ein Fläschchen zartrosa Perlmuttnagellack.

Heute hatte Silvie eine jadegrüne Sonnenbrille dabei, auf deren Bügeln bunte Kristalle glitzerten.

«Jetzt muss es ja warm und sonnig werden», sagte Silvie, als Greta so gar keine Begeisterung aufbrachte. «Und wenn du dann gemütlich mit einem Buch in eurem Garten sitzt …»

Mit einer wütenden Geste fegte das Mädchen die Sonnenbrille vom Bett.

«Die braucht man nicht im Sarg», fauchte sie. «Und genau da werde ich landen, wenn sie keinen geeigneten Rückenmarkspender für mich finden. Die Bestrahlungen und das ganze Gift reichen nämlich nicht. Die neue Methode wäre ohnehin nur ein Versuch.»

«Was ist passiert?», fragte Silvie.

«Papa kommt als Spender nicht in Frage. Mit seinen Werten klappt es nicht. Mama ist tot, und andere Verwandte haben wir nicht.»

«Müssen es denn unbedingt Verwandte sein?», fragte Silvie.

Greta schüttelte den Kopf. «Aber wer sonst unterzieht sich schon freiwillig einer Narkose, während derer sein Beckenkammknochen malträtiert wird?», entgegnete sie mürrisch. «Ich kann ja schlecht mit einem Schild SPENDER GESUCHT auf'm Ku'damm spazieren gehen!»

«Also, ich wäre bereit, mich testen zu lassen», bot Silvie an.

Greta blickte sie verblüfft an. «Das würdest du tun?»

«Einen Versuch wäre es wert», sagte Silvie. «Ich möchte dich doch unbedingt mit der neuen Sonnenbrille im Garten sehen.»

Sie hatte spontan gehandelt, so wie es ihre Art war. Kurz darauf stellten sich Zweifel ein. Schließlich hatte Silvie keinen Schimmer, worauf sie sich bei einer solchen Prozedur einließ, aber Peters strahlendes Gesicht machte alles wieder wett. Gleich zwei Tage darauf ließ Silvie sich in der Uniklinik testen, doch leider fiel das Ergebnis negativ aus. Auch sie kam als Knochenmarkspenderin für Greta nicht in Frage.

Ihre Enttäuschung darüber teilte sie ihrem Vater und Claire mit, die sie zum Kaffeetrinken in die Villa am Branitzer Platz eingeladen hatten. Später wollten sie die TV-Übertragung der Hochzeit des monegassischen Fürsten Rainier III. mit der amerikanischen Hollywood-Diva Grace Kelly ansehen. Im Kaufhaus hatte Sandro im Vorfeld rechtzeitig für reichlich Tüll- und Spitzenvorräte gesorgt; dieses Mal standen genügend Schneiderinnen und Konfektionäre zur Verfügung, um das Brautkleid in allen Größen für die Kundinnen anzufertigen. Der Ansturm würde enorm sein, denn die schöne Amerikanerin war das Idol unzähliger Frauen diesseits und jenseits des Atlantiks.

Beste Aussichten für eine stattliche Umsatzsteigerung bei den Thalheims.

Silvie nippte betrübt an ihrem Kaffee. «Ich hätte so gern geholfen», sagte sie. «Wenn Peter jetzt auch noch die Tochter verliert …»

«… wird vielleicht nichts aus eurer Heirat? Was ich überaus bedauern würde», sagte Friedrich, während er von Claire das dritte Törtchen mit Mandarinen und Schlagsahne serviert bekam, eine neue Kreation von Clemens Wilmenrod, dem Fernsehkoch, dessen nachmittägliche Sendungen sie eifrig verfolgte. «Peter ist doch endlich mal ein Mann von Format. Einer, zu dem du aufschauen kannst.»

«Gar nichts hast du kapierst, Papa», erwiderte Silvie verärgert. «In unserer Beziehung gibt es kein Oben und Unten. Peter und ich lieben uns auf Augenhöhe. Und *weil* es so ist, wollte ich sein Kind retten.»

«Ich finde, dein Vater hat gar nicht so unrecht», kommentierte nun Claire. «Ein Mann, der seine Frau beschützt, ist doch eine feine Sache. Die beiden in Monaco machen es auch nicht anders. Und es gibt nun mal Angelegenheiten, in denen die Männer sich einfach besser auskennen als wir Frauen.»

«Ich brauche keinen Mann, hinter dem ich mich verstecken kann», sagte Silvie. «Aber das scheint einigen Frauen ja anders zu gehen. Gleich nach dem Krieg warst du so stark und selbstbewusst. Keine konnte an den Loren besser anpacken als du. Diese Claire von damals vermisse ich manchmal.»

Claire war so blass geworden, dass sie in dem hellen Grün ihres eleganten Wollkleids plötzlich wie ein Gespenst wirkte.

«Ich verstecke mich ganz und gar nicht», erwiderte sie mühsam beherrscht, «sondern ich halte meinem Mann den Rücken frei, was ein gewaltiger Unterschied ist. Bei bester Gesundheit ist er ja auch nicht, wie alle sehr wohl wissen. Und meinst du vielleicht, so ein großes Haus läuft von ganz allein, selbst wenn mich eine Zugehfrau stundenweise unterstützt? Von unseren gesellschaftlichen Verpflichtungen will ich erst gar nicht reden! Außerdem habe ich dich, Rike und Oskar beim Heranwachsen begleitet, selbst ein Kind zur Welt gebracht und es großgezogen. Momentan helfe ich einem weiteren jungen Wesen dabei, ein gutes Abitur zu machen, wofür Jürgen und Lydia mir übrigens sehr dankbar sind …» Claire deutete mit einem Nicken auf Luisa, die bislang so still vor ihrem Kuchenteller gesessen hatte, dass die Thalheims sie fast vergessen hatten. «Ich muss nicht draußen arbeiten gehen, falls du das meinst. Ich werde hier gebraucht!»

«Lass dich doch von Silvie nicht provozieren», polterte Friedrich. «Wie wir zusammen diese Ehe führen, ist ganz wunderbar. Eine von diesen … fanatischen Frauenrechtlerinnen wäre mir niemals über die Schwelle gekommen! Du leistest sehr viel, *Chérie*, das weiß ich, und ich bin dir jeden einzelnen Tag dafür dankbar.»

Seine Miene verriet, dass er kurz vor dem Explodieren war, und obwohl Silvie noch jede Menge zu sagen gehabt hätte, verzichtete sie heute lieber darauf.

«Gut», sagte sie stattdessen. «Dann lasst uns zur Sache kommen, die Hochzeit geht gleich los …» Sie stand auf und wollte gerade zum Fernseher gehen, als Luisa sich auf einmal einmischte.

«Einen Augenblick noch», sagte sie. «Tut das eigentlich weh, wenn man sein Knochenmark spendet?»

Heute trug sie ein puderrosa Twinset, das ihrem hellen Teint und den silberblonden Haaren schmeichelte, die inzwischen bis zum Kinn nachgewachsen waren. Sie besaß noch immer etwas Zartes, fast Ätherisches, das ungemein anziehend wirkte. Immer öfter sahen ihr junge Männer hinterher, wenn sie beschwingt durchs Westend flanierte, doch sie ließ sich von keinem ansprechen.

«Mir hat man gesagt, es würde sich hinterher wie ein stärkerer Muskelkater anfühlen», sagte Silvie. «Den Eingriff selbst spürt man nicht, man bekommt ja eine Narkose. Und anschließend Eisentabletten, um die roten Blutkörperchen fit zu machen. Weshalb willst du das wissen?»

«Weil ich dem Leben etwas zurückgeben möchte. Ihr seid alle so lieb zu mir, lasst mich bei euch wohnen, gebt mir zu essen, habt mich von Kopf bis Fuß neu eingekleidet. Natürlich vermisse ich meinen Vater und Amelie und auch Lydi, und ich freue mich immer, wenn ich sie kurz wiedersehe. Jetzt jedoch seid ihr meine zweite Familie. Das gilt besonders für dich, Claire ...»

Die lächelte beglückt.

«Ich werde mich untersuchen lassen. Vielleicht kann ich ja Peters Tochter helfen.»

«Aber du bist doch mitten im Abi!», protestierte Friedrich. «Außerdem steckt diese neue Methode noch in den Kinderschuhen!»

«Und wennschon! Ohne Mut geht es doch nicht! Mathe, Englisch und Französisch sind bereits geschrieben. Und der Deutschaufsatz am Donnerstag dürfte mir nicht weiter schwerfallen.» Luisa stand auf. «Vielleicht kommt ja sogar etwas von meinem geliebten Schiller dran, dann könnte es sich fast wie Fliegen anfühlen.»

«Erstaunliches Mädchen», sagte Claire, kaum hatte Luisa das Wohnzimmer verlassen. «Aus dem zerrupften Entlein aus Potsdam, das wir im letzten Sommer aufgelesen haben, wird immer mehr ein anmutiger Schwan. Das Niedliche daran ist, dass sie selbst es noch gar nicht weiß …»

«Was sich schneller ändern kann, als dir lieb ist», unterbrach Friedrich sie. «Noch ist sie folgsam und dankbar, aber irgendwann wollen die jungen Leute doch nur machen, wonach ihnen der Kopf steht, ganz egal, was die Eltern für sie aufgebaut haben. Denk nur mal an Oskar. Der fand sich schon immer umwerfend und macht daher auch, was er will, ohne an die Folgen zu denken, für die dann andere blechen können.»

Silvie war bass erstaunt. So hatte ihr Vater noch nie von seinem Kronprinzen gesprochen. Ihr selbst kam er nach der Pleite mit Brahm und der Anstellung in Markus' Filmproduktion verändert vor, ruhiger, zufriedener, nicht mehr ganz so unstet. Allerdings sahen sie sich viel zu selten, um das wirklich beurteilen zu können. Womit er seine Abende und die Wochenenden verbrachte, wenn keine Sonderschichten am Set angesagt waren, wusste sie nicht.

Oskars Privatleben blieb nach wie vor sein Geheimnis.

Doch Friedrichs Ärger ging noch weiter.

«Und Flori, einst dein heißgeliebter *puce*», wandte er sich erneut an Claire, «eifert ausgerechnet in diesem Punkt dem großen Bruder nach. Neulich hat sie mich doch tatsächlich gefragt, was man von einer abgeschlossenen Lehre eigentlich habe. Hat unsere Jüngste denn nichts von dem mitgenommen, was wir ihr hier über all die Jahre beigebracht haben?»

Seine Geste umschloss die liebevoll gedeckte Kaffeetafel mit dem modernen Hutschenreuther-Porzellan, den orientalischen Seidenteppich in Pastelltönen, die Ölbilder an den Wänden. Alles gediegen und geschmackvoll, ebenso wertig wie kostspielig.

«Vertrau ihr», sagte Silvie. «Flori ist vollkommen in Ordnung und weiß, was sie tut.»

«Das predigst du uns jetzt schon seit Jahren, aber die Resultate sind leider nicht überzeugend.» Friedrich leerte seine Kaffeetasse und stellte sie energisch zurück auf den Unterteller. «Was soll sie anfangen, nachdem sie die Lehre abgeschlossen hat, kannst du mir das sagen? Im KaDeWe bis zum Sankt-Nimmerleins-Tag Schaufensterpuppen an- und auskleiden?»

«Ihr Freund arbeitet als Bühnenbildner im Schillertheater ...»

«Noch schlimmer! Wir sind ein grundsolides Familienunternehmen der Textilbranche. Ich habe mir jahrelang den Rücken krumm geschuftet, um für die Familie etwas aufzubauen, und außer Rike ist keines meiner Kinder bereit, auch nur im Entferntesten Verantwortung zu übernehmen. Der Sohn, der mein Nachfolger werden sollte, ist im Filmgeschäft, Florentine fehlt ein anständiges Abitur für einen guten Start ins Leben, und ...»

«... dann wäre da noch die ungeratene Tochter beim Radio», fiel Silvie ihm ins Wort, äußerlich ruhig, obwohl es in ihr brodelte. «Dass sie anständig moderieren und halbwegs intelligent mit der Presse umgehen kann, ist so weit ganz okay, sobald Not am Mann ist, habe ich recht? Aber in deinen Augen zählt es nicht wirklich. Tut mir leid, Papa, aber mir liegen betriebswirtschaftliche Kalkulationen und Stoffeinkauf, wie Rike und Sandro sie erledigen, nun mal nicht. Ich kann weder Schnitte entwerfen noch Kleider nähen. Dafür haben wir ja schließlich Miri. Was genau willst du also von mir?»

«Dass du Verantwortung übernimmst, uns mehr unter die Arme greifst. Deine große Schwester kann das Geschäft allein nicht schultern, außerdem muss sie sich intensiver ihrer Familie widmen. Was der kleinen Anna zugestoßen ist, darf sich niemals wiederholen, darüber sind wir uns ja wohl alle einig.»

«Brahm sitzt für die nächsten sechs Jahre in der JVA Tegel ein», sagte sie so ruhig wie möglich, spürte aber, wie sie zu schwitzen begann. «Du hast doch neben mir im Gerichtssaal mit eigenen Ohren das Urteil gehört, das der Richter verkündet hat. Der kann uns also vorerst nichts mehr antun.»

Silvie hatte es überzeugter vorgebracht, als sie in Wirklichkeit war. Noch immer quälten sie Albträume, in denen Brahm nach Anna griff, sie durch die Luft schleuderte oder brutal in ein Auto zerrte. Und was waren schon sechs Jahre, wo die Zeit doch wie im Flug verging? Möglicherweise verstellte sich Brahm im Knast und wurde wegen guter Führung früher entlassen. Dass ihre Zivilklage gegen ihn dann wieder akut wäre, war nur ein geringer Trost. Allein der Gedanke an diesen Mann brachte sie zum Frösteln.

«Ich habe dich heute eingeladen, weil ich etwas mit dir besprechen wollte, Silvie», sagte Friedrich. «Wir brauchen im Kaufhaus jemanden, der das Personalwesen übernimmt. Du hast ein gutes Auge für Menschen und kommst mit allen rasch in Kontakt. Ich erwarte nicht, dass du täglich im Modekaufhaus anwesend bist, aber mit einmal pro Woche ist es dann natürlich nicht mehr getan. Unsere Verkäuferinnen brauchen einen Ansprechpartner, jemanden, der für sie da ist. Wie du weißt, kommen ja noch immer viele von ihnen Tag für Tag aus Ost-Berlin zum Arbeiten in unser Geschäft, was ganz eigene Probleme aufwirft. Ein anständiges Salär versteht sich von selbst ...»

Sie ließ ihn weiterreden und hing den eigenen Gedanken nach.

Seinen Vorschlag anzunehmen, würde das Ende ihrer Tätigkeit beim RIAS bedeuten, jedenfalls so gut wie, da machte sie sich nichts vor. *Stimmen* könnte sie vielleicht noch eine Weile weiterführen, wenngleich die Recherchen wegen des Zeitmangels schwieriger werden würden. Doch aus dem Tagesgeschäft, dem direkten Kontakt mit den Kolleginnen und Kollegen aus den verschiedensten Ressorts, wäre sie definitiv raus.

Was leider auch hochinteressante Informationen mit einschloss, an die sie dann nicht mehr gelangen würde. So hatte beispielsweise Nikita Chruschtschow im Februar während des XX. Kongresses der Kommunistischen Partei der Sowjetunion in einer vierstündigen Rede das bisherige Idol Stalin entthront, ihn des übertriebenen Personenkults beschuldigt und von Verbrechen gesprochen, die unter seinem Regime begangen worden waren. Ganz nebenbei war durchgesickert, dass der verstorbene Diktator bei ausschweifenden Saufgelagen vorzugsweise amerikanische Musik und Cowboy-Filme eingesetzt hatte, um seine Zechkumpane in gelöste Stimmung zu versetzen – und anschließend gnadenlos das gegen sie zu verwenden, was sie in berauschtem Zustand ausgeplaudert hatten.

Silvie hatte gebannt mitverfolgt, wie sich die SED-Führung unter dem steifen Staatsratsvorsitzenden Walter Ulbricht mit dieser neuen Lage abmühte! Stalin, der alte Freund der DDR, war plötzlich zur Persona non grata degradiert, von der man sich verzweifelt abzugrenzen versuchte, um es sich mit den aktuellen Machthabern im Kreml nicht zu verscherzen …

All diese spannenden Entwicklungen hautnah zu verfolgen, sollte plötzlich nicht mehr möglich sein? Stattdessen wäre sie bis zum Hals ins Familienunternehmen eingebunden, den alten und neuen internen Streitigkeiten und Machtkämpfen ausgesetzt, vor denen sie bislang erfolgreich geflohen war. Und was, wenn der mit Oskar ausgehandelte Kompromiss platzte und ihr Zwillingsbruder nie wieder ins *Modekaufhaus Thalheim* zurückkehrte? Dann könnte sie die kleine Buchhandlung am Savignyplatz für immer vergessen. Peter und sie sprachen so viel über Literatur, dass Silvie die Idee eines Ladens, vollgestopft mit Büchern, nicht mehr losließ. Ein Herzenstraum …

«Hörst du mir überhaupt zu, Tochter?» Friedrich hatte einen roten Kopf bekommen, wie immer, wenn er sich aufregte. Sein fülliges Kinn wackelte leicht beim Sprechen, und wann genau war er eigentlich so grau geworden? Er war ein Machtmensch, der sich gelegentlich auch wie ein kleiner Diktator aufführen konnte, aber plötzlich tat er Silvie leid. Das *Modekaufhaus Thalheim* war sein Leben. Was würde ihm bleiben, wenn er es einmal nicht mehr führen konnte?

«Und ob ich dir zuhöre, Papa», sagte sie. «Aber du musst mir schon zugestehen, über deinen Vorschlag in Ruhe nachzudenken, denn mein Leben gehört noch immer mir. Was sagt denn überhaupt Rike dazu?»

«Ist einverstanden», entgegnete er so schnell, dass Silvie ahnte, welche Kämpfe abgelaufen sein mussten.

«Außerdem werde ich mich mit Peter besprechen», fuhr sie fort. «Danach gebe ich euch Bescheid.»

«Jetzt geht es los.» Aufgeregt raschelte Claire mit der Fernsehzeitung, und Friedrich stand auf und schaltete das Gerät ein. Eine Weile starrten sie alle drei schweigend auf die Mattscheibe.

«Was für eine wunderschöne Braut!», sagte Claire schließlich ergriffen. «Dieser Rainier ist ein echter Glückspilz!»

«*Bye-bye*, Freiheit», lautete Silvies Kommentar. «Als Gracia Patricia wird sie nie wieder vor der Kamera stehen dürfen. Und sie muss auch noch so tun, als habe sie sich nichts anderes gewünscht.»

«Hast du das Spitzenoberteil gesehen – so keusch und hochgeschlossen. Und der wunderschöne Schleier. Ganz unschuldig!», hauchte Claire hingerissen.

«In der Klatschpresse stand zu lesen, dass Grace Kelly jede Menge Romanzen mit ihren Filmkollegen hatte und alles andere als ein Kind von Traurigkeit sein soll, liebe Claire», konterte Silvie mit leichtem Grinsen. «Und ihr millionenschwerer Vater musste den verarmten Rainier mit einer beachtlichen Mitgift ködern, damit er anbeißt. Aber träum dein schönes Märchen von der reinen Prinzessin und ihrem stolzen Fürsten ruhig weiter. Damit bist du nicht allein. Millionen von Frauen tun dasselbe!»

○○○

Niemals würde sich Silvies empfindliche Nase ganz an dieses strenge Potpourri aus Karbol, Desinfektionsmitteln und Angst gewöhnen, nach dem es auf allen Fluren des Krankenhauses durchdringend muffelte. Doch in den vergangenen drei Wochen hatte sie die Technik entwickelt, nur noch ganz flach zu atmen, sobald sie hier ankam, was es erträglicher machte. Zusammen mit Peter stand sie in der neuen Immunabteilung der Uniklinik, durch eine Glaswand vom Isolierzelt getrennt, in dem Greta lag. Zwei mal zwei Meter, ein Bett, ein Stuhl, ein Nachtkästchen, ein Radioapparat, ein Stapel nagelneuer Bücher, mehr hatte das Mädchen hier bislang nicht zur Verfügung. Jede Infektion wäre bedrohlich gewesen; und so beschränkte sich der Kontakt nach draußen auf das von Paul angeschleppte Mikro über dem Bett, mit dessen Hilfe sie via Belüftungsklappe mit ihren Besuchern kommunizieren konnte.

Ja, es war so etwas wie ein Wunder geschehen: Luisa war tatsächlich als Spenderin für Greta in Frage gekommen, und sie hatte sich dem spektakulären Eingriff sofort nach den mündlichen Abiturprüfungen unterzogen. Unmittelbar nach der Knochenmarkübertragung war Greta niedergeschlagen gewesen, weil sie noch nicht an ein Gelingen glauben konnte. Doch zum Glück ging es langsam, aber stetig bergauf. Das Mädchen hatte sich auf die neue Situation eingelassen; inzwischen fand sie weder die Venenkatheter an beiden Armen lästig, noch klagte sie darüber, dass das Essen zu fad sei, das sie wegen der vielen Medikamente nicht mehr richtig schmecken konnte. Heute wirkte sie ausgesprochen gut gelaunt, geradezu fröhlich. Dabei konnte Greta ja nicht ahnen, was Silvie und Peter als Mitbringsel dabeihatten: einen Phonokoffer von Philips, Hutschachtel genannt.

Beide hatten sie sich größte Mühe gegeben, bei der Musikauswahl Gretas Geschmack zu treffen. So waren unter anderem *The Great Pretender* von den *Platters* dabei, *Diana* in der deutschen Version von Peter Kraus, Dean Martin mit *Memories Are Made of This* und als besondere Überraschung der Song *Heartbreak Hotel*, interpretiert von einem jungen Sänger namens Elvis Presley, der in den USA gerade durch die Decke ging.

Doch Peter kam gar nicht dazu, ihr das noble Präsent schmackhaft zu machen, denn Greta plapperte ununterbrochen.

«Luisa kommt mich jeden Tag besuchen, könnt ihr euch das vorstellen? Inzwischen sind wir beste Freundinnen, vom gleichen Stamm, sagen wir immer.» Sie kicherte übermütig. «Wie klug sie ist! Und was sie nicht schon alles gelesen hat … der reinste Wahnsinn, sag ich euch! Da muss man gar nicht mehr überheblich auf die Ostzone herunterschauen, wie die Lehrer es uns immer weismachen wollen – was Literatur betrifft, sind die dadrüben uns ganz schön überlegen!» Sie schüttelte den Kopf, auf dem gerade wieder erster rötlich brauner Flaum spross. «Also bringt mir bitte bloß nicht mehr diese peinlichen Backfischbücher mit! Aus dem Alter bin ich definitiv raus. Luisa und ich lesen gerade Büchners *Woyzeck*, und als Nächstes wollen wir uns Albert Camus vornehmen, der soll ganz besonders toll schreiben, hat sie mir erzählt.»

Peter räusperte sich verdutzt, und Silvie versetzte ihm einen sanften Seitenrempler.

«Camus find ich klasse», sagte sie. «Sein Roman *Der Fremde* hat mich tief beeindruckt. Ich habe mein altes Schulfranzösisch mächtig aufpoliert, damit ich ihn im Original lesen konnte, und das hat sich wirklich gelohnt.»

«Du kennst Camus?» Greta klang überrascht.

«Bislang leider nur dieses eine Werk. Aber vielleicht könnt ihr beide mir ja Tipps geben, womit ich weitermachen soll.»

«Können wir», erwiderte Greta leicht gönnerhaft. «Schließlich habe ich noch sechzig Tage vor mir, die ich hier irgendwie rumkriegen muss. Ohne Luisa wäre es garantiert die reinste Qual, und ich würde vor Langeweile krepieren. Aber zusammen mit ihr …»

«… die ja auch Musik so gern mag, wie ich gehört habe.» Da war er endlich, der Einsatz, auf den Peter schon gelauert hatte.

«Musik?» wiederholte Greta voller Skepsis.

«Musik, ganz genau», bekräftigte nun auch Silvie. «Schwester, wenn Sie dann bitte mal so freundlich wären?»

Die junge Krankenschwester, von Kopf bis Fuß in Schutzkleidung, trug das Überraschungsgeschenk ins Isolierzelt.

Gretas Augen wurden groß, als sie erkannte, was es war.

«Spitze!», entfuhr ihr, und sie begann verzückt zu lächeln. «Und der kann wirklich zehn Singles hintereinander spielen, ohne dass man dazu aufstehen muss?»

«Kann er», versicherte Peter jenseits der Glasscheibe mit feuchten Augen. «Es sind jede Menge Songs aus den USA dabei, da ich ja weiß, dass dir deutsche Schlager nicht so liegen. Aber auch dort gibt es natürlich große Unterschiede. Sag uns einfach, welche dir am besten gefallen. Dann arbeiten wir uns in dieser Richtung weiter vor.»

Greta nickte.

«Mach ich», versicherte sie. «Keine üble Idee übrigens.»

Zum ersten Mal seit Wochen verließen Peter und Silvie das Krankenhaus nicht in gedrückter Stimmung.

«Sie hat neuen Lebensmut gefasst», sagte Peter bewegt, während er seinen Opel Kapitän startete. «Meine aufsässige Tochter beschäftigt sich freiwillig mit Büchner und Camus – wer hätte das jemals für möglich gehalten!»

«Bei dem Vater eigentlich kein Wunder», sagte Silvie, die sich ebenfalls sehr erleichtert fühlte. «Aber ich freue mich mit dir. Für ihre Begriffe war Greta gerade eben fast dankbar. Habe ich so noch nicht bei ihr erlebt.»

«Das muss sie auch nicht.» Peter hatte plötzlich gebremst. «Kinder sind ihren Eltern gegenüber zu nichts verpflichtet, finde ich. Auch nicht zur Dankbarkeit. Dass sie auf der Welt sind, war schließlich unsere Entscheidung, nicht ihre.»

Erneut kam Silvie das Gespräch mit ihrem Vater in den Sinn, über das sie seitdem so viel nachgedacht hatte. Innerlich hatte sie sich gerade zu einem Ja durchgerungen, allerdings zu ihren Bedingungen. Drei Tage Radio mussten weiterhin drin sein, sonst würde sie das nicht durchstehen. Doch noch immer hielten sich hartnäckige Zweifel. Reichten diese paar Tage für den RIAS wirklich aus? Würde sie mit dieser Entscheidung nicht alles verlieren, was sie sich dort in langen Jahren so mühsam aufgebaut hatte?

«Oder soll ich doch lieber absagen?», fragte sie. «Und nicht die Personaltante spielen?»

«Mach es nur, wenn es sich wirklich gut für dich anfühlt.» Er gab erneut Gas. «Nichts anderes zählt.»

«Und woher soll ich das wissen, wenn ich es nicht ausprobiert habe?» Sie begann mit ihrem Schal zu spielen. «Schenk hat übrigens ganz merkwürdig reagiert, als ich im Sender die Sprache darauf gebracht habe. Kein bisschen bestürzt, wie ich eigentlich vermutet hatte, sondern fast erleichtert. Beinahe, als sei er froh, mich loszuwerden.»

«Bildest du dir sicherlich nur ein. Vielleicht hatte er einfach einen schlechten Tag.»

«Ich bin denen zu unabhängig, das ist es. Und dann meine Zurückhaltung, als sie mich auf einmal in den Frauenfunk stecken wollten. Ich hab wirklich nichts gegen Hausfrauen. Aber Kuchenrezepte abzulesen und dazu Rudi Schurike aufzulegen, liegt mir einfach nicht. Doch an meinem Wunschkonzert für West und Ost hänge ich sehr, und *Stimmen* möchte ich so lange weitermachen, wie es nur irgend möglich ist. Das versteht du doch, oder?»

Peter legte seine Hand auf ihr Knie. «Und ob ich das verstehe! Du bist übrigens besonders bezaubernd, wenn du dich so aufregst, Silvie», sagte er. «Lass uns heute Abend ausgehen! Das haben wir schon so lange nicht mehr gemacht. Es gibt da einen neuen Jazzschuppen in Dahlem, der soll sehr besonders sein …»

«*Die Eierschale*? Dort tritt diese und nächste Woche Paul mit seiner Band auf. Ich wollte dich schon fragen, aber wegen Greta …»

«Unser Mädchen ist auf dem Weg der Besserung», sagte Peter mit einem tiefen Seufzer der Erleichterung. «So glücklich hab ich sie schon lange nicht mehr erlebt. Deine Idee mit dem tragbaren Wechselplattenspieler war einsame Spitze – und unser Erfolg wird heute gebührend gefeiert!»

Das Kellerlokal *Die Eierschale* war überfüllt, total verraucht, und es herrschte beste Stimmung. Nach dem zweiten Gin Tonic fiel die Anspannung der letzten Wochen langsam von Silvie ab. Der Sender wusste Bescheid, die Hochzeitskollektion lief hervorragend an, und Greta war auf dem Weg der Besserung.

Schöner konnte das Leben gerade kaum sein …

The Crazy Creatures waren in Höchstform, spielten abwechselnd Jazz und Blues, aber auch einige der fetzigen neuen Rock-'n'-Roll-Stücke, die Peter so liebte. Übermütig wirbelte er Silvie auf der Tanzfläche herum, bis ihr schwindelig wurde, aber er war nicht zu bremsen.

«Jetzt wird gelebt, mein Herz», rief er. «Geliebt, was das Zeug hält, gemeinsam verreist – und endlich geheiratet. Am besten alles zusammen!»

«Erklär das mal deiner eifersüchtigen Tochter», versuchte Silvie einen Einwand, den er sofort beiseiteschob.

«Das werde ich, und sie wird mich verstehen», schmetterte Peter gegen den Lärm der Band an und stieß sie so temperamentvoll von sich weg, dass Silvie aus Versehen einen anderen Tänzer anrempelte.

Dunkelrote Locken, Grübchen, ein unwiderstehliches Lächeln.

Ben Green. Dass sie schon wieder halluzinierte, konnte sich Silvie beim besten Willen nicht vorstellen, zumal Rike angedeutet hatte, dass er in Berlin sei. Dann war er doch auf Miris Hochzeit gewesen?

Bevor sie ihn ansprechen konnte, spürte sie schon Peters Hand, die sie energisch wieder heranzog.

«Geflirtet wird heute nur mit mir», sagte er in gespielter Strenge. «Es sei denn, du wolltest dir alles noch einmal überlegen ...»

«Habe ich doch längst!», versicherte Silvie lächelnd und küsste ihn.

Plötzlich erlosch das Licht im Lokal. Nur ein Scheinwerfer richtete seinen Spot auf die dunkelhäutige Frau im kupfernen Glitzerkleid, die soeben die Bühne betreten hatte.

«Proudly presenting the one and only Mrs. Ella Fitzgerald», sagte Paul, der vor lauter Aufregung und Respekt zitterte. *«The Lady sings a song of Irving Berlin ...»*

Heaven. I'm in heaven.
And my heart beats so that I can hardly speak
And I seem to find the happiness I seek
When we're out together dancing cheek to cheek ...

«Was für eine Stimme», murmelte Silvie in Peters inniger Umarmung. Inzwischen war die Tanzfläche so brechend voll, dass sie nur noch auf der Stelle wippen konnten, doch nichts anderes wollten sie ja gerade. «Die kriecht dir tief unter die Haut und fliegt dann direkt zu deiner Seele.»

«Für solche Sätze liebe ich dich noch mehr», sagte Peter.

Hatte sie jemals einen untreuen Mann namens Wanja Krahl gekannt?

Alles Vergangenheit.

Jetzt gab es nur noch Peter und sie.

Oh, I love to climb a mountain
And reach the highest peak

But it doesn't thrill me half as much
As dancing cheek to cheek …

Sie tanzte. Sie schwebte.

«Fliegst du nun endlich mit mir nach Capri, Silvie?», fuhr Peter fort. «Dann lege ich dir dort mein Herz zu Füßen.»

«Für immer?» Ihre Augen waren groß und fragend.

«Für immer!», versicherte er.

○○○

Sich auf dem Charlottenburger Standesamt das Jawort zu geben, hatte sich wunderbar angefühlt. Es in der *Chiesa San Michele* in Anacapri noch einmal zu wiederholen, war der Himmel pur. Unter ihren Füßen die farbenfrohen Keramikfliesen aus dem 18. Jahrhundert, die von der Vertreibung Adams und Evas aus dem Paradies erzählten. Zwischen der Tier- und Pflanzenwelt Kampaniens fand sich auch ein mythisches Einhorn, das Silvie besonders entzückte.

Ihr Paradies war an diesem Tag vollkommen. Sie brauchten keinen Priester, um sich Liebe und Treue zu geloben. Nur sie beide. Greta musste weiterhin in der Klinik bleiben, hatte aber ihren Segen gegeben. Barfüßig, damit der kostbare Boden geschont wurde, standen Peter und Silvie vor dem Altar und sahen sich tief in die Augen.

«Auf immer und ewig, Silvie», sagte Peter bewegt. «Ich will dein Mann sein, dich lieben, ehren und für dich da sein bis zu meinem letzten Atemzug.»

Den Ehering trug Silvie bereits seit der kurzen Zeremonie im heimatlichen Standesamt an der rechten Hand. Jetzt zog Peter eine Kette mit rosafarbenen Perlen aus der Hosentasche, die er ihr umlegte.

«*Corallo pelle d'angelo*, so nennen es die Italiener», sagte er, «Engelshautkoralle – für dich, den Engel, der mein Leben so warm und hell macht!»

«Auf immer und ewig, Peter», sagte Silvie mit tränenerstickter Stimme, weil die Rührung sie zu überwältigen drohte. «Ich will deine Frau sein, dich lieben, ehren und für dich da sein bis zu meinem letzten Atemzug.»

Sie küssten sich, lange und leidenschaftlich, bis Silvie plötzlich grob von ihm weggezerrt wurde.

«Vietato baciare!», zeterte die alte Frau mit weißem Kopftuch, die aufgebracht vor ihnen stand. *«È una chiesa. La casa di dio!»*

«Was will sie?», fragte Silvie erschrocken.

«Ich glaube, sie sagt, dass küssen im Gotteshaus verboten ist», sagte Peter. «Dabei *müssen* sich Frischvermählte doch küssen!»

Er nahm Silvies rechte Hand und hielt sie zusammen mit seiner eigenen der Alten vor die Nase.

«*Mia moglie.* Meine Frau. Wir haben heute geheiratet. *Sposare oggi*!»

«Oggi?» Das faltige Gesicht wurde milder.

«*Sì, oggi.* Heute», versicherte Peter.

«Va bene. Ma si bacia fuori!»

«Mit dem allergrößten Vergnügen!» Peter nahm Silvies Hand und führte sie aus der Kirche. «Die charmante Dame möchte, dass wir uns draußen weiterküssen. Und diesen Gefallen erweisen wir ihr doch liebend gern.»

Mit dem klapprigen Bus fuhren sie auf der engen Straße mit ihren unzähligen Nadelkurven zurück nach Capri. Hinter ihnen gackerten Hühner aufgeregt in einem Weidenkorb, vor ihnen schärfte eine resolute Mama auf Capresisch ihren beiden schwarzhaarigen Lockenköpfchen Benehmen ein, weil die frecherweise ihre Kaugummis an die Rücklehne des Vordersitzes geklebt hatten. Rechter Hand stieg eine steile graue Felswand auf, von der sie kein halber Meter trennte; links fiel der Blick auf das azurblaue, dann wieder türkisgrüne Meer, das tief unter ihnen lag.

Silvie war blass, als sie wieder ausstiegen, und blieb stumm, bis sie ihr Hotel *Luna* erreicht hatten. Im Zimmer warteten ein üppiger Rosenstrauß und eine Flasche Spumante im Eiskübel auf sie, die Peter fachmännisch köpfte.

«Ich glaub, ich muss erst einmal durchatmen», sagte sie und machte es sich auf dem Doppelbett bequem.

«Wunderbar. Dann atme ich mit dir.»

Peter legte sich neben sie.

Die Tür zum Balkon stand offen. Meeresluft fächelte den Duft sonnenwarmer Kräuter vom Steilabhang hinein. Im Liegen hatte man die beste Aussicht: das Meer, unbeschreiblich blau, mit winzigen weißen Gischtkronen, durchbrochen von den schroffen Kalkfelsen der Faraglioni. Über ihnen drehte sich träge ein Ventilator, der die bereits frühsommerliche Wärme verteilte, statt das Zimmer kühler zu machen.

«Inzwischen habe ich kapiert, was du gemeint hast», sagte Silvie nach einer Weile. «Ja, Capri, diese wunderschöne Tochter des Meeres, ist wirklich ein Zustand.» Sie zwinkerte ihm zu. «Mein Kreislauf ist übrigens wieder in Ordnung.

Und ich glaube, jetzt könnte ich tatsächlich ein Glas Sekt vertragen.»

«Mit Vergnügen, *Signora* van Ackern!»

Sie sahen sich tief in die Augen, prosteten sich zu und tranken.

Van Ackern – ein Name, an den sie sich erst gewöhnen musste. Um ein Haar hätte Silvie nach der Trauung auf dem Standesamt aus purer Gewohnheit mit Thalheim unterschrieben.

Die Familie würde vermutlich stocksauer sein, dass sie sich das Jawort in aller Heimlichkeit gegeben hatten. Vielleicht vermuteten sie sogar etwas, weil Silvie und Peter so überraschend nach Capri gereist waren. Doch angesichts Gretas schwerer Erkrankung hätte eine große Hochzeit zum jetzigen Zeitpunkt einfach nicht gepasst. Sie konnten das Fest ja nachholen, irgendwann, wenn das Mädchen wieder ganz gesund war.

Ein Mann. Ein Haus. Ein Kind – Greta.

Ob noch Geschwisterchen dazukommen würden? Den Versuch war es allemal wert.

Silvies Blick gewann an Intensität. Alle Zurückhaltung fiel von ihr ab.

«Ob du mir dann mal ganz geschwind aus meinem Kleid helfen könntest?», sagte sie leise. «Der Reißverschluss geht immer so schwer auf.»

Die weiße Seide fiel von ihr ab wie eine zweite Haut. Jetzt trug sie nur noch das Korallencollier.

«Womit ich so viel Schönheit verdient habe, weiß ich nicht», sagte Peter, während er ihren Hals zärtlich küsste. «Aber genießen kann ich sie in vollen Zügen.»

Ausgehungert fielen sie ein paar Stunden später auf der Terrasse des Speisesaals über das Essen her, Mozzarella auf gebratenen Zitronen, gefolgt von *bigoli in salsa* mit Anchovis, denen sich als Hauptgang gegrillte Seebarben auf blanchiertem Gemüse anschlossen. Der Weißwein war kühl und schmeckte vollmundig, und als zum Schluss noch cremiges Zitroneneis auf frischen Waffeln serviert wurde, stöhnte Silvie genussvoll auf.

«Wieso bleiben wir eigentlich nicht für immer hier? Vier Tage Capri sind definitiv viel zu kurz!»

«Wir kommen wieder, mein Herz», sagte Peter. «Sobald unser Mädchen ganz über den Berg ist. Ob wir nicht doch zu kühn waren?»

Zum ersten Mal seit ihrer Ankunft auf der magischen Insel lag ein Schatten auf seinem Gesicht. Er hatte vorhin noch im Berliner Klinikum angerufen und heute leider keine gute Auskunft erhalten. Greta fieberte, nichts Besorgniserregendes, wie der behandelnde Arzt Peter versichert hatte, aber doch etwas, das man im Auge behalten musste.

«Haben sie dir denn nicht gesagt, dass das immer mal vorkommen kann?», versuchte Silvie ihm Mut zu machen. «Ihr Körper wehrt sich gegen das fremde Material. Das leuchtet ja sogar einem absoluten Laien wie mir ein.»

«Haben sie, ja. Aber die Nachricht ist mir trotzdem tief ins Mark gefahren. Die Kleine war so sehr im Aufwind. Wenn jetzt neuerliche Rückschläge drohen, das schafft weder sie noch ich …» Bedrückt starrte er zu Boden.

«Unser Mädchen ist eine Kämpferin», sagte Silvie eindringlich. «Das weiß keiner besser als du. Greta lässt sich nicht so schnell entmutigen, nicht, bevor sie die ganzen

Existenzialisten intus hat. Und Sartre & Co haben jede Menge geschrieben!»

«Sie ist so schrecklich dünn geworden, besteht nur noch aus Haut und Knochen. Eine Handvoll Kind. Da reicht schon ein Windhauch …»

«Sie *ist* dünn. Aber Greta ist auch zäh. Hör zu, Liebling, du sollst dich nicht grämen, schon gar nicht hier auf Capri. Wenn du willst, dann buchen wir um und nehmen gleich morgen die erste Maschine zurück nach Berlin.»

Jetzt ruhten seine warmen Augen wieder auf ihr.

«Und die Via Krupp? Die sagenhafte Villa des Tiberius? Sandalen von Canfora, die ich dir versprochen habe? Ein nachmittäglicher Cappuccino auf der *piazzetta*? Von der Blauen Grotte ganz zu schweigen», sagte er. «Alles Sehenswürdigkeiten, die ich dir doch unbedingt noch zeigen wollte!»

«Laufen uns alle garantiert nicht davon.» Silvie klang entschlossen. «Nur auf das Baden im Meer muss ich leider bestehen.»

«Aber es wird gerade dunkel …»

«Umso besser. Meinen Badeanzug habe ich nämlich in Berlin vergessen.»

Kichernd wie übermütige Kinder stiegen sie später die steilen Stufen zur *Marina Piccola* hinunter. Die Liegestühle waren zusammengeklappt, alle Sonnenschirme geschlossen, und dennoch konnte Silvie sich den lebhaften Badebetrieb bestens vorstellen, der hier tagsüber herrschte. Jetzt war der Strand dunkel und leer. Rasch streifte sie ihre weißen Sandalen und das rosa-weißgestreifte Kleid ab. Nach winzigem Zögern folgten BH und Slip.

Eigentlich hatte sie vorgehabt, leichtfüßig ins Meer zu laufen, doch die harten Kiesel bohrten sich in ihre Sohlen, und so humpelte sie eher in Richtung Wasser. Das Meer, das an ihren Knien leckte, war erheblich kühler als erwartet, doch nun gab es kein Zurück mehr. Silvie warf sich bäuchlings hinein, dann drehte sie sich auf den Rücken.

«Worauf wartest du eigentlich noch?», rief sie Peter zu, der sich zögerlich auszog. «Wärmer wird es heute nicht mehr!»

Er lachte, watete ihr beherzt hinterher.

Dann war er bei ihr, ein kühler, feuchter Körper, der sich an ihren schmiegte. Schauer liefen Silvie über den Rücken, während sie sich küssten und sie seine wachsende Erregung spürte. Ein Schwarm silbriger Meereswesen schien sich in ihrem Bauch zu tummeln, als sie ihn in sich aufnahm und sie nach einer Weile leise stöhnend miteinander eins wurden.

«Wenn wir Pech haben, verhaftet uns jetzt die Sittenpolizei», scherzte Silvie, als sie sich später, noch immer halbnass, am Strand wieder bekleideten. «Dann werde ich einfach behaupten, Poseidon höchstpersönlich sei urplötzlich den Fluten entstiegen und habe mich verführt.»

«Und ich sage, dass eine kecke Meerjungfrau schuld an allem war», gab Peter lächelnd zurück. «Eine wunderschöne Nixe mit rosa Korallen, die mich um den Verstand gebracht, aber sehr, sehr glücklich gemacht hat.» Plötzlich ganz ernst, zog er sie eng an sich. «Verlass mich nicht», flüsterte er. «Bitte schwöre, Silvie, dass du mich niemals verlassen wirst!»

«Ich schwöre», flüsterte Silvie zurück. «Niemals!»

Gretas Beerdigung auf dem Waldfriedhof Heerstraße fand am frühen Vormittag statt. Vorangegangen war eine viel zu kalte, verregnete Woche, doch an diesem Junitag war das weitläufige Gelände in helles Licht getaucht. Die Bäume standen in saftigstem Grün, Lerchen und Amseln sangen um die Wette, und Sonnenstrahlen wärmten die Rücken der schwarz gekleideten Trauergäste, die sich um das Grab versammelt hatten. Zuvor hatte es in der Aussegnungshalle einen erregten Disput zwischen Peter und Pastor Förster gegeben, der energisch gegen das zweite Musikstück protestiert hatte, den Song *Diana*, der sich auf dem tragbaren Plattenspieler drehte.

«Das Stück wird gespielt!», beharrte der trauernde Vater. «Schließlich ist Diana Gretas zweiter Vorname, und sie hat es hören wollen, bis sie die Augen für immer zugemacht hat.»

Er sah mitleiderregend aus, abgemagert, mit rot geweinten Augen und wirrem Haarschopf, aus dem der letzte Rest Braun mit einem Mal verschwunden schien. Silvie und Oskar mussten ihn von beiden Seiten stützen, sonst hätte er den Weg bis zur Grabstätte wohl gar nicht geschafft. Keiner wusste, wie er diesen neuerlichen Verlust verkraften würde, am wenigsten Silvie.

Auch ihr Herz war bleiern.

Alles Schöne schien verflogen, als hätte Capri, das erst sechs Wochen her war, niemals stattgefunden. Jetzt gab es keine Gelegenheit mehr für sie, die zarte Freundschaft zu Greta zu festigen. Das Mädchen hatte so tapfer gegen den Blutkrebs gekämpft – und leider verloren. Dabei hatte es mit Luisas Knochenmarkspende anfangs so gut ausgesehen, doch die Stammzellen waren nicht richtig angewachsen und hatten zu wenig neue Blutzellen gebildet. Gretas geschwächter Körper reagierte mit massiven Fieberschüben, die eine zweite Spende bis auf weiteres unmöglich gemacht hatten. Sie verlor über Stunden das Bewusstsein, hörte schließlich auf, zu sprechen und zu essen. Schließlich glitt sie vollständig in eine andere Welt, aus der es kein Zurück mehr gab.

«Sie hat nicht lange leiden müssen», sagte Silvie immer wieder, um Peter zu trösten, den nichts wirklich trösten konnte, und auch um sich selbst ein wenig Mut zuzusprechen. «Wenigstens das.»

«Aber sie durfte doch noch nicht sterben!» Luisa war neben sie an das Grab getreten, ebenfalls am Boden zerstört. «Wir stecken mitten im Camus – wie konnte sie mich da einfach verlassen?» Sie weinte, bis sie kaum noch Luft bekam.

Alle weinten, weil der Tod so unbarmherzig zugeschlagen hatte. Pastor Förster gab sich allergrößte Mühe, sprach kurz und liebevoll und wählte nur Psalmen aus, die die Trauergäste stärken und nicht noch mehr bedrücken sollten. Doch die Tatsache, dass hier gerade eine Sechzehnjährige unter die Erde kam, konnte nichts beschönigen.

Kurz vor dem Schlusssegen räusperte sich Luisa plötzlich.

«Ich möchte dir gern noch etwas auf deine Reise mitgeben, liebe, liebe Greta», sagte sie. «Es stammt von Rilke, meinem zweiten Lieblingsdichter, und passt, wie ich finde, ganz ausgezeichnet zu dir.»

Sie schloss die Augen und begann zu rezitieren:

Du musst das Leben nicht verstehen,
dann wird es werden wie ein Fest.
Und lass dir jeden Tag geschehen
so wie ein Kind im Weitergehen
von jedem Wehen
sich viele Blüten schenken lässt.

Sie aufzusammeln und zu sparen,
das kommt dem Kind nicht in den Sinn.
Es löst sie leise aus den Haaren,
drin sie so gern gefangen waren,
und hält den lieben jungen Jahren
nach neuen seine Hände hin.

«Was für ein bemerkenswertes junges Geschöpf, diese Luisa», sagte Oskar, als die Trauergäste anschließend im Gemeindehaus Kaffee tranken. Peter war schon im Taxi voraus nach Hause gefahren und hatte Silvie gebeten, als seine Vertretung zu agieren. «So klar, so ruhig. Wirklich ganz erstaunlich!»

«Ich denke, sie hat viel von ihrem Vater mitbekommen», erwiderte Silvie, nachdem sie den Kirschbrand in einem Zug gekippt hatte, weil ihr schon seit dem Aufstehen so flau im Magen war. «Jürgen ist Pfarrer mit Leib und Seele. Der weiß, wie man Trost spendet. Luisa hat Greta bis zuletzt unterstützt. Nicht nur mit ihrer Knochenmarkspende. Ihre Liebe zur Literatur hat Greta durch die schweren Tage geholfen.»

«Sie kommt mir sehr reif für ihr Alter vor», sagte Oskar. «Was man von unserer Flori nicht immer behaupten kann.»

Flori und Pascal hatten sich am Grab wie frierende Kinder aneinandergeklammert. Auch jetzt saßen sie tuschelnd und händchenhaltend an der Kaffeetafel, von Claire mit missbilligenden Blicken bedacht. Sie schien alles andere als begeistert vom Freund ihrer Tochter, der ohne Krawatte und in einer ungebügelten Jacke zur Beerdigung erschienen war. Auch Pascals Haarschnitt ließ in ihren Augen zu wünschen übrig. Nicht einmal seine französische Abstammung konnte ihren schlechten Eindruck wettmachen. Er fühle sich als Künstler, hatte er unvorsichtigerweise im Kreise der Familie geäußert, begierig darauf, den ungeliebten Frondienst als Bühnenbildner so schnell wie möglich zu beenden. Flori hatte ihm begeistert zugestimmt. Ja, auch sie sehne sich danach, als freie Künstlerin zu arbeiten und zu leben – am liebsten Tag und Nacht an seiner Seite. Claires größte Angst war nun, er würde ganz offiziell bei ihrer Tochter einziehen, jetzt, wo Silvie in Peters Haus im Westend wohnte. Zwei junge Leute unverheiratet unter einem Dach – welch Skandal! Doch das Thema Verlobung, von Flori provokant in die Runde geworfen, hatte sie fast noch mehr erschreckt.

«Viel zu jung und viel zu wenig Lebenserfahrung …»

Dabei war Claire selbst kaum älter gewesen, als sie damals Friedrich geheiratet hatte, davon jedoch wollte sie nichts hören.

«Das waren ganz andere Zeiten …»

«Ja», erwiderte Flori scharf. «Bei euch war immer alles ganz anders und immer zu unserem Nachteil …»

Der Streit drohte erneut auszubrechen, Silvie aber ging energisch dazwischen. «Das verschiebt ihr gefälligst, okay? Heute geht es um Greta – und um niemanden sonst.»

Mutter und Tochter nickten, plötzlich beschämt, doch die Stimmung am Tisch blieb gereizt. Einzig Oskar wirkte geradezu auffällig entspannt.

«Ist da vielleicht etwas, das ich wissen sollte?», fragte Silvie ihren Zwillingsbruder. «Es muss doch einen triftigen Grund für deine gute Laune geben.»

Oskar strahlte. «Noch ein wenig Geduld», sagte er. «Dann wirst du alles erfahren. Aber wenn du willst, kannst du dich schon jetzt mit mir freuen.»

«So verliebt?», riet Silvie ins Blaue.

Oskars rechtes Lid begann vor Aufregung zu zucken. «Es kennt mich einfach niemand so gut wie du», sagte er mit verlegenem Lächeln. «Und stell dir vor: Es stört sie nicht einmal, dass mir vier Zehen fehlen.»

«Hat diese ‹Sie› auch einen Namen?»

«Hat sie», grinste er. «Aber den wirst du heute garantiert nicht von mir erfahren. Ich will mein großes Glück erst noch ein Weilchen in Ruhe genießen.»

∘∘∘

Die Erinnerung an sein glückliches Gesicht trug Silvie über die nächsten Tage, die schwer genug waren. Peter war so apathisch, dass sie kaum noch weiterwusste, doch nach einer Woche stand er plötzlich wie früher auf, rasierte sich, aß ein Toastbrot und verkündete, in den Verlag zu fahren, weil ja schließlich irgendjemand mit Sachverstand die Blaupausen abnehmen müsse.

«Willst du dir das ernsthaft schon wieder zumuten?», fragte Silvie besorgt.

«Will ich. Du gehst ja auch ins Kaufhaus und moderierst zudem heute Abend *Stimmen*. Und das, obwohl dir seit Tagen nicht gut ist. Du passt doch auf dich auf?»

Silvie nickte. Ja, das konnte sie ihm reinen Herzens versprechen.

«Einen begeisterten Hörer hast du jedenfalls schon mal», fuhr er fort. «Ich mag diesen Günter Pfitzmann, eine echte Berliner Schnauze. Kabarettist und Schauspieler in einer Person. Aus dem wird noch ein ganz Großer!»

Sie fiel ihm um den Hals. «Du bist einfach wunderbar, mein tapferer Held», sagte sie. «Und ich weiß sehr wohl, wie viel dich das kostet …»

«Greta hätte gewollt, dass wir durchhalten.» Peter wischte sich die Augen trocken. «Und genauso machen wir es.»

Silvie nahm die Vespa, weil sie sich auf die Fahrt in frischer Luft freute. Beim Aufsteigen wurde ihr wieder leicht schwindelig. An anderen Tagen hätte sie das vermutlich beunruhigt, heute jedoch freute sie sich darüber und fuhr beschwingt los.

Allerdings nicht direkt zum Ku'damm, ins *Modekaufhaus Thalheim*, sondern sie wählte den Umweg über die Charlottenburger Schloßstraße. Dieses Mal war es nicht der Zwillingsbruder, dem ihr Besuch galt.

Sie parkte ein paar Eingänge weiter und stieg ab.

Dr. Manfred Weber – Gynäkologe stand auf dem Metallschild, das an der Hauswand angebracht war. Mit klopfendem Herzen drückte Silvie auf den Klingelknopf und ging hinein, nachdem der Summer ertönt war und die Haustür aufsprang.

Als sie eine gute halbe Stunde später die Praxis wieder

verließ, wollte das glückselige Grinsen gar nicht mehr aus ihrem Gesicht weichen.

Capri *hatte* stattgefunden. Daran gab es nun keinen Zweifel mehr.

11

Berlin, Herbst 1956

Flori verschwand an einem strahlenden Tag mitten im Oktober, an dem der kalt auffrischende Ostwind unwiderruflich den Einzug des Herbstes in Berlin verkündete. Zurück blieb nur ein handgeschriebener Zettel auf dem Küchentisch in der Bleibtreustraße, den Luisa Silvie und Rike erschrocken überreichte.

Sucht mich nicht, meine Lieben, denn ihr werdet mich nicht finden, dafür habe ich gesorgt. Ich folge meinem Liebsten in sein Heimatland (das zu einem Viertel ja auch meines ist). Und nein, es hat keinen Sinn, sich mit Pascals Eltern in Verbindung zu setzen, denn sie wissen ebenso wenig über unseren Aufenthalt Bescheid.

Wir beide sind entschlossen, unseren Weg gemeinsam zu gehen – auch wenn wir noch nicht genau wissen, wohin er uns führen wird. Dass er mit Kunst zu tun hat, steht bereits fest. Wir sind freie Seelen, und wir lieben uns.

Allein das zählt.

Danke, Silvie, dass ich bei dir lernen durfte, wie man seine Flügel ganz weit ausbreitet. Jetzt fliege ich.

Florentine, Berlin, im Oktober 1956

«Starkes Stück», sagte Silvie und zog sich einen Stuhl heran. Inzwischen begann sich ihr Babybauch immer mehr zu wölben, was die ganze Welt ruhig sehen sollte, so stolz war sie darauf. Die ersten Monate der Schwangerschaft waren nach der anfänglichen Euphorie voller Sorgen und Ängste gewesen. Hatte sich die befruchtete Eizelle dieses Mal auch wirklich am richtigen Ort eingenistet? Wuchs der Embryo? Und entwickelte er sich, wie es sein sollte?

Ständig musste sie an Greta denken, die nicht lange hatte leben dürfen. Kinder konnten in jedem Alter sterben, das hatte sie schon immer sehr traurig gemacht. Doch nun, da sie selbst ein Kind erwartete, bekam dieser Gedanke eine neue, größere Dimension. Am liebsten wäre Silvie jeden zweiten Tag zu Dr. Weber gegangen, um sich von ihm untersuchen und beruhigen zu lassen, doch je weiter die Schwangerschaft voranschritt, ohne dass Komplikationen auftraten, umso entspannter wurde sie. Niemals wäre sie auf die Idee verfallen, sich in diese zeltförmige Umstandsmode – allein schon das Wort! – zu hüllen, die die meisten anderen werdenden Mütter trugen. Die formlosen Kleider, die biederen Trägerröcke, kombiniert mit faden Bubikragenblüschen kamen für sie nicht in Frage. Nach Miris pfiffigen Schnittmustern hatte sie sich eine kleine Kollektion von Kleidern, Röcken und Oberteilen nähen lassen, in denen sie bis zur Geburt schick und weiblich aussehen würde. Nebeneffekt: Sie wurde so oft auf ihre Kleidung angesprochen, dass das *Modekaufhaus Thalheim* für die nächste Saison ebendiese Schwangerenkollektion anbieten würde …

Nein, dieses Mal würde alles gutgehen, davon war sie mittlerweile überzeugt. Daher lächelte Silvie kleinere Unpässlichkeiten, wie sie sich im sechsten Monat einzustellen pflegten, einfach weg. Verstopfung, nächtliche Hungerattacken, Sodbrennen und geschwollene Füße – was bedeutete das schon angesichts des unfassbaren Glücks, das in ihrem Bauch wuchs? Peter hätte sie am liebsten in Watte gepackt, aber das ließ sie nicht zu. Das Kleine bekam eine flotte Mama, so viel war sicher, und daran sollte es sich am besten schon im Vorfeld gewöhnen.

«Hat Flori ihre Mappe mitgenommen?», fragte Silvie weiter.

Luisa nickte. «Jedes Blatt. Bei den Klamotten war sie viel wählerischer. Da hängt noch jede Menge im Schrank.» Ihre Stiefcousine zog den Kopf ein. «Hoffentlich ist es nicht meine Schuld, dass sie weg ist. Denn begeistert über meinen Einzug bei ihr war Flori ja ganz und gar nicht. Friedrich und Claire haben mich ihr aufs Auge gedrückt, damit in der Wohnung kein Platz für Pascal mehr war. Genutzt hat es allerdings rein gar nichts. Der war trotzdem jeden Tag hier. Dann halt in Floris Zimmer …»

«Du hast dir nichts vorzuwerfen», unterbrach Rike sie. «Pascal ist das Problem. Dieser junge Mann, in dem ich mich maßlos getäuscht habe, hat unsere kleine Schwester offenbar vollkommen unter Kontrolle. Eine richtige Gehirnwäsche hat er ihr verpasst. Und besonders guten Geschmack scheint er auch nicht gerade zu haben.» Ihre Stimme schraubte sich höher. *«Ich folge meinem Liebsten in sein Heimatland (das zu einem Viertel ja auch meines ist)»*, zitierte sie. «Für mich klingt das wie aus einem schlechten Heimatroman. So geschwollen hätte sich unsere Flori früher niemals ausgedrückt!»

«Eigentlich wollte ich hier gar nicht hier wohnen», sagte Luisa. «Im Dachstübchen am Branitzer Platz habe ich mich viel wohler gefühlt. Ich bin so gern mit Claire und Friedrich zusammen. Wenn man wie ich seine Familie verloren hat, weiß man es sehr zu schätzen, eine zweite Chance zu bekommen.»

Silvie und Rike wussten, was sie meinte. Trotz all ihrer flehentlichen Briefe machte Luisas jüngere Schwester Amelie keinerlei Anstalten, ebenfalls in den Westen überzusiedeln. Grund dafür war wohl vor allem ein junger Mann namens Tobias Wünsch, der zusammen mit ihr in der Tischlerwerkstatt arbeitete und ein strammer SED-Anhänger war. Jürgen und Lydia betrachteten diese Verbindung mit großer Skepsis. Andererseits waren sie froh, dass Amelie glücklich war und sie auf diese Weise wenigstens eines ihrer Mädchen behalten konnten. Sie selbst trauten sich gar nicht mehr in die West-Berliner Sektoren, aus Angst, bei der Rückkehr in den Osten kontrolliert und vielleicht sogar festgenommen zu werden.

Ängste, die alles andere als unbegründet waren.

Das anfängliche *Tauwetter* im Warschauer Pakt, das auf Chruschtschows Stalin-Demontage gefolgt war, hatte nicht lange angedauert. In Polen war der Juni-Aufstand der Posener Arbeiter blutig niedergeschlagen worden und galt dort inzwischen offiziell als «Provokation westlicher imperialistischer Geheimdienste». In der DDR waren als Folge der Entstalinisierung zwar rund 25 000 Häftlinge freigelassen worden; die jungen Mitglieder des *Eisenberger Kreises* jedoch saßen noch immer hinter Gittern. In Scharen verließen Menschen nach wie vor die DDR; im September hatte das

West-Berliner Notaufnahmelager Marienfelde den einmillionsten Flüchtling verzeichnen können. Seit kurzem waren Gerüchte laut geworden, dass es auch in Ungarn unter der Studentenschaft heftig brodelte.

Wie würde die Sowjetunion reagieren, falls es tatsächlich zu einer Revolte käme? Mit Panzern und Maschinengewehren gegen die Menschen vorgehen?

«Jetzt kannst du wieder zurück in die Villa zu deinen Zieheltern», sagte Silvie trocken. «Dann könnte Gregor in die Familienwohnung nachrücken. Der nimmt gerade am Architekten-Wettbewerb für die *Interbau* teil und braucht dringend Platz für seine Pläne und Modelle.»

«Wie kannst du nur so herzlos sein?» Aufgebracht ging Rike auf sie los. «Als ob unser Floh nie mehr zurückkommen würde! Natürlich werden wir nach ihr suchen, das ist doch gar keine Frage. Pascal stammt aus Lyon, heißt mit Nachnamen Cabrier, und seine Eltern müssen irgendwo im 1. Arrondissement wohnen. Die genaue Adresse weiß ich leider nicht, aber so etwas lässt sich ja rauskriegen.»

«Und dann?», fragte Silvie, die schon wieder leichten Hunger verspürte. Jetzt in einen Berliner Pfannkuchen mit Aprikosenfüllung beißen – welch herrliche Vorstellung! «Die beiden sind volljährig und können leben, wo sie wollen.»

«Ohne Geld? Ohne Plan?», fauchte Rike.

«Vielleicht haben sie ja längst einen Plan», konterte Silvie. «Um leben zu können, werden sie arbeiten müssen. Das ist in Frankreich nicht anders als in Berlin.»

«Dass du niemals mit mir an einem Strick ziehen kannst!» Rike ging zum Wasserhahn, füllte ein Glas und leerte es in einem Zug, als wollte sie ihre Enttäuschung hinunterspülen. «Eigentlich bin ich es ja seit jeher gewohnt, aber ich dachte, jetzt, wo du auch Mutter wirst, hätte sich daran vielleicht etwas geändert.»

«Und ich dachte, meine große Schwester nimmt ausnahmsweise Rücksicht auf mich, jetzt, wo ich endlich erfolgreich schwanger bin …»

Ein Moment der Stille zwischen den beiden.

«Tut mir leid», sagte Rike nach einer Weile. «Natürlich will ich, dass es dir und dem Kind gut geht, was glaubst du denn! Und ich werde niemals vergessen, was du für Anna und uns getan hast. Aber auf die Palme bringen kannst du mich noch immer so wie früher, das muss man dir lassen.»

Ein vorsichtiges Lächeln.

«Frieden?», fragte Rike.

«Frieden», bekräftigte Silvie, ebenfalls lächelnd.

«Vielleicht weiß ja Oskar mehr darüber», kam plötzlich von Luisa. «Der war vorgestern Abend hier, und die beiden hatten es ungemein wichtig. Sie haben nicht direkt gesagt, dass ich störe, das hab ich auch so gespürt und mich rasch in mein Zimmer verzogen. Schade, denn eigentlich …» Sie brach ab, leicht errötend.

Silvie vermutete schon länger, dass Luisa heimlich in Oskar verknallt war, aber sie hoffte, diese jugendliche Schwärmerei würde sich wieder legen. So ein scheues Reh und ihr Draufgänger von einem Bruder, das passte doch wirklich nicht zusammen!

Andererseits: War Luisa möglicherweise jene geheimnisvolle Liebschaft, von der Oskar in Andeutungen gesprochen hatte? Nach kurzem Nachdenken schloss sie das aus. So geheim konnte niemand vorgehen, nicht einmal er. Irgendjemandem aus der Familie wäre es sicherlich aufgefallen. Oskar fand das Mädchen aus Potsdam bemerkenswert, wie er einige Male gesagt hatte, aber das war auch schon alles.

«Danke für den Tipp», sagte Silvie und stand auf. «Ich bin heute Abend ohnehin mit Oskar verabredet. Dann will ich ihm mal auf den Zahn fühlen.» Sie wandte sich an ihre Schwester. «Und wer sagt es jetzt Papa und Claire? Die werden sicherlich aus allen Wolken fallen.»

«Das kann ich übernehmen, falls es dir recht ist», sagte Rike. «Schwangere soll man ja bekanntlich schonen!»

Inzwischen wartete nicht mehr die Vespa vor der Tür. Auf Peters Drängen hin war Silvie mit der Anschaffung eines zitronengelben Fiat 500 einverstanden gewesen, mit dem sie nun durch Berlin kurvte, ihrem Topolino, wie sie ihn liebevoll nannte. Dass er schon einen Vorbesitzer gehabt hatte, machte ihr nichts aus, sondern kam ganz im Gegenteil ihrem zügigen, manchmal ein wenig unbedachten Fahrstil entgegen. Zwei Beulen hatte der Topolino schon einstecken müssen, die Silvie in der Werkstatt schnell in Ordnung bringen ließ, bevor sie Peter ins Auge fallen konnten.

Vielleicht war Silvie ihrem Zwillingsbruder, versessen auf schnelle Schlitten, doch ähnlicher, als ihr lieb war?

Sie parkte am Ku'damm, nur wenige Meter vom *Modekaufhaus Thalheim* entfernt, stieg aus und betrat das Geschäft. Die Autos wurden mehr, das spürte man von Monat zu Monat, doch ein kleiner Flitzer wie ihrer fand immer noch spielend einen Parkplatz.

Für einen ganz normalen Mittwochnachmittag war erfreulich viel los, das umriss Silvie mit einem Blick, während sie sich von der Rolltreppe nach oben tragen ließ. Besonders in der Jacken- und Mäntelabteilung drängten sich die Kundinnen, um sich für die kühlen Tage einzukleiden. Der letzte Schrei bei den Wintermänteln waren breite Krägen, die fast die ganze Schulter bedeckten. Sehr gefragt auch die langen Capes in gedeckten Tönen wie Taubenblau, Rost oder Tannengrün, fast bis zum Rocksaum reichend. Besonders Modemutige entschieden sich für kragenlose, kastenförmig geschnittene Jacken in Wolle oder Kamelhaar, zu denen sie bunte Seidentücher kombinierten.

Miri hatte dazu geraten, sie ins Sortiment aufzunehmen. Gerade stand sie neben einer Kundin, die diese Variante anprobierte. Es machte der engagierten Designerin großen Spaß, ab und zu das Atelier zu verlassen und beratend ins Tagesgeschäft einzugreifen.

«Zehn Jahre jünger», sagte sie. «Mindestens. Und eine Konfektionsgröße weniger. Mindestens! Dazu der elegante schwarze Bleistiftrock – zusammen einfach nur todschick.»

Die Kundin lächelte entzückt, und Silvie nickte zustimmend. Dann erst fiel ihr auf, dass Miri sehnsüchtig auf ihren Babybauch schielte und dann schnell wieder wegsah. Wie sehr Schani und sie sich ebenfalls ein Kind wünschten! Aber bislang war Miri noch nicht schwanger geworden. Lag es an den vielen Operationen, denen sie sich als Kind wegen ihres Rückens hatte unterziehen müssen? An den Hungerjahren als jüdisches U-Boot? Oder war es schlicht und einfach Stress, der eine Empfängnis bislang verhindert hatte? Jeder Arzt, an den sie sich wandten, hatte eine andere These parat. Helfen jedoch konnte dem jungen Ehepaar bislang keiner.

«Sie sind schon alle ganz aufgeregt», sagte Miri. «Unsere Ost-Frauen erwarten dich in der Kantine.»

«Dann will ich sie mal nicht länger warten lassen», sagte Silvie und fuhr weiter in den dritten Stock.

Inzwischen hatte sie sich mit ihrer neuen Tätigkeit im Familienkaufhaus angefreundet, und dennoch war Silvie heilfroh, dass sie ihrem Vater den Kompromiss abgerungen hatte, weiterhin drei Tage für den RIAS zu arbeiten. Gerade weil sie dort immer wieder den Kopf freibekam und neue Ideen entwickeln konnte, mochten die Mitarbeiterinnen sie und fanden eher Zugang zu ihr als zur formelleren Rike. Silvie hatte immer ein offenes Ohr für die Wünsche und Vorschläge der Belegschaft; nur wenn die Frauen zufrieden waren und gerne für das Unternehmen arbeiteten, stimmten auch die Umsätze. Sie hatte Vater und Schwester zu einem Bonussystem überreden können: Wer besser verkaufte, was sich an den Rechnungsblocks ablesen ließ, hatte am Monatsende auch mehr in der Lohntüte, das steigerte den Eifer der Verkäuferinnen ganz erheblich.

Die Idee, unter dem Dach einen kleinen Frühstückraum einzurichten, stammte allerdings von Flori, die im KaDeWe etwas Ähnliches, allerdings viel größer, schätzen gelernt hatte.

«Viele der Frauen können es sich gar nicht leisten, mittags das Kaufhaus zu verlassen, um irgendwo draußen zu essen», hatte sie gesagt. «Sondern sie brauchen einen Ort, um dort in Ruhe ihre mitgebrachten Stullen zu verzehren. Ein paar Getränke dazu im Angebot – und der Firmensegen hängt gerade.»

Im Augenblick allerdings hing er deutlich schief.

Obwohl jede Angestellte beim Einstellungsgespräch darauf eingeschworen wurde, die Höhe ihres Gehalts für sich zu behalten, war dennoch durchgesickert, dass es zwischen den Verkäuferinnen aus West- und Ost-Berlin Unterschiede gab – Umsatzboni her oder hin. Frauen redeten eben, egal, wozu sie sich verpflichtet hatten, darauf hätte sich Friedrich als Firmenchef einstellen müssen. Silvies Aufgabe war es nun, die erhitzten Gemüter wieder zu beruhigen.

Auf ihre Bitte hin waren rund zwanzig Stühle im Kreis aufgestellt worden, von denen nur noch einer unbesetzt war. Silvie begrüßte die anwesenden Damen freundlich im Stehen und setzte sich dann auf den letzten freien Stuhl.

«Wir sind doch Menschen zweiter Klasse für Sie», rief Trude Propst aufgebracht, die aus Marzahn kam und zu den Ältesten in der Runde gehörte. «Aber ohne unsere Erfahrung wären Sie ganz schön aufgeschmissen! Denn auch hier in West-Berlin werden nicht alle Kundinnen mit'm goldenen Löffel im Mund geboren. Und wir wissen, wie man die zum Kauf anregt. Dafür werden wir mit weniger Lohn abgestraft. Dit is schoflich, richtig schoflich!»

Viele in der Runde nickten, und die Gesichter waren eher finster. Mit Beschwichtigungen allein war es hier nicht getan, das spürte Silvie. Zum Glück hatte sie ein dickes Ass im Ärmel, das es taktisch klug auszuspielen galt.

«Die Familie Thalheim weiß sehr wohl, wie viel wir Ihnen verdanken», sagte sie mit ihrem schmelzendsten Lächeln. «Aber beruht das nicht auf Gegenseitigkeit? Wir bieten Ihnen hier einen sicheren Arbeitsplatz mit zahlreichen Vergünstigungen und Sozialleistungen, unter anderem fünfundzwanzig Tage Jahresurlaub, zweihundert Mark Urlaubsgeld, eine anständige Weihnachtsprämie sowie den Privateinkauf mit dreißig Prozent Rabatt. Damit sind wir weit vorn, auch anderen, wesentlich größeren Konkurrenten gegenüber.»

«Richtig», rief nun eine raffiniert geschminkte Rothaarige, Ella Bausch, Spitzenverkäuferin der Nachtwäsche-Abteilung. «Aber was wir dafür alles in Kauf nehmen, vergessen Sie dabei. Wir aus Ost-Berlin werden mit Wohnraumverkleinerung bedroht, weil wir hier arbeiten. Manche Genossenschaftswohnungen kriegen wir erst gar nicht, oder unseren Kindern wird ein Stipendium verwehrt. Die von der SED hassen uns West-Grenzgänger abgrundtief und legen uns Steine in den Weg, wo immer sie können. Am liebsten würden sie uns gar nicht mehr rüberlassen.»

Inzwischen waren einige der Frauen aufgesprungen und redeten erregt durcheinander.

«Im Namen der Geschäftsführung bin ich befugt, Ihnen eine Lohnerhöhung von vier Prozent anzubieten», sagte Silvie.

«Das ist doch wieder nur ein Tropfen auf den heißen Stein», rief eine junge blasse Frau, die ganz links saß.

«Nette Geste, danke schön, aber das Entscheidende ist doch, dass wir lediglich läppische zehn Prozent unseres Einkommens in Westmark erhalten.» Dolly Kaschunke, die nun das Wort ergriffen hatte, war blond, drall, besaß die berühmte Berliner Schnauze und wusste genau, wie sie ihre Kundinnen zu nehmen hatte. Die beste Verkäuferin für Blusen und Röcke, die sie in all den Jahren je gehabt hatten. «Mit dem bisschen West-Kohle lachen sie uns in den feinen HO-Läden nur aus!»

«So ausgehandelt zwischen dem West-Berliner Senat, den

Kommandanten der Westsektoren und der SED», versuchte Silvie, sich erneut Gehör zu verschaffen.

«Dann müssen sie eben neu verhandeln», konterte Dolly Kaschunke. «Und dieses Mal besser. Wozu ist Ihr Vater eigentlich in der CDU, Frau van Ackern, und Ihre Schwester, Frau Lombardi, in der SPD?»

Gut informiert waren sie also auch.

Und so was von aufgebracht!

Beim Anblick der wütenden Gesichter musste Silvie an ihre Zeit als Trümmerfrau denken. Geschuftet hatten sie damals, von morgens bis abends Schwerstarbeit geleistet, um zu überleben, sich stark gefühlt und sich von niemandem etwas gefallen lassen. Diese Frauen aus Ost-Berlin waren ganz ähnlich, und obwohl sie eigentlich die Interessen der Familie zu vertreten hatte, flog ihr Herz ihnen zu.

Gleicher Lohn für gleiche Arbeit … Nicht alles, was Ralf ihr damals in seinem sozialistischen Feuer gepredigt hatte, war falsch gewesen.

Silvie war fest entschlossen, heute gut abzuliefern.

«Einen Augenblick, meine Damen, wenn ich Sie darum bitten dürfte!», begann sie nach einem tiefen Atemzug. «Und nehmen Sie doch freundlicherweise wieder Platz, dann redet es sich leichter.»

Jahrelange Rundfunkerfahrung hatte ihre Stimme zu einem Instrument geschliffen, das sie je nach Lage einzusetzen wusste. Im Moment klang sie freundlich und verbindlich, doch darunter schwang purer Stahl.

Die Frauen erkannten das und verstummten augenblicklich.

«Genau das haben die Parteien des Berliner Senats auch

getan», fuhr Silvie fort, und jetzt war ihre Stimme auf einmal wieder vollkommen stahlfrei. «Nämlich sich für die wichtigen Interessen der Westgänger – *Ihre* Interessen – einzusetzen. Ich darf Ihnen die erfreuliche Mitteilung überbringen, dass ab dem 1. November vierzig Prozent Ihres Gehalts in Westmark ausgezahlt werden.»

Freudige Aufregung machte sich breit. Alle redeten wieder durcheinander.

«Und dit is allet och wirklich wahr?» Trude Propst konnte es noch immer nicht ganz fassen.

«So wahr ich hier schwanger vor Ihnen sitze», sagte Silvie mit breitem Lächeln. «Mensch, hat dit jerade Spaß jemacht, dit Ihnen hier verkündigen zu dürfen!»

Noch immer ziemlich aufgekratzt, fuhr sie auf dem Nachhauseweg zu Oskar in die Schloßstraße. Eigentlich lag die Praxis ihres Frauenarztes ja nur ein paar Eingänge weiter; trotzdem wäre Silvie niemals auf die Idee gekommen, einfach unangemeldet bei ihrem Zwillingsbruder hereinzuschneien. Sein Privatleben war von einem unsichtbaren Zaun perfekt geschützt, über den sie bisweilen einen kurzen Blick werfen durfte, wenn er es gestattete, mehr war nicht drin. Noch immer vermisste sie die alte Nähe, gerade jetzt, wo sie schwanger war und bisweilen von emotionalen Ausbrüchen überrascht wurde, die sogar ihr neu waren. Vielleicht würde es einfacher werden, sobald das Kind erst einmal da war. Silvie hatte sich vorgenommen, sowohl Rike als auch ihn zu bitten, Pate zu werden, ganz egal, ob es ein Mädchen oder ein Junge war. Die eine so klug und rational, der andere so sprunghaft und kühn – eine bessere Kombination konnte es doch eigentlich gar nicht geben.

Sie stellte ihren Topolino am Straßenrand ab. Die alten Linden auf dem breiten Mittelstreifen der Straße, die schnurgerade auf das Charlottenburger Schloss zulief, färbten sich bereits gelb; nicht mehr lange, und sie würden ihre nackten Äste in den Himmel recken. Dann kam Weihnachten, die Jahreswende und, wenn alles nach Plan lief, irgendwann im Januar ihr Kleines …

Unwillkürlich streichelte Silvie ihren Bauch.

Heute hatte sie während der angespannten Verhandlungen immer wieder gespürt, wie es sich munter in ihr bewegte. Du süßer kleiner Racker, dachte sie voller Zärtlichkeit, du sollst es bei deinen Eltern einmal nur gut haben!

Oskar empfing sie an der Wohnungstür, noch besser gelaunt als bei ihren letzten Treffen. Er hatte Tee gekocht und Kekse besorgt, die sogar genießbar waren, wie Silvie registrierte, die sich sofort darüber hermachte. Die ganze Wohnung wirkte verändert. Es gab neue Vorhänge, die Fensterscheiben waren nicht länger schlierig, und die alten Dielen schmückte ein bunter Kelim. Selbst der Tisch, auf dem ein Strauß rosa Astern stand, war liebevoll gedeckt; auf der rechten Seite lag ein Stapel Prospekte.

«Eine ordnende weibliche Hand …» Silvie hatte es ausgesprochen, ohne lange zu überlegen.

«Ganz genau.» Jetzt grinste Oskar. «Und was für eine!» Er füllte ihre Tassen mit Tee.

«Und die hat dich so beeindruckt, dass du ganz vergessen hast, uns von Floris und Pascals Reiseplänen zu erzählen?» Sie ließ ihn nicht aus den Augen.

«Ach, die beiden sind tatsächlich auf und davon? Respekt! Hätte ich Flori und ihrem kurzsichtigen Pascal gar nicht zugetraut.»

«Weißt du auch, wohin?», fragte Silvie.

«Leider nein.» Er zuckte die Achseln. «Aber wenn du mich fragst, so tippe ich auf Paris.»

«Paris?»

«Sag selbst: Wohin sollen zwei verliebte junge Künstlerseelen denn sonst fliehen, zumal sie beide französisches Blut in sich haben? Gemeinsam an der Seine leben, nur von Luft und Liebe ...»

«... wird man aber leider nicht lange satt. Ich nehme an, du hast Flori Geld gegeben?»

«Nur das, was ich in der Tasche hatte. Zweihundert Mark, damit kommen sie vermutlich nicht sehr weit. Bin selbst ja leider noch immer ziemlich klamm, wie du weißt.»

Silvie beugte sich über den Tisch, so weit ihr Bauch es erlaubte.

«Früher hättest du mich angerufen und mir erzählt, was sie vorhat», sagte sie. «Und dann hätten wir gemeinschaftlich beraten, was am besten zu tun ist.»

«Ja, früher», wiederholte er leicht melancholisch, während er in seiner Teetasse rührte. «Früher ist leider schon lange vorbei, liebste Silvie. Sonst hättest du mich bei Annas Entführung doch mit ins Boot geholt, wo ich der Schuldige an dem ganzen Schlamassel mit Brahm bin. Was für eine Gelegenheit, meinen Riesenfehler wieder auszumerzen! Stattdessen hast du ganz allein agiert. Silvie, die immer weiß, was zu tun ist – im Gegensatz zu Oskar, dem

Totalversager, von dem keiner in der Familie mehr etwas hält.»

«Aber doch nicht freiwillig», wehrte sie sich. «Jetzt fängst du auch noch damit an, ich fass es nicht! Ich *musste* so handeln, weil die Polizei mir ausdrücklich gesagt …»

Seine erhobene Hand ließ sie verstummen. «Lass gut sein, Silvie. Wir können es ohnehin nicht mehr ändern. Du wirst bald Mutter, und auch ich muss zusehen, wo ich bleibe. Manchmal habe ich das Gefühl, mein Schuldenberg wächst immer weiter und weiter, anstatt sich zu verringern. Dabei wünsche ich mir so sehr ein kuscheliges Nest, an der Seite der wunderbaren jungen Frau, die ich liebe. Sie glaubt nämlich ganz fest an mich, findet mich ollen Russlandheimkehrer attraktiv, klug und liebenswert. Sogar Kinder könnte sie sich mit mir vorstellen, was sagst du nun?»

«Ein Nest? Kinder? Das sind ja aus deinem Mund ganz neue Töne», sagte Silvie verdutzt. «Und wer ist sie nun, deine Unbekannte? Lüftest du endlich das große Geheimnis?» Insgeheim rechnete sie trotz allem noch immer mit einem Nein, doch zu ihrer Überraschung nahm er den obersten Prospekt vom Stapel und legte ihn vor sie.

Programmheft 19. Volksbühne Berlin, stand oben. Und darunter: *Ein Sommernachtstraum.*

«Ich verstehe nicht ganz», sagte Silvie hilfesuchend.

«Aufschlagen», forderte Oskar.

Sie öffnete die schmale Broschüre und begann zu blättern. Gleich auf der zweiten Seite war das Foto eines halbnackten Mannes, im dunklen Haar zwei angedeutete Hörner, um die schmalen Hüften eine Art Lederschurz gebunden.

Gleißend helle Gletscheraugen starrten sie durchdringend an.

Wanja Krahl als Puck versetzt das Publikum der Hauptstadt in Ekstase, lautete die Unterschrift.

Silvie schüttelte den Kopf. «Was soll das, Oskar?»

«Himmel noch mal», sagte ihr Bruder, der seinen Fehler bemerkt hatte. «Tut mir leid. Das war natürlich das falsche Programmheft. Wanja spielt sehr erfolgreich Theater in Ost-Berlin. So einen wie ihn hatten sie dort noch nie auf der Bühne. Aber das dürfte dir mittlerweile herzlich gleichgültig sein, oder täusche ich mich da?»

«Du sagst es», erwiderte Silvie, obwohl das nicht hundertprozentig der Wahrheit entsprach. Aber so würde sich das innerliche Zittern, das sie gerade bei seinem Anblick verspürt hatte, womöglich schneller wieder legen.

Ein Haus. Ein Mann. Und nun auch noch ein Kind.

All ihre Träume würden sich erfüllen.

Oskar schlug das Heft zu, nahm das nächste vom Stapel und öffnete es.

«Das ist sie», sagte er. «Erkennst du sie?»

Die junge Frau auf dem Foto trug ein Rokokokostüm, war im Stil jener Zeit frisiert und im Profil fotografiert, eine gelungene Kunstfotografie in Schwarzweiß, bei der man offensichtlich reichlich Weichzeichner eingesetzt hatte. Silvie kam das Porträt trotzdem irgendwie vertraut vor.

«Ich weiß nicht», sagte sie unschlüssig.

«Sieh genauer hin», forderte Oskar.

«Lys Ramoner als Susanna in Der tolle Tag *von Beaumarchais»*, lautete die Bildunterschrift. *«Die süßeste Versuchung, die die Volksbühne jemals hatte.»*

«Lys ist eine Abkürzung von Elisabeth, so lautet ihr zweiter Vorname. Und Ramoner leitet sich ab von Rath», griff er ihr hilfreich unter die Arme.

«Rath? Doch nicht etwa Franziska Rath, Floris Freundin aus Ost-Berlin, die sie nach dem 17. Juni 1953 eingesperrt hatten?»

«Genau die. Auch aus diesem Grund der Künstlername, sozusagen als Neuanfang. Natürlich wissen die da oben genau Bescheid über sie. Was es für uns beide nicht gerade einfacher macht. Ost-West-Beziehungen werden nicht gern gesehen. Aber solange Franzi in der Volksbühne ihr Publikum verzaubert, ist alles gut.»

«Franzi Rath ist deine heimliche Romanze, ich fass es noch immer nicht», sagte Silvie kopfschüttelnd.

«Keine Romanze, Silvie», korrigierte Oskar. «Sondern die Frau, die ich heiraten und mit der ich eine Familie gründen will. Bei uns beiden stimmt einfach alles: das Herz, der Kopf und das Bett. Dabei bin ich durch puren Zufall auf sie gestoßen, bei meiner Suche nach spannenden Ost-Berliner Theaterproduktionen, die sich für eine Verfilmung eignen könnten. Anfangs konnte ich gar nicht glauben, dass sie es ist, so sehr hat die Schauspielerei sie verändert. Ein absolutes Naturtalent, Franzi hatte nur ein paar Monate Unterricht, dann wurde sie bereits engagiert. Markus, dem ich sie natürlich gezeigt habe, ist auch ganz hin und weg von ihr.»

«Und Flori? Hat Flori denn davon gewusst? Die hat ihre Freundin so sehr vermisst!»

«Ich hab es ihr erst vorgestern gesagt», gestand Oskar. «Und da hat sie ziemlich sauer reagiert, was ich irgendwie auch verstehen konnte. Ja, es war vielleicht ein Fehler, dass wir fast ein Jahr geschwiegen haben, und Franzi tut es inzwischen auch sehr leid, weil sie noch immer an Flori hängt, aber wir dachten beide, es sei besser so.» Er sprang auf und schüttelte sich. «Mit dieser Geheimniskrämerei ist jetzt Schluss, ein für alle Mal! Die ganze Familie soll mit eigenen Augen sehen, was für ein wunderbar talentiertes, durch und durch sinnliches Geschöpf an meiner Seite ist. Deshalb habe ich auch Karten für den 23. Oktober vorbestellt. *Der tolle Tag*, in dem sie brilliert – für dich, Peter, für Rike und Sandro, für Claire, Luisa und unseren Vater, für Miri, denn Schani wird abends ja leider nicht verfügbar sein, für Gregor, Hotte und Paul. Ich hoffe so sehr, alle nehmen sich die Zeit und folgen unserer Einladung! Auch die Potsdamer Mischpoke ist natürlich herzlichst eingeladen, allen voran Onkel Carl, der alte Musenliebhaber, aber auch Lydia, Jürgen, Amelie und deren neuer Freund.»

Oskars Strahlen war ungemein ansteckend.

«Franzis Mamsch will ebenfalls die Aufführung besuchen. Die letzten Jahre hatte sie sich in Brandenburg auf dem Bauernhof ihres Vaters verkrochen, nachdem ihr Lebensgefährte im Knast verstorben war. Von uns beiden weiß sie noch gar nichts, aber das wird sich an besagtem Abend ja ändern. Das wäre dann sozusagen unsere allererste Ost-West-Familienzusammenführung.» Er ging zu Silvie, legte zärtlich seine Arme um sie. «Hat dein ungeratener Zwillingsbruder jetzt endlich einmal alles richtig gemacht?», sagte er leise. «Ich wünsche es mir so sehr!»

○○○

Nach dem Schrecken von Nazizeit, Bombardierung und Zerstörung sollte Berlin ein neues Gesicht erhalten, so lautete das Motto der großen Architekturausstellung *Interbau*, die im kommenden Jahr ihre Pforten öffnen würde. Wichtige Architekten der Gegenwart nahmen daran teil, auch um zu demonstrieren, dass die Bauten der Stalinallee im Ostteil der Stadt nicht das Maß aller Dinge für zeitgenössisches Wohnen waren.

«Bin schon sehr gespannt, wann und wie sie diese Allee umbenennen werden», sagte Gregor, nachdem er die letzte Umzugskiste in den zweiten Stock geschleppt hatte. «Jetzt, wo Väterchen Stalin ein für alle Mal im Warschauer Block ausgedient hat.»

Den Vorschlag, in die Bleibtreustraße umzuziehen, während Luisa zu Friedrich und Claire an den Branitzer Platz zurückkehrte, hatte er begeistert angenommen. Sehr feinfühlig ging Gregor dabei auf die besorgten Eltern ein, die bislang noch immer vergeblich auf ein Lebenszeichen ihrer Tochter warteten.

«Keine Nachrichten sind in der Regel gute Nachrichten», versuchte er sie zu beruhigen. «An diese alte Weisheit solltet ihr euch halten. Flori ist begabt und sehr geschickt, die findet sich überall zurecht. Und irgendwann, wenn sie genug Freiheit geschnuppert hat, kommt sie wieder zur Vernunft und meldet sich. Sie liebt euch doch, das weiß ich ganz genau.»

Zu Gregors Beruhigung war es zwischen Hotte und seiner Vermieterin Susi zu einem Riesenzwist gekommen, und der Traum von der idyllischen Kleinfamilie mit Frau und Stiefkind schien glücklicherweise für alle Zeiten ausgeträumt. Gregors langjähriger Gefährte war nun offiziell als Untermieter bei einer Kriegerwitwe in der Uhlandstraße, nur ein paar Ecken weiter, gemeldet, wo er sich allerdings höchstens einmal in der Woche kurz sehen ließ; den Rest der Zeit verbrachte Hotte bei Gregor. Dass sich in der Bleibtreustraße 33 jemand über die Beziehung der beiden Männer aufregen würde, schien eher unwahrscheinlich, dafür hatten die Eigentümer und Mieter dieses Hauses schon zu viel gesehen.

Aber man konnte ja nie wissen.

«Manchmal hab ich dieses ganze verlogene Theater so was von satt», knurrte Gregor, während er Silvie in das Zimmer führte, in dem früher Rike und später dann Flori gewohnt hatte. «In welchem Jahrhundert leben wir eigentlich? Jeder soll doch endlich lieben dürfen, wen er will. Aber vielleicht werden die Menschen ja toleranter, wenn sie erst einmal in unseren neuen Wohnungen leben, was meinst du?»

«Schön wär's», erwiderte Silvie, nicht gerade überzeugt.

Auf einem großen Tisch, der fast den ganzen Raum füllte, waren seine Entwürfe aufgebaut: Zwischen Bäumen und Sträuchern im Miniaturformat erhoben sich rund um den Hansaplatz als Geschäftszentrum, mit Läden, Restaurants, Kinos und einer Bibliothek, acht- bis zehngeschossige Scheibenhochhäuser, im rechten Winkel gegeneinander versetzt. Fünf hochaufragende Punkthochhäuser schlossen sich an. Aber es gab auch reichlich Mehr- und Einfamilienbauten, Häuser in Zeltform sowie Atriumbungalows mit Flachdächern.

«Das ist ja eine ganze Stadt, die da entsteht!», sagte Silvie entzückt. «Magst du mir dazu ein bisschen was erklären?»

Gregor nickte. «Kann ich gern machen», sagte er. «Am liebsten würde ich ohnehin den ganzen Tag darüber reden. Also: Das gesamte Hansaviertel, 1943 im Bombenhagel der Alliierten zerstört, erhält ein neues Gesicht, soll urban und menschlich zugleich werden. Mit der Rückzugsmöglichkeit in der individuellen Wohnung, aber auch mit vielen Angeboten für die Gemeinschaft. Nichts Enges, Dunkles, Bedrückendes, wie es früher oft in den Berliner Mietshäusern mit ihren Hinterhöfen war, sondern voller Licht, Luft, Sonne, Transparenz und vor allem mit jeder Menge Grün. Da kann man doch eigentlich nur glücklich sein, was meinst du? Ich fühle mich jedenfalls geehrt, dass sie mich ins Team von Eiermann berufen haben. Da lerne ich jeden Tag Neues dazu.»

«Das müssten alle Leute sehen können», sagte Silvie.

«Können sie. Die Ausstellung wird öffentlich und ist gegen ein kleines Eintrittsgeld für jedermann zugänglich.»

«Und viele sind dann wieder zu faul, um hinzugehen, vor allem die Frauen, weil sie denken, Architektur sei langweilig. Ist sie aber ganz und gar nicht!» Silvie überlegte. «Ob du uns das alles vielleicht noch einmal fürs *Modekaufhaus Thalheim* nachbauen könntest? Muss nicht gleich sein, im Advents- und Weihnachtsgeschäft geht es ohnehin um andere Präferenzen. Aber gleich danach, in der kleinen Flaute bis zum Winterschlussverkauf, da wäre das doch *der* Aufhänger! Wir räumen ein paar Kleiderstangen weg und stellen es prominent mitten ins Erdgeschoss. Dann können unsere Kundinnen es gar nicht übersehen.» Mit einem träumerischen Ausdruck schloss sie die Augen. «Die Stadt von morgen», sagte sie. «Präsentiert von Gregor Thalheim, dem Visionär des neuen Bauens.» Jetzt sah sie ihren Cousin wieder an. «Na, wie klingt das für dich?», wollte sie wissen.

«Du bist ja vollkommen verrückt», sagte er und begann dabei, über das ganze Gesicht zu strahlen.

«Noch nicht verrückt genug», fuhr Silvie fort. «Denn diesen Mann will ich unbedingt auch in meiner Sendung *Stimmen* haben.»

«Du willst mich tatsächlich zu dir in den RIAS einladen? Aber bin ich denn dazu überhaupt wichtig genug?»

«Das will ich doch wohl meinen, lieber Vetter! Jemand, der ins Team von Egon Eiermann berufen wird, braucht sich davor nicht zu fürchten.» Sie legte beide Hände schützend auf ihren Bauch. «Allerdings sollten wir uns wohl besser nicht allzu viel Zeit damit lassen Denn ich fürchte, der kleine Racker in mir hat schon jetzt seinen ganz eigenen Kopf. Oder ihren.»

○○○

In Ost-Berlin, oder der Hauptstadt der DDR, wie es jetzt offiziell hieß, war es abends viel dunkler als im Westteil der Stadt. Die bunten Neonreklamen fehlten, die Straßenlaternen wirkten trüber; nur ein Bruchteil der Häuser war renoviert, und die Neubauten, an denen sie vorbeikamen, ließen sich an zwei Händen abzählen. Stattdessen erinnerten noch reichlich Trümmergrundstücke an die Schrecken des Krieges. Natürlich waren auch viel weniger Autos unterwegs. Obwohl sie nur die Sektorengrenze passiert hatten, fühlte es sich an wie die Zeitreise in ein anderes Jahrzehnt.

In Peters Opel Kapitän, den er souverän navigierte, stieg die Aufregung. Sie hatten Miri mitgenommen, die allein auf der Rückbank saß, weil Schani arbeiten musste. Silvie war inzwischen so hibbelig, dass sie kaum noch stillhalten konnte, und auch das Ungeborene in ihrem Bauch schien regelrecht Purzelbäume zu schlagen. Sie wusste genau, wie wichtig dieser Theaterabend für ihren Zwillingsbruder war, und sie hoffte von ganzem Herzen, dass es keine Enttäuschung für ihn geben würde. Nur Peter war bislang eingeweiht, das hatte sie mit Oskar so vereinbart, für die restlichen Familienmitglieder aus dem Westen würde das Wiedersehen mit Franzi eine echte Überraschung sein; die Potsdamer sollten sie erst neu kennenlernen. Leider hatte es im Vorfeld ein paar Absagen gegeben. Lydia musste passen, weil es Oma Frida sehr schlecht ging und sie die alte Dame nicht alleine lassen wollte. Amelies Freund Tobias ließ ausrichten, er mache sich nichts aus Theater: Der wahre Grund war wohl eher, dass er keinerlei Wert auf die West-Verwandtschaft seiner Liebsten legte. Und auch Paul konnte wegen eines Auftritts mit seiner Band in der *Eierschale* nicht dabei sein.

«Sind wir dann endlich da?», fragte Silvie, als sie die Ruine des Columbushauses am Potsdamer Platz passierten, das beim Aufstand vom 17. Juni in Flammen aufgegangen war.

«Fliegen kann ich leider nicht», sagte Peter. «Aber jetzt ist es wirklich nicht mehr weit.»

«Ich erkenne mein Berlin aus der Vorkriegszeit kaum wieder», sagte Miri, die bislang sehr still gewesen war. «Meine Güte, was war da früher am Potsdamer Platz los! Und heute alles so still und leer …»

«Die meisten Autos, die hier rumfahren, kommen wohl aus West-Berlin», sagte Peter. «Der Kulturtransfer zwischen West und Ost klappt noch wunderbar. Gibt ja nicht nur die sehenswerte Volksbühne, sondern auch noch das Maxim Gorki Theater in der Dorotheenstadt. Nicht zu vergessen Brechts Berliner Ensemble, das nun, nach seinem Tod im August, von Helene Weigel als Prinzipalin weitergeführt wird. Da sollten wir dringend mal hin, Silvie, wenn sie zurück von ihrer England-Tournee sind! Eine sehr bemerkenswerte Frau, die verwitwete Frau Brecht!»

«Gerne», erwiderte sie, «aber erst, wenn das Kleine da ist. Ich hab nämlich schon jetzt keine Ahnung, wie ich heute zweieinhalb endlose Stunden in einer engen Theaterreihe überstehen soll.»

Er schaltete das Autoradio ein.

«Budapest», sagte der Nachrichtensprecher. «In Ungarns Hauptstadt versammeln sich seit den Mittagsstunden Tausende von Studenten. Sie solidarisieren sich mit den polnischen Kommunisten, die gerade auf ihrem Parteitag politische Reformen besprochen haben …»

«Ich dachte, in Polen haben sie im Juni alles in Grund und Boden geschossen», sage Miri erstaunt.

«Die Sehnsucht nach Freiheit ist ein sehr ansteckender Bazillus», sagte Peter. «Schwer, ihn wieder loszuwerden, wenn er sich erst einmal verbreitet hat.»

«… ihr Ziel ist ein besserer Kommunismus», kam es weiter aus dem Autoradio. «Sie fordern den baldigen Abzug aller sowjetischen Truppen, neue Parteiführer und geheime Wahlen. Inzwischen sollen sich bis zu zehntausend Menschen vor dem Parlament versammelt haben …»

«Wir sind da», sagte Peter und schaltete das Radio aus. «Rosa-Luxemburg-Platz. Bitte aussteigen, die Damen!»

«Aber die Nachrichten waren doch noch gar nicht zu Ende», protestierte Silvie.

«Hören wir uns später an. Garantiert bringen sie im Fernsehen auch etwas dazu», sagte Peter. «Solche Neuigkeiten lassen die sich nicht entgehen. Du willst deinen Bruder doch sicherlich nicht warten lassen, oder?»

Oskar empfing sie in seinem dunklen Abendzug mit bordeauxrotem Binder vor den Garderoben, nervös tänzelnd wie ein Rassepferd vor dem Startschuss.

«Du siehst wunderbar aus», flüsterte er Silvie ins Ohr, als er sie umarmte. «Und ich sterbe schier vor Aufregung!»

«Musst du nicht», sagte sie und strich den Rock ihres malvenfarbenen Satinkleides glatt. Der Reißverschluss hatte sich gerade noch schließen lassen. Zu heftiges Atmen allerdings sollte sie heute wohl besser bleibenlassen. «Alles wird gut, wirst schon sehen!»

«Wie prunkvoll es hier ist», sagte Miri beeindruckt. «All das Rot und Gold – sieht ja aus wie bei Königs!»

«Warte, bis du erst mal auf deinem Sessel sitzt!», kommentierte Peter. «Drinnen ist es nämlich noch edler. Auch das einfache Publikum soll sich im Theater nobel und erhaben fühlen, so lautet das Konzept.»

«Und du, Miri, siehst heute aus wie die Königin der Nacht», bemerkte Oskar galant, «und passt ganz ausgezeichnet hierher.»

Zu ihrem engen schwarzen Samtkleid hatte sie ein breites Strasscollier angelegt, das im Kunstlicht funkelte.

«Alter Schmeichler», sagte sie und schlug spielerisch nach

ihm, aber es war ihr anzusehen, dass sie das Kompliment freute.

Nach und nach trudelten alle ein: Friedrich und Claire, die Luisa mitgebracht hatten, Gregor und Hotte, der eine im nachtblauen, der andere im schiefergrauen Anzug, schließlich Rike und Sandro, deren kleine Kinder heute von der bewährten Frau Schaller gehütet wurden.

Als Jürgen Grothe und Amelie eintrafen, löste sich das Mädchen von der Seite des Vaters und lief auf Luisa zu. Schluchzend umarmten sich die beiden Schwestern und wollten sich gar nicht mehr loslassen.

«Wenn ich dann vielleicht auch einmal dürfte …»

Jürgen wurde von seinen Töchtern in die Mitte genommen.

«Ist ja herzzerreißend», sagte Carl, der gerade seinen Mantel an der Garderobe loswurde. «Nichts geht doch über Familie!»

In diesem Moment betrat eine schlanke Frau in einem dunkelblauen Mantel das Vestibül. Die blonden Haare trug sie hochgesteckt; Haltung und Gang erinnerten an eine Tänzerin. Ein paar feine Fältchen um Augen und Mund verrieten, dass sie die vierzig schon um einiges überschritten haben musste, ihre Ausstrahlung jedoch war jugendlich.

Carl stand da wie erstarrt.

Und auch die Dame rührte sich plötzlich nicht mehr von der Stelle.

«Das gibt es doch nicht», flüsterte er plötzlich. «Kitty? Kitty Albers?»

«Rath», sagte sie mit spröder Stimme. «Katharina Rath, so heiße ich. Was zum Teufel machst du hier, Carl?»

Wie in Zeitlupe ging er auf sie zu.

«Ich hab dich tausendfach gesucht», sagte er. «Jahrelang. Du warst damals einfach weg, wie vom Erdboden verschluckt …»

«Aus gutem Grund», erwiderte sie.

«Aber wir haben uns so sehr geliebt. Wie konntest du mir das antun?» Er fuhr sich mit der Hand über das Gesicht. «Liebe Güte, ich glaub noch immer, dass ich das hier gerade nur träume.»

Die Frau wirkte nicht weniger nervös als Carl, war aber sichtlich bemüht, die Fassung zu wahren.

«Ich bin hier, weil meine Tochter Franziska mir ihren Freund aus West-Berlin vorstellen möchte», sagte sie und deutete auf eine Fotografie, die links von ihr an der Wand hing. «Sie spielt heute Abend die Susanna.»

Bislang hatten alle gebannt zugehört, jetzt aber ging Oskar entschlossen auf sie zu.

«Dieser Freund bin ich», sagte er. «Oskar Thalheim. Ich freue mich so sehr, endlich Franzis geliebte Mamsch kennenzulernen …»

Er brach ab, weil sie auf einmal wie erloschen aussah.

«Was ist mit Ihnen, Frau Rath?», sagte er besorgt. «Ist Ihnen nicht gut?»

«Nicht Thalheim», krächzte sie. «Bitte bloß nicht Thalheim …»

«Ich verstehe nicht ganz», sagte Oskar verblüfft. «Das ist nun einmal mein Name …»

Carl schob ihn einfach zur Seite. «Franzi ist meine Tochter», sagte er, kreidebleich, aber ungeheuer entschlossen. Seine Augen hingen unverwandt an ihrem Gesicht. «So ist es doch, Kitty, oder? Es kann ja gar nicht anders sein. Du bist damals untergetaucht, weil du schwanger warst. Sag es! Erlöse mich endlich …»

«Ja, du hast sie gezeugt, aber sie ist mein Kind, mein Kind allein!» Jetzt schrie Kitty. «Du warst verheiratet, hattest zwei Söhne, von Scheidung keine Rede, wahrscheinlich klebst du bis heute in dieser total verkorksten Ehe …»

Er versuchte einen Einwand, aber sie ließ ihn nicht zu Wort kommen.

«Und falls nicht, so ist es mir auch egal. Ich hab ein neues Leben begonnen mit meinem Kind und wollte den Namen Thalheim nie wieder im Leben hören.»

«Aber jetzt hörst du ihn», sagte Carl, der sehr blass geworden war. «Und du musst ihn hören. Deine verdammte Geheimniskrämerei hat nämlich dazu geführt, dass Franzi unwissentlich ein Verhältnis mit meinem Neffen angefangen hat, ihrem leiblichen Cousin!»

Kitty funkelte ihn wütend an, aus schmalen dunklen Augen, die denen ihrer Tochter so sehr glichen. Ihre linke Hand schien nach einem Halt zu tasten, doch der Garderobentresen war viel zu weit entfernt, und so griff sie ins Leere. Es war, als hätte jemand ein unsichtbares Seil um ihre schlanken Beine geschlungen und fest daran gezogen.

Als Kitty wie eine Gummipuppe auf dem abgetretenen Läufer zusammensackte, kam aus Oskars Mund ein schmerzlicher Laut, der Silvie tief ins Mark fuhr.

12

Berlin, Spätherbst / Winter 1956

Silvie schaltete das Radio aus. Mittlerweile war sie im letzten Trimester ihrer Schwangerschaft angelangt, schlechte Nachrichten schlugen ihr auf den Magen, und davon gab es momentan mehr als genug. Ungarns großer Traum von der Freiheit war nach zwei Wochen ausgeträumt. Am 4. November 1956 besetzten 60 000 sowjetische Soldaten mit Hunderten von Panzern das Land, um es wieder unter die Kontrolle Moskaus zu bringen. Vorbei die proklamierte Aufhebung der Einparteienherrschaft, hinfällig die Absicht, aus dem Warschauer Pakt auszuscheiden, die der neu gewählte Ministerpräsident Imre Nagy öffentlich geäußert hatte. Freudentaumel und Hoffnung gehörten nun der Vergangenheit an; stattdessen waren innerhalb weniger Tage 2500 Tote und über 20 000 Verletzte zu beklagen, darunter viele junge Menschen. Circa 200 000 Ungarn flohen in den Westen, die meisten von ihnen nach Österreich. Es kam zu zahlreichen Verhaftungen; vielen dieser Inhaftierten drohte nach dem Prozess die Hinrichtung. Obwohl Staatschef Nagy die UNO um Hilfe gebeten hatte, stand sie dem bedrängten Land in seinem Überlebenskampf nicht bei. Alle großen westlichen Nationen sahen dem Abschlachten tatenlos zu. Die Weltgemeinschaft hatte versagt, der Eiserne Vorhang, der Europa durchschnitt, war nun undurchdringlicher denn je. Wie Mehltau legte sich Lethargie über ganz Europa, passend zu einem kalten, feuchten Winteranfang, bei dem es über Tage niemals richtig hell zu werden schien.

Sie seufzte. Zwischen dem RIAS, in dem sich die Nachrichten jeden Tag überschlugen, und dem *Modekaufhaus Thalheim*, wo sie ihre Pflichten als Personalchefin zu erfüllen hatte, rastlos hin- und herpendelnd, fand sie manchmal kaum die Zeit für einen anständigen mittäglichen Happen. Dr. Weber hatte ihr ins Gewissen geredet, weil die Gewichtszunahme schon zu lange stagnierte.

«Sie schaden dem Ungeborenen, wenn Sie sich nicht anständig ernähren», mahnte er. «Da könnten Schäden entstehen, die sich vielleicht nicht mehr gutmachen lassen.»

Nachdem sie Peter erschrocken davon erzählt hatte, ließ der prompt allabendlich ihre Lieblingsgerichte aus dem *Schanigarten* nach Hause liefern, damit Silvie nicht selbst am Herd stehen musste und wenigstens einmal am Tag richtig aß. Besonders viel allerdings bekam sie auch so nicht herunter. Wie sollte sich ihr Bauch auch friedlich weiterhin runden, wenn die Sorge um Oskar sie von innen her zerfraß?

Das Fiasko im Vestibül der Volksbühne hatte ihren Zwillingsbruder nicht mehr losgelassen. Statt im freudigen Familienzusammenschluss, von dem er geträumt hatte, war der Abend in einer Katastrophe zu Ende gegangen. Kitty musste wegen massiver Kreislaufprobleme von einem Rettungswagen in die Charité gebracht werden. Die Brüder Carl und Friedrich bekamen sich lautstark in die Haare, wobei Letzterer dem älteren Bruder Ehebruch und Vielweiberei vorwarf. Logendiener mussten die beiden Streithähne schließlich voneinander trennen, sonst wäre es vermutlich noch zu ernsthaften Handgreiflichkeiten gekommen.

Als es kurz vor Beginn des Stücks klingelte, schlichen die von Oskar Eingeladenen betreten auf ihre Plätze. Er selbst hatte sich längst aus dem Staub gemacht. Auch Carl war wortlos in die Nacht verschwunden.

Dabei war das Stück grandios besetzt und hinterhältig inszeniert. Ein Figaro, der mit großem komödiantischen Talent alle Register zog, ein liebestoller Graf Almaviva, so überspitzt dargestellt, dass er seine eigene Parodie gleich mitlieferte, eine melancholisch-schöne Gräfin – und natürlich Franzi alias Lys als Susanna, die mit ihrer bezaubernden Liebenswürdigkeit alle anderen an die Wand spielte. Nach einem donnernden Applaus kam sie in der Pause im Kostüm in den Zuschauerraum, wo Silvie sie in Empfang nahm und in aller Kürze so behutsam wie möglich über die unerhörten Vorkommnisse aufklärte.

«Oskar ist mein Cousin?» Franzis Stimme erstarb. «Und Mamsch liegt in der Charité?» Sie begann am ganzen Körper zu zittern. «Soll das vielleicht ein mieser Scherz sein?»

«Leider nein», sagte Silvie voller Mitgefühl. «Ich kann verstehen, wenn du jetzt …»

«Gar nichts kannste», unterbrach Franzi sie jäh. «Ja, habt ihr denn alle zusammen den Verstand verloren?»

Nach der Pause blieb ihr Spiel auf der Bühne zwar weiterhin ambitioniert, aber es hatte seine mitreißende Leichtigkeit verloren. Die junge Mimin gab sich Mühe, Silvie jedoch und vielleicht noch ein paar weitere sensible Zuschauer spürten, dass sie innerlich schwer zu ringen hatte.

Friedrich hatte den ganzen Nachhauseweg über auf seinen missratenen Bruder geschimpft, wie Claire später berichtete; Gregor dagegen verteidigte ihn vor Silvie und Rike.

«Man kann sich eben nicht aussuchen, wen man liebt», sagte er. «Und dass die Ehe unserer Eltern eine einzige Katastrophe war, ist uns allen ja seit langem bekannt. Mir gefällt, dass unser Vater trotzdem nicht resigniert hat, und ich wünsche ihm von Herzen, dass er endlich glücklich wird. Gleiches gilt natürlich auch für Oskar.»

«Mit der eigenen Cousine?» Rike zog die Nase kraus. «Also, ich könnte mir niemals was mit einem so nahen Verwandten vorstellen!»

«Konnte er ja schließlich nicht ahnen», konterte Gregor. «Außerdem haben Könige und Adlige jahrhundertelang ganz selbstverständlich ihre Cousins und Cousinen geehelicht …»

«… was ihren Nachfahren allerdings jede Menge körperlicher und geistiger Probleme eingebracht hat», warf Peter ein. «Die Kinder deiner Tante oder deines leiblichen Onkels sind von den Erbanlagen her schon verdammt nah an dir dran. Da können unter Umständen hochexplosive Ergebnisse entstehen.»

Doch wie sich später herausstellte, ließ es Franzi dazu nicht mehr kommen.

Es gab nicht einmal ein klärendes Gespräch zwischen Oskar und ihr, sosehr er sich auch darum bemühte. Offenbar hatte sie Hals über Kopf die Friedrichshainer Wohnung in der Simon-Dach-Straße verlassen. Wo sie jetzt untergekommen war, konnte er nicht herausfinden. Auch in der Volksbühne ließ man ihn nicht zu ihr vor. Dazu kam, dass ihr Engagement in *Der tolle Tag* kurz darauf endete und Franzi für die nachfolgenden Produktionen offenbar nicht mehr besetzt war.

Wo steckte sie?

Wie besessen begann Oskar nach ihr zu fahnden, doch er stieß überall an Mauern. Niemand wollte sie gesehen haben, keiner wusste etwas über ihren Aufenthaltsort. Kitty Rath, die Mutter, war schnell wieder aus dem Krankenhaus entlassen worden, doch wo der Hof des Großvaters lag, wusste Oskar nur ungefähr. Seine ergebnislosen Fahrten durch die brandenburgischen Dörfer gerieten mehr und mehr zu Höllentrips im Schneeregen; für ihn war es, als habe sich die ganze Welt gegen ihn verschworen. Er schlief viel zu wenig, aß kaum noch, griff stattdessen wieder stärker zum Alkohol, fiel also in jene unheilvollen Angewohnheiten zurück, die ihm früher schon zugesetzt hatten.

Ein paar Wochen nach den fatalen Ereignissen war Silvies Angst um ihn ins Unermessliche gestiegen, weil sie spürte, wie er ihr und einem normalen Leben mehr und mehr entglitt. Inzwischen begann ihr Zwillingsbruder auch seine Arbeit zu vernachlässigen, erschien zu spät, schwer verkatert oder erst gar nicht in der Firma oder am Set, und Markus Weisgerbers anfängliche Besorgnis schlug allmählich in Verärgerung um.

«Wenn er so weitermacht, muss ich ihn leider feuern», sagte Markus, als Silvie und er sich anlässlich der Buchpremiere eines Berlin-Fotobandes im topmodernen Haus Hardenberg trafen, in dem die Buchhandlung Kiepert residierte. Im neueröffneten Laden an der Hardenbergstraße wurde auf den altmodischen Verkaufstresen verzichtet und den Kunden stattdessen erlaubt, selbst an die Regale zu gehen und sich die Bücher herauszusuchen, die sie interessierten. Ein Konzept, das offenbar allgemein auf großes Interesse stieß, denn die Veranstaltung war nicht nur wegen des Berlin-Bandes überfüllt. Belegte Schnittchen, Orangensaft und Sekt wurden gereicht, und der begabte junge Fotograf beantwortete bereitwillig alle Fragen.

«Gib ihm noch eine Chance», bat Silvie. «Oskar hat den Boden unter den Füßen verloren, aber er wird sich wieder fangen, das weiß ich. Nur gerade ist es so verdammt schwer für ihn.» Sie dämpfte ihre Stimme. «Du weißt doch selbst, wie es sich anfühlt, verzweifelt zu lieben. Oder hast du das alles schon vergessen?»

«Natürlich nicht», erwiderte Markus. «Aber in letzter Zeit habe ich bei ihm schon sehr oft beide Augen zugedrückt. Unsere Branche erlaubt keine Fehler. Dann kann es nämlich sehr schnell sehr teuer werden.» Er räusperte sich. «Hat Oskar dir zufällig schon von unserem neuen Filmprojekt erzählt?», fragte er.

«Welches Projekt?», fragte Silvie.

«Büchners *Woyzeck*, ganz modern aufbereitet. Passt erschreckend gut in unsere Zeit, wie ich finde. Im Frühling sollen die Dreharbeiten beginnen.»

Augenblicklich hatte Silvie wieder Gretas aufgeregte Jungmädchenstimme im Ohr. *Luisa und ich lesen gerade Büchners Woyzeck, und als Nächstes wollen wir uns Albert Camus vornehmen, der soll ganz besonders toll schreiben …*

Ach, Greta-Kind! dachte sie voller Wehmut. Wie gern hättest du diesen Abend hier erlebt und noch so viele andere mehr. Jetzt kannst du nicht einmal mehr dein Geschwisterchen aufwachsen sehen …

«Silvie?», hörte sie Markus fragen. «Alles in Ordnung?»

«Ja», sagte sie automatisch, um gleich darauf energisch den Kopf schütteln. «Nein, eigentlich ist überhaupt nichts in Ordnung. Erst stirbt Peters Kind, und dann verliert mein Zwillingsbruder seine große Liebe. Das ist einfach nicht gerecht!»

«Leider steht nirgendwo geschrieben, dass das Leben gerecht ist», sagte Markus. «Ich wollte dir trotzdem sagen, was ich vorhabe: Wanja Krahl wird mein Woyzeck. Es gibt keinen besseren, niemanden, der präsenter auf der Leinwand wäre. Ich giere danach, endlich einmal Kunst und nicht immer nur Kommerz zu produzieren. Ich hoffe, das tut dir jetzt nicht allzu weh, Silvie, aber ich muss ihn einfach nehmen.»

Ja, da war ein kurzer heftiger Stich, als sie seinen Namen hörte, und so würde es wohl für immer bleiben, aber das hielt sie aus. Wanja Krahl war Vergangenheit, Oskars Schicksal dagegen ging sie *jetzt* etwas an.

«Und noch etwas, Silvie, das du wissen solltest», fuhr Markus fort. «Bevor dieses Liebesdrama seinen Lauf nahm, wollte ich unbedingt Lys Ramoner als Marie besetzen. Ehrlich gesagt, hänge ich noch immer sehr an dieser Idee …»

«Dann weißt du, wo sie ist?», unterbrach Silvie ihn ungeduldig.

Er zuckte die Achseln.

«Weißt du es nun, oder weißt du es nicht?», fuhr sie ihn an.

«Ich habe versprochen, vorerst den Mund zu halten», sagte Markus. «Daran halte ich mich.»

«Aber so geht Oskar zugrunde, Markus! Ich weiß das. Niemand kennt ihn besser als ich.»

«Dann rede mit ihm!», sagte er eindringlich. «Mach ihm klar, was für ihn auf dem Spiel steht, wenn er sich im Job weiterhin derart unverantwortlich verhält. Euer Bruder kann sich nicht ein Leben lang auf wohlmeinende Menschen verlassen, die jedes Mal hinter ihm den Schmodder aufräumen, den er angerichtet hat. Wenn du es trotzdem wieder versuchst, tust du ihm nichts Gutes. Wie soll Oskar so jemals erwachsen werden?»

Er meinte es ernst, das hörte sie aus jedem Wort.

Ihr Bauch in dem bordeauxroten Wollkleid mit dem schmeichelnden Wasserfallkragen wurde hart. Das Kleine in ihr schien zu spüren, wie mutlos seine Mutter sich fühlte.

Silvie legte ihre Hände schützend auf die Wölbung. «Ich will es versuchen», sagte sie.

«Tu das bitte. Ich mag diesen total verrückten Kerl, sehr sogar, aber jetzt muss er wieder zur Vernunft kommen – und das schnell!»

Oskar hatte zunächst gezögert, als Silvie ihn zu einem Gespräch in ihr Zuhause eingeladen hatte, doch immerhin erschien er. Er besuchte die van Ackerns nicht sonderlich gern, das war ihr schon aufgefallen.

Sie selbst fühlte sich inzwischen sehr wohl in dem gemütlich eingerichteten Haus, mit all seinen vollgepackten Bücherwänden und einem schwarzen Klavier, auf dem sowohl Ingrid als auch Greta gespielt hatten und das nun auf kleine Hände zu warten schien, die eines Tages vielleicht ebenfalls Freude an ihm haben würden.

Peter sammelte moderne Fotografie und hatte ein paar besonders schöne Schwarzweißaufnahmen geschmackvoll rahmen lassen, die nun die Wände im Erdgeschoss schmückten. Darunter war auch ein Porträt von Greta am Wannsee, wo sie zwischen Schilfpflanzen am Ufer saß und verträumt aufs Wasser blickte. Ihr Vater stand oft davor und schien stille Zwiesprache mit ihr zu halten, aber auch Silvie liebte diese Aufnahme, die über dem Esstisch hing.

Auf Silvies Wunsch waren die Orientteppiche durch einfarbige Wollteppiche ersetzt worden, die die Räume heller und freundlicher wirken ließen. Als Gegensatz zu den klassischen englischen Ledersofas in dunklem Grün, an denen der Hausherr sehr hing, gab es nun zwei moderne Stehlampen in Rot beziehungsweise Schwarz, die spannende Akzente setzten und die Handschrift der neuen Hausherrin verrieten. Dazu gehörte auch die hochwertige Musikanlage der Firma Braun, wegen der Plexiglasabdeckung im Volksmund «Schneewittchensarg» genannt, die alle Schallplatten so gut klingen ließ wie nie zuvor ein Gerät.

«Markus meint es ernst», sagte sie, als sie sich neben Oskar in die Sitzgruppe plumpsen ließ. «Er hält große Stücke auf dich, aber von dir auf der Nase herumtanzen lässt er sich trotzdem nicht. Du musst dich zusammenreißen. Bitte versuch es zumindest! Das Leben geht weiter. Auch ohne Franzi.»

Er gab einen Laut von sich, der fast wie ein Knurren klang. Seinen Tee hatte er nicht angerührt. Dagegen linste er immer wieder zu dem antiken Servierwagen, auf dem die stattliche Bar des Hausherrn aufgebaut war.

«Wanja und Franzi als Liebespaar vor der Linse, das hat

doch was, oder?», sagte er. «Und ich hab sie Markus angeschleppt!»

«Ihr könnt beide nichts dafür, dass ihr so eng verwandt seid», sagte Silvie, die langsam müde wurde. «Weder du noch Franzi. Ich fürchte, du musst einfach akzeptieren, dass sie sich erst einmal vollkommen zurückgezogen hat. Vielleicht bist du im Frühjahr ja so weit, dass du doch mit ihr arbeiten kannst. Und falls nicht, dann findet Markus bestimmt eine andere Lösung, wenn du ihn darum bittest.»

Sie rutschte auf dem Sofa hin und her, aber wirklich gemütlich wurde es trotzdem nicht. Die Schwangerschaft geriet immer beschwerlicher für sie, sie schlief nur noch stundenweise und musste oft schon nach wenigen Metern nach Luft ringen. Selbst Autofahren wurde zur Strapaze. Alles ganz normal, versicherte ihr Hebamme Lou Berger, mit der sie in engem Kontakt stand. Lou zweifelte übrigens daran, dass das Baby zum errechneten Termin auf die Welt kommen würde. Silvies Bauch war bereits tiefer gerutscht; sie bekam ab und an Senkwehen, ein starkes Ziehen in Bauch und Rücken, manchmal sogar mehrmals am Tag.

Sie musste langsamer agieren, daran gab es keinen Zweifel. Ihr Körper gebot es ihr unmissverständlich, auch wenn der Kopf sich noch immer dagegen auflehnen wollte.

Im Haus war schon alles für die Ankunft des Babys vorbereitet: der Raum neben dem Elternschlafzimmer in freundlichem Gelb gestrichen, eine Wickelkommode angeschafft, deren Fächer mit lauter Jäckchen und Stramplern gefüllt waren, die schon Anna und Matteo in ihren ersten Lebenswochen getragen hatten. Neues in Blau oder Rosa sollte erst angeschafft werden, wenn man wusste, ob ein

Junge oder ein Mädchen die Familie vervollkommnen würde. Die weiße Wiege, in der auch Greta als Baby geschlafen hatte, würde erst einmal neben dem großen Doppelbett stehen, dazu hatte Rike als erfahrene Mama dringend geraten.

Zum Glück hatte der RIAS Silvie bereits in den gesetzlich festgeschriebenen Mutterschutz entlassen, sonst wäre das alles gar nicht zu bewerkstelligen gewesen, denn Peter war gerade sehr eingespannt im Verlag. Ihre vorerst letzte Sendung *Stimmen*, mit Gregor als Gast, hatte noch einmal an die Erfolge der ersten Ausstrahlungen anknüpfen können, das gab ihr ein gutes Gefühl. Silvies einst so scheuer Cousin parlierte vor dem Mikro so ungezwungen und souverän, als habe er sein Leben lang nichts anderes getan, war mal ernsthaft, dann wieder witzig, ebenso philosophisch wie dann wieder volkstümlich. Spielerisch wechselte er zwischen Berliner Dialekt und Hochsprache hin und her, was bei den Hörern immer besonders gut ankam. Langweilig jedenfalls war die Sendung nicht einen Moment. Aus allem, was Gregor sagte, sprühte seine Begeisterung für moderne Architektur, die ganz für die Menschen da sein sollte. Bei der Musikauswahl hatte er sich für die neue Richtung entschieden, und so legten sie wunschgemäß Songs von Elvis Presley, Bill Haley, Ray Charles und Jonny Cash auf, aber auch ein paar Stücke, die *The Crazy Creatures*, die Band seines Bruders Paul, erst jüngst auf eigene Kosten eingespielt hatte. Bald schon glühten die Leitungen, so gut kam diese Mischung an; es gab reichlich Anrufe und viele, viele Leserbriefe. Bis auf ein paar unvermeidliche Meckerer, die sich über die «entartete Negermusik» beschwerten, herrschte pure Begeisterung. Auf einen Schlag war die *Interbau*, die im Juni des nächsten Jahres eröffnet werden sollte, in aller Munde. Gregors nachgebautes Miniaturmodell, das nach Weihnachten im *Modekaufhaus Thalheim* an prominenter Stelle zu sehen sein würde, wurde bereits ungeduldig erwartet, was allen Beteiligten zugutekam …

«Ich soll mich also zusammenreißen und Franzi einfach vergessen, während der Rest der Familie tun kann, was ihm beliebt?», erwiderte Oskar gereizt. «Carl verliebt sich ständig in die falschen Frauen. War da nicht auch mal etwas mit unserer Mutter, bevor es uns gab? Mir ist so, als hätte Rike irgendwann eine Andeutung in dieser Richtung fallen lassen. Na, wenn der einmal in die Grube fährt, kann er jedenfalls aus vollem Herzen sagen, er habe gelebt!»

«Rein platonisch», korrigierte Silvie. «Zumindest, was Mama betraf. Er wollte, sie aber nicht. Hat lediglich seine Verehrung genossen. Steht alles übrigens in ihrem Tagebuch, das du niemals lesen wolltest. Du darfst Carl nicht die Schuld geben, Oskar! Der hatte keine Ahnung, dass Kitty von ihm schwanger war. Jahrelang hat er vergeblich nach ihr gesucht …»

«Schon seltsam, für die anderen hast du immer eine Entschuldigung parat.» Oskar klang richtig schroff. «Aber was ist eigentlich mit mir?»

«Jetzt bist du aber verdammt ungerecht!», entgegnete Silvie gekränkt.

«Und wenn schon. Ich bin es so unendlich leid, es allen recht machen zu wollen. Wohin hat mich das gebracht, sag selbst? In den dunkelsten Abgrund meines Lebens!»

Sie kamen nicht weiter, nicht an diesem Tag und auch nicht bei den kurzen, eher unerfreulichen Telefonaten, die darauf folgten. Oskar hatte die undurchdringliche Wand um sich noch höher gezogen, suhlte sich in Herzschmerz. Ging es dabei wirklich nur um die verlorene Liebe, oder war das inzwischen Selbstmitleid? Silvie kam es manchmal vor, als hätten sich alle Schrecknisse seines Lebens in dieser einen großen Niederlage vereinigt.

Sie sprach mit Miri darüber, die Peter und sie sowie die Lombardis zu einem Chanukka-Essen eingeladen hatte. Die Lombardis hatten das Experiment gewagt, ihre Kleinen nicht wie gewohnt der Obhut von Frau Schaller anzuvertrauen, sondern hatten sie mitgebracht. Anna und der kleine Matti benahmen sich vorbildlich, bestaunten mit großen Augen den siebenarmigen Leuchter mit seinen brennenden Kerzen und machten sich hungrig über die Latkes her, die Miri gebacken hatte, goldbraune Reibekuchen aus Kartoffeln und Matzemehl, die auf den Kindertellern noch einen großen Klecks Apfelmus erhielten, während die Erwachsenen sie mit Sauerrahm verspeisten. Danach rissen die beiden freudig das bunte Papier auf, in dem die kleinen Geschenke steckten, die Miri so liebevoll für sie eingepackt hatte. Keine wusste besser als sie, was Kinderherzen beglückte. Schließlich schliefen sie satt und erschöpft aneinandergekuschelt auf der Couch im Arbeitszimmer.

«Oskar ist nicht so stark wie du», sagte Miri, während sie nachdenklich in ihrer Tasse rührte. «Und er hat in seinem Leben schon so vieles ertragen müssen, vergiss das nicht. Diese junge Liebe war der Rettungsanker für ihn, an den er sich mit aller Macht geklammert hat. Furchtbar, dass es so ausgehen musste!»

Die beiden hatten sich mit ihren Teetassen in die Küche zurückgezogen, um ungestört zu sein, während die anderen sich weiter im Wohnzimmer unterhielten.

«Du hast ja recht mit jedem Wort», erwiderte Silvie. «Aber ich bin mit meiner Weisheit so ziemlich am Ende. Alles, was ich zu Oskar sage, prallt an ihm ab. Wenn er nicht aufpasst, verliert er seine Stelle bei Markus. Dann kommt es noch dicker für ihn.»

«Soll ich vielleicht einmal mit ihm reden?», bot Miri an. «Ich bin ihm vertraut, aber lange nicht so nah wie du, das ist manchmal ganz hilfreich.»

«Kannst du gerne versuchen. Allerdings fürchte ich, du wirst nicht sehr weit kommen. Oskar hat sich darauf versteift, Franzi wiederzusehen, davon weicht er nicht ab, obwohl sie in der Versenkung verschwunden ist, unerreichbar für ihn. Ich glaube, da ist nicht viel zu machen.»

«Chanukka bedeutet, die Wahrscheinlichkeit außer Kraft zu setzen», erwiderte Miri. «Sozusagen die Möglichkeit des Unmöglichen. Ich bin ja noch immer eifrig dabei, die Geheimnisse der jüdischen Religion zu ergründen, um die ich mich so lange nicht gekümmert hatte. Bei uns zu Haus war kaum die Rede davon. ‹Bin nur jüdisch, nicht fromm›, hat Mama immer gesagt. Kann mich nicht daran erinnern, dass sie in der Synagoge war oder wir jemals Chanukka gefeiert hätten. Ein Weihnachtsbaum mit bunten Kugeln? Jahr für Jahr. Ein siebenarmiger Leuchter mit brennenden Kerzen? Niemals! Dabei steckt so viel an Hoffnung in diesem Fest.»

Sie beugte sich weiter über den Tisch, sah Silvie dabei eindringlich an.

«Die Legende vom Ölwunder besagt, dass eine kleine

jüdische Armee die viel stärkere des hellenistisch-syrischen Herrschers Antiochus besiegt hat. Danach entfernten die Juden alle Zeichen des Götzendienstes aus dem Tempel, der gereinigt und neu geweiht wurde. Als man dazu die Menora anzünden wollte, fand sich nur noch ein Glas koscheres Öl, das aller Voraussicht nach für einen einzigen Tag gereicht hätte. Doch die Flammen strahlten acht Tage lang.» Miri begann zu lächeln. «Es ist also kein Naturgesetz, dass das Stärkere immer über das Schwächere triumphieren muss. Manchmal passiert es auch genau andersherum.»

«Schöne Geschichte», sagte Silvie und streckte stöhnend die Beine aus, weil das Sitzen ihr von Woche zu Woche immer schwerer fiel. «Aber was hat sie mit Oskar zu tun?»

«Dass man niemals aufgeben darf, was auch passiert. Schau mich an: Hätte ich das während meiner U-Boot-Zeit getan, dann säße ich heute nicht hier. Natürlich haben auch Zufälle und jede Menge Dussel eine Rolle gespielt, aber da gab es vor allem diese innere Sturheit in mir, die mich am Leben erhalten hat. Ihr Nazis kriegt mich nicht, das habe ich mir jeden Tag aufs Neue geschworen. Nicht ihr!»

Miris Augen waren noch dunkler als sonst.

Bewegt griff Silvie nach ihrer Hand.

«Du machst alles in deinem Leben wunderbar und bist gleichzeitig so stinknormal, dass ich zwischendrin immer wieder vergesse, was hinter dir liegt. Entschuldige, Miri, das ist wirklich keine böse Absicht!»

«Ich will es doch gar nicht anders», erwiderte Miri. «Zum Glück ist mein Leben wieder in normalen Bahnen, sogar in sehr glücklichen, denn ich habe meinen Schani, und ich habe euch. Ihr seid meine Familie. Ob jüdisch oder nicht, ist mir ganz egal.» Sie linste zu Silvies Bauch. «Und ganz bald ist sie ja wieder um ein Mitglied reicher …»

Es klang so sehnsuchtsvoll, dass Silvie losredete, ohne lange zu überlegen. «Warum adoptiert ihr eigentlich kein Kind?», fragte sie. «Es gibt so viele, die ein liebevolles Elternhaus gebrauchen könnten. Und das würden sie bei euch garantiert bekommen.»

Miri starrte auf die Tischplatte. «Ich hatte auch schon daran gedacht», räumte sie ein. «Aber Schani wünscht sich so sehr ein Kind … ein eigenes …»

«Es wäre doch wie euer eigenes», versicherte Silvie. «Und bekäme zu seiner leiblichen Mutter, die nicht für es sorgen kann oder will, noch ein wunderbares Elternpaar dazu. Vielleicht ist es nicht mehr ganz im Babyalter. Vielleicht hat es auch schon ein paar nicht ganz so schöne Dinge erlebt. Vielleicht glaubt es nicht einmal mehr daran, jemals wieder aus dem Waisenhaus rauszukommen und in einer Familie aufgenommen zu werden. Aber auch solche Kinder verdienen eine echte Chance, meinst du nicht auch?»

Peter steckte seinen Kopf in die Tür. «Ich würde meine hochschwangere Schöne jetzt gern nach Hause kutschieren», sagte er lächelnd. «Dr. Weber hat ausdrücklich von Schonung gesprochen. Dafür bin ich zuständig.»

Silvie stand ächzend auf und umarmte Miri zum Abschied lange. «Hör auf dein Herz», flüsterte sie ihrer Freundin ins Ohr. «Das ist verdammt klug und wird dir sagen, was zu tun ist.»

○○○

Von Carl, der ganz verzweifelt darüber war, was die eigene verpfuschte Liebesgeschichte bei seinem Neffen angerichtet hatte, erfuhr Silvie ein paar Tage später, dass Franzi in Dresden am Theater auftrat. Im Kleinen Haus in der Glacisstraße spielte sie die Antigone in Sophokles' gleichnamigem Drama, das in einer modernen Inszenierung auf die Bühne kam. Das zornige junge Mädchen, das gegen den alten Tyrannen aufbegehrt und lieber den Freitod wählt, anstatt sich zu beugen – kaum eine Rolle könnte besser zu ihr passen.

Kurz entschlossen borgte sich Carl das Auto eines Kollegen aus seiner Kanzlei und fuhr zur Premiere in die Stadt an der Elbe. Wieder zurück in Berlin, tauchte er ein paar Tage vor Weihnachten total durchgefroren bei Silvie auf.

«Auf der Bühne ist sie phänomenal», sagte er und rieb sich die Hände. «Stark und konzentriert wie eine Flamme – all das, wovon ihre Mutter früher immer geträumt hatte. Ich hätte platzen können vor Stolz, mein Kind so agieren zu sehen, die Tochter, die ich mir stets sehnlich gewünscht habe. Aber sie will mich nicht als Vater. Franziska lehnt mich vollkommen ab.» Seine Augen schimmerten verdächtig. «Der Verlust ist größer, als wenn ich sie erst gar nicht gefunden hätte. Ist doch total verrückt, oder, Silvie? Hast du eine Ahnung, wie weh mir das tut?»

Silvie angelte nach dem Plaid, das zu Boden gefallen war. Seit ein paar Tagen fror sie ständig, egal, wie hoch sie die Heizung auch drehte. Wenn sie an die eisigen Wintermonate von vor zehn Jahren dachte, die eine ganze Stadt trotz Hunger und mangelnder Kleidung irgendwie doch überlebt hatte, konnte sie jetzt eigentlich nur den Kopf über so viel Empfindlichkeit schütteln.

«Vielleicht ändert sich das ja nach einer Weile», versuchte sie ihn zu trösten. «Ich denke, sie brauchen beide Zeit. Franzi muss dich erst kennenlernen, um zu begreifen, was für ein toller Mann ihr Vater ist. Und Kitty erst richtig realisieren, dass es dich nach all den langen Jahren wieder in ihrem Leben gibt …»

Er sprang auf.

«Genau das wollen sie aber nicht.» Carl war richtig laut geworden. «Ich solle sie gefälligst in Ruhe lassen, das hat meine Tochter mir zum Abschied gesagt. Sie sei ohne mich groß geworden und brauche jetzt keinen Vater mehr. Und erst recht keinen inzestuösen Kontakt mit einem Blutsverwandten. Sie müsse kotzen, wenn sie nur daran denkt, dass Oskar sie jemals angefasst hat. Das alles hat sie so wortwörtlich von sich gegeben.»

Silvie war plötzlich ganz elend zumute. Eine Wehe krampfte ihr den Bauch zusammen, länger und peinvoller als alle, die sie bisher erlebt hatte. Langsam ebbte sie zum Glück wieder ab.

Warte noch ein bisschen, mein kleiner Unruhegeist, dachte Silvie in einer Mischung aus Liebe und Besorgnis. Ich hab dir zwar ein schönes Leben versprochen, aber so gemütlich wie in Mamas Bauch wird es garantiert niemals mehr!

Carl war nicht entgangen, wie schmerzlich sie ihr Gesicht verzogen hatte. «Musst du schon in die Klinik? Soll ich deinen Mann anrufen? Oder brauchst du sonst irgendetwas?», fragte er besorgt. «Da schwalle ich alter Trottel dich zu mit meinen Befindlichkeiten und vergesse dabei ganz, dass du hochschwanger bist!»

«Ist schon wieder okay.» Silvie versuchte ein Lächeln. «Sind alles nur Generalproben, das hat Lou mir versichert. Ein bisschen Zeit bleibt uns noch, bevor es endgültig losgeht.» Ihr Gesicht wurde wieder ernst. «Du darfst aber niemals sagen, was Franzi von sich gegeben hat, Onkel Carl, das musst du mir bei allem versprechen, was dir heilig ist. Das würde ihn umbringen!»

«Aber sollte dein Bruder nicht die ganze Wahrheit kennen?»

«Die Wahrheit hat viele Gesichter», sagte Silvie. «Das weißt du als Anwalt doch selbst am allerbesten.»

Sie hatte sich bemüht, weise und zuversichtlich zugleich zu klingen, doch das Gespräch mit ihrem Onkel, den Silvie selten zuvor so niedergeschlagen erlebt hatte, arbeitete weiter in ihr, auch als Carl schon längst wieder zurück nach Pankow gefahren war. Sie konnte nicht mehr richtig sitzen, und auch im Liegen fand sie keine zumindest halbwegs bequeme Position. Unruhig streifte sie durch das Haus, blieb lange vor Gretas Porträt stehen, legte im *Schneewittchensarg* Mozarts Violinkonzert Nr. 5 auf, das sie eigentlich immer in gute Laune versetzte, doch heute blieb dieser Effekt leider aus.

Als Peter ein paar Stunden später mit einer großen Papiertüte voller Lebensmittel vom Verlag nach Hause kam, fand er sie aufgelöst vor.

«Das muss jetzt aufhören», sagte er ungewohnt streng, nachdem sie ihm in aller Kürze von Carls Besuch berichtet hatte. «Ich als Einzelkind ohne jeden verwandtschaftlichen Anhang liebe zwar an dir, wie sehr du dich für deine Familie einsetzt. Aber jetzt geht es um *unsere* kleine Familie!»

«Oskar und Carl …»

«Papperlapapp!», unterbrach er sie. «Die beiden sind erwachsene Männer, die auch ohne deine Hilfe mit ihrem eigenen Leben zurechtkommen müssen. Hast du eigentlich kürzlich mal in den Spiegel geschaut, Silvie van Ackern? Wenn nicht, dann tu es jetzt!»

«Ich weiß selbst, wie grauenhaft ich aussehe», sagte sie gekränkt. «Aufgedunsen, formlos, Rike hat diesen Zustand immer ‹gestrandeter Wal› genannt …»

Er umarmte sie ungestüm. «Davon rede ich doch nicht, du kleiner Döskopp», sagte Peter zärtlich. «Für mich bist du immer wunderschön! Nein, ich meine die Schatten unter deinen Augen, die Sorgenfalten auf deiner Stirn und die zerbissenen Lippen, weil du Tag und Nacht verzweifelt nach Lösungen für andere suchst. Du kannst die Welt nicht retten, Silvie, schon gar nicht in deinem augenblicklichen Zustand! Sei lieber gut zu dir – und zu unserem Ungeborenen, darum bitte ich dich von ganzem Herzen. Ich habe schon einmal meine Frau und mein Kind verloren. Das möchte ich nicht wieder erleben müssen.»

Er hatte ja recht, und Silvie gelobte reuevoll Besserung.

Wie üblich kabbelten sie sich beim Abendessen wegen des Namens für ihr Kind. Peter war für Moritz, wenn es ein Junge war, und für Nathalie oder Vera, falls sie ein Mädchen bekämen. Silvie schwankte unentschlossen zwischen mindestens einem Dutzend Namen hin und her. An diesem Abend vertilgte sie eine derart gewaltige Portion gebeizten Lachs plus Meerrettichsahne aus der Feinkostabteilung des KaDeWe, dass sie erst recht nicht einschlafen konnte. Ruhelos wälzte sie sich neben ihm, bis sie irgendwann doch die

Müdigkeit übermannte und sie in einen tiefen, traumlosen Schlaf fiel.

Zwei Tage später begann es zu schneien, erst sacht, dann heftiger, bis schließlich am 24. Dezember ganz Berlin unter einer geschlossenen Schneedecke lag. Viele Autofahrer hatten sich das Geld für Winterreifen gespart und eierten jetzt über die glatten Straßen, da die Stadtverwaltung zu wenig Streusalz vorrätig hatte. Im Radio wurden ständig neue Unfälle durchgesagt, und die Polizei war im Dauereinsatz. Silvie hätte sich am liebsten mit einem Glas Tee und einer warmen Decke aufs Sofa gekuschelt und von früh bis spät Ohrwürmern wie Bing Crosbys einschmeichelndem *White Christmas* gelauscht, aber da gab es ja die Einladung zur großen Familienweihnachtsfeier bei ihrem Vater und Claire.

«Ist doch nur ein paar Straßen weiter», hatte Friedrich ihren vorsichtigen Einwand kurzerhand weggewischt. «Zur Not könntet ihr sogar zu Fuß kommen.»

«Als rollendes Fässchen, Papa?»

«Du bist schwanger, Tochter, nicht krank. Und schließlich nicht die einzige Frau, die jemals ein Kind erwartet hat. Nimm dir ein Beispiel an deiner großen Schwester! Die hat noch im achten Monat auf Miriams Hochzeit kess das Tanzbein geschwungen.»

So hatte Silvie schließlich zugesagt, ungeachtet Peters hochgezogener Brauen, der das für eine Schnapsidee hielt.

«Dann verabschieden wir uns aber wenigstens bald wieder», brummte er. «Damit wir auch noch etwas von unserem eigenen Weihnachtsbaum haben!»

Er hatte eine fast zwei Meter hohe Nordmanntanne angeschleppt und sie mit Bienenwachskerzen, roten Kugeln und einer Engelsfigur an der Spitze festlich herausgeputzt. Würziger Nadelduft erfüllte das ganze Wohnzimmer und brachte Silvie Erinnerungen an die Weihnachten ihrer Kindheit zurück, als ihre Mutter noch gelebt hatte und wie ein bunter Schmetterling in einem ihrer aufregenden Kleider durch das Haus geflattert war. Je mehr sich ihre eigene Schwangerschaft dem Ende zuneigte, desto intensiver musste sie an Mama denken, die so leidenschaftlich geliebt hatte, dass sie daran zerbrochen war.

War Alma jemals wirklich gern Mutter gewesen? Oder hatte sie das lediglich hingenommen, weil es zum Bild der Frau in jenen Zeiten einfach gehörte?

Wunschkinder waren Oskar und sie jedenfalls nicht, das wusste sie von einem Streit ihrer Eltern, den sie als Kleine heimlich belauscht hatte.

«Damit hast du mich noch lange nicht im Sack, wie du dir das vielleicht eingebildet hast», hatte Alma ihrem Mann damals wütend an den Kopf geworfen. «Auch nicht, wenn es nun im ganzen drei Kinder sind. Ich hätte ja bereits mit dem ersten mehr als genug gehabt, das weißt du genau. Aber du hast partout keine Ruhe geben wollen …»

Die Szene stand plötzlich so lebhaft vor Silvies Augen, als habe sie sich erst gestern ereignet und nicht schon vor mehr als fünfundzwanzig Jahren. Mama im Morgenmantel, erhitzt und aufgebracht, die Quaste mit dem englischen Körperpuder in der Hand, den sie so gern benutzte. Papa bereits ausgehfein, die Fliege noch lose um den Hals hängend.

«Ich dachte, du liebst unsere Kinder.» Seine Antwort hatte rau geklungen.

«Natürlich liebe ich sie, was denkst du denn? Man kann ja gar nicht anders, als sie zu lieben, wenn sie so hilflos und zerknautscht aus dir herausgekrochen sind, aber das heißt noch lange nicht, dass ich sie auch unbedingt haben wollte.» Ein kurzes Lachen, das sich bitter anhörte. «Manchmal wünschte ich, ich könnte so sein wie ihr Männer: einfach unbeschwert in der Gegend herumschlafen und mich nach Herzenslust sinnlich austoben, ohne an irgendwelche Folgen denken zu müssen. Ihr geht einfach wieder, wenn ihr genug habt – und fertig! Darum beneide ich euch, glühend sogar, weißt du das eigentlich, Fritz?»

War sie ihrer Mutter ähnlich?

Was die Freude an Sexualität und Lust betraf, ganz gewiss.

Aber würde sie eines Tages die Mutterschaft auch eher als Last denn als Glück empfinden?

Silvie fröstelte plötzlich noch mehr.

Oben im Bad hörte sie Peter pfeifen, während er sich noch einmal frisch für den Abend rasierte. Wenn er schon ausging, dann stets ganz als Gentleman. Das betraf insbesondere Einladungen seines Schwiegervaters, der bis heute an ihrer heimlichen Hochzeit zu kauen hatte.

Sie verspürte ein kräftiges Ziehen im Unterleib. Rackerchen übt wieder, dachte sie, dann merkte sie, wie es unter ihr feucht wurde. Das war neu und ließ sofort die Alarmglocken in ihr läuten.

Fruchtblase geplatzt!

Danach gibt es kein Zurück mehr, das hatte Lou ihr eingeschärft. Aber die feierte gerade Weihnachten mit ihrer Familie in Charlottenburg, Peter trällerte im ersten Stock, und selbst das Telefon in der Diele war im jetzigen Zustand für sie unerreichbar.

Die nächste Wehe nahm ihr den Atem. «Peter», schrie Silvie, als sie vorüber war. «Ich glaube, es geht los!»

Barfuß rannte er die Treppe herunter. «Aber es sollte doch erst viel später kommen …»

«Es kommt jetzt. Jetzt! Tu doch etwas!»

«Dann werde ich einen Krankenwagen rufen», sagte er, auf einmal kreidebleich vor Aufregung, weil er den Ernst der Lage begriffen hatte. «Reg dich bloß nicht auf …»

«Zu spät», ächzte Silvie. «So lange will es nicht mehr warten. Ruf Lou an. Telefonnummer neben dem Apparat … Aua!», schrie sie. «Das tut so verdammt weh …»

Er lief hinaus, und wie durch Watte hörte sie ihn in der Diele sprechen. Dann kam Peter mit dem Telefon in der Hand wieder ins Wohnzimmer, so weit, wie die Schnur es erlaubte.

«Sie will wissen, ob du schon Presswehen hast», sagte er.

«Wenn Presswehen bedeuten, dass man halb besinnungslos vor Schmerzen wird, dann ja», schrie Silvie. «Ja. Ja!!!»

«Lou sagt, ich soll Badetücher holen, warmes Wasser und eine Schere …»

«Worauf wartest du dann noch?», jaulte Silvie. «Beeil dich …»

Blitzschnell war er wieder zurück und versuchte, die großen Frotteestücke irgendwie unter sie zu schieben, was nur halbwegs gelang.

«Hol das Porträt von Greta!», wimmerte sie.

«Wozu?»

«Ich will, dass sie ihr Geschwisterchen beschützt.»

Mit der gerahmten Fotografie kam er zurück, lehnte sie kurz entschlossen ans Bücherregal.

«Ich halt es nicht mehr aus!» Silvie rutschte von der Couch und kniete nun auf dem Teppich. «Setz dich vor mich, ich brauche dringend einen Halt …»

Er reagierte sofort. Jetzt konnte sie ihren Kopf auf seinen angezogenen Knien ablegen.

«Besser», knurrte Silvie, dann überrollte sie bereits die nächste Presswehe.

Dieses Brennen und Dehnen in ihr war eigentlich nicht zu ertragen, aber es strebte einem einzigen großen Ziel zu, das spürte sie. Unwillkürlich griff sie unter sich, da glitschte etwas in ihre Hände, blutig und mit weißer Schmiere bedeckt.

Ein lauter, zorniger Schrei ertönte.

«Es ist ein kleiner Junge.» Peter klang vollkommen überwältigt. «Wir haben einen Sohn, Silvie.»

«Willkommen auf der Welt, Mäxchen», flüsterte Silvie unter Tränen. «Jetzt bist du ja endlich da!»

Lou Berger musste ihren Taxifahrer irgendwie bestochen haben, so schnell hatte er sie durch das tiefverschneite Berlin in die Akazienallee gebracht. Sie lobte Peter für seine Nerven und das Durchtrennen der Nabelschnur – «richtig gut gemacht für das erste Mal, Kompliment!» – und war erleichtert, nachdem sie die Nachgeburt inspiziert hatte, die genauso aussah, wie es sein sollte. Mutter und Kind lagen inzwischen auf dem anderen Sofa, in warme Decken gehüllt, der kleine Kirschmund kräftig saugend an Silvies Brust.

«Selten, dass sie es gar so eilig haben», sagte Lou. «Besonders beim ersten Mal lassen sie sich in der Regel deutlich mehr Zeit. Vielleicht weil der Kleine so leicht ist.» Die Küchenwaage, von Peter angeschleppt, hatte nur knapp 2800 Gramm angezeigt. «Aber er ist voll entwickelt, auch wenn er früher als geplant kommen wollte. Da müsst ihr euch keine Sorgen machen.»

«Eine schöne Sauerei haben wir da mitten im Wohnzimmer angerichtet», sagte Silvie schläfrig. «Sofa und Teppich sind vollkommen im Eimer …»

«Dafür haben wir das süßeste Kind der Welt!» Peter schwebte geradezu auf einer Wolke der Euphorie. «Müssen wir die beiden jetzt nicht ins Krankenhaus bringen, damit sie untersucht werden können?», wandte er sich an die Hebamme.

«An Heiligabend, wo auf einen Arzt schätzungsweise hundert Patienten kommen, weil alle anderen Doktores mit ihren Lieben unter dem Christbaum sitzen?», erwiderte Lou. «Würde ich lieber bleiben lassen! Mutter und Kind sind gesund, davon habe ich mich soeben noch einmal überzeugt. Bringen Sie sie morgen hin, da sind schon wieder mehr im Dienst.»

Peter nickte zwar, wirkte aber noch immer nicht ganz überzeugt. «Den beiden darf nichts passieren», sagte er. «Sonst …»

«Den beiden wird nichts passieren», versicherte Lou. «Nach den vielen Geburten, die ich begleiten durfte, können Sie mir ruhig trauen, Herr van Ackern. Manchmal haben wir Hebammen da einen schärferen Blick als jeder Arzt, auch wenn wir das natürlich niemals laut sagen würden.»

«Peter», sagte er und streckte ihr die Hand entgegen.

«Nach dem, was wir gerade gemeinsam durchgestanden haben, müssen wir uns einfach duzen. Und danke für alles!»

«Gerne», sagte sie und schlug ein. «Das meiste habt ihr ja ohne mich bewerkstelligt. Dann bin ich die Lou.»

Danach ging sie zu Silvie, die die Augen aufschlug und sie erschöpft anlächelte. «Was für ein Weihnachten», murmelte sie. «Mit einem echten Christkind …»

«Geradezu perfekt, oder?», erwiderte Lou so leise, dass nur Silvie es hören konnte. «Jetzt hat sich der Kreis für dich geschlossen. Bist du nun glücklich?»

«Überglücklich», erwiderte Silvie. «Danke, dass du an meiner Seite warst – damals wie heute! Bleib doch bitte noch ein bisschen bei uns, liebe Lou, zumindest so lange, bis Peter die Familie informiert hat. Würdest du das tun?»

Irgendwann waren dann alle Anrufe erledigt, und Lou hatte sich fürs Erste verabschiedet. Alle in der Familie freuten sich über die Ankunft des kleinen Max, wenngleich das Thema Hausgeburt bei den Thalheims gehörig Staub aufwirbelte.

«Wie im Mittelalter», posaunte Friedrich im Hintergrund, weil Claire das Gespräch angenommen hatte, «oder bei den Hottentotten. Da gehört heutzutage doch unbedingt ein Arzt her, der sich vergewissert, ob alles auch wirklich in Ordnung ist …»

«Ich rate euch dringend zu einer gründlichen Untersuchung», kam auch von Rike, nachdem sie Peter gratuliert hatte. «Seit der schlimmen Geschichte mit unserem Angelo würde ich immer auf Nummer sicher gehen …»

«Auguri, auguri», rief Sandro freudig ins Telefon. «Jetzt haben Anna und Matteo einen kleinen *cugino*, das ist ganz

wunderbar! Aber Rica hat natürlich recht. Ihr seid doch sicherlich vernünftig …»

«Darf ich das Mäxchen sehen?» Luisa wäre am liebsten sofort losgelaufen. «Ich liebe kleine Kinder! Wenn Oskar hier wäre, hätte er mich schnell zu euch bringen können. Aber bisher ist er leider noch nicht aufgetaucht …»

«Wir wünschen dem kleinen Max ein schönes Leben», sangen Gregor und Hotte übermütig vor Freude im Chor. «Wenn ihr mögt, bringen wir ihm Fußballspielen bei, sobald er groß genug dafür ist. Und die ganzen anderen Sachen, die Jungs gerne tun …»

Lydia weinte vor Rührung. «Ihr müsst uns mit ihm unbedingt in Potsdam besuchen kommen», sagte sie. «Aber beeilt euch bitte. Dann kann Oma Frida ihren neuen Urenkel noch einmal in den Armen halten. Viel Zeit dazu bleibt wohl leider nicht mehr.»

«Ruf doch noch einmal bei Oskar an», bat Silvie.

«Niemand da», sagte Peter achselzuckend, als wieder nur das Freizeichen ertönte. «Ich probiere es jetzt schon zum vierten Mal!»

«Eigentlich müsste er doch spüren, was heute Wunderbares passiert ist», sagte sie enttäuscht. «Zwillinge können das …»

Auch Carl ging nicht ans Telefon, war weder zu Hause noch in seiner Kanzlei erreichbar.

«Wahrscheinlich säuft er sich in einer Kneipe einen ordentlichen Rausch an», sagte Peter, als Silvie beunruhigt darauf reagierte. «Grund dazu hätte er ja.»

«Doch nicht mein Onkel», widersprach sie, während sie

Mäxchen an die andere Brust anlegte, wo er eifrig weiternuckelte. «Und was hätte schon in Potsdam oder Ost-Berlin am Heiligen Abend auf?»

«Dann ist er vielleicht bei einem Freund. Oder er hat schlichtweg keine Lust, ans Telefon zu gehen. Der meldet sich schon noch, um uns schöne Weihnachten zu wünschen. Und dann kannst du ihm von unserem süßen Christkind erzählen.»

Doch Stunden vergingen, und das Telefon schwieg. Mäxchen schlummerte selig auf der Brust seiner Mutter, die langsam ihren Rücken spürte, weil die englische Couch zwar groß, aber wahrlich kein Ersatz für ein Bett war.

«Ich glaub, ich muss dann mal nach oben», sagte Silvie. «Viel schlafen wird er mich die Nacht ja ohnehin nicht lassen, weil er ständig Hunger hat.» Leicht ächzend richtete sie sich auf.

«Schaffst du die Treppen wirklich schon?», gab Peter zu bedenken. «Also ich hab da meine Zweifel!»

«Muss ja gehen», sagte Silvie. «Oder willst du mich etwa auf den Armen nach oben tragen wie Rhett Butler seine Scarlett?»

«Warum eigentlich nicht …»

Das Klingeln des Telefons durchschnitt ihre Unterhaltung.

«Das kann nur Oskar sein», rief Silvie. «Ich wusste es doch!»

«Van Ackern», hörte sie Peter sagen. «Ach, Carl, du bist es! Danke, ja, dir natürlich auch. Ja, könnte man so sagen … Bei uns gibt es in der Tat einige sehr spannende Neuigkeiten …»

Er reichte den Hörer an Silvie weiter.

«Stell dir vor, was passiert ist», sprudelte Carl los, bevor sie nur einen einzigen Ton von sich geben konnte. «Ich hab sie tatsächlich gefunden. In Kleßen, einem kleinen Dorf, auf dem Hof ihres Vaters. Kitty war wohl zu überrascht, um mich wie einen räudigen Köter wegzujagen. Sie hat mich reingebeten, weil es so stark geschneit hat, und so haben wir zu reden begonnen. Und wir sind noch immer dabei.»

«Dann bist du noch bei ihr?», fragte Silvie, als er zwischendrin mal Luft holen musste.

«Ja. Das heißt, nein. Ich meine, wir werden gleich weiterreden. Im Moment bin ich bei ihrem Nachbarn, der ist in der Partei und hat ein Telefon. Der alte Albers hat nämlich keins. Toller Typ, der Fred, Kittys Vater, ein Bauer von echtem Schrot und Korn, den hätte ich früher schon kennenlernen sollen. Rede ich Unsinn? Dann sei bitte milde mit mir! Ach, Mädchen, ich bin vor lauter Glück ganz durch den Wind. Hätte doch niemals gedacht, dass es das Leben noch einmal so gut mit mir meinen könnte …»

Es klang wie ein Schluchzen.

Aber doch nicht Onkel Carl, der seine Gefühle immer verbarg oder hinter irgendwelchen Sprüchen versteckte …

«Ich muss jetzt Schluss machen», hörte sie ihn sagen. «Sonst überlegt Kitty es sich vielleicht doch noch einmal und lässt mich nicht mehr rein. Und bei euch? Alles im Lot?»

«Und ob!», versicherte Silvie. «Das Lot hat 49 Zentimeter, wiegt 2800 Gramm, hat schwarze Haare, meine Nase und Peters Mund. Ein großer kleiner Mann, das trifft es wohl am ehesten.»

«Das Kind ist schon da? Und ihr seid beide zu Hause, nicht in der Klinik?»

Mäxchen gähnte gerade. Danach begann er lautstark zu quengeln.

«Dazu war leider keine Zeit mehr. Hörst du ihn?», fragte Silvie weiter. «Sein Organ ist schon jetzt recht beachtlich. Unser Christkind heißt Max und freut sich schon sehr drauf, seinen Potsdamer Großonkel persönlich kennenzulernen!»

○○○

«Drei, zwei, eins – willkommen 1957!»

Die Kirchenglocken begannen zu läuten. Einer der Nachbarn ein paar Häuser weiter ließ drei, vier Böller krachen. Über den dunklen Himmel zogen vereinzelt Feuerwerkskörper.

Peter reichte Silvie eine Sektflöte. «Das wird unser schönstes Jahr!», sagte er. «Danke für das wunderbare Geschenk, das du mir gemacht hast!»

Sie standen auf der Terrasse, stießen an, sahen sich tief in die Augen, tranken. Danach küssten sie sich, wobei Silvie über die Schulter schon wieder zum neu angeschafften Stubenwagen linste, in dem Mäxchen schlief.

«Daran muss ich mich auch erst noch gewöhnen», flachste Peter, «dass ich ab jetzt nur noch die Nummer zwei in deinem Leben bin!»

«Stimmt doch gar nicht», protestierte sie. «Aber er ist noch so klein, und du bist schon …»

«… so groß», sagte er lachend. «Schon verstanden, meine

Süße! Ich hab es mir ja nicht anders gewünscht! Lass uns reingehen, sonst erkälten wir uns noch.»

Er hatte die Tür zum Garten gerade wieder geschlossen, als es klingelte.

«Erwartest du noch so späten Besuch?», fragte er Silvie.

Die schüttelte den Kopf.

«Ich geh mal nachsehen. Vielleicht hat jemand ja eine Überraschung für uns.»

Die Überraschung, die leicht schwankend auf der Schwelle stand, hieß Oskar und hatte einen riesigen Teddybären unter dem Arm.

«Gutes neues Jahr», sagte er leicht verwaschen. «Und nein, keine Angst, bin mit'm Taxi gekommen, nicht mit meinem eigenen Wagen. Ich mache, was mein Schwesterchen mir aufträgt. Meistens jedenfalls …»

Silvie zu umarmen, gelang ihm erst beim zweiten Versuch. Dabei fiel das Plüschtier zu Boden. Peter hob es auf und setzte es auf die Couch.

Silvie drehte den Kopf zur Seite. «Du riechst ja wie eine ganze Schnapsfabrik», sagte sie stirnrunzelnd. «Macht es dir wirklich Spaß, dich so zuzudröhnen?»

«Heute darf man doch, oder etwa nicht? Sag selbst, lieber Schwager, wenn nicht heute, wann dann?»

Jetzt nahm er Kurs auf den Stubenwagen, den Peter schnell vor ihm in Sicherheit brachte.

«Mäxchen ist gerade erst eingeschlafen», sagte er. «Wenn er jetzt wach wird, kann es Stunden dauern, bis wir ihn wieder so weit haben. Und deine Schwester ist müde, Oskar. Ein Baby zu haben, ist wunderbar, aber auch sehr anstrengend. Silvie braucht ihren Schlaf.»

«Sehe schon», nuschelte Oskar. «Bin hier wohl nicht erwünscht. Aber meinen Neffen kurz einmal ansehen werde ich ja wohl noch dürfen. Und ja, ich weiß, der Teddy ist vielleicht ein wenig groß geraten. Aber diese kleinen Racker wachsen doch so schnell!» Erstaunlich behände war er beim Stubenwagen angelangt und sah hinein.

Erst jetzt fiel Silvie auf, dass er keine Schuhe trug. Woher kam Oskar an Silvester, nur in Socken?

«Der sieht ja aus wie ich, nur in Dunkel», sagte er mit einem anerkennenden Nicken. «Hübsches Kerlchen. Gut gemacht. Da kommt allerdings was auf euch zu, meine Lieben, viel Vergnügen wünsche ich schon mal!» Sein Torkeln wurde stärker.

«Willst du nicht nach Hause gehen und dich erst einmal gründlich ausschlafen?», schlug Peter vor. «Ich kann dir eine Taxe bestellen …»

«Nach Hause?», wiederholte Oskar fragend, als höre er das Wort zum allerersten Mal. «Ich hab doch gar kein Zuhause mehr. Bin ein heimatloser Wandergesell, heute da, morgen dort …» Er summte ein paar Töne, die ungeheuer schräg klangen. «Aber schlafen ist gut, einfach schlafen …»

Er ging zu den Couchen und ließ sich auf die größere der beiden fallen.

«Nur ein bisschen ausruhen», murmelte er, während er seine langen Beine nach oben hievte. «Nur ein ganz kleines bisschen …» Er schloss die Augen. Nach wenigen Sekunden begann er zu schnarchen.

«Schöne Bescherung», sagte Peter. «Und was machen wir jetzt? Ihn wieder aufwecken?»

«Bloß nicht», erwiderte Silvie. «Besser er schnarcht hier

als irgendwo in der Gosse. Silvester sind manchmal seltsame Vögel unterwegs …» Sie holte ein Plaid und breitete es über ihn. «Morgen bekommt er dann ein ordentliches Frühstück, und ich rede ihm noch einmal gründlich ins Gewissen.»

«Und du glaubst wirklich, das hilft?» Peter klang alles andere als überzeugt.

«Irgendwann sicherlich. Ich gebe die Hoffnung nicht auf. Niemals!», sagte sie kämpferisch.

«Dann ab mit dir ins Bett, meine mutige Amazone», sagte Peter. «Lass uns den Junior ganz sorgsam aus seinem Stubenwagen pflücken, sonst wird das lange nichts mit einem friedlichen Schlaf!»

Irgendwann wurde sie wach. Max in der Wiege schlief, die Händchen zu kleinen Fäusten geballt. Silvie stand auf, beugte sich dicht über ihn, beruhigt, als sie seine gleichmäßigen Atemzüge hörte.

Barfuß ging sie nach unten.

Keine Spur von Oskar. Die Couch war leer, das Plaid sorgsam zusammengefaltet. Nachdem sie die rote Stehlampe eingeschaltet hatte, sah sie den Zettel.

Sorry für alles, Silvie. Du hättest einen besseren Zwilling verdient. Aber es kommen auch wieder andere Zeiten. Dann tanzen wir beide wieder die Nächte durch.

In Liebe.

Oskar

13

Berlin, Frühling 1957

Da vorne ist es», sagte Miri mit winziger Stimme. «Himmel – was bin ich jedes Mal aufgeregt, bevor ich sie treffe!»

«Sieht ja fast aus wie eine Kaserne», kommentierte Silvie, während sie durch das offene Tor fuhr. «Da müssen die Kinder leben?»

«Das *war* eine Kaserne», bekräftigte Miri, «jedenfalls noch bis vor kurzem. Belegt von den Tommys. Kannst dich innerlich schon mal wappnen. Ich habe nämlich nicht nur eine Überraschung für dich.»

Silvie parkte den Topolino vor den langgestreckten Backsteinbauten, die an diesem bedeckten Märztag düster wirkten.

«Wieso hast du eigentlich mich mitgenommen?», fragte sie Miri, während sie auf das größte der Gebäude zugingen. HAUPTKINDERHEIM stand in schwarzen Metalllettern über dem Eingang. «Rike ist doch die viel erfahrenere Mutter.»

«Weil ich keine Lust hatte, mir wieder ihre Ausführungen über Adoptionen anhören zu müssen.» Miri blieb stehen und zog die Nase kraus. «‹Man kann doch nie wissen, welche Macken die leiblichen Eltern hatten und was von deren

Charakterfehlen möglicherweise schon in den niedlichen Kleinen steckt.›» Ihre Imitation von Rikes genervtem Tonfall war grandios. «Kannste doch eigentlich nicht einmal bei deinen eigenen Kindern wissen, oder? Womöglich setzt sich im Erbgut genau jener deiner Vorfahren durch, mit dem du am wenigsten anfangen konntest!»

«Da ist sie eben ein bisschen konservativ», sagte Silvie versöhnlich. «Gib ihr Zeit. Wenn Rike sieht, dass sich bei euch alles zum Guten wendet, wird sie ihre Ansichten schon noch ändern.»

Miri griff nach ihrer Hand und hielt sie fest. «Genau aus diesem Grund wollte ich auch, dass du heute mitkommst», sagte sie. «Weil du das Herz der Familie bist, Silvie. Du fühlst, wo andere denken oder urteilen, das liebe ich so an dir. Danke, dass Peter heute extra zu Hause arbeitet, damit er auf Mäxchen aufpassen kann. Sehr nobel von deinem Mann!»

«Schadet ihm gar nichts, auch mal Windeln zu wechseln und das Fläschchen zu geben», sagte Silvie grinsend. «Ich hoffe nur, dass ich auch genügend Milch abgepumpt habe. Unser Kleiner ist nämlich ein echter Säufer.»

«Komm schon, mir musst du nichts vormachen!», sagte Miri. «Zwei Stunden ohne Mäxchen sind doch schon reinste Folter für dich, oder etwa nicht?»

Sie hatte recht. Niemals hätte Silvie gedacht, dass man derart an einem kleinen Wesen hängen könnte. Es war, als sei sie mit jeder Faser ihres Seins mit ihrem Sohn verbunden. Sie wurde wach, unmittelbar, bevor er zu meckern begann. Oft musste sie nicht einmal das Badewasser mit der Hand überprüfen, um zu wissen, dass es exakt die richtige

Temperatur für ihn hatte. Und sie spürte bereits im Vorfeld, wenn Mäxchen wieder böse Blähungen drohten. Das wird besser, sagte sie sich selbst. Wenn er größer wird und damit auch selbständiger – doch ganz davon überzeugt war Silvie nicht, wenn sie ehrlich war. Damals, als Anna in Brahms Gewalt gewesen war, hatte sie intuitiv auf die Situation reagiert, ohne erst lange zu überlegen. Ob sie das heute, da sie selbst Mutter war, noch so könnte, wusste sie nicht. Wie hielten das andere Eltern aus? Kinder zu haben und dennoch sie selbst zu bleiben?

«Ertappt», sagte sie zu Miri und lachte verlegen. «Und wo genau müssen wir jetzt hin?»

«Wir melden uns an der Pforte. Dort nimmt uns dann Frau Niethard in Empfang.»

Sie gingen hinein. Drinnen wirkte das Kinderheim nicht wesentlich freundlicher, obwohl der blassgelbe Anstrich der Wände relativ frisch zu sein schien. In verschiedener Höhe hatten Kinderhände allerdings bereits wieder ihre Spuren hinterlassen. Immerhin hatte jemand mit Heftzwecken drei ungelenke Zeichnungen in Rot und Blau angepinnt.

«Sehen Sie diese kleinen Dreckspatzen? Wir könnten so gut wie jede Woche neu malern lassen», sagte Frau Niethard, ein schmale Brünette mit hochgestecktem Haarturm, nach der Begrüßung. «Und trotzdem würden sie es schaffen, in kürzester Zeit alles wieder vollzuschmieren. Sie sind heute gar nicht mit Ihrem Mann da?»

Es klang weniger fragend, als vielmehr missbilligend.

«Nein», erwiderte Miri freundlich. «Mein Mann musste dringend noch einmal zum Großmarkt und kommt dann beim nächsten Mal wieder mit. Das ist übrigens meine liebe

Freundin Silvie van Ackern, die mir so nahesteht wie eine Schwester. Ich wollte, dass Jenny ihre neue Tante schon vorab kennenlernt.»

«Dann kommen Sie mal mit.» Frau Niethard ging voran, Miri und Silvie folgten ihr.

«Die Säle mit den Kleinkindern sind am schlimmsten», flüsterte Miri. «Manche sind sogar in ihren Gitterbettchen angebunden. Sieh am besten nicht zu genau hin. Das sind Bilder, die wirst du nicht mehr so schnell los …»

«Manche der Kleinen müssen wir fixieren, wenn sie allzu unruhig werden, anstatt den Mittagsschlaf zu halten, den sie so dringend brauchen.» Frau Niethard hatte alles mitgehört. «Sonst könnten sie sich womöglich verletzen. Jedenfalls haben wir das bislang stets so gehalten. Aber nun, unter der neuen Heimleitung, soll ja auf einmal alles ganz anders werden.» Sie schnaubte. «Na ja, man wird sehen, wie sich das zukünftig gestaltet …»

Gitterbettchen an Gitterbettchen, zehn, fünfzehn davon in einem Raum. Manche der kleinen Kinder brabbelten, andere weinten, wieder andere reckten die Ärmchen, um zu zeigen, dass sie rauswollten, ein paar schliefen friedlich.

«Aber sie müssen nicht den ganzen Tag im Bett bleiben, oder doch?», fragte Silvie erschrocken.

«Natürlich nicht. Die schon sitzen oder krabbeln können, kommen nach der Mittagsruhe in ihre Laufställchen. Die sicherste Welt für ein Kleinkind.»

Gitter, wohin das Auge blickte. Du sollst frei herumlaufen, kleiner Max, wenn du bald so weit sein wirst, dachte Silvie. Dein Vater und ich schenken dir eine Welt ohne Gitterstäbe, großes Ehrenwort!

Miri neben ihr ging inzwischen schneller, als könne sie es kaum erwarten, endlich anzukommen.

Der nächste Raum war kleiner und mit einfachen Kindermöbeln ausgestattet, ein paar Holztische, Stühlchen, eine kleine Tafel auf Rollen, eine Kiste mit Puppen und Stofftieren. Am Fenstertisch saß ein Mädchen in einem roten Kleid, ganz ins Malen vertieft.

«Das ist sie», sagte Miri leise. «Heute haben sie ihr zwei Rattenschwänzchen gemacht, aber eigentlich hat sie die gleichen widerspenstigen schwarzen Locken wie ich!»

Die Kleine hob den Kopf, nickte, als sie Miri erblickt hatte, winkte und lächelte dann kurz, als sei alles so in Ordnung, dann malte sie unbeirrt weiter. Sie war dünn, hatte eine hohe Stirn, große dunkle Augen und eine Hautfarbe, die Silvie an Karamell erinnerte.

«Jennys Papa ist ein GI aus Louisiana», sagte Miri. «Er wurde nach Korea abkommandiert, bevor er von der Schwangerschaft erfahren konnte. Dort ist er dann später auch gestorben, allerdings nicht an der Front, sondern an einer Virusinfektion. Die Familie der jungen Mutter wollte unter keinen Umständen ein *brown baby* aufziehen und hat sie massiv unter Druck gesetzt, die Kleine ins Heim zu geben. Jenny feiert in wenigen Wochen ihren fünften Geburtstag. Höchste Zeit, dass sie endlich eine Familie bekommt. Zunächst wird sie unser Pflegekind. Aber ich bin sicher, die Mutter stimmt einer Adoption zu, und dann kann sie für immer bei uns bleiben.»

«Jenny ist bezaubernd», sagte Silvie. «Und wie konzentriert sie beim Malen ist! Ich glaube fast, da kriegen wir eine zweite Flori.»

«Dann sagt dein Herz also ja, noch bevor du mit ihr gesprochen hast? Das allerbeste Zeichen! Ich hab sie extra ausgesucht, *weil* sie anders ist. Bin ich ja schließlich mein ganzes Leben lang auch gewesen. Ich weiß, wie man sich dabei fühlt.»

«Und ob», versicherte Silvie. «Ich freu mich ja so für euch!»

«Wenn ich die Damen kurz begrüßen dürfte …»

Ben Greens dicke Kreppsohlen hatten auf dem Linoleum keinen Lärm verursacht.

«Was machst du denn hier?», fragte Silvie überrascht.

«Lass es mich so sagen: Ich versuche, einige der bahnbrechenden Erkenntnisse der Kibbuz-Pädagogik in die Heimerziehung West-Berlins zu integrieren. Alles andere als eine einfache Aufgabe, wie du dir vielleicht vorstellen kannst. Aber eine durchaus lohnende. Jeder auch noch so kleine Schritt zählt. Obwohl die Mauern dick und die Wände sehr hoch sind.» Seine Wangengrübchen vertieften sich.

«Ausgerechnet im Land der Mörder?», rutschte es Silvie heraus.

«Gerade da, meine Liebe! Kinder können nichts für die Sünden ihrer Väter. Und mit Kindern, die ihre Familien verloren haben, kenne ich mich ganz gut aus. Außerdem hatte ich Sehnsucht nach Berlin. So ganz lässt einen diese Stadt doch niemals los …»

Sein Blick intensivierte sich. So hatte er sie schon damals angesehen – später dann allerdings auch Miri und viele, viele weitere Frauen.

«Und selbst?», fuhr er leise fort, als seien sie nur zu zweit. «Wie geht es dir, Silvie?»

«Glück pur», erwiderte sie, und es tat verdammt gut,

ihm das so sagen zu können. «Ein wunderbarer Mann, ein kleiner Sohn, der Weihnachten zur Welt kam, viel Arbeit im Funk und im Modekaufhaus, an die ich mich jetzt nach einer kleinen Pause wieder machen werde. Über Langeweile kann ich mich wahrhaft nicht beklagen.»

«Ich weiß.» Ben klang sehnsüchtig. «Ich hab euch beide zusammen gesehen …»

Also doch keine Fata Morgana. Er hatte tatsächlich ihren Weg gekreuzt.

«Wie schön für dich», murmelte er. «Das mit dem dauerhaften Glück zu zweit scheint mir leider nicht ganz so zu liegen. Dafür habe ich jetzt ganz viele Kinder, um die ich mich kümmern darf. Auch ein großes Geschenk.»

«Dann bist du Miri in alter Freundschaft sicherlich dabei behilflich, dass mit der Kleinen alles gut über die Bühne geht?», sagte Silvie betont munter.

«Das werde ich.» Jetzt traf sein zwingender Blick Miri. Er konnte wirklich nicht anders! «Bin übrigens sehr froh, dass es so gekommen ist. Jenny könnte sich keine bessere Mama wünschen.»

Zwei Tage später saßen sie am Sonntagabend bei den van Ackerns gemeinsam vor dem Fernseher. Sogar Oskar gab seiner Schwester ausnahmsweise die Ehre. Außer ihm hatte sie auch noch Miri und Schani eingeladen. Letzterer hatte ein phantastisches Filet Wellington aus seinem Lokal mitgebracht, von dem ein gutes Stück übriggeblieben war, weil Rike und Sandro im letzten Moment leider abgesagt hatten. Beide Kinder fieberten, da mussten die Eltern zu Hause bleiben und ihre Kleinen pflegen.

Oskar trug einen frischen Haarschnitt und war mit seinem weißen Norwegerpullover und der dunkelblauen Gabardinehose zwar lässig, aber doch gepflegt gekleidet. Allerdings war er auffallend blass, und er kam Silvie noch dünner vor als sonst. Ständig spielte er mit seinem silbernen Zigarettenetui und hätte am liebsten wohl Kette geraucht; doch aus Rücksicht auf den Kleinen, der in seinem Stubenwagen am besten schlief, wenn er in der Nähe vertrauter Menschen sein konnte, hielt er sich zurück. Den Moselwein, den Peter zum Essen anbot, lehnte Oskar ab, vollkommen glücklich mit dem Sprudel, den er den ganzen Abend über trank, wie er mehrfach betonte.

Silvie war dieser in sich gekehrte, abstinente Oskar irgendwie unheimlich, selbst wenn er nach außen hin noch so geläutert tat. Den Namen Franzi nahm er nicht mehr in den Mund. Auch über seinen schrägen Auftritt an Silvester hatten sie nicht weiter gesprochen, weil Oskar jedes Mal das Weite suchte, sobald Silvie die Rede darauf bringen wollte. Er arbeitete wieder regelmäßig für die *Atlantis Filmproduktion*, wie auch Markus ihr erleichtert bestätigt hatte, war fleißig und bemüht. Oskar war es sogar gelungen, über ein paar Umwege den Kontakt zu Margot Hielscher herzustellen, die in diesem Jahr Deutschland beim *Grand Prix Eurovision de la Chanson* vertreten würde – in einer Abendrobe aus Miris Exklusivkollektion.

Keine ganz einfache Geburt, denn die Schauspielerin und Sängerin hatte bereits während der Nazi-Zeit mit dem UFA-Streifen *Frauen sind keine Engel* ihren Ruf als *Grande Dame* begründet, an dem sie seither eisern festhielt. Alles, was sie trug, musste elegant und äußerst mondän sein, darauf bestand sie. Couturiers rissen sich darum, die aparte Schönheit mit dem tizianroten Haar und den grünen Augen einzukleiden. Ein Kaufhaus, das Mode anbot, überhaupt zu betreten, war für die gebürtige Berlinerin eigentlich ein Ding der Unmöglichkeit. Rut Brandt, schon länger zufriedene Kundin bei den Thalheims und stets vorbildlich in Sachen Mode, hatte ihr gut zugeredet, bis sie schließlich dazu bereit gewesen war. Die Presse stürzte sich immer wieder auf diese attraktive junge Norwegerin mit dem verschmitzten Lächeln. Man munkelte sogar, ihr Ehemann Willy Brandt habe bei den nächsten Wahlen beste Aussichten auf den Posten des Regierenden Bürgermeisters von West-Berlin, sofern der schwerkranke Otto Suhr nicht mehr antreten würde.

«Ganz schön mittelmäßig», stöhnte Schani, nachdem Dänemark, England, Italien, Frankreich und auch sein Heimatland Österreich ihre Beiträge abgeliefert hatten. «Die einen knödeln, die anderen säuseln, die nächsten schrammeln. Ein richtiger Knaller war bislang noch nicht dabei. Und das begleitende HR-Sinfonieorchester könnte ebenfalls eine Verjüngungskur gebrauchen.»

«Sei nicht so streng», sagte Silvie lachend. «Alle haben sich doch solche Mühe gegeben. Außerdem hat auf die Weise unsere Kandidatin bessere Chancen.»

Hielschers Auftritt war in der Tat sensationell.

Miris Taftrobe mit tiefem Dekolleté und enganliegendem Oberteil bauschte sich sanft über den Hüften, was die schlanke Sängerin gut tragen konnte, und endete in einem schwingenden, knöchellangen Rock, der ihr etwas Königliches gab.

«Ach, so in Schwarzweiß kommt es fast als weißes Kleid

rüber», bemerkte Miri enttäuscht. «Dabei unterstreicht das Zartviolett, in dem ich es entworfen habe, ganz wunderbar den Alabasterton ihrer Haut. Farbfernsehen müsste man haben – so wie im Kino!»

«Und dann gehen wir alle gemeinsam auf dem Mond spazieren und können in drei Stunden in die USA düsen», neckte Schani sie. «Träum weiter, mein süßer Liebling! Allerdings fürchte ich, es werden Träume bleiben …»

«Jetzt hört doch wenigstens mal zu», forderte Oskar. «Wozu hab ich mir sonst die ganze Mühe gemacht?»

Telefon, Telefon wurde von Margot Hielscher durchaus charmant interpretiert, während sie mit einem weißen Telefonapparat hantierte. Nette Unterhaltung, aber leider alles andere als ein Hit. Selbst die eingestreuten Passagen in Englisch, Spanisch und Italienisch, die vermutlich international wirken sollten, nützten nichts.

«Da schlafen einem ja die Füße ein», lästerte Peter. «Nur die Robe reißt es raus. Ohne dieses traumhafte Kleid hätte die Hälfte der Nation garantiert längst abgeschaltet!»

Das umständliche Telefonvoting aus den zehn Teilnahmestaaten gab ihm recht. Margot Hielscher landete abgeschlagen auf Rang sieben. Platz eins belegte Corry Brokken aus den Niederlanden mit einem wesentlich flotteren Song.

«Seid ihr jetzt alle so richtig enttäuscht?», erkundigte sich Oskar, der sein leeres Wasserglas nervös in den Händen hin- und herdrehte. «Also, ich bin es! Aber leider hat man auf die Abstimmung ja keinerlei Einfluss …»

«Ganz und gar nicht», versicherte Silvie. «BILD wird die Hielscher morgen als Aufmacher bringen, das weiß ich aus der Chefredaktion, Platzierung hin oder her. Und zwar in

Miris Abendrobe, nebst passender Bildlegende. Allein darum ging es uns doch: das *Modekaufhaus Thalheim* erstmals in der größten deutschen Boulevardzeitung. Danke und bravo, Brüderchen, hast du wirklich gut gemacht! Ab Herbst bringt BILD eine eigene Berlin-Ausgabe heraus. Dann planen wir neue gemeinsame Streiche.»

Er lächelte ein wenig schief. Dann begann er zu strahlen.

Für einen Moment sah er wieder so aus wie der kleine Oskar von früher, den jedes Lob glücklich gemacht hatte, und ihr Herz flog ihm voller Liebe zu, so wie eh und je.

Rede mit mir, bat Silvie ihn stumm. Vertrau mir an, was in dir vorgeht. Ich weiß, das würde dich erleichtern …

Dann verschloss sich sein Gesicht erneut. «Muss jetzt aber wirklich los», sagte er. «Und morgen in aller Früh wieder raus. Gibt noch jede Menge zu erledigen vor dem neuen Dreh. *Woyzeck* ist schließlich kein Heimatfilm.»

«Wann geht es richtig los?», fragte Miri.

Silvie wusste, dass sie mehrfach versucht hatte, eine ernsthafte Unterhaltung mit Oskar zu führen. Doch, wie sie ihr schon prophezeit hatte, bislang leider vergebens.

«In gut zwei Wochen. Wir drehen in Brandenburg und Potsdam, und ihr könnt euch sicherlich vorstellen, mit welchen Schwierigkeiten wir da zu kämpfen haben! Die SED-Chargen hassen uns jetzt schon, trotz dieses kämpferischen Stoffs. Was sie dagegen sehr zu schätzen wissen, ist unsere West-Kohle. Die öffnet erstaunlich viele Türen, Ideologie hin, Ideologie her …»

«Und Lys?» Peter hatte den Namen mutig in den Ring geworfen.

«Liest du keine Zeitungen, Peter?», fragte Oskar zurück.

«Steht doch überall, dass sie die Marie spielt. Ich glaub sogar, sie wird es gut machen. Lassen wir uns einfach alle überraschen!» Er stand auf, winkte kurz in die Runde, dann beugte er sich zum Abschied über den Stubenwagen.

«Werd bloß nicht so wie dein total bekloppter Onkel Oskar, kleiner Max», sagte er leise. «Ich halte dich zwar bald über das Taufbecken, damit das schon mal klar ist, aber das ist auch alles. Mehr als einen wie mich kann eine Familie wirklich nicht verkraften.» Er umschloss eines der winzigen Fäustchen mit seiner großen Hand. «Beste Kumpels werden wir beide ohnehin, darauf kannst du dich verlassen. Freu mich schon darauf, wenn ich dir in meinem neuen Flitzer die Welt zeigen darf.»

«Das hab ich gehört», sagte Silvie, nachdem er sich wieder aufgerichtet hatte. «Du bist doch wirklich nicht zu retten! Welches Höllengefährt ist es denn dieses Mal?»

«Ein silbergrauer Porsche 550 Spyder», sagte Oskar grinsend.

«Ja, bist du jetzt denn total übergeschnappt? Der kostet doch ein Vermögen!», sagte Silvie erschrocken.

«Natürlich gebraucht. Ein Freund eines Kollegen war ein bisschen klamm, da musste ich einfach zugreifen. So was von einem Schnäppchen, sag ich dir! Und meinen Chevy habe ich prima verkauft. Ich mach schon keine krummen Sachen, Schwesterchen. Verlass dich auf mich.»

∘∘∘

Es hatte Silvie gefreut, ihre «Mädels» wiederzusehen, wie sie die Verkäuferinnen im *Modekaufhaus Thalheim* insgeheim nannte, aber jetzt, wo es Mäxchen gab, konnte sie noch seltener da sein, auch wenn ihr Vater das nicht verstehen wollte.

«Liebe Güte, was für ein Aufstand», sagte er kopfschüttelnd, der niemals selbst seine Kinder gehütet hatte, sondern sich stets auf Ehefrauen, Kindermädchen und sonstige hilfreiche Hände verlassen hatte. «Du stellst dich ja an, als sei dein Kleiner das achte Weltwunder!»

«Das ist dein Enkel auch, keine Frage», konterte Silvie. «Und so ganz kann ich dich wirklich nicht begreifen: Einerseits sollte ich Personalchefin werden, damit Rike mehr Zeit für ihre Familie hat – und jetzt, wo ich selbst eine habe, arbeite ich dir zu wenig. Wie passt das denn zusammen?»

«Ich hab dich früher nie so als den mütterlichen Typ gesehen», musste er einräumen.

«Wenn du dich da mal nicht gewaltig täuschst», sagte Silvie leidenschaftlich. «Mäxchen ist die Sonne in meinem Leben. Bekanntlich dreht sich ja die Erde um die Sonne und nicht umkehrt! Also werde ich alles tun, damit es ihm gut geht. Dazu gehört vor allem, dass seine Mama oft bei ihm ist.»

Irgendwie bekam sie es mit viel Organisationstalent trotzdem hin. Anstelle Rikes strenger Frau Schaller, die ihr eindeutig zu militärisch gewesen wäre, passte auf den kleinen Max nun stundenweise die sanfte blonde Leslie aus Birmingham auf, die die Akademie für Fremdsprachen in der Lietzenburger Straße besuchte und jede Gelegenheit nutzte, um ihr Deutsch weiter zu verbessern. Sie wirkte zwar ein wenig schusselig, war aber stets guter Laune und bemühte sich nach Kräften, es Silvie und Peter in allem rechtzumachen. Mit dem Kind ging sie liebevoll und fürsorglich um, trug Max herum, wenn er wieder weinte, weil das Bauchweh ihn plagte, und erfand sogar eine ebenso simple wie geniale Wippvorrichtung, mittels derer sich der Stubenwagen auch per Fußdruck in Bewegung setzen ließ.

So konnte Silvie zum RIAS zurückkehren, wo sie zu ihrer Freude bereits sehnlichst erwartet wurde. Das freitägliche Wunschkonzert lag nun wieder ganz in ihren Händen, und die erste Sendung *Stimmen* nach der Geburt, mit Heinz Ehrhardt, geriet zum Triumph, weil es ihr gelang, mit ihren behutsamen Fragen eine ganz neue, unbekannte Seite des beliebten Schauspielers und Komikers zu zeigen. Er war beileibe nicht nur die Knallcharge, zu der er gern abgestempelt wurde: ein dicklicher Herr mit schütterem Haar und schwarzer Brille, der ungelenk durch die Gegend stolperte und harmlose Witzchen riss, die niemandem wehtaten. Hinter dieser Fassade verbarg sich ein kluger, nachdenklicher Mann, ungemein belesen, der nicht nur Hölderlin und Schiller liebte, sondern auch mit dem Absurden Theater jede Menge anzufangen wusste.

Zwischen Ulk und Philosophie souverän hin- und herwechselnd, ließ er Perlen hören wie: «Manchmal hilft nur noch: Zähne hoch und den Kopf zusammenbeißen» über «man spielt mal Bass, mal besser» bis zu «Pessimisten sind Leute, die mit der Sonnenbrille in die Zukunft schauen.» Natürlich durfte in Silvies Sendung weder sein Gedicht *Die Made* fehlen, noch seine hintersinnig-genial übersteigerte

Erlkönig-Interpretation, an deren Ende er wie getroffen zusammensackte.

Die Leitungen glühten, so begeistert reagierten die Hörer, die Heinz Erhardt liebten, weil er so perfekt unperfekt war und damit scheinbar einer von ihnen, auch wenn all seine Pointen klug überlegt und gezielt gesetzt waren.

«Passen Sie bitte auf sich auf», sagte er zum Abschied zu Silvie. «Bei Ihnen wäre alles andere wirklich ein Jammer, liebe Frau van Ackern!»

Seinen Satz «Ich könnte manchmal vor Glück eine ganze Allee von Purzelbäumen schlagen», nahm sie als Geschenk mit auf den Nachhauseweg.

Daheim empfing sie Mäxchen aus Leslies Obhut, die ihn bereits für die Nacht hergerichtet hatte. Peter war noch mit zwei Autoren unterwegs, eine interessante Gesellschaft, die sie gern ergänzt hätte, aber frau musste eben lernen, Kompromisse einzugehen. Da sie seit ein paar Tagen nicht mehr stillte, genehmigte Silvie sich einen Fingerbreit Brandy und schlug den Gedichtband auf, in dem Peter sein Lesezeichen hinterlassen hatte. Die junge Lyrikerin hieß Ingeborg Bachmann und erfuhr gerade in literarischen Kreisen große Anerkennung.

Es kommen härtere Tage.
Die auf Widerruf gestundete Zeit
wird sichtbar am Horizont.
Bald mußt du den Schuh schnüren
und die Hunde zurückjagen in die Marschhöfe.
Denn die Eingeweide der Fische
sind kalt geworden im Wind.

Ärmlich brennt das Licht der Lupinen.
Dein Blick spurt im Nebel:
die auf Widerruf gestundete Zeit
wird sichtbar am Horizont …

Silvie schlug den Band wieder zu, hielt ihn aber noch weiter nachdenklich im Schoß. Der Gedichtanfang gefiel ihr gut, sehr gut sogar, hatte aber doch ihre eben noch heitere Stimmung leicht verdüstert. Sie hatte die Nase gründlich voll von Zeiten voller Ungemach, Sorgen und Zweifel. Konnte es nicht einmal uneingeschränkt gut für die ganze Familie laufen?

Wunderbare Zeiten, dachte sie, das ist es, was wir jetzt alle brauchen. Oma Frida soll noch den Sommer erleben dürfen, den sie so sehr liebt, Papa keine blöden Herzrhythmusstörungen mehr bekommen, Antonia Lombardi in Mailand bloß den Krebs endgültig besiegt haben, Flori könnte endlich aus Frankreich schreiben, damit Claire wieder ihre Ruhe findet, die kleine Jenny sich bei den Feldmanns bestens einleben, Mäxchen soll weiterhin so munter und gesund sein, ebenso wie Peter, mein großer Liebling, und Oskar …

Sie wusste beim ersten Klingeln, dass nur er vor der Tür stehen konnte, und genauso war es auch.

«Sie sind ein Paar!», schrie Oskar, kaum hatte er die Diele betreten. «Und machen sich nicht einmal die allerkleinste Mühe, das vor uns anderen zu verbergen – ganz im Gegenteil.»

«Wer?», fragte Silvie.

«Wer, wer?», äffte er sie nach. «Na, wer schon! Franzi und

Wanja natürlich. Dieses Geturtele, Gegrapsche und ungenierte Herumgeschlecke, sobald die Kamera nicht mehr läuft, ist kaum auszuhalten.»

Für einen Moment wurde es Silvie eiskalt, dann fasste sie sich wieder. «Vielleicht ist alles ja nur Show», sagte sie. «Reines Theater, um dich zu provozieren. Und jetzt komm erst einmal weiter ins Wohnzimmer, da redet es sich gleich viel besser!»

«Nein, das ist keine Show», widersprach er, folgte ihr aber doch und ließ sich auf die Couch plumpsen, die inzwischen ein neues Lederkleid trug. «Die beiden fahren derart aufeinander ab, dass die Funken sprühen. Und weißt du, wie Markus das kommentiert hat, der alte Itzig? Ist doch gut fürs Geschäft. Das hat er gesagt!»

«Ich mag diese antisemitischen Schimpfworte nicht, das weißt du ganz genau. Schon gar nicht in Bezug auf Markus. Du hast ihm so viel zu verdanken …»

«Ja, ja, und noch einmal ja! Aber soll ich mich deswegen bei lebendigem Leib häuten lassen? Er hätte Franzi niemals engagieren dürfen, nicht bei diesem Stier von einem Hauptdarsteller, der alles begattet, was ihm in den Weg kommt, egal, ob Mann oder Frau. Wie hast du es nur mit ihm ausgehalten, Silvie? Ich könnte ihn umbringen, weißt du das?»

Für einen Augenblick waren die winterlichen Dreharbeiten in der Po-Ebene für Silvie wieder ganz präsent. Damals hatte Wanja noch versucht, den Schein zu wahren. Oder war es nur ihr so vorgekommen, blind vor Liebe, wie sie zu jener Zeit gewesen war, während alle anderen am Set längst Bescheid gewusst hatten?

Silvie wusste sehr genau, wie es sich anfühlte, gehäutet zu werden, das hatte sie Flori auf Miris Hochzeit gesagt. Es hatte seine Zeit gedauert, bis sie sich von Wanja ganz lösen konnte. Erst danach war sie offen für Peter gewesen. Diesen dornigen Weg hatte nun auch ihr Zwillingsbruder zu gehen …

«Du musst dich beruhigen, bitte!» Sie ging zu ihm, streichelte sanft seinen Arm. «So machst du dich nur kaputt.»

«Gar nichts muss ich», fuhr Oskar auf. «Ich genieße meine Wut. Denn wenn sie verraucht, ist da nur noch rabenschwarze Traurigkeit, und die ist noch schwerer zu ertragen.» Er griff nach ihrem Glas, trank den Brandy aus. «Einer geht noch», sagte er schniefend. «Bitte, Silvie! Ich brauch das jetzt.»

«Du bist verletzt und aufgewühlt, zudem mit dem Auto da, und total erkältet bist du obendrein. Also sei bitte vernünftig und lass lieber die Hände davon!»

«Meine Güte, du wirst Rike echt immer ähnlicher. *Tu dies nicht, lass jenes lieber bleiben …*» Er holte ein Taschentuch aus der Hosentasche und schnäuzte sich ausgiebig. «Das hat Luisa übrigens neulich auch gesagt. Wenn das so weitergeht, könnt ihr beide bald als Zwillingspaar auftreten. Dann brauchst du mich gar nicht mehr.»

«So ein Unsinn», widersprach Silvie. «Und das weißt du ganz genau. Wir sind jetzt beide Mütter, da sieht man manches eben anders. Aber seit wann tauschst du dich ausgerechnet mit Luisa über Rike und mich aus?»

«Die macht gerade ein Praktikum bei *Atlantis Film*, deshalb ist sie öfter mit am Set. Kluges Kind. Sorgt jetzt schon für die Zukunft vor. Denn so ein Germanistikstudium ist doch auch eher brotlose Kunst. Hat sich in jeder Hinsicht gut entwickelt, das Mädchen, muss schon sagen.»

Er stand auf.

«Dann geh ich mal wieder, wenn du mich hier so auf dem Trockenen sitzen lässt. Zum Glück gibt es andere Orte mit gastfreundlicherem Personal.» Sein Grinsen misslang. «Der kleine Prinz schläft bereits, nehme ich an?»

Silvie nickte. «Ausnahmsweise oben in der Wiege. Aber wenn du deine Schuhe ausziehst …»

«Das, liebste Silvie, lassen wir für heute lieber bleiben. Männer in Socken hatten wir in diesem Haus in letzter Zeit bereits zur Genüge. Ich seh ihn ja am Samstag, wenn ich sein Pate sein darf. Ein feines Taufgeschenk hab ich auch schon besorgt. Max soll doch später einmal stolz auf seinen Onkel sein, auch wenn der leider ziemlich meschugge war.»

Silvie zauste kurz seinen blonden Schopf. Er konnte so unmöglich sein – und dann wieder so wunderbar, beides kurz nacheinander. Vielleicht liebte sie Oskar gerade deshalb so sehr, auch wenn er sie in Rage bringen konnte wie sonst kaum jemand.

Sie brachte ihn bis an die Haustür, die er aufriss, bevor er voller Stolz auf den silbernen Sportwagen zeigte, der unter einer Straßenlaterne parkte.

«Toll, oder?», sagte Oskar mit bebender Stimme. «Der macht doch was her!»

«Macht er», wiederholte Silvie matt. «Aber du weißt ja, Autos sind für mich lediglich ein Mittel zur Fortbewegung. Viel wichtiger wäre mir, dass du wieder glücklich bist», sagte sie, während sie ihn zum Abschied auf die Wange küsste.

«Glück?», wiederholte Oskar fragend. «Kann mich spontan gar nicht mehr richtig entsinnen, was das noch einmal war.»

○○○

Ein Aprilsamstag vom Allerfeinsten: blauer Himmel mit zarten Schleierwölkchen, wärmender Sonnenschein, überall an den Büschen begann es schon zu blühen. Auch die große Backsteinkirche mit dem spitzen Turm wirkte in diesem Licht freundlich. Peter hatte sich die Auenkirche als Taufort für seinen kleinen Sohn gewünscht, die bereits seit 1895 die alte Dorfkirche von Wilmersdorf ersetzte. Auch Greta war hier getauft worden, für ihn keine schmerzliche Erinnerung, wie Silvie zunächst befürchtet hatte, sondern eine sehr schöne.

«Du selbst wolltest ja, dass unser Mädchen Max während seiner Geburt beschützt. Nun wird sie es bei der Taufe wieder tun, dieser Gedanke gefällt mir. Dass er ihr Taufkleidchen trägt, tut ein Übriges dazu.»

Natürlich wäre auch eine Möglichkeit gewesen, alles zur Inselgemeinde in Hermannswerder bei Potsdam zu verlagern, für die Jürgen Grothe als Pastor seelsorgerisch tätig war. Doch die Vorstellung, mit dem ganzen Familientrupp über die Sektorengrenze zu ziehen, hatte dann doch eher abgeschreckt. Auch Carl, den Silvie um Rat fragte, hatte dringend abgeraten.

«Jürgen, Lydia und Amelie stehen nach wie vor unter ständiger Beobachtung. Und Luisa sollte bis auf weiteres die DDR gar nicht mehr betreten, darin sind wir uns ja alle einig.» Seine Stimme klang freudig. «Aber Kitty und ich werden kommen, falls ihr uns dabei haben wollt.»

«Und ob wir das wollen!», hatte Silvie geantwortet. «Wohnt ihr denn inzwischen schon zusammen?»

«Ganz so schnell geht es nicht! Soll es auch gar nicht. Aber sie hat zumindest schon mal zwei Tage in meinem Häuschen verbracht, und es gefällt ihr bei mir. Kitty will sich eine Arbeit in Potsdam oder Ost-Berlin suchen, das geht schon alles in die richtige Richtung. Falls es schwierig damit werden sollte, hätte ich da vielleicht noch etwas in petto, aber das behalte ich vorerst für mich.»

Onkel Carl, wie sie ihn kannte!

Heute war er ausnahmsweise einer der Ersten, die sich vor der Backsteinkirche einfanden. Kitty, die in einem schicken hellblauen Hosenanzug von seinem Motorrad abstieg, kam lächelnd auf Silvie zu. Um ihre halblangen Haare hatte sie ein farbiges Band geschlungen. Die dunklen Mandelaugen, die sie auch an ihre Tochter vererbt hatte, funkelten.

«Tut mir leid wegen der seltsamen Szene im Theater», sagte sie. «Sie müssen ja einen schönen Eindruck von mir haben! Ich war einfach nur vollkommen überwältigt ...» Sie räusperte sich. «Die Geschichte mit Franzi und Oskar ist eine wahre Tragödie, die eigentlich auf die Bühne gehört und nicht ins echte Leben. So schade und traurig, dass die beiden nichts voneinander wussten. Aber dass Carl und ich uns wiedergefunden haben, bedeutet mir dennoch unendlich viel.»

«Uns allen auch», sagte Silvie. «Wir wünschen uns so sehr, dass er glücklich ist! Alles Gute für euch beide, denn diese formelle Siezerei lassen wir an einem Tag wie diesem am besten sein. Ich bin Silvie.»

Sie streckte ihr die Hand entgegen, und Kitty schlug ein.

«Ich bin Kitty, eigentlich Katharina, aber außer beim BDM hat mich niemand so genannt. Wir mussten ja dorthin, ob wir nun wollten oder nicht.» Sie schüttelte sich. «Scheußliche Zeit. Steckt uns allen noch immer in den Knochen.»

Carl, der inzwischen neben ihr stand, nickte zustimmend.

Aus dem bauchigen Korbkinderwagen, den Silvie in den Schatten geschoben hatte, drang energisches Quäken.

«Er fängt an, hungrig zu werden», sagte sie. «Wir geben ihm am besten schnell ein Fläschchen, bis alle da sind, sonst wird das nachher am Taufbecken unter Umständen sehr laut werden. Babys können ja so brüllen.»

«Daran erinnere ich mich bestens», sagte Kitty. «Kommt Oskar auch? Ich würde so gern ein paar Worte mit ihm sprechen!»

«Das will ich doch schwer hoffen, auch wenn er in aller Regel zu den Letzten gehört. Schließlich ist er ebenso Mäxchens Pate wie meine Schwester Rike, sonst stets eine der Ersten. Ausgerechnet heute musste sie noch einmal ins Geschäft, weil etwas mit einer Lieferung nicht geklappt hat.» Sie wandte sich an Peter. «Schatz, übernimmst du mal kurz die Fütterung? Dann kann ich Kitty zu den anderen bringen.»

Inzwischen war auch Sandro mit Anna und Matteo eingetroffen, beide für den festlichen Anlass mit neuen Mäntelchen in Rot beziehungsweise Blau herausgeputzt. Daneben standen Schani und Miri, die Jenny an der Hand hielt. Unter den anderen Arm hatte die Kleine im grünen Wollkostümchen ein Buch geklemmt, von dem sie sich offenbar nicht mehr trennen wollte.

«Die kleine Hexe», sagte Miri entschuldigend. «Was für eine spannende Lektüre Peter uns da als Leseexemplar geschenkt hat! Dieser Preußler schreibt einfach köstlich; wird garantiert alle Kinderherzen bezaubern, wenn es in paar Monaten offiziell auf den Markt kommt. Wir haben gestern vor dem Einschlafen damit begonnen und mussten nach dem Frühstück gleich weiterlesen, um zu erfahren, wie es mit dieser fiesen Muhme Rumpumpel weitergeht, die ihr solche Schwierigkeiten bereitet.»

Jenny nickte so eifrig, dass ihre Locken flogen. «Wie Frau Niethard», sagte sie. «Nur noch gemeiner.»

Miri und Silvie pressten die Lippen aufeinander, um nicht laut loszuprusten.

Anna starrte Jenny neugierig an.

«Warum bist du denn so braun?», wollte sie wissen.

«Weil mein Papa Joe auch so war», erwiderte Jenny. «Der ist jetzt beim lieben Gott. Und mein neuer Papa heißt Schani.»

«Prima Antwort, Jenny.» Silvie legte kurz die Hand auf den warmen Kinderkopf. «Das kannst du immer so sagen, wenn Leute dich danach fragen.»

Eigentlich war alles genauso, wie sie es sich immer erträumt hatte.

Mann. Haus. Kind – und noch viel mehr dazu. Sie hätte glücklich sein müssen an diesem wundervollen Frühlingstag und tiefenentspannt dazu, aber da gab es diese merkwürdige Rastlosigkeit in ihr, für die sie keine Erklärung hatte.

Es trieb sie weiter zu ihrem Vater und Claire, knisterte doch Floris Brief in ihrer Manteltasche, der sie gestern erreicht hatte. Sie holte ihn heraus und übergab ihn Claire, die wie stets in letzter Zeit in Begleitung von Luisa war.

«Doch nicht etwa von …» Die grünlichen Augen unter den perfekt nachgestrichelten Brauen weiteten sich.

«Genau von der», nickte Silvie. «Lies. Wird dir gefallen.»

Hallo an alle,
es geht uns gut, wir sind in Paris und lernen so viel über die Kunst und über das Leben. Jetzt bediene ich abends in einem kleinen Bistrôt, und mein Französisch ist schon so gut geworden, dass man mich fast für eine Einheimische hält. Na ja, das sind, ehrlich gesagt, dann doch eher ausländische Touristen, aber immerhin …

Ich bin viel in Museen, tanke Kunst, wo immer ich kann. Ich hatte zuerst als Zimmermädchen gearbeitet, aber dabei kannst du ja glatt verhungern, und außerdem sind die schönen Tage auch futsch. Zweimal in der Woche habe ich jetzt Unterricht bei einem echten Pariser Künstler, verdammt teuer zwar, aber eben auch verdammt gut. Da verzichtet man dann und wann lieber aufs Abendessen. Die Farben und ich werden langsam Freunde. Meine Mappe füllt sich …

Macht euch bitte keine Sorgen, Pascal & ich passen gegenseitig aufeinander auf.

Gros bisous – Flori

Claire begann zu weinen, nachdem sie ihn gelesen hatte. «Dir hat mein kleiner *puce* geschrieben, mir nicht …»

«Steht doch *an alle* da», versuchte Silvie sie zu trösten. «Und was Flori erzählt, klingt gut, finde ich. Der pomadige Tonfall ist verschwunden, sie schreibt, was sie denkt, das erleichtert mich. Sie hat Arbeit, sie malt, die beiden vertragen sich – und in der wunderschönen Sprache ihrer *maman* wird sie nun auch endlich sicherer!»

«Weggelaufen ist sie trotzdem», sagte Friedrich aufgebracht. «Und hat uns, ihren Eltern, damit mehr als eine schlaflose Nacht beschert. Mit ihrem französischen Galan einfach so die Zeit zu vertrödeln! Ich bin noch immer so was von sauer auf unsere Jüngste. Ein windiges Brieflein ändert da gar nichts.»

«Ich finde auch, das hätte sie euch nicht antun dürfen», mischte sich nun Luisa altklug ein, von Kopf bis Fuß in Rosa gekleidet und so sorgfältig zurechtgemacht wie für einen Schönheitswettbewerb. Seit ein paar Wochen quälte sie sich mit brandneuen Kontaktlinsen, was dazu führte, dass sie die Augen stets leicht zusammenkniff. Aber offenbar hatte sie beschlossen, um jeden Preis hübsch zu sein, nun, wo sie am Set hospitieren durfte. «Wer solche Eltern wie euch hat, kann sich wirklich glücklich schätzen. Andere würden …»

«Wo bleibt eigentlich Oskar?», unterbrach sie Miri, die mit Jenny an der Hand dazugekommen war und bemerkt hatte, dass die Unmutsfalten auf Friedrichs Stirn sich immer mehr vertieften.

«Mein Herr Sohn wird sicherlich wie immer im letzten Moment antanzen, kennen wir ja schließlich nicht anders von ihm», schnaubte Friedrich. «Aber dass ausgerechnet unsere zuverlässige Rike so lange auf sich warten lässt, ist seltsam …»

«Da kommt sie!», rief Silvie.

Der rote Alfa Romeo kam mit quietschenden Bremsen vor der Kirche zum Stehen. Die Fahrertür wurde aufgerissen, und Rike stürmte auf die Wartenden zu.

«Oskar», keuchte sie, kreidebleich im Gesicht. «Der Anruf kam, als ich schon am Gehen war. Oskar …» Ihr fehlte die Kraft, weiterzusprechen.

Alles Blut schien aus Silvies Kopf in die Beine zu sacken. Sie wusste, was passiert war, noch bevor Rike es ausgesprochen hatte.

«Ihm ist etwas zugestoßen», flüsterte sie.

Rike nickte. «Ein Lastwagen, der ihm die Vorfahrt genommen hat. Muss ganz schnell gegangen sein. Unser Bruder war sofort tot.»

14

Zürich, Juli 1957

Es war viel zu warm an diesem Sommertag, um Schwarz zu tragen, doch die beiden Schwestern, die eng nebeneinander in einem Café am See saßen, schien das nicht weiter zu stören. Sie trauerten noch immer um ihren Bruder Oskar, der vor drei Monaten auf so tragische Weise ums Leben gekommen war. Seitdem war nichts mehr wie zuvor. Besonders für Silvie fühlte sich sein Verlust wie eine Amputation an.

Der Brief aus Zürich, der vor einer Woche ganz unerwartet ins *Modekaufhaus Thalheim* geflattert war, hatte sie aus ihrer Lethargie gerissen, in die sie seit der bestürzenden Todesnachricht verfallen war.

Dr. Reto Vögli & Partner aus Zürich lautete der Absender.

Sehr geehrte Frau Lombardi,
wenn Sie diesen Brief erhalten, bin ich nicht mehr am Leben. Ich beauftrage meinen Partner Herrn Dr. Gerber, Sie hiermit in meinem Namen in unsere Kanzlei einzuladen. Es geht um die Hinterlassenschaft Ihrer Mutter, beziehungsweise um jene fehlenden Passagen aus deren Tagebuch, die Herr Schubert, Ihr

verstorbener Großvater, damals daraus entfernt hat. Er hat sie mir persönlich zu treuen Händen anvertraut, und ich habe sie all die Jahre wie meinen Augapfel gehütet. Dieses Versprechen ist mit meinem Ableben erloschen. Nun sollen sie endgültig in Ihren Besitz gelangen.

Ich würde Sie bitten, zu diesem Termin ebenfalls Ihre Schwester Silvie mitzubringen, da einige der Informationen auch für sie von großer Bedeutung sein könnten.

Ihnen und Ihrer lieben Familie das Allerbeste!

Hochachtungsvoll Ihr Reto Vögli

«Ich glaub es noch immer nicht», sagte Rike kopfschüttelnd. Der Campari Orange vor ihr war unberührt, während Silvie ihr Glas schon fast geleert hatte. «Papa und Ruth Sternberg! Dass sie all die Jahre dichtgehalten haben … und dass Mama ebenfalls davon gewusst hat …»

«Glaub es ruhig. Hier steht es schwarz auf weiß.» Silvies Finger tippte auf die Seite.

Er hat der anderen ein Kind gemacht, der stillen, stolzen Ruth, die so gern auch offiziell die Frau an seiner Seite wäre, und es mir gestanden wie einen Triumph. Seltsamerweise mag ich sie noch immer, und die Kleine, der sie den Namen Miriam gegeben haben, ist einfach nur goldig. Irgendetwas scheint nicht ganz in Ordnung mit ihrem Rücken zu sein, das wird sie leider wohl ein Leben lang zu spüren haben. Die Strafe für die Sünden ihrer Eltern?

Bei dem ganzen Liebes-Kuddelmuddel, das wir uns leisten, kann man schon mal auf solche Gedanken kommen …

Wir sind alle vernünftig und konventionell, so wie es sich gehört. Kein Wort nach außen, doch Friedrich wird die beiden nach Kräften finanziell unterstützen, das versteht sich von selbst. Juden sind nicht sonderlich gern gesehen in Deutschland, wer wüsste das besser als ich, deren Leib sich nach «meinem» Juden sehnt?
Friedrich gegenüber hab ich es heruntergespielt. Er ist nicht der Typ Mann, der sich freiwillig zum Hahnrei machen lässt, erst recht nicht, wenn damit Folgen verbunden sind. Ich hab also den Mund gehalten, so schwer es mir auch fiel, aber es gab sehr wohl diesen Moment, da hätte ich es am liebsten in die Welt hinausgeschrien, so laut, dass alle es hören können: Wir haben nicht nur ein halbes Judenmädchen in der Familie, sondern es gibt derer zwei …

Denn natürlich weiß ich, wer mich geschwängert hat. Markus hat mein schönes erstes Kind gezeugt, auch wenn dieser Satz bis zu meinem Tod niemals über meine Lippen kommen wird …

«Dann hat Friedrich Thalheim ab jetzt nur noch drei Kinder.» Rikes Stimme zitterte. «Dich, Flori und Miri.»

«Nein, er hat jetzt fünf.» Silvie klang so sicher wie selten zuvor. «Dich, Flori, mich, Oskar, denn die Toten verschwinden nur, wenn wir sie vergessen, und Miri. Ob sie es geahnt hat?»

«Vermutlich», erwiderte Rike, die plötzlich sehr erleichtert klang. «Aber es würde zu ihr passen, nicht darüber zu reden.»

«Jetzt reden wir darüber», sagte Silvie. «Sowohl mit ihr, als auch mit Papa. Es wird allerhöchste Zeit!»

«Und Markus?», sagte Rike zweifelnd. «Er hat sich immer Kinder gewünscht …»

«Das liegt allein bei dir. Du wirst die richtige Entscheidung treffen, da vertraue ich ganz auf dein Gefühl.»

«Aber ich bin doch der Kopf in unserer Familie, Silvie.» Rikes kleines Lächeln war wehmütig. «Jedenfalls halten mich alle dafür.»

«Dann gib ihnen Gelegenheit, diese Ansicht zu ändern.» Silvie lächelte zurück. «Was mich betrifft, so habe ich bereits damit angefangen.»

∘ ∘ ∘

Bei bestem Wetter überflogen sie die Alpen und das sommerliche Deutschland, tief unter ihnen weizengelbe Felder, die auf die Ernte warteten.

«Jetzt müssen wir dieses fürchterliche Schwarz endlich wieder loswerden», sagte Silvie plötzlich. «Oskar würde es nicht gefallen, wenn wir auf Dauer wie Nebelkrähen herumrennen!»

«Machen wir», sagte Rike. «Ich hab solche Lust auf Rot und Gelb und Blau und Grün wie selten zuvor. Sandro holt uns in Tempelhof ab. Hoffentlich hat er die Kinder dabei. Ich kann es kaum erwarten, meine beiden kleinen Schätze wiederzusehen.»

«Frag mich mal», seufzte Silvie. «Achtzehn Stunden ohne Mäxchen sind für mich die reinste Tortur!»

Sandro empfing sie hinter der Absperrung mit einem fröhlichen Begrüßungslächeln.

«Wunderbar, dass ihr heil gelandet seid», sagte er. «Bin immer erleichtert, wenn die Maschinen wieder festen Boden unter den Rädern haben. Und seht doch mal, wen ich euch mitgebracht habe!»

Hinter einer Säule kam eine junge blonde Frau hervor, deren Lächeln sehr schüchtern ausfiel.

«Luisa», sagte Silvie überrascht.

«Nicht nur», erwiderte Luisa. «Wir sind nämlich sozusagen zu zweit. Ein bisschen sieht man es schon.» Sie legte die Hände auf ihren Bauch. «Aber bald werden es alle sehen.»

«Du bist schwanger?» Rike kniff die Augen zusammen, als würde auf einmal sie die lästigen Kontaktlinsen tragen. «Aber du willst uns jetzt doch nicht damit sagen, dass ...»

«Doch. Genau das will ich.» Luisa begann zu strahlen. «Ich bekomme Oskars Kind. In ziemlich genau fünf Monaten werdet ihr alle beide wieder Tante.»

Berlin 1952 – 1957

1952

3. Januar 1952: Das Gesetz zum Schutz der Jugend in der Öffentlichkeit tritt in der Bundesrepublik in Kraft. Es verbietet Jugendlichen unter 18 Jahren Alkoholkonsum und unter 16 Jahren das Rauchen.

9. Januar 1952: Die Volkskammer verabschiedet ein Wahlgesetz für freie gesamtdeutsche Wahlen. Eine Woche später, am **16. Januar 1952**, verweigert die DDR der UN-Kontrollkommission die Einreise.

17. Januar 1952: Die Premiere des Films *Hanna Amon* des für seine NS-Propagandafilme bekannten Regisseurs Veit Harlan führt zu Zusammenstößen zwischen Studenten und der Polizei.

4. Februar 1952: DDR-Ministerpräsident Otto Grotewohl legt den Grundstein für den Bau der Stalinallee in Ost-Berlin. 1961 wird die Straße in Karl-Marx-Allee umbenannt.

6. Februar 1952: Der Bundestag billigt das Wahlgesetz für eine verfassungsgebende gesamtdeutsche Nationalversammlung.

14. bis 25. Februar 1952: In Oslo finden die Olympischen Winterspiele statt. Deutschland nimmt erstmals seit Kriegsende wieder an den Spielen teil. Anderl Ostler und

Lorenz Nieberl gewinnen im Zweierbob die ersten Goldmedaillen für die BRD.

18. Februar 1952: Die Berliner U-Bahn feiert ihr 50-jähriges Bestehen.

1. März 1952: Die Briten geben sieben Jahre nach Kriegsende die Insel Helgoland an Deutschland zurück.

10. März 1952: Der sowjetische Regierungschef Stalin verfasst seine berühmte Stalin-Note, in der er den drei Westmächten einen Friedensvertrag mit einer gesamtdeutschen Regierung vorschlägt. Zu seinen Bedingungen zählen: eine Neutralisierung Deutschlands nach Abzug aller ausländischen Truppen, der Aufbau nationaler Streitkräfte zur Landesverteidigung, das Verbot antidemokratischer Organisationen und die Garantie demokratischer Rechte und Parteien.

25. März 1952: Die Westmächte lehnen – unterstützt von Bundeskanzler Adenauer – Stalins Vorschläge ab, solange keine freien gesamtdeutschen Wahlen stattgefunden haben.

9. April 1952: In einer zweiten Stalin-Note erklärt sich die UdSSR zu freien gesamtdeutschen Wahlen bereit, wenn diese unter Viermächte- und nicht unter UN-Kontrolle stattfinden.

2. Mai 1952: Bundespräsident Heuss und Bundeskanzler Adenauer einigen sich auf das Deutschlandlied als Nationalhymne. Bei staatlichen Anlässen wird künftig die dritte Strophe gesungen.

4. Mai 1952: Die Gesellschaft für christlich-jüdische Zusammenarbeit veranstaltet erstmals die Woche der Brüderlichkeit.

26. Mai 1952: Die Außenminister von Großbritannien, Frankreich und den USA sowie Bundeskanzler Konrad Adenauer unterzeichnen in Bonn den Deutschlandvertrag, der das alliierte Besatzungsstatut aufhebt. Die BRD ist nun wieder weitestgehend ein souveräner Staat, nur Berlin behält seinen Sonderstatus.

26. Mai 1952: Als Reaktion auf die Vertragsunterzeichnung ordnet die DDR-Führung das Kappen sämtlicher Fernsprechleitungen zwischen West- und Ost-Berlin sowie die Errichtung einer 5 km breiten Sperrzone entlang der Demarkationslinie zur Bundesrepublik an. Am **28. Mai** erfolgt die Abriegelung, West-Berlinern wird die Einreise in die DDR verboten.

7. Juni 1952: In Köln kommt es zu einem Skandal der deutschen Boxgeschichte: Im Kampf um die Meisterschaft im Mittelgewicht wird der Ringrichter k. o. geschlagen.

12. bis 25. Juni 1952: Zum zweiten Mal finden die Internationalen Filmfestspiele Berlin – die Berlinale – statt. Die Preise werden nicht von einer Jury, sondern vom Publikum vergeben, um nicht in Konkurrenz zu den Festivals in Venedig und Cannes zu stehen. Prominentester Gast ist Billy Wilder, der Goldene Bär geht an den schwedischen Film *Sie tanzten nur einen Sommer* von Arne Mattson.

3. Juni 1952: Wegen der Besetzung West-Berliner Enklaven sperrt die britische Militärpolizei das in West-Berlin gelegene kommunistische Rundfunkhaus.

24. Juni 1952: Die erste Ausgabe der *Bild*-Zeitung des Verlegers Axel Springer erscheint mit einer Startauflage von 250 000 Exemplaren.

9. bis 12. Juli 1952: Die II. Parteikonferenz der SED beschließt die «planmäßige Errichtung der Grundlagen des Sozialismus in der DDR». Die Kollektivierung der Landwirtschaft in Landwirtschaftlichen Produktionsgenossenschaften (LPG) wird eingeleitet und der Vorrang der Schwerindustrie festgelegt.

23. Juli 1952: Der Vertrag über die Gründung der Europäischen Gemeinschaft für Kohle und Stahl – besser bekannt als Montanunion – tritt in Kraft. Die Gründerstaaten dieser Vorgängerorganisation der EU sind Belgien, die BRD, Frankreich, Italien, Luxemburg und die Niederlande.

31. Juli 1952: Der französische Film *Fanfan, der Husar* mit Gina Lollobrigida kommt in der Bundesrepublik in die Kinos.

14. August 1952: Die Bundesrepublik wird Mitglied des Internationalen Währungsfonds (IWF) und der Weltbank.

5. September 1952: Im Ostsektor Berlins werden alle Geschäftsinhaber enteignet, die in West-Berlin wohnen.

10. September 1952: Konrad Adenauer und der israelische Außenminister Mosche Scharet unterzeichnen in Luxemburg ein Wiedergutmachungsabkommen. Die BRD verpflichtet sich zu Entschädigungszahlungen in Milliardenhöhe für jüdische Opfer des Nationalsozialismus.

14. September 1952: An der ehemaligen Hinrichtungsstätte der Haftanstalt Plötzensee in West-Berlin wird ein Mahnmal zum Gedenken an die Opfer des Nationalsozialismus enthüllt.

24. September 1952: Erich Ollenhauer wird zum Nachfolger des am **20. August** verstorbenen SPD-Parteivorsitzenden Kurt Schumacher gewählt.

1. Oktober 1952: Der Sowjetische Oberbefehlshaber Tschuikow verlangt die Schließung des RIAS und anderer freier West-Berliner Institutionen.

1. November 1952: Auf dem Eniwetok-Atoll im Pazifischen Ozean lässt die USA die erste Wasserstoffbombe detonieren.

4. November 1952: Der Republikaner Dwight D. Eisenhower wird zum neuen Präsidenten der USA gewählt.

22. November 1952: Die DDR schikaniert West-Berliner, die in den Osten reisen wollen, und verweigert u. a. für Friedhofsbesuche am evangelischen Totensonntag (23. November) die Einreise.

29. November 1952: In einem Bericht des Berliner Senats ist von 200 000 DDR-Flüchtlingen und 150 000 Heimatvertriebenen die Rede, die in West-Berlin Zuflucht suchen.

15. Dezember 1952: Zur «Sozialisierung des Privatlebens» wird die Reisefreiheit von Einzelpersonen in der DDR auf einen Umkreis von 100 km beschränkt.

16. Dezember 1952: In Ost-Berlin werden 65 000 westdeutsche Weihnachtspakete von den DDR-Behörden zurückgehalten.

24. Dezember 1952: An Weihnachten feiert der Film *Casablanca* mit Ingrid Bergman und Humphrey Bogart Premiere in Deutschland.

26. Dezember 1952: Erstmals wird die *Tagesschau* im deutschen Fernsehen ausgestrahlt. Die durchschnittliche Zuschauerzahl liegt anfangs zwischen 50 und 500.

1953

15. Januar 1953: Deutsche Erstaufführung des amerikanischen Filmklassikers *Vom Winde verweht* aus dem Jahr 1939.

5. März 1953: Der sowjetische Partei- und Regierungschef Josef Stalin stirbt in Moskau an den Folgen eines Schlaganfalls.

25. März 1953: Der Bundestag verabschiedet das Bundesvertriebenengesetz, das die Eingliederung von Vertriebenen und Flüchtlingen aus den früheren deutschen Ostgebieten und der DDR bundesweit einheitlich regelt.

31. März 1953: Vertreter von 17 Staaten unterzeichnen in New York eine UN-Resolution über die Gleichberechtigung von Mann und Frau. Tags darauf, am **1. April 1953**, verlieren in der BRD alle Gesetzesbestimmungen ihre Gültigkeit, die mit dem Gleichberechtigungsgrundsatz von Mann und Frau nicht vereinbar sind.

Frühjahr 1953: Heinrich Bölls Roman *Und sagte kein einziges Wort* über ein armes, kinderreiches Ehepaar im Nachkriegsdeutschland erscheint und gewinnt rasch mehrere nationale und internationale Preise.

6. bis 17. April 1953: Bundeskanzler Konrad Adenauer besucht zum ersten Mal die USA.

10. April 1953: Erstmals wird in Israel in einem öffentlichen Konzert das Werk eines deutschen Komponisten aufgeführt: eine Sonate von Richard Strauss.

20. April 1953: In der DDR werden die Preise für rationierte Lebensmittel erhöht.

24. April 1953: Die Bischöfe der Evangelischen Kirche protestieren gegen den Kirchenkampf der SED.

3. Mai 1953: Sendebeginn der *Deutschen Welle*, des staatlichen Auslandsrundfunks der BRD.

2. Juni 1953: Elisabeth II. wird in der Westminster Abbey zur Königin von Großbritannien und Nordirland gekrönt. Die Krönung wird auch in Deutschland live im Fernsehen übertragen.

17. Juni 1953: In Ost-Berlin und in großen Teilen der DDR kommt es zu Streiks, Großdemonstrationen und Aufständen. Anfänglich protestieren die Demonstranten gegen Lohnkürzungen und Normenerhöhungen, bald werden Forderungen nach freien Wahlen und der Wiedervereinigung Deutschlands laut. Nur mit Hilfe sowjetischer Panzer kann sich die DDR-Regierung halten. 20 000 Menschen werden verhaftet. Der offizielle Ausnahmezustand für Ost-Berlin wird erst am **11. Juli** aufgehoben.

18. bis 28. Juni 1953: Am Tag nach dem niedergeschlagenen Volksaufstand beginnt im Westteil Berlins die dritte Berlinale. Da die Sektorengrenze kurzzeitig abgeriegelt wird, gibt es deutlich weniger Zuschauer als im Vorjahr. Einer der Stars des Festivals ist Gary Cooper. Zum zweiten Mal vergibt das Publikum den Goldenen Bären, diesmal an *Le Salaire de la Peur* (Lohn der Angst) von Henri Clouzot.

21. Juni 1953: Das ZK der SED beschließt eine Kurskorrektur: Die Normenerhöhungen werden zurückgenommen, gleichzeitig werden Verbilligungen im öffentlichen Verkehr, eine Erhöhung der Renten und der Bau von neuen Wohnungen beschlossen.

26. Juni 1953: Während es noch zu vereinzelten kleineren Aufständen kommt, werden DDR-Funktionäre verhaftet, die während des Aufstandes nicht «linientreu» geblieben sind.

3. Juli 1953: Drei Wochen nach dem Volksaufstand in der DDR ernennt der westdeutsche Bundestag den 17. Juni zum «Tag der deutschen Einheit» und gesetzlichen Feiertag.

20. Juli 1953: Einweihung des Mahnmals für die Widerstandskämpfer des gescheiterten Attentats auf Adolf Hitler vom 20. Juli 1944 im Innenhof des früheren Kriegsministeriums in West-Berlin.

Ende Juli 1953: Die UdSSR liefert auf Kredit Lebensmittel und Rohstoffe im Wert von rund 231 Millionen Rubel an die DDR. Gleichzeitig beginnt in West-Berlin die Verteilung von 5,5 Millionen amerikanischen Lebensmittelpaketen für Hilfsbedürftige in der Sowjetzone.

24. bis 26. Juli 1953: Bei der 15. Tagung des ZK der SED wird beschlossen, an der generellen Linie der Partei festzuhalten. Einige Mitglieder werden aus dem ZK ausgeschlossen, Walter Ulbricht wird zum Ersten Sekretär des ZK gewählt.

27. Juli 1953: In Korea unterzeichnen die USA und Nordkorea ein Waffenstillstandsabkommen.

1. August 1953: In Aktionen wird gegen die Verteilung der amerikanischen Hilfsgüter vorgegangen: Notleidenden werden Fahrten nach West-Berlin untersagt oder sie werden bei ihrer Rückkehr strengstens durchsucht.

6. September 1953: Bei den zweiten deutschen Bundestagswahlen nach Kriegsende erlangt die CDU / CSU die absolute Mehrheit. Konrad Adenauer bleibt Bundeskanzler.

13. September 1953: Nikita Chruschtschow wird zum Ersten Sekretär des ZK der KPdSU gewählt.

14. September 1953: In den USA erscheint der zweite sogenannte *Kinsey-Report*, der eine empirische Untersuchung über das «sexuelle Verhalten der Frau» enthält.

29. September 1953: Der Berliner Oberbürgermeister Ernst Reuter stirbt.

22. Oktober 1953: Walther Schreiber (CDU) wird zum Nachfolger Ernst Reuters gewählt. Erstmals seit 1926 ist die SPD in Berlin Oppositionspartei.

25. November 1953: Der Interzonenpasszwang wird durch die DDR-Regierung aufgehoben. Für Reisen zwischen der Bundesrepublik und der DDR reicht nun ein Personalausweis.

1. Dezember 1953: In Amerika erscheint erstmals die Zeitschrift *Playboy*, Marilyn Monroe auf dem Cover.

1954

1954: Durch das Aufkommen des Rock-'n'-Roll-Tanzes in Deutschland wird der Petticoat mit seinen bauschigen, weiten Unterröcken populär.

25. Januar bis 18. Februar 1954: In Berlin tagt die Viermächtekonferenz der Außenminister über die Wiedervereinigung Deutschlands. Die Konferenz bleibt ergebnislos, Uneinigkeit herrscht vor allem über die Frage freier Wahlen und neu zu verhandelnder Friedensverträge.

11. Februar 1954: Uraufführung des Films *Die letzte Brücke* von Helmut Käutner, ein österreichisch-jugoslawisches Kriegs- und Partisanendrama.

9. März 1954: In der DDR wird der Film *Ernst Thälmann – Sohn seiner Klasse* uraufgeführt, 1955 folgt der zweite Teil *Ernst Thälmann – Führer seiner Klasse*. Alle DDR-Schulen und -Betriebe sind zur Vorführung dieser Filme verpflichtet.

19. März 1954: In Ost-Berlin wird das Theater am Schiffbauerdamm zur ständigen Spielstätte des Berliner Ensembles. Zum Auftakt wird Molières *Don Juan* nach einer Bearbeitung von Bertolt Brecht gespielt.

23. März 1954: Bayern beschließt als letztes Bundesland das Ende der Entnazifizierung.

25. März 1954: Die Sowjetunion erweitert die Souveränitätsrechte der DDR und nimmt mit ihr die gleichen Beziehungen auf wie mit anderen souveränen Staaten.

7. April 1954: Die Bundesregierung lehnt daraufhin die Anerkennung der DDR ab und betont den Alleinvertretungsanspruch Westdeutschlands.

5. Juni 1954: Pfingsttreffen der kommunistischen Freien Deutschen Jugend in Ost-Berlin.

14. Juni 1954: Führende Vertreter aller Gebiete des öffentlichen Lebens in der BRD schließen sich zum «Kuratorium Unteilbares Deutschland – Ausschuss für die Fragen der Wiedervereinigung» zusammen.

17. Juni 1954: Erstmals wird in der Bundesrepublik der Tag der deutschen Einheit als gesetzlicher Feiertag begangen.

18. bis 29. Juni 1954: Nach der gedrückten politischen Stimmung im Vorjahr wird die Berlinale diesmal ein Schaulaufen der Stars: Unter anderem sind Yvonne De Carlo, Sophia Loren und Gina Lollobrigida mit dabei. Der Goldene Bär geht an den britischen Film *Hobson's Choice* (*Herr im Haus bin ich*) von David Lean.

4. Juli 1954: Mit einem 3:2-Sieg über Ungarn gewinnt die Bundesrepublik im «Wunder von Bern» erstmals die Fußballweltmeisterschaft.

Herbst 1954: Nach dem großen Erfolg seines letzten Romans veröffentlicht Heinrich Böll *Haus ohne Hüter* über zwei

Nachkriegsfamilien, die unterschiedlich mit dem Verlust der im Krieg gefallenen Väter umgehen.

5. Oktober 1954: Die satirische Zeitschrift *Simplicissimus* wird nach ihrer Einstellung 1944 neu herausgegeben.

7. Oktober 1954: Bertolt Brechts Theaterstück *Der kaukasische Kreidekreis* wird in Ost-Berlin uraufgeführt.

19. bis 23. Oktober 1954: In den vier Pariser Verträgen werden die Beziehungen zwischen den Staaten der westlichen Gemeinschaft neu geregelt. Der Deutschlandvertrag regelt die Beendigung des Besatzungsregimes und gibt Garantien für die Sicherheit West-Berlins. Das Saarstatut sieht die politische Autonomie des Saarlands bei gleichzeitiger wirtschaftlicher Bindung an Frankreich vor. In den zwei weiteren Verträgen wird die Gründung der Westeuropäischen Union (WEU) beschlossen und die Bundesrepublik zum Eintritt in die NATO eingeladen. Außerdem erkennt die NATO den Alleinvertretungsanspruch der Bundesrepublik an.

1. November 1954: Die ARD nimmt ihr Gemeinschaftsprogramm auf. Am selben Tag wird die Deutsche Hochschule für Film in Potsdam-Babelsberg gegründet. Im französischen Überseegebiet Algerien bricht ein Unabhängigkeitskrieg aus.

13. November 1954: In der DDR ergeht ein zentraler Aufruf an Eltern und Erzieher zur Einführung der «Jugendweihe».

13. Dezember 1954: Der Bundestag lehnt es ab, unverheirateten Frauen die Anrede «Frau» im Umgang mit Behörden zuzugestehen. Die Bezeichnung «Fräulein» bleibt im amtlichen Sprachgebrauch weiterhin gültig.

29. bis 31. Dezember 1954: Vertreter der DDR, Polens und der Tschechoslowakei beschließen auf einer gemeinsamen Konferenz in Prag die Unantastbarkeit ihrer jeweiligen Staatsgrenzen.

30. Dezember 1954: Der Film *Canaris* über das Leben des ehemaligen Leiters des deutschen Militär-Geheimdienstes Wilhelm Canaris, der von den Nazis als Widerstandskämpfer hingerichtet wurde, feiert Premiere. 1955 wird der Film mit dem Deutschen Filmpreis ausgezeichnet.

1955

11. Januar 1955: Otto Suhr (SPD) wird Bürgermeister von Berlin, Willy Brandt Präsident des Berliner Abgeordnetenhauses.

25. Januar 1955: Die Sowjetunion erklärt den Kriegszustand mit Deutschland offiziell für beendet.

27. Februar 1955: Trotz großer Opposition ratifiziert der Bundestag die Pariser Verträge.

1. März 1955: Die Deutsche Lufthansa AG nimmt den Luftverkehr auf, nachdem die Bundesrepublik ihre Lufthoheit wiedererhalten hat.

2. März 1955: Die Volkskammer der DDR erlässt eine «Proklamation an das deutsche Volk», die sich gegen die Ratifizierung der Pariser Verträge richtet.

27. März 1955: Die erste Jugendweihe findet in Ost-Berlin statt.

30. März 1955: Ein neuer Wegzoll auf den Autobahnen nach Berlin ist teilweise elfmal so hoch wie zuvor. Man spricht von einer erneuten «Kalten Blockade Berlins».

27. April 1955: Die Bundesregierung und der Berliner Senat einigen sich über einen langfristigen Aktionsplan, der 100 000 zusätzliche Arbeitsplätze in West-Berlin schaffen soll.

1. Mai 1955: Bei den traditionellen Demonstrationen zum 1. Mai in Ost-Berlin treten erstmals bewaffnete Verbände der Kampfgruppen der DDR-Betriebe öffentlich auf.

5. Mai 1955: Die Pariser Verträge treten in Kraft. Das Besatzungsstatut erlischt und die Bundesrepublik wird bedingt souverän. Sonderrechte wie Truppenstationierungen, die Sonderrolle Berlins und ungeklärte Fragen bezüglich der Wiedervereinigung bleiben weiter bestehen.

6. Mai 1955: Offizieller Beitritt der Bundesrepublik zur NATO.

14. Mai 1955: Die DDR, Albanien, Bulgarien, Polen, Rumänien, Ungarn, die Tschechoslowakei und die Sowjetunion unterzeichnen den «Warschauer Pakt», einen «Vertrag über Freundschaft, Zusammenarbeit und gegenseitigen Beistand», der als Gegengewicht zur NATO dienen soll und der Sowjetunion das Recht zur Stationierung ihrer Truppen in Ost- und Mitteleuropa zuspricht.

15. Mai 1955: Die vier Siegermächte und Österreich unterzeichnen den österreichischen Staatsvertrag, mit dem die Alpenrepublik ihre volle Souveränität wiedererhält.

Mitte 1955: Deutschlands erster Fernsehkoch Clemens Wilmenrod bereitet in seiner Sendung *Clemens Wilmenrod bittet zu Tisch* erstmals öffentlich einen Toast Hawaii zu und löst einen jahrzehntelang andauernden Kochtrend aus.

1. bis 2. Juni 1955: Das ZK der SED verabschiedet ein «Zehn-Punkte-Programm» zur Wiedervereinigung Deutschlands.

18. Juni 1955: Das «Nationale Olympische Komitee» (NOK) der DDR wird als provisorisches Mitglied in das «Internationale Olympische Komitee» (IOC) aufgenommen.

24. Juni bis 5. Juli 1955: Bei der 5. Berlinale gewinnt erstmals ein deutscher Film den Goldenen Bären: Die Gerhart-Hauptmann-Adaption *Die Ratten* von Robert Siodmak, mit der jungen Maria Schell in der Hauptrolle, verzaubert das Publikum.

15. Juli 1955: In Kassel findet die erste *documenta* statt. Wegen ihres großen Erfolgs findet diese Ausstellung zeitgenössischer Kunst von nun an alle paar Jahre in Kassel statt.

23. Juli 1955: Mit Inkrafttreten des «Freiwilligen-Gesetzes» in der Bundesrepublik beginnt eine Rekrutierung von Freiwilligen für die zukünftige Bundeswehr.

5. August 1955: Die Mitglieder der «Organisation für europäische wirtschaftliche Zusammenarbeit» (OEEC) unterzeichnen das Europäische Währungsabkommen, das die Europäische Zahlungsunion ersetzt.

27. August 1955: Die olympischen Komitees der BRD und der DDR beschließen, eine gemeinsame gesamtdeutsche Olympiamannschaft zu den Olympischen Spielen nach Melbourne zu schicken.

4. September 1955: In Ost-Berlin wird die Deutsche Staatsoper Unter den Linden eröffnet, gespielt wird Richard Wagners *Meistersinger von Nürnberg.* Am selben Tag wird Gustaf Gründgens Generalintendant am Deutschen Schauspielhaus in Hamburg.

10. September 1955: *Das verflixte 7. Jahr* kommt in die Kinos. Der Film von Billy Wilder zeigt Marilyn Monroe im hochfliegenden Kleid – der wohl bekannteste Moment ihrer Karriere.

8. bis 14. September 1955: Eine Regierungsdelegation unter der Leitung von Bundeskanzler Konrad Adenauer reist nach Moskau. Am **12. September** unterzeichnen Adenauer und der sowjetische Ministerpräsident Nikolai A. Bulganin eine Vereinbarung über die Aufnahme diplomatischer Beziehungen und über die Rückführung der letzten deutschen Kriegsgefangenen.

30. September 1955: Bei einem Autounfall stirbt der Schauspieler James Dean mit nur 24 Jahren. Die posthume Premiere von *... denn sie wissen nicht, was sie tun* führt zu einem Kult um Dean. Ebenfalls posthum wird er für *Jenseits von Eden* und *Giganten* jeweils als bester Schauspieler für den Oscar nominiert.

7. Oktober 1955: Die ersten Spätheimkehrer aus der sowjetischen Kriegsgefangenschaft treffen in der Bundesrepublik ein.

8. Oktober 1955: Hermann Hesse erhält den Friedenspreis des Deutschen Buchhandels.

14. Oktober 1955: Helmut Käutners *Himmel ohne Sterne* feiert Premiere. Der Film handelt von einer Liebesbeziehung zwischen einem westdeutschen Polizisten und einer ostdeutschen Arbeiterin direkt an der innerdeutschen Grenze.

19. Oktober 1955: Erstmals tagt der Deutsche Bundestag in Berlin – allerdings nur für eine Woche.

26. Oktober 1955: Der Bundestag bewilligt 410 000 DM für Architekturwettbewerbe zu den Themen «Hauptstadt Berlin» und «Wiederherstellung des Reichstages».

29. November 1955: Der sowjetische Generalmajor Dibrowa erklärt: «Ost-Berlin ist kein besetzter Sektor mehr, sondern Hauptstadt der souveränen DDR.» Die Weltpresse beurteilt diesen Satz als einen Versuch, den Viermächtestatus Berlins aufzukündigen. Am **1. Dezember** protestieren die Westmächte in gleichlautenden Noten dagegen.

Dezember 1955: Auf einer Botschafterkonferenz verkündet die BRD die sogenannte Hallstein-Doktrin, nach der die Bundesregierung keine diplomatischen Beziehungen mit Staaten unterhält, die die DDR anerkennen. Die einzige Ausnahme bildet die Sowjetunion.

20. Dezember 1955: Die Bundesrepublik und Italien unterzeichnen ein Abkommen, das die Beschäftigung von zunächst 100 000 italienischen Gastarbeitern in der BRD vorsieht.

23. Dezember 1955: In München wird der österreichische Film *Sissi* mit Romy Schneider und Karlheinz Böhm uraufgeführt. Der zweite Teil der Trilogie, *Sissi, die junge Kaiserin,* kommt 1956 heraus. 1957 folgt *Sissi, Schicksalsjahre einer Kaiserin.*

1956

3. Januar 1956: Der «Deutsche Fernsehfunk» nimmt in der DDR sein Programm auf.

5. Januar 1956: In Siersdorf am Niederrhein treffen die ersten 50 italienischen Gastarbeiter ein.

9. Februar 1956: Die DDR beschließt, die Sportförderung umfassend auszubauen. Sportliche Erfolge sollen die «Überlegenheit der gesellschaftlichen Ordnung der DDR» beweisen.

25. Februar 1956: Auf dem Parteitag der KPdSU enthüllt Parteichef Nikita S. Chruschtschow die vom ehemaligen Staatschef Josef Stalin begangenen Verbrechen. Der Tag markiert den Beginn der Entstalinisierung.

4. März 1956: Walter Ulbricht distanziert sich öffentlich vom Personenkult um Stalin.

4. März 1956: In West-Berlin stellt die amerikanische Firma IBM erstmals in Europa ihre modernsten Computer vor.

16. März 1956: Der deutsche Bundesrat tagt zum ersten Mal in Berlin.

5. April 1956: Auf einer Veranstaltung der FDJ in Ost-Berlin wird Jazz als Gefahr für die Jugend kritisiert.

18. April 1956: Die Schauspielerin Grace Kelly heiratet Fürst Rainier III. von Monaco und wird damit zur Fürstin Gracia Patricia von Monaco. Am Tag darauf findet die kirchliche Trauung in der Kathedrale von Monaco statt.

26. April 1956: Dem Berliner Bürgermeister Otto Suhr wird von der sowjetischen Volkspolizei der Zutritt zur West-Berliner Enklave Steinstücken verwehrt. Erst nach heftigen Protesten darf er weiterreisen.

29. April 1956: Erstmals erscheint die Sonntagszeitung *Bild am Sonntag*.

1. Mai 1956: Vor dem Rathaus Schöneberg in West-Berlin demonstrieren 100 000 Menschen für die Wiedervereinigung Deutschlands.

24. Mai 1956: In der Schweiz findet der erste *Grand Prix Eurovision de la Chanson (Eurovision Song Contest)* statt.

22. Juni bis 3. Juli 1956: Zum sechsten Mal festigt die Berlinale ihren Status als «Festival des kleinen Mannes». Die

Fans lieben den ungezwungenen Kontakt zu Stars während der Festivalzeit. Erstmals wird der Goldene Bär nun nicht mehr vom Publikum, sondern von einer Jury vergeben – an *Invitation to the Dance* (*Einladung zum Tanz*) von Gene Kelly.

21. Juli 1956: Der Bundestag verabschiedet das Wehrpflichtgesetz, mit dem die künftige Bundeswehr eine Wehrpflichtarmee wird. Außerdem wird der Zivildienst für Kriegsdienstverweigerer einführt.

14. August 1956: Der berühmte Schriftsteller und Regisseur Bertolt Brecht stirbt in Ost-Berlin.

16. August 1956: In Köln feiert der Film *Der Hauptmann von Köpenick* nach dem gleichnamigen Theaterstück von Carl Zuckmayer Premiere. Die Hauptrolle spielt Heinz Rühmann.

17. August 1956: Das Bundesverfassungsgericht erklärt die KPD für verfassungswidrig und verfügt ihre Auflösung. Am selben Tag werden alle Parteibüros geschlossen und die Druckereien beschlagnahmt.

9. September 1956: Der Rock-'n'-Roll-Sänger Elvis Presley tritt erstmals im Fernsehen auf, die Show schlägt alle Zuschauerrekorde.

1. Oktober 1956: Die *Tagesschau* wird nun täglich ausgestrahlt.

2. Oktober 1956: Während der Berliner Festwochen wird das Theaterstück *Das Tagebuch der Anne Frank* aufgeführt.

23. Oktober 1956: In Ungarn beginnt der bewaffnete Volksaufstand gegen das stalinistische Regime.

30. Oktober 1956: Imre Nagy, der von den ungarischen Aufständischen als Ministerpräsident eingesetzt wurde, verkündet die Abschaffung des Einparteiensystems.

1. November 1956: Nagy verkündet den Austritt Ungarns aus dem Warschauer Pakt sowie die Neutralität des Landes.

4. November 1956: Der ungarische Volksaufstand wird gewalttätig von sowjetischen Panzereinheiten niedergeschlagen, die in Budapest einmarschieren. Der Versuch Ungarns, sich aus dem Ostblock zu lösen und eine Demokratisierung einzuleiten, ist gescheitert.

5. November 1956: In Berlin finden Kundgebungen für ein freies Ungarn statt.

23. November 1956: Bundespräsident Theodor Heuss leitet für eine Woche von Berlin aus seine Amtsgeschäfte.

1957

6. Februar 1957: Die Nachfolgefirmen der IG Farben verpflichten sich zu Entschädigungszahlungen an ehemalige jüdische KZ-Häftlinge.

3. März 1957: Der zweite *Grand Prix Eurovision de la Chanson* findet in Frankfurt am Main statt.

12. März 1957: Die zeitweilige Stationierung sowjetischer Streitkräfte auf dem Territorium der DDR wird beschlossen.

15. März 1957: Die USA teilen mit, dass ihre Streitkräfte in der Bundesrepublik über Atomwaffen verfügen.

25. März 1957: Die Bundesrepublik, Frankreich, Italien und die Benelux-Staaten unterzeichnen die Römischen Verträge über die Schaffung der Europäischen Wirtschaftsgemeinschaft (EWG) und der Europäischen Atomgemeinschaft (EURATOM). Am selben Tag kommt es in West-Berlin zu öffentlichen Protesten gegen den geplanten Abriss der Ruine der Kaiser-Wilhelm-Gedächtniskirche.

21. Mai 1957: Das Bundesverfassungsgericht erklärt, dass West-Berlin ein Land der Bundesrepublik ist und demnach dort auch das Grundgesetz gilt.

21. Juni bis 2. Juli 1957: 1957 findet die 7. Berlinale statt, die in der Geschichte des Filmfestivals als «schwaches» Jahr gilt. Da sich die Berlinale weigert, osteuropäische Filme zu zeigen, wird ihre Glaubwürdigkeit in Frage gestellt. Der Goldene Bär geht an den Amerikaner Sidney Lumet für seinen Film *12 Angry Men* (*Die zwölf Geschworenen*).

23. Juni 1957: Bei den Wahlen in der DDR erhält die Kommunistische Einheitsliste 99,52 Prozent der Stimmen.

8. Juli 1957: Die fünfte «Kinderluftbrücke» bringt 2000 Berliner Kinder in Ferienlager in der Bundesrepublik.

27. Juli 1957: Die DDR schlägt die Bildung eines Staatenbundes zwischen der DDR und der Bundesrepublik vor. Dadurch werde jedes Herrschaftsverhältnis des einen über den anderen deutschen Staat ausgeschlossen. Am **29. Juli** reagieren die Bundesrepublik und die drei Westmächte mit der «Berlin-Erklärung» zur deutschen Einheit. Sie fordern Viermächte-Verhandlungen und eine frei gewählte gesamtdeutsche Regierung.

7. September 1957: Das «Deutsche Fernsehen» zeigt zum ersten Mal einen selbstproduzierten abendfüllenden Spielfilm: *Der Richter und sein Henker* nach einem Roman von Friedrich Dürrenmatt.

15. September 1957: Bei den Wahlen zum 3. Deutschen Bundestag erreicht die CDU / CSU mit 50,2 Prozent die absolute Mehrheit.

21. September 1957: Das deutsche Segelschulschiff «Pamir» sinkt südwestlich der Azoren. Nur sechs der 86 Besatzungsmitglieder können gerettet werden.

3. Oktober 1957: Willy Brandt wird nach dem Tod von Otto Suhr (30. **August**) Regierender Bürgermeister von Berlin.

4. Oktober 1957: Die UdSSR schicken mit «Sputnik 1» erstmals einen Satelliten ins Weltall und eröffnen damit die Ära der Raumfahrt. In den USA löst diese technische Überlegenheit der Sowjets den sogenannten Sputnik-Schock aus.

Danksagung

Never change a winnig team …

Auch beim zweiten Teil meiner Trilogie hat mich meine charmante Lektorin Friederike Ney vom Rowohlt Verlag wieder mit kluger und sicherer Hand durch den Dschungel von Fiktion und Historie geleitet – danke für deine Geduld und die vielen anregenden Bemerkungen, liebe Friederike!

Schön und sehr informativ waren die erneuten Spaziergänge durch Charlottenburg und Spandau mit Dr. Anke Fromme. Wenn Sie einmal hinter die Kulissen der Hauptstadt schauen wollen, kann ich Ihnen diese Adresse nur ans Herz legen:

www.ankefromme.de

Was wäre Potsdam ohne Heike Kleinert, die einfach alles weiß?

Unsere Kirchenreise im Regen gehört zu den Erinnerungen, die lange in mir nachhallen werden. Aber sie «kann» natürlich auch Sonnenschein und Schlösser und Gärten und Geschichte und Kunst … und überhaupt …

www.sprachfühlung.de

Ohne Lilly Maier würde alles nur halb so viel Spaß machen, und sie sieht und weiß einfach so viel – danke, liebe Lilly, Journalistin, Historikerin, Freundin und liebe Begleiterin!

Alle für eine, eine für alle …

Ihr seid wunderbar, liebe Erstleserinnen!

Mein herzlicher Dank geht an Brigitte, Moni, Babsi, Gesine, Julia und Sabih – ohne euch liefe gar nix!

MIX
Papier aus verantwortungsvollen Quellen
FSC® C083411
www.fsc.org

Das für dieses Buch verwendete Papier ist FSC®-zertifiziert.